JN299598

Looking Up by Keywords
Business Letter Expressions
Second Edition

キーワードで引く
英文ビジネスレター事典

第2版

橋本光憲・監修　三省堂編修所・編

三省堂

はじめに

第2版 刊行に際して

　初版刊行から約10年がたちました。初版は日本語キーワードで必要な英文を簡便に探すことができ、モデルレターで状況に応じた文書作成ができることに加えて、英文レターを書くにあたって必要とされる様々な知識を備えた便利な事典として、この間、読者の方々のご支持を得ることができ、広く使われてきました。

　一方、この10年の間に、情報手段のインターネットへの傾斜はさらに加速し、ビジネス通信の手段としては、Eメールが第一のものとなりました。第2版ではEメールでのやりとりを中心に記述と構成をあらため、表現の見直しや、現在の状況に合わせた内容の更新、また、より文脈に沿った英文作成の要にこたえるべく、モデルレターを大幅に増補いたしました。英語を使って海外や外資系企業で職を得る方のために、英文履歴書の解説も増補いたしました。

　Eメールが中心となったとはいえ、より丁寧さや形式の重んじられる紙のレターの需要もなくなることはありません。形式から内容まで広くカバーする本書の特長は、この改訂版でも、そのまま受け継ぎ、フォーマルな表現にもきちんと対応しているという本書の長所が活かされるよう留意しました。幅広くビジネスの現場に生きる英文レターを書くためのツールとして、傍らに置いていただければと思います。

　ビジネスの現場の変化、新しい社会の状況に合わせたことで、さらに使いやすくなった本書がみなさまのお役に立てることを願ってやみません。

2010年5月
三省堂編修所

初版 まえがき

　21世紀を目前に控え、私たちの生活は「国際化」の度合いが強まっています。特にビジネスの世界においては、外国との取引が活発になり、英語によるコミュニケーションがますます重要になってきています。また、ビジネス通信の手段も、手紙（英文レター）、電話、ファクスという従来の方法のほかに、最近ではEメール（電子メール）も頻繁に使われるようになっています。

　グローバルな商取引が盛んになるにつれて、当然それにかかわる人も多くなっているわけですが、私の身近でもそのような人が増えています。その人たちの何人かから、

日本語の表現にのっとって、微妙なニュアンスの違いも伝えられるような、ビジネス用の手紙を書くのに役立つ本はないだろうかと、何度か尋ねられたことがありました。三省堂から英文ビジネスレターの本の編集に協力してほしいという話を聞いたとき、その人たちに役立つようなものにしたらどうかと考えました。

　本書では、このことを踏まえて、英文レターにおける表現を、日本語の単語（キーワード）から調べられるように構成しています。私たち日本人は普通、日本語で文章を考えるので、まず日本語での表現のキーになる言葉（キーワード）で引いて、その言葉を使った日本語表現にあう英語表現を探してもらえばよいわけです。ビジネス上での交際や交渉に必要と思われる言葉や表現を、できるだけ多く見出し（キーワード）として掲げて引きやすくし、それに対応する英語例文を示すとともに、用法や英語のニュアンスの違いなどを細かく説明してあります。

　さらにまた、単にビジネスレターにおける英語表現だけでなく、ビジネスレターの書き方の説明や、実際のレターの例（モデルレター）をできるだけ多く示して、実務面でも有効に活用していただけるように構成してあります。最近多く利用されている、ファクスやEメールの書き方、注意点などについても分かりやすく説明しています。

　本書の制作に当たっては、多くの方々に御尽力いただきましたが、特に神奈川大学の山内清史氏には、日本電気（株）時代のコーポレート・コミュニケーションの担当実績を生かして、きめ細かな解説を施していただきました。また、ファクスやEメールについては、英語教師である山本久仁子氏に、実例を挙げて、分かりやすく概説していただきました。この場を借りて感謝の気持ちを表します。

　本書が、国際ビジネスの場で活躍されている多くの方々に活用されることを、心から念願します。

1999年3月
監修　橋本　光憲

本書の構成と使い方

　本書は、キーワードで引く英文ビジネスレター表現集（第1部）を中心に、ビジネスレター作成に欠かせない基礎知識や書き方（第2部）、ビジネスの各場面に応じたモデルレター（第3部）の3部から成っています。読者の皆さんの中には、日常業務で英文ビジネスレターを書く際に、「この日本語表現は英語ではどう書くのか？」「どのような形式でレターを作成すればよいのか？」「Eメールで送るときには何か決まり事があるのか？」といった疑問を持たれた経験がある方がいらっしゃることと思います。本書はこのような疑問にお答えする構成になっています。

第1部　キーワードで引く英文ビジネスレター表現集

　英文ビジネスレター作成の際、分からない表現がすぐに見つかるよう、よく使う表現が日本語キーワードの50音順に配列されています。使用頻度の特に高い表現は決まり文句として分かりやすく掲げています。項目の多くに解説を設け、ビジネスレターで用いる際の注意点やそれぞれの語・表現のニュアンスの違い、語法についての解説を施してあるほか、類義表現を⇨で示して参照できるようにし、検索の便を図っています。

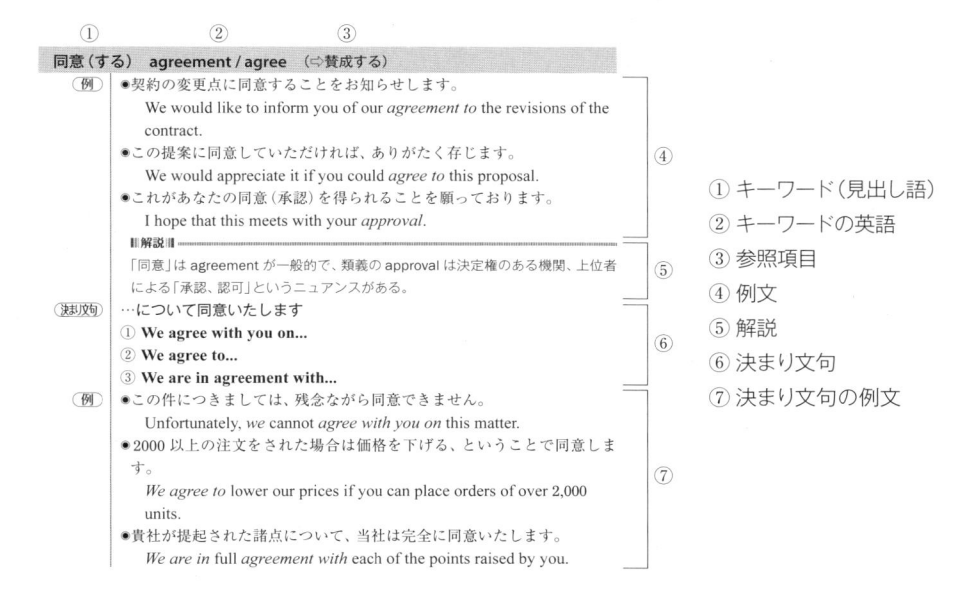

　　① 　　　　② 　　　　③
同意（する）　agreement / agree　（⇨賛成する）

（例）
● 契約の変更点に同意することをお知らせします。
　We would like to inform you of our *agreement to* the revisions of the contract.
● この提案に同意していただければ、ありがたく存じます。
　We would appreciate it if you could *agree to* this proposal.
● これがあなたの同意（承認）を得られることを願っております。
　I hope that this meets with your *approval*.

|| 解説 ||
「同意」は agreement が一般的で、類義の approval は決定権のある機関、上位者による「承認、認可」というニュアンスがある。

（決まり文句）…について同意いたします
① We agree with you on...
② We agree to...
③ We are in agreement with...

（例）
● この件につきましては、残念ながら同意できません。
　Unfortunately, *we* cannot *agree with you on* this matter.
● 2000以上の注文をされた場合は価格を下げる、ということで同意します。
　We agree to lower our prices if you can place orders of over 2,000 units.
● 貴社が提起された諸点について、当社は完全に同意いたします。
　We are in full *agreement with* each of the points raised by you.

① キーワード（見出し語）
② キーワードの英語
③ 参照項目
④ 例文
⑤ 解説
⑥ 決まり文句
⑦ 決まり文句の例文

＊例文中のイタリック体は、キーワード（見出し語）に相当する英語表現、および、それと一緒に用いられることの多い関連語句です。決まり文句の例文では、決まり文句に相当する部分がイタリック体になっています。

＊決まり文句では、that 節が続くものは that が省略可能なものでも that を入れてあります。

第2部　英文ビジネスレターの書き方

　Eメールを中心に、英文ビジネスレターを作成するに当たって心得ていなければならない基本的な知識について解説しています。正確さ、簡潔さ、丁寧さが要求されるのは、Eメールであっても、ファクス、紙のレターであっても同様です。一方で、それぞれに要求される知識もあります。それぞれの場面で注意すべき事項や、知っておくと便利な事柄を挙げて説明します。Eメールが中心となった今でも、より丁寧さや形式の重んじられる紙のレターの需要がなくなることはないでしょう。レターの構成要素、スタイル（形式）、用箋、封筒の書き方などについても丁寧に説明しています。

　最後に、参考資料として役職名や組織名の英文表示などについて概説しています。

第3部　モデルレター50例

　付録の履歴書を含めて合計50の英文ビジネスレターの文例を紹介しています。ここで取り上げたものは、ビジネスの各場面で用いられる模範的な代表例で、実際の状況に即して応用のきく文面になっています。

　それぞれモデルレターの和訳、レター作成に当たって押さえるべき重要なポイント、英文モデルレター、さらに、多くの場合、応用例と語釈を掲載しています。解説中、⇨で示した参照項目は第1部のキーワード（見出し語）です。これらのモデルレターをもとに、第1部のレター表現集をフルにご活用いただければ、実務に必要な様々な文面を作ることができます。

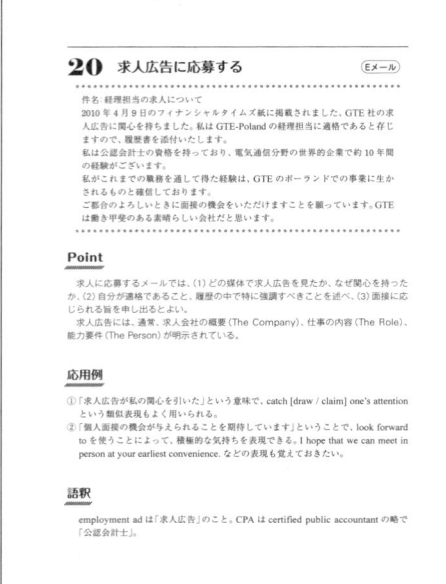

本書で用いる記号類について

( )　補足説明、または省略可能
[ ]　直前の語句と言い換え可能
／　同義の語句や表現の併記
⇨　参照

目 次

本書の構成と使い方 ………………………………………………… 3

第1部　キーワードで引く英文ビジネスレター表現集　　　9

第2部　英文ビジネスレターの書き方　　　395

　本文の書き方のルール ………………………………………… 396
　英文Eメールの書き方 ………………………………………… 397
　　英文Eメールの構成要素 …………………………………… 398
　　Eメールのマナー「ネチケット」………………………… 400
　　Eメールの略語 ……………………………………………… 401
　　スマイリー …………………………………………………… 401
　英文手紙の書き方 ……………………………………………… 402
　　英文ビジネスレター（手紙）の構成要素 ………………… 403
　　スタイル ……………………………………………………… 407
　　レター用箋 …………………………………………………… 409
　　封筒 …………………………………………………………… 409
　　郵便番号と州名 ……………………………………………… 410
　英文ファクスの書き方 ………………………………………… 412
　〔参考資料〕……………………………………………………… 413
　　役職名・組織名の英文表示 ………………………………… 413
　　組織名と部長などの肩書き ………………………………… 414
　　各国通貨の略号 ……………………………………………… 416

第3部　モデルレター50例　　　417

　〔Eメール〕
　1　転勤のお知らせ …………………………………………… 418
　2　異動のお知らせ …………………………………………… 420
　3　訪問の申し出 ……………………………………………… 422
　4　来訪の承認 ………………………………………………… 424
　5　来訪のお断り ……………………………………………… 426
　6　訪問先へのお礼（1）……………………………………… 428
　7　訪問先へのお礼（2）……………………………………… 430

8	会議の連絡	431
9	会社の地図を送ってもらう	432
10	空港への出迎え	434
11	忘年会のお知らせ(社内)	435
12	パーティーに招待する	436
13	プライベートパーティーへの招待	438
14	招待を取り消すお詫び	440
15	ホテルを予約する	442
16	お見舞い	444
17	紹介状	446
18	会議開催を通知する	448
19	人の推薦を依頼する	450
20	求人広告に応募する	452
21	人物照会への返事	454
22	資料を請求する(1)	456
23	資料を請求する(2)	458
24	依頼のあった資料を送付する	460
25	報告書の催促	462
26	メールの再送依頼	464
27	打ち合わせ後の問い合わせ	466
28	引き合い	468
29	引き合いに対する返事(オファー)	470
30	信用照会先を知らせる	472
31	信用照会先に問い合わせる	474
32	信用照会に答える	476
33	見積書に基づき発注する	478
34	注文を確認する	480
35	注文を断る	482
36	信用状開設を通知する	484
37	調査結果を通知する	486
38	支払いの催促	488
39	支払いの催促に応じる	490
40	苦情	492
41	苦情に対する返事	494
42	苦情と値下げ要求	496

〔手 紙〕

43	昇進に対するお祝い	498
44	招待状	500

45　お悔やみ……………………………………………………… 502
46　お悔やみ状へのお礼 ………………………………………… 504
(ファクス)
47　雑誌未着への苦情 …………………………………………… 506
(英文履歴書)
48　英文履歴書(1) ………………………………………………… 507
49　英文履歴書(2) ………………………………………………… 508
50　英文履歴書のカバーレター ………………………………… 510

第 1 部

キーワードで引く
英文ビジネスレター表現集

あ

愛顧　patronage　（⇨引き立て）

（例）
- ご愛顧に感謝しております。
  Thank you very much for your *patronage*.
- ますますご愛顧くださいますよう、お願い申し上げます。
  Your continued *patronage* is greatly appreciated. / We look forward to serving you in the future.

‖解説‖
第1例はこれまでの取引に対する感謝を示す表現。第2例は引き続いての取引を依頼するときの表現。

挨拶　greetings / compliments

（例）
- 時候のご挨拶を申し上げます。（クリスマスや元旦などに取り交わす）
  With *Compliments* of the Season.
- 新年のご挨拶をいただき、誠にありがとうございます。
  Thank you very much for your New Year's *greetings*.

‖解説‖
greetings は「時候の挨拶」という意味では通例複数形で使う。compliments も同じ意味であるが、やや堅い表現である。

哀悼　sympathy　（⇨悔やみ）

（例）
- この度のご不幸に際し、貴殿と同僚の皆様に深く哀悼の意を捧げます。
  We would like to extend our sincere *sympathy* to you and your colleagues at this time of loss.

あいにく　unfortunately　（⇨残念だ）

（例）
- あいにく先約があるため、ご招待をお受けすることができません。
  Unfortunately, previous commitments prevent me from accepting your invitation.

‖解説‖
unfortunately（あいにく）は文頭にくることが多い。上の例のように無生物を主語にした構文を使うことで、ノーの返事を出しやすくなる。prevent me from accepting（私が受け入れるのを妨げる）の部分は will not allow me to accept（私が受け入れるのを許さない）も使える。

会う　meet / see

（例）
- そちらであなたにお会いするのを楽しみにしております。

I am looking forward to *seeing* you there.
- あなたの東京滞在中にお会いできたことをたいへんうれしく思います。
  It was a great pleasure to *meet with* you while you were in Tokyo.

(決まり文句) **お会いしたいと思います**
① **We would like to meet with you.**
② **We would like to have the opportunity of meeting with you.**
③ **We would appreciate having the opportunity to meet with you.**

(例)
- 5月8日に大阪に参りますので、その際にあなたとお会いしたいと思います。
  I would like to meet with you when I am in Osaka on May 8.
- 6月7日にあなたとお会いしたいと思います（お会いすることができればありがたく思います）。
  I would appreciate having the opportunity to meet with you on June 7.

‖解説‖
meet / see は単に会うだけだが、meet with には「（約束して）会って話をする」というニュアンスがあるので、面談を申し入れる場合には meet with を使うようにする。

(決まり文句) **お会いできるかどうか**
① **if you will be available**
② **if it might be possible for us to meet**

(例)
- 3月12日にお会いできるかどうか、お知らせください。
  Please let us know *if you will be available* on March 12.
- あなたのオフィスでお会いできるかどうかを知りたいと思います。
  We would like to know *if it might be possible for us to meet* in your office.

‖解説‖
if は「…かどうか」の意味で whether も使える。①の available は「求めに応じられる、時間が空いている」という意味で、相手の都合を尋ねるときによく使われる。②の might は丁寧な表現。

(決まり文句) **お会いできるでしょうか**
① **Could we see...?**
② **Would it be convenient for you to see us...?**

(例)
- 4月20日または21日に、2時間ほどお会いできるでしょうか。
  Could we see you for about two hours on April 20 or 21?
- その日にお会いできるでしょうか。
  Would it be convenient for you to see me on that day?

‖解説‖
could / would の方が can / will より丁寧な表現。ビジネスの場ではこのような

表現が相手の好感を得る。決まり文句②は文字どおりには「私たちと会うのはあなたにとって都合がよいでしょうか」ということ。

赤字　in the red

(例)
- ABC 社は 6 か月連続で赤字（経営）です。
    ABC has been operating *in the red* for six months.
- 現行価格を維持すれば当社は赤字になってしまいます。
    Maintaining the current price would put us *in the red*.

|||解説|||
in the red は「赤字で」の意味。日本語と同じ表現なので分かりやすい。「黒字で」は in the black という。

明らか　obvious / evident

(例)
- このケースで彼らが指示に従わなかったのは明らかです。
    It is *obvious* that in this case they failed to follow the instructions.
- 遅れた責任が彼らにあることは明らかです。
    Evidently, they are responsible for the delay.

|||解説|||
第 1 例は that 以下のことが「明らか」だという表現。obvious の類義語には apparent / evident があるが、「明らか」である度合いは apparent → evident → obvious の順に強くなる。第 2 例は副詞を用いた表現。

…当たり　(⇨つき)

扱う　handle / deal in　(⇨取り扱う)

(例)
- 当社は各種の輸入食品を扱っております。
    We *handle* [*deal in*] a variety of imported food products. / We are an importer of various kinds of food products.

|||解説|||
人、商店などの取扱品目は handle もしくは deal in(deal with は不可) で表すことができる。米国では carry も使われる。2 番目の例文は文字どおりには「各種の食品の輸入業者である」という意味。

…宛　to the attention of / addressed to

(例)
- ご返事は横山宛に（気付で）お願いいたします。
    Please direct your reply *to the attention of* Mr. Yokoyama.
- 6 月 5 日付で山田宛にメールをくださり、ありがとうございました。
    Thank you for your email of June 5 *addressed to* Mr. Yamada.

||| 解説 |||
direct A to B は「A を B に宛てる」という意味。「…気付で」のときは to the attention of... とする。an email addressed to... は「…宛のメール」。

誤り　mistake / incorrect　（⇨間違い）

（例）● 送り状に誤りがあるようです。
I am afraid (that) there is a *mistake* in the invoice. / I am afraid (that) the invoice is *incorrect*.

||| 解説 |||
誤りを指摘する場合のように、相手にとって好ましくないことを伝えるときは、上の例のように I am afraid を付けて断定を避けた表現を用いることがある。これは相手の注意を喚起する遠回しな表現ともいえる。ただし、督促状などではきっぱりと言い切ることも必要になってくる。

あらかじめ　in advance　（⇨前もって）

（例）● ご協力にあらかじめお礼申し上げます。
Thank you *in advance* for your cooperation.

||| 解説 |||
何かを依頼する通信文（手紙のほかに E メール、ファクスでも）の末尾の表現である。決まり文句といってよいが、あらかじめお礼を言われると依頼を受ける側も進んで協力しようという気になるものである。⇨ p. 450

改めて　again

（例）● ご協力に改めてお礼申し上げます。
Thank you *again* for your cooperation.

||| 解説 |||
お礼の通信文では、通常本文の最初にお礼の表現がくるが、末尾で改めて感謝の気持ちを強調する表現である。

ありがたい　appreciate / be grateful

（決まり文句）　…していただけるとありがたい
① **We would appreciate...**
② **We would appreciate it if you would [could]...**
③ **Your ... will [would] be appreciated.**
④ **We would be grateful (to you) for...**

（例）● 早急にご返事をいただけますとありがたく思います。
We would appreciate a quick reply. / *Your* prompt reply *would be appreciated*.

ありがたい

- ABC 社の信用状態に関する情報をお送りいただけますとありがたく思います。
  We would appreciate it if you would send us information on ABC's credit standing.
- 同氏が貴社を訪れる際に、同氏に対しいつものようにご高配とご支援をいただけますとありがたく思います。
  We would appreciate it if you could extend to him your usual courtesies and assistance when he visits you.
- この点についてご協力いただけますと誠にありがたいのですが。
  Your kind cooperation in this respect *would be* greatly *appreciated*.
- 本件につき、早急にご配慮いただけますとありがたく思います。
  Your prompt attention to this matter *will be appreciated*.

解説
何かを依頼するときに用いる様々な表現である。決まり文句②の it は if 以下を受け、if 以下に依頼する内容がくる。通常主語は we [I] であるが、It would be (greatly) appreciated if... と It を形式上の主語にして if 以下を受ける形もある。③は手紙の末文によくある表現で、相手に依頼する事項（例えば Your prompt reply など）を文頭に出す文である。

決まり文句 ありがたく…しました（⇨ありがとう）
① **We are pleased to (have done)...**
② **With (many) thanks...**

例
- 5 月 30 日のご注文をありがたく拝命しました。
  We are pleased to have received your order of May 30.
- 9 月 17 日付のメールを、たいへんありがたく拝受いたしました。
  With many thanks, we received your message of September 17.

解説
単に「…しました」というのではなく「ありがたく…しました」という感謝の気持ちが相手に伝わる表現である。第 2 例の with many thanks は、We received, with many thanks, your message... のように文中でも使える。

決まり文句 …をありがたく思います（⇨ありがとう）
① **We highly value...**
② **We are grateful (to you) for...**

例
- この件についてご考慮くださり、たいへんありがたく思います。
  We highly value your consideration in this respect.
- ご援助くださり、ありがたく思います。
  We are grateful for your assistance.

解説
①の表現中の value は「（高く）評価する」の意味。したがって相手に対する強

い感謝の気持ちを少し改まって表明するときに用いる。②の We are grateful for... も Thank you for... よりは少し堅い表現である。

ありがとう　thank you / appreciate

(決まり文句)　…をありがとうございます
① **Thank you for...**
② **We (would like to) thank you for...**
③ **We appreciate...**
④ **Please accept our thanks for...**

(例)
● 5月10日付のメールをありがとうございます。
　Thank you for your message of May 10.
● ABC 社の機器に興味をお持ちくださり、ありがとうございます。
　Thank you for your interest in ABC's equipment.
● 下記のご注文をいただき、ありがとうございます。
　Thank you for ordering the following:
● 本件を提起していただき、ありがとうございます。
　We would like to thank you for raising the matter.
● 本件にご協力いただき、誠にありがとうございます。
　We appreciate your cooperation in this matter. / *Please accept our thanks for* your cooperation in this matter.
● ご協力たいへんありがとうございます。(依頼の含み)
　Thank you in advance *for* your cooperation.

|||解説|||
Thank you for... を用いるときは主語の We または I を省略するのが普通で、決まり文句②のように主語を入れると少し堅く感じられる。③と④は意味は同じであるが、④は少し略式のニュアンスがある。最後の例文 Thank you in advance for...(…を前もって感謝します)は手紙やメールの末文としてよく用いる表現で、真意は依頼。

ありそう　likely

(例)　● ABC 社が日本市場に参入することは本当にありそうです。
　　It seems quite *likely* that ABC will enter the Japanese market.

ある　(⇨ございます)

安心する　rest assured / be assured

(決まり文句)　…なのでご安心ください
① **You may rest assured that...**

② **(Please) Be assured that...**
③ **You may be certain [sure] that...**

- この件については、あらゆる努力をしてまいりますのでご安心ください。
  You may rest assured that we will make every effort in this matter.
- 問題解決のためにできる限りのことをいたしますのでご安心ください。
  Please be assured that we will do all we can to resolve the problem.
- すぐにお知らせいたしますのでご安心ください。
  You may be sure that I will let you know soon.

|||解説|||
自分の意向を that 以下で示し、「どうぞご安心ください」と伝える際に用いられる。We (can) assure you that... という表現を用いてもよい。（⇨保証（する）／約束する）

案内する　give a tour / inform

- 貴社の工場をご案内くださり、ありがとうございました。
  Thank you very much for *giving* us *a tour* of your factory.
- 次回の会合についてご案内申し上げます。（⇨知らせる）
  We are pleased to *inform* you of the next meeting.
- 田中幸雄氏の歓迎会にご案内申し上げます。（⇨招待）
  You are cordially invited to attend a reception in honor of Yukio Tanaka.

い

言う　say　（⇨おっしゃる／述べる／申し上げる）

…と言うことができます
① **We can say that...**
② **It can be said that...**

- ABC 社は製紙機械の世界最大のメーカーだと言うことができます。
  It can be said that ABC is the world's largest manufacturer of paper machinery.

|||解説|||
②は客観的な表現で、特に論文、報告書に好適である。

…と言えるかもしれません
① **We might say that...**
② **It may be said that...**

- この問題は重大であると言えるかもしれません。
  We might say that the issue is a serious one.

いがい　17

- この契約は改定が必要と言えるかもしれませんが、詳細に検討しましたところ、(このままで)十分であると思います。
  It may be said that the contract needs to be revised. However, upon closer inspection, we believe it to be adequate.

▌解説▌
この表現の may は許可ではなく可能性、推量を示す。①は might を使うことで語調を弱めた婉曲的な表現になる。②は客観的な表現で、その内容を否定する文を後に続けることが多い。

(決まり文句)　言うまでもありませんが…
① **Needless to say, ...**
② **It goes without saying that...**

(例)
- 言うまでもありませんが、彼らはたいへん喜んでいました。
  Needless to say, they were very delighted.
- 言うまでもありませんが、ご滞在中にあなたとスミス氏を東京でお迎えできることはたいへん喜ばしいことです。
  It goes without saying that we will be very happy to welcome you and Mr. Smith during your visit to Tokyo.

▌解説▌
needless to say は例文のように文頭に置くことが多いが、文中、文末に使ってもよい。②の It は that 以下を受ける。

以下　below / as follows　(⇨下記)

(例)
- 当社の新社屋は以下の住所にあります。
  The address of our newly constructed office can be found *below*.
- 当社の東京における連絡先は以下のとおりです。
  Our contacts in Tokyo are *as follows*:

▌解説▌
as follows や the following を含む文の最後は、その文の直後に当該の内容がくる場合、通例ピリオド(.)ではなくコロン(:)を用いる。

…以外　other than / with the exception of / but to　(⇨除いて)

(例)
- 直接支払い以外の支払い条件は認められません。
  We can't accept any payment terms *other than* direct payment.
- レンズ以外の部品はすべて中国から輸入されています。
  All components are imported from China, *with the exception of* the lens.
- 価格を 5% 値上げする以外に方法がございません。
  We have no alternative *but to* raise the price by 5%.

解説
「…以外」を表すには、other than...(…以外の)、with the exception of...(…を除いては)、but to (do)(…することを除いて) などが用いられる。

いかが　how

(決まり文句) いかがお過ごしですか
① **How is everything going with you?**
② **How are you getting along?**
③ **How have you been?**

(例)
● 最近いかがお過ごしですか。こちらは変わりありません。
　How are you getting along these days? Everything here is fine.
● 3年ほど前、私がニューヨークを訪れた際にあなたにお目にかかりましたが、その後いかがお過ごしでしょうか。
　How have you been since we met each other about three years back when I visited New York?

解説
いずれの表現も近況・安否を問い合わせる表現で、親しい間で取り交わすもの。③の How have you been? には「この前お会いしたとき以後」の意味が含まれ、よく since we met each other などを後につけて用いる。

(決まり文句) …されてはいかがでしょうか
① **We (would like to) suggest that...**
② **Let me suggest that...**
③ **Why don't you...?**

(例)
● 私どものモデル K-2 をご注文なさってはいかがでしょうか。
　We would like to suggest that you order our Model K-2.
● 別のインターフェースのご使用をお考えになってはいかがでしょうか。
　Why don't you consider using a different interface?

解説
suggest は「示唆する、(控えめに)提案する」という意味で、that 以下の節の動詞は仮定法現在(原形)を用いる(例文中の order を will order とはしない)。propose や recommend なども用法は同じである。決まり文句③はややくだけた表現。第2例にあるように consider に続く動詞は 〜 ing 形となる。

遺憾(いかん)　regret　(⇨残念だ)

(例)
● その間違いに対し、心から遺憾の意を表したいと存じます。
　We would like to express our sincere *regret* for the error.

解説
regret は「(〜に対する)遺憾」の意。「〜に対する」は例文の for 以外に at / over

を使うこともある。「遺憾ながら…」「遺憾に存じます」の表現は、見出し語『残念だ』を参照のこと。（⇨残念だ）

異議　objection　（⇨反対する）

(決まり文句) …に異議があります

① **We must object to...**
② **We will have to object to...**

(例) ●あなたのご提案には異議があります。
I must object to your proposal.
●ABC 社に対する貴社のそのような措置には異議があります。
We will have to object to your taking such measures against ABC.

|||解説|||
異議を唱える対象の前（…に）には to を用いるのが一般的である（against を使うこともある）。

(決まり文句) …に異議はありません　（⇨賛成する／同意）

① **We do not have any objections to...**
② **We can see no reason why ~ not...**

(例) ●契約書の変更事項について当方に異議はございません。
We don't have any objections to this change in the contract.
●彼らがそうすることには異議はありません（彼らがそうしてはいけない理由が分かりません）。
We can see no reason why they should *not* do so.

|||解説|||
①、②いずれも「…に対して異議はない」という表現である。①は動詞を打ち消し、②は名詞の前に no を用いた否定表現。

(決まり文句) 異議がなければ…

① **If you don't have any objections,...**
② **Unless you have an objection,...**

(例) ●異議がございませんでしたら、訂正済みの書類をお送りください。
If you don't have any objections, please send us the revised forms.

|||解説|||
if ~ not [no]... と unless... は同じ意味で用いられることが多いが、if ~ not [no]...（①）はこの if に導かれる節（従節）に意味上の重点が置かれるのに対し、unless...（②）は主節（unless... を受ける節）に重点があることが多い。

行き違い　crossing / misunderstanding　（⇨誤解）

(例) ●9 月 4 日付の貴簡と納品の遅れをお知らせした 9 月 6 日付の当方書状とは行き違いになりました。

いけん

Your letter of September 4 *crossed* ours of September 6 in which we informed you of the delay in delivery.

●この件に関して貴社と ABC 社との間に行き違い（誤解）があるようです。
There seems to be some *misunderstanding* between you and ABC about this matter.

解説
第1例の cross は cross in the mail（郵便で行き違いになる）の意味。

意見　comment / opinion / thought

（例）
●ご意見をお聞かせいただければ幸いです。
We would very much appreciate receiving your *comments*.

●ご意見をお聞かせください。
We are interested in having your *comments*. / We are looking forward to your *comments*.

●この企画についてのご意見をいただきたいのですが。
Please let us have your *opinion* on the plan.

●この点に関し、その他のご意見またはご提案がございましたらお知らせください。
Please let us know if you have other *thoughts* or suggestions regarding this.

●私見（ひと言意見）を述べさせていただければ、貴社は当地に代理店を設置するべきだと思います。
If I may express an [my] *opinion*, you should be represented here.

解説
「意見、見解」は文脈により英文表現が異なるが、comment がよく用いられる（comments と複数形にすることも多い）。「いくつかの興味深い意見」は some interesting comments。suggestions（示唆）、recommendations（勧告）も類義語。

意向　intention / views　（⇨意見）

（例）
●彼らは貴社の要請を受け入れる意向を明らかにしました。
They have declared their *intention* to agree to your request.

●私どもはこの件に対する彼らの意向を打診しました。
We have sounded out their *views* on this matter.

以上（の）　above　（⇨上記）

（例）
●どうぞ以上の点をご検討ください。
Please give the *above* points your consideration.

いぜん　21

解説
すでに述べたことに言及するときに使う。類似表現として the address given above（上記の住所）も実用的。「以下の点」は the following points などと表現する。

…以上　more than / over

例
- 1000個以上ご注文くだされば、定価から5%割引いたします。
  If you order 1,000 units *or more*, we can give you a 5% discount off the list price.
- ABC社は30年以上にわたり、この事業に取り組んでいます。
  ABC has been engaged in this business for *more than* 30 years.
- 当社の社員は、このプロジェクトのために週50時間以上働いています。
  Our engineers have been working *over* 50 hours a week on this project.

解説
「～以上」に当たる more than ～ / over ～は、厳密には～の数を含まないので、正確に表したいときは第1例のように表現する。

いずれ　（⇨後日／近い）

いずれにせよ　in any event

例
- いずれにせよ、私どもは今後このような間違いを繰り返さないよう万全を尽くします。
  In any event, we will do everything we can to prevent the reoccurrence of this type of mistake.

解説
既述事項を要約するときの「いずれにせよ＝どういう経過をたどるにせよ」に対する英語表現。文頭に anyhow を使っても同じ意味になるが、やや口語調。

以前　earlier / before / previous　（⇨前に）

例
- 以前のメールで約束しましたように、必ず期日に納品いたします。
  As promised in my *earlier* email, we will make sure that delivery is made on time.
- 以前に申し上げたとおり、送り状第100号に対するお支払いをまだ受けておりません。
  As we pointed out *before*, we have not received payment for our invoice No. 100.
- 当社製品をそちらで販売する可能性について、以前にブラウン氏と話し

22　いぜん

合いました。
We have discussed with Mr. Brown the possibility of marketing our products in your area on *previous* occasions.

解説
earlier は「現在より早い時期に」の意味。previous(ly) も同じ意味であるが、やや堅い表現。「以前に話し合ったとおり」なら as we discussed previously となる。before は漠然と「より前に」を意味する。

依然　still / as before

例
- この件については繰り返し説明のメールをお送りしておりますが、依然として問題は尾を引いています。
  The problem *still* persists even though we have sent repeated messages explaining the issue.
- 年内の関係改善を望んでいますが、依然として敵対したままです。
  While we were hoping relations would improve within the year, attitudes remain as hostile *as before*.

解説
still が「それでもなお」という若干感情的なニュアンスを含むのに対し、as before は冷静で客観的な表現。

忙しい　busy

例
- 山積するお仕事でお忙しいところ恐縮ですが、お力をお貸しください。
  I am very sorry to ask for your assistance when you are so *busy* with the mountain of work you have.

決まり文句
お忙しいこととは存じますが…
① **You must be on a busy schedule, but...**
② **Though I know how busy you must be,...**

例
- お忙しいこととは存じますが、私どもにお時間を割いてくださいますようお願い申し上げます。
  You must be on a busy schedule, but we sincerely hope that you will be able to spare us some time.

解説
Though we realize how busy you are [will be],... といった表現もある。

異存　(⇨異議)

委託（する）　commission / entrust

例
- 当社に業務を委託してくださされば、ご満足いただけるように遂行するこ

とをお約束します。
　We assure you that the job you *entrust to* us will be carried out to your satisfaction.
● 私どもは商品を委託販売できるかどうかを検討しております。
　We are studying the possibility of *selling* our products *on commission*.

解説
「A（業務）を B（会社など）に委託する」は entrust A to B / entrust B with A。「～を委託販売する」は sell ~ on commission [consignment]。

いただく　would

（決まり文句）…していただきたいのです（要望）
① **We would request that...**
② **We would like to ask you to (do)...**
③ **We hope that...**

（例）● 本件をご検討いただきたく存じます。
　We would like to request that you consider this matter.
● ABC 社の事情をご理解いただきたいのです。
　We would like to ask you to understand ABC's situation.

解説
①の would request は丁寧な言い方。②の would like to と同じく、「…したいと思う」ということを柔らかい口調で表現している。なお、request に続く that 節の中の動詞は原形（仮定法現在）を用いる（英国式は should ＋動詞の原形）。③の hope は「…を望む」ということで、結局は「…してもらいたい」という意味を出すことができる。

（決まり文句）…していただけますか（依頼）　（⇨ください）
① **Would you (please)...?**
② **Could you (please)...?**
③ **Would you be willing to (do)...?**

（例）● 貴社製品の資料をお送りいただけますでしょうか。
　Would you please send us information about your products?
● 支払い条件についてお知らせいただけますでしょうか。
　Could you tell me about the terms of payment?

解説
Would [Could] you...? は Will [Can] you...? より丁寧な表現である。文例のように please を添えることが多い。

（決まり文句）…させていただきます
① **Please allow us to (do)...**
② **We have great pleasure in (doing)...**

いちぞん

(例)
- ABC 計画について提案させていただきます。
  Please allow me to make some suggestions about ABC's plan.
- 謹んで柴田氏を紹介させていただきます。
  We have great pleasure in introducing you to Mr. Shibata.

(決まり文句)
…をいただきたいのです（もらいたい）
① **Would you please give [send] us...?**
② **We are interested in (having [obtaining])...**

(例)
- 貴社製品の図解入りのカタログを（送って）いただきたいのですが。
  Would you please send us an illustrated catalog of your products?
- ご意見をいただきたく存じます。
  We are interested in your comments.
- 貴社の業務用コピー機に関する資料をいただきたく存じます。
  I am interested in obtaining information about your office copiers.

|||解説|||
②は「…に興味をもっている」という表現で、前後の文脈から依頼を意味することが多い。

一存　liberty　（⇨勝手ながら）

(例)
- 私どもの一存では、ABC 社の現在の財政状態に関してお知らせすることはできません。
  We are unable to take the *liberty* of giving you details about ABC's financial situation.

|||解説|||
take the liberty of ～ ing は一人称の主語のとき「僭越ながら～する、勝手に～する、一存で～する」という意味を表すのに使う。of giving の代わりに to give も使用できる。

一同　each / all

(例)
- その手紙に対しては一同がそれぞれ返信する必要があります。
  Each of us needs to respond to the letter individually.
- 新しい職務でのご成功を私ども一同願っております。
  We *all* wish you every success in your new position.
- ABC 社一同より、心からのお悔やみを申し上げます。
  I would like to extend the deepest sympathy of *all* of us at ABC Company.

|||解説|||
each of us は「我々一人一人が」というニュアンスが強く、全員を一つのグループとしてみる場合は we all または all of us を用いるとよい。

いつ　when

(例) ●いつお越しになるのか、お知らせください。
Please let us know *when* you are coming.

一考　(⇨検討／考慮)

一緒　with (you)

(例) ●一緒に仕事をさせていただけるのを楽しみにしています。
I am looking forward to working *with you*.
●カナダであなたとご一緒できることを楽しみにしております。
We are looking forward to spending some time *with you* in Canada.
●価格表と一緒に見本をお送りしました。
We have sent you the samples *together with* a price list.

一致する　accord / conform

(例) ●私どもはその原則について、ABC 社と完全に意見が一致いたしました。
We *were in* complete *accord with* ABC on that principle.
●調査しましたところ、貴社の記録は当方の記録に一致していません。
Upon checking, we find that your records do not *agree* [*conform*] *with* ours.
●数量が 5 月 30 日付の送り状と一致しておりません。
We find that the quantities do not *correspond to* your invoice of May 30.

||| 解説 |||
be in accord [agreement] with ～ / agree with ～ / conform with [to] ～ / correspond to ～ のうち、後の 2 つは「意見が一致する」意では使えない。(⇨同意)

いつでも　any time / always　(⇨いつも)

(例) ●貴社のお役に立てそうなときはいつでもご相談ください。
Please consult us *any time* we can be of service to you.
●いつでも喜んで、御社と御社のお得意先のお役に立ちたいと思います。
We are *always* pleased to serve you and your customers.

||| 解説 |||
第 1 例の any time は「…のときはいつでも」という意の接続詞的用法。副詞的に用いるときは普通 anytime / at any time となる。

一筆　note / line

(例) ●一筆啓上いたします。私は 3 月末をもちまして ABC 社を退社すること

になりました。
　Just a *note* to tell you that I will be retiring from ABC at the end of March.
● 私どもに一筆くださるか、お電話ください。
　Please drop us a *line* or call us.

||| 解説 |||
短い手紙、つまり「一筆」を表す表現に note / line がある。

一報　line

（例）
● 午後6時にお会いできるでしょうか、ご都合をご一報ください。
　Please *drop me a line* to let me know if I can expect you at 6:00.
● 来週ご都合がよろしいのはいつでしょうか、ご一報ください。
　Please *let me know* when you will be available next week.

||| 解説 |||
取りあえず連絡を入れる、つまり「一報する」という意味の英語表現は、文例にある drop a line（一筆ください）、let me [us] know（お知らせください）などを文脈に応じて使い分ける。

いつも　usual / at any time / always

（例）
● いつも変わらぬご協力に感謝いたします。
　Thank you for your *usual* cooperation.
● いつもあなたのお役に立ちたいと願っております。
　We hope we can be of service to you *at any time*.
● いつものように受領をご確認ください。
　Please acknowledge receipt *as usual*.
● 当社は拡販のための新たな提案にはいつも関心を抱いております。
　We are *always* interested in new proposals for expanding our sales.

||| 解説 |||
at any time / as usual は文全体を修飾する。

移転する　move

（決まり文句）
～は…に移転します
① ～ **will move into [to]...**
② ～ **is [are] moving into [to]...**

（例）
● 当社東京支店は新しいビルに移転いたします。
　Our Tokyo branch *will move into* a new building.
● 当社は以下の住所に移転しますのでお知らせいたします。
　We are pleased to inform you that we *are moving to* the following

address:

解説

move into はビルなどへの移転、move to は住所の移転を表す。

…以内　within

(例)
●受注後 1 週間以内に発送するのは難しいかと存じます。
We are afraid that it is difficult to make shipments *within* a week of receiving orders.

解説

時間的な「…以内」は within である。within a week と in a week はほぼ同じ意味。after a week とすれば「1 週間後に」の意味になる。

委任　(⇨委託)

祈る　wish / hope

(決まり文句)
…をお祈りします
① **We wish you...**
② **(We send you our) Best wishes for...**
③ **We hope that...**

(例)
●新しいお仕事でのご成功をお祈りいたします。
I wish you every success in your new position.
●ご多幸とご成功をお祈り申し上げます。
We send you our best wishes for happiness and prosperity.
●早く回復されますようお祈りいたします。
Best wishes for a speedy recovery.
●2011 年が皆様にとって幸福と繁栄の年になりますよう祈っております。
I hope that 2011 will be a happy and prosperous year for every one of you.

解説

①の We [I] wish you (something) は「(幸運・成功などを) 祈る」という意味で、挨拶文によく使われる。②の Best wishes for... は祝福の言葉を贈る場合の決まり文句 (第 3 例では「相手の健康への切なる願い」と意味が特殊になっている)。このような場合は通例 wishes と複数形となる。③は that 以下のことを「願う、祈る」ということで、I hope you to do... の形は不可。

今では　now / now that...

(例)
●事情は今では明白になったものと確信しています。
I am sure the situation is *now* quite clear.

- 私の健康は今ではかなり回復しましたので、仕事に戻らなければなりませんね。
  Now that my health has considerably improved, I have to go back to work.

今のところ　at present / for the time being

（例）
- あいにく、今のところ弊社の販売代理店はカナダにはございません。
  Unfortunately, we have no distributor in Canada *at present*.
- せっかくオファーをしていただきましたが、残念ながら、今のところお引き受けできません。
  We are sorry that we are unable to accept your kind offer *for the time being*.

|||解説|||
at present は「現在」という特定の時点を示す。for the time being は時間に幅があり、「ここしばらくの間」の意味。

今まで　so far / as yet　（⇨これまで／まだ）

（例）
- 当社は現在の代理店の今までの取引高に満足していません。
  We are not satisfied with the volume of business that our present agent has *so far* generated.
- 今までのところ、当方は貴社から送金を受けておりません。
  As yet, we have received no remittance from you.

|||解説|||
as yet は通例否定文で用い、文末や文中でも使える。

依頼（する）　request / ask　（⇨要望）

（例）
- あいにくですが、あなたのご依頼に応じることはできません。
  Unfortunately, I am unable to accept your *request*.
- スミス氏はあなたのメールに返信するよう、私に依頼してきました。
  Mr. Smith *asked* me *to* reply to your email.

|||解説|||
request は「要求」という意味なので強い語調のように思えるが、英語表現ではもっと軽い「依頼」の意味で日常的に用いる。「A（人）に〜することを依頼する」は、第2例のように ask A to do で表せる。

（決まり文句）
ご依頼の…
① the requested...
② ... (that) you requested

（例）
- ご依頼のサンプルを貴社シカゴ事務所へ航空便でお送りしました。

We sent *the requested* samples to your Chicago office by airmail.
- ご依頼の情報を（喜んで）提供いたします。

  We are pleased to supply you with the information *you requested*.

(決まり文句) …を依頼いたします

① **This (message) is to ask you to (do)...**

② **I am writing to request that...**

(例)
- 私どもに貴社バッファロー工場の事故に関する情報を提供してくださいますよう依頼いたします。

  I am writing to request that you provide us with information on the accident at your Buffalo plant.

‖解説‖
「このメールはあなたに…するよう依頼するものであります」ということ。ask you to do と同じ形式の request you to do も可。

いらっしゃる　come / visit　（⇨お越し）

(例)
- あなたが6月に名古屋にいらっしゃると伺い、うれしく存じます。

  I was pleased to learn that you will *be coming* Nagoya in June.
- あなたが5月に東京にいらっしゃると伺っておりますが、その節にお会いしたいと思っております。

  I understand you will be *visiting* Tokyo in May and am wondering if I could meet with you during that time.
- 次回はいつ大阪方面にいらっしゃるのか、お知らせください。

  I hope that you will let me know when you will next *be in* the Osaka area.

いろいろ　all / everything

(例)
- いろいろご援助いただき、重ねてお礼申し上げます。

  Thank you again for *all* of your kind assistance.
- いろいろお世話になりました。

  Thank you very much for *everything*.
- 計画案はいろいろな状況に応じて変更されるかもしれないことは分かっています。

  I understand that this plan may change due to *a variety of* circumstances.

‖解説‖
for all of ～は「～のすべてに対して」という意味から「いろいろな」ということになる。a variety of / several varieties of / a wide variety of / a great variety of など、variety を用いた「いろいろな」という類似の表現は多い。

30 　いわう

祝う　congratulate　（⇨おめでとう）

(決まり文句)　…にお祝い申し上げます
① **Please accept our congratulations on...**
② **We (would like to) congratulate you on...**
③ **We (would like to) extend our congratulations on...**

(例)
● この度の営業部長ご就任に、心よりお祝い申し上げます。
Please accept our warmest *congratulations on* your recent appointment as sales manager.
● この度のご昇進にお祝い申し上げます。
I would like to congratulate you on your well-deserved promotion.
● 貴社大阪支店のご開業にお祝い申し上げます。
We would like to extend our congratulations on the opening of your Osaka office.

|||解説|||
「～を祝う」は congratulate on ～。名詞を使うと congratulations on ～と congratulation は複数形になって「～への祝いの言葉、祝辞」の意味になる。第 2 例の well-deserved は「(あることを)受けるに十分値する」という意。

印象　impression

(例)
● 貴社の新製品に強い印象を受けました。
Your new products are very *impressive*.
● この結果に強い印象を受けました。
We *are* deeply *impressed with* the results.

|||解説|||
impressive は「印象深い」ということで事物が主語、impressed は「印象を受けた」で人が主語のときに使う。第 2 例は with の代わりに at / by でもよい。

インボイス　（⇨送り状）

う

（…の／…する）うえで　after / for / in

(例)
● 海外への工場移転は、十分な調査をしたうえで行われるべきです。
Off-shoring the factory needs to be carried out *after* doing a careful investigation.
● あなたにとってこの会社での将来のためには非常によいチャンスだと思います。キャリアを積むうえで何が大切かを考えてください。
We believe that this will be a very good opportunity *for* your future at

this company, so please think about what is important for your career.
- ご提案には確かに利点がありますが、私たちは、ビジネスをするうえで何が現実的かを考えなくてはいけません。
  While your suggestion certainly has its merits, we must think about what is practical *in* our business.

解説
日本語の「うえで」には様々な意味があり、具体的な内容をよく考えて after、for、in などの単語を選ばなくてはいけない。

伺う （聞く）hear /（尋ねる）ask /（訪れる）visit

決まり文句 …と伺っております
① **We have been told [informed] that...**
② **We have learned that...**
③ **We understand that...**

例
- 御社が当地で支社を設立されることに関連して、日本をご訪問なさると伺っております。
  We have been informed that you will be visiting Japan in connection with the establishment of your branch office here.
- あなたが4月20日から5月8日まで日本に滞在されると伺っております。
  We have learned that you will be staying in Japan from April 20 to May 8.
- 8月20日にあなたが東京に到着されると伺っております。
  We understand that you will arrive in Tokyo on August 20.

解説
that 以下のことを伺っている（聞いている）という表現。that の前は現在形もしくは現在完了形を用いることが多い。

決まり文句 …と伺いうれしく思います
① **We were delighted [pleased] to hear [learn] that...**
② **It is [was] a pleasure to hear [learn] that...**

例
- ジョンソン氏より、あなたがお元気で今も ABC 社の成功に貢献されていると伺い、うれしく思います。
  I was delighted to learn from Mr. Johnson *that* you are well and still contributing to ABC's success.
- 当方のオファー受諾をお決めいただいたと伺い、うれしく思います。
  I was pleased to learn that you decided to accept our offer.

解説
①は delighted / pleased のほかに glad / happy などが使える。②の It is [was]

うけあう

(決まり文句) a pleasure to (do)... は形式ばった表現で書き言葉。

…について伺いたいと思います
① **We wish [would like] to know about...**
② **I am writing to ask [inquire] about...**

(例)
- まず第一に、貴社の条件について伺いたいと思います。
  First of all, *we would like to know about* your terms and conditions.
- 貴社の ABC プログラムへの申し込みについて伺いたいと思います。
  I am writing to inquire about applying for the ABC Program.

||| 解説 |||
wish to (〜したいと思う) は同義の would like to や want to より丁寧な表現。

(決まり文句) **〜が…にお伺いします**
① **〜 visit...**
② **〜 call on...**

(例)
- 鈴木が 9 月 3 日の 10 時に貴社をお伺いしたいと申しております。
  Mr. Suzuki would like to *visit* you at 10:00 on September 3.
- 私どもの担当課長がすぐにお伺いします。
  Our manager in charge will *call on* you right away.

||| 解説 |||
「訪問する」という意味の「伺う」は visit / call on。「立ち寄る」という軽い意味ならば drop in を使うとよい。

請け合う　assure　(⇨保証/約束する)

(例)
- 私どもは貴社の具体的なご指示に従うことを請け合います。
  We *assure* you that we will follow the specific instructions you have given us.
- あなたにいつでも協力することを請け合います。
  You can *count upon [on]* our cooperation at all times.

||| 解説 |||
第2例では you を主語にすることにより相手に対する敬意が示される。count on [upon] 〜は「〜を頼りにする」という意味で、upon を使う方が意味が強い。

受け入れる　(⇨受ける)

承る　be informed　(⇨伺う)

(例)
- その会議には、あなたも出席されると承っております。
  I have *been informed* that you will attend the conference.

||| 解説 |||
「承っている」は例文のように「知らされている」という表現を取ることが多く、

通常、現在完了形が使われる。

受け取る　receive

決まり文句　…を受け取りました
① **We have received...**
② **We are pleased to acknowledge receipt of...**
③ **Thank you for...**

例
● 貴社の6月7日付のメールをただ今受け取りました。
　I have just *received* your message of June 7.
● あなたの東京訪問に関する5月7日のメールをありがたく受け取りました。
　Thank you for your email of May 7 about your trip to Tokyo.

‖解説‖
②は「（メールや贈り物を）受け取ったことを喜んでお知らせします」ということだが、やや形式ばった表現で、最近では③のような言い方が好まれる傾向がある。

決まり文句　確かに…を受け取りました
① **This (message) is to confirm receipt of...**
② **I am writing to confirm that we have received...**

例
● 払い込み金は確かに受け取りました。
　This message is to confirm receipt of your payment.

‖解説‖
「確かに」を表すにはconfirm（確認する）を用いるとよい。①、②とも手紙やメールの書き出しの表現。

決まり文句　…を受け取っておりません
① **We have not (yet) received...**
② **... has [have] not been received.**
③ **... has [have] not (yet) reached us.**

例
● 10月8日に注文した商品をまだ受け取っておりません。
　We have not yet received the products we ordered on October 8.
● 残念ながら、4月15日期限の払い込み金を受け取っておりません。
　Unfortunately, your payment which was due on April 15 *has not yet reached us*.

‖解説‖
主語を人にするときは has [have] not received (something) とし、物を主語にするときは (something) has [have] not been received と受け身にする。reach を用いる場合は主語は必ず物にする。（⇨届く）

決まり文句　…を受け取り次第
① **(immediately) on [upon] receipt of...**

② **immediately after we received...**

（例）
- 本状をお受け取り次第、その件についてご連絡ください。
  Please let us know about this issue *on receipt of* this letter.
- 払い込み金を受け取り次第、ご注文の品をお送りいたします。
  We will send you the order *immediately when we receive* your payment.

‖解説‖
on [upon] ～は「～するとすぐ」の意味。意味を強めるために immediately を on [upon] や when の直前に置くことがよくある。

受ける　accept　（⇒受諾／承諾）

（例）
- 私どもの陳謝の意をお受けください。
  Please *accept* our sincere apologies.
- ご招待を喜んでお受けいたします。
  I am pleased to *accept* your kind invitation.
- 遺憾ながら、20万ドルではご注文をお受けすることはできません。
  Unfortunately, we are unable to *accept* your order at $200,000.

‖解説‖
accept は物理的に物を受領する（例えば、手紙を受領する）という意味ではなくて、「承諾する」「納得して意のあるところを受け入れる」という意味。receive と accept を混用しないように注意。

失う　lose

（例）
- ABC 社が全国的な流通網を持たないために、当社は多くの機会を失いました。
  We have *lost* many opportunities because ABC doesn't have a distribution network throughout the country.
- あなたはよき友人であり同僚であった方を失われたのですね。
  I understand that you have *lost* a good friend and fellow associate.
- あなたが大切な方を失われたことを知り、たいへん悲しんでいます。
  We were deeply saddened to learn of your great *loss*.

‖解説‖
第1・2例で have lost と現在完了形を用いるのは、失った結果が今も続いていることを言うためである。

疑い・疑う　doubt / be doubtful

（例）
- 御社が引き続き成功を収めることに疑いの余地はないでしょう。
  We have no doubt that you will continue to succeed.

- 輸送中に破損が生じたことはまず疑いようがありません。
  There is little doubt that the breakage occurred in transit.
- 彼らが期限内に仕事を仕上げられるかどうかは疑わしいことです。
  It is doubtful that they will finish the job on time.

||解説||

no doubt は「疑いの余地がない」ということ。little doubt は「疑いがほとんどない（少しはある）」。これら以外に、undoubtedly（疑いなく、確かに）/ without question / unquestionably（議論の余地なく）といった副詞（句）を用いて同様の表現をすることもできる。第3例は that 以下のことが「疑わしい」という表現。

打ち合わせ　(preliminary) discussion / arrangement

(例)
- この件について打ち合わせをするために、3月5日にお会いしたいと思います。
  I would like to meet with you on March 5 for a *preliminary discussion* in this regard.
- スケジュールは ABC 社と打ち合わせをして調整します。
  We will *arrange* the schedule with ABC.

写し　copy

(例)
- 価格表の写しを同封いたします。
  We are attaching a *copy* of our price list.
- 同封の契約書の写しにご署名のうえ、当方にご返送ください。
  Please sign the enclosed *copy* of this contract and return it to us.
- 写し送付先…（注記で）
  CC to... / Copies to... / Copy to...

||解説||

「写し」は copy を用いる。CC（carbon copy の略）to / Copies to / Copy to は英文レター構成要素の一つで、写し送付先を示す。

うまくいく　be all right / go well　(⇨順調)

(例)
- すべてがうまくいっているものと思います。
  I am sure that everything *is all right*.
- このプロジェクトがうまくいけば、貴社との取引を継続するつもりです。
  If the project *goes well*, we will continue to do business with you.

売り上げ　sales

(例)
- 2月の売り上げは 8500 万円に達し、前年同月比 12% 増でした。

Sales in February reached ¥85,000,000, which is an increase of 12% over the same period last year.
- 私どもは貴社製品の売り上げを伸ばすことができると確信しております。
  We are confident that we can increase the *sales* of your products.
- この製品の売り上げは著しく伸びました。
  Sales of this product have increased sharply.
- この決定は売り上げの急激な落ち込みをもたらしました。
  This action has led to a sharp decline in *sales*.

|||解説|||
「売上高」は sales と複数形にするのが普通。売り上げが「伸びる」には increase / rise / be up など、「落ちる」には decline / decrease / fall / be down などを用いる。

売り切れ　（⇨品切れ）

売る　（⇨販売）

うれしい　delighted / pleased

(決まり文句)　…してうれしく思います　（⇨ありがたい）
① **We are delighted [pleased] to (do)...**
② **It is a pleasure (for us) to (do)...**

(例)
- あなたにお会いする機会が得られ、うれしく思います。
  It is a pleasure for me to have the opportunity to meet you.
- この面であなたのお役に立てればうれしく思います。
  It will be a pleasure to be of service to you in this area.

(決まり文句)　…と伺いうれしく思います　（⇨伺う）
① **We are delighted to know [learn] that...**
② **It is nice to know that...**
③ **It is a pleasure to hear [learn] that...**

(例)
- 貴殿がこの度 ABC 社の社長になられたと伺い、うれしく思います。
  I am delighted to learn that you are now the President of ABC Company.
- メールであなたが ABC 社に引き続き積極的に関与しておられることを伺い、うれしく思います。
  It is a pleasure to learn from your email *that* you continue to be active and involved in ABC.

えいぎょう　37

売れる　sell

例
- 価格が5%低ければ、それはこの市場でよく売れるでしょう。
  If the price were 5% lower, it would *sell* well in this market.
- 当社の製品が貴社の地域で売れるかどうか、評価をしていただきたいと思います。
  We would like you to evaluate the *marketability* of our products in your area.

|||解説|||
第1例のsellは「～を売る」ではなくて「売れる」の意味の自動詞。marketabilityは「売れ行き予測、市場性」のこと。この語の代わりにpossible saleでもよい。

上回る　（⇨超える）

運営する　operate / run　（⇨経営）

例
- ABC社は、新会社の100%子会社として事業を運営いたします。
  ABC will *operate* as a wholly-owned subsidiary of the new company.
- その研究所はABC社が運営していると伺っております。
  I understand that the institute is *run* by ABC.

え

影響(する)　influence / affect / impact

例
- 為替相場の変動は米国での当社の売り上げに大きく影響します。
  The fluctuation in the exchange rate will strongly *influence* our sales in the United States.
- サービスがお粗末だというABC社の評判は、当社の売り上げに影響しています。
  Our sales have *been affected* by ABC's reputation for poor service.
- これらの新しい事業は売り上げに大きな影響を与えることでしょう。
  These new services will *have an impact on* sales.

|||解説|||
affectは悪い影響を及ぼすときに使われることが多い。impactは「(あることへの)強い影響力」のことで、米国用法では動詞として使うこともある。

営業　business / operation

例
- 当社の販売部門が新しいビルに移転し、2011年4月1日より営業を開始することをお知らせします。
  We are pleased to inform you that our marketing division will move to

a new building where *operations* will start from April 1, 2011.

- 次回の営業会議は6月5日の午後2時に予定されています。ぜひご出席ください。

  The next *business* meeting has been scheduled for June 5 at 2:00. It is very important that you attend.

- 私どもは営業種目の拡大に強い興味を持っておりますので、貴社のご協力をいただきたく存じます。

  As we are very much interested in expanding the number of products we handle, we wish to have your cooperation.

- ABC社の営業状態に関する11月2日付のあなたのメールを受け取りました。

  We have received your message of November 2 about the *business standing* of ABC.

|||解説|||

business meeting（営業会議）、business standing（営業状態）のように「営業」はbusinessを使う。日常の業務の意味ではoperation(s)も使える（第1例）。「営業を停止する」はbe out of operation。

栄誉　honor　（⇨名誉）

(例)
- あなたに最もふさわしく与えられたこの栄誉に、心よりお祝い申し上げます。

  Please accept my warmest congratulations on this *honor* you most richly deserve.

- 私どもは25周年記念式典にジョーンズ氏のご列席を賜るという栄誉に浴しました。

  We *were honored to* have Mr. Jones attend our 25th anniversary celebration.

|||解説|||

第2例のbe honored to doは「～することを栄誉であると考える」ということ。

選ぶ　choose / select　（⇨選択）

(例)
- 3種類選びましたので、その見本をお送り願います。

  We have *chosen* three types and would like you to send us the samples.

- 先日の貴社の展示会で選んだ品物に関しては、近々結論を出します。

  We will soon be making certain decisions concerning the items we *selected* at your exhibition the other day.

- 魅力的なプログラムを各種用意いたしましたので、この中からお選びく

ださい。
There are various attractive programs from which you may *choose*.
- ABC 航空をお選びいただき、ありがとうございます。
Thank you for *choosing* ABC Airlines.

||| 解説 |||
choose や select は多数の中から選ぶという意味。choose (between 〜などを伴う) は二者択一の場合も使える。

延期　extension　(⇨延期する)

（例）
- 支払いの 3 か月延期をお願い申し上げます。
We would like to ask you for a three-month *extension* on our payment.
- 今週木曜日に予定されていた会議は翌週に延期されました。
The meeting planned for Thursday this week has been *delayed* to the following week.

延期する　postpone　(⇨延長する)

（例）
- 不本意ながら会議を延期せざるを得なかった旨、同氏より報告を受けました。
He reported to us that, much against his will, he had to *postpone* the meeting.
- 注文第 50 号の出荷を 6 月 20 日まで延期するよう要請された、貴社からの 5 月 10 日付のメールを受領いたしました。
We have received your message of May 10 requesting us to *postpone* our shipment of your order No. 50 until June 20.

||| 解説 |||
postpone は主として時間的な延期で、extend は時間、距離、勢力範囲など広い意味によく使う。(⇨延長する)

援助　assistance　(⇨支援)

（例）
- いろいろご援助いただき、お礼申し上げます。
Thank you for all of your kind *assistance*.

延長　extension　(⇨延期／延長する)

（例）
- この手形の支払い期限のさらなる延長が必要でしたら、その旨お知らせください。
If you require a further *extension* of time to pay this bill, please let us know.
- ご提案の条件に加えて、90 日間の期限延長をお認めいたします。

えんちょうする

We are willing to allow you an *extension* of 90 days on the terms you suggested.

延長する　extend　（⇨延期する）

（例）
- すべて問題なく、本契約を延長なさりたい場合はご連絡ください。
  If everything is all right and you would like to *extend* this agreement, please let us know.
- このような次第ですので、締切日を今月末まで延長していただきますようお願いいたします。
  Under the circumstances, we do hope that you will *extend* the deadline to the end of this month.

遠慮する　hesitate

（決まり文句）遠慮なく…してください
① **Please do not hesitate to (do)...**
② **We hope that you will not hesitate to (do)...**
③ **Please feel free to (do)...**

（例）
- どうぞご遠慮なくお申し出ください。
  Please do not hesitate to call on [upon] us.
- 私にできることがございましたら、どうぞご遠慮なくお知らせいただければと思います。
  If I can do anything for you, *I hope that you will not hesitate to* let me know.
- この件に関してご質問がございましたら、ご遠慮なくお尋ねください。
  Please feel free to ask me if you have any questions concerning this matter.

|||解説|||
相手に行動を促したり、行動しやすくするための常套表現である。do not hesitate to do / feel free to do はともに手紙の末文などによく使われる。第1例の call on [upon] ～は「～に（援助などを）求める、頼る」という意。

お

追いつく　catch up with / keep up with

（例）
- 注文の急激な増加に追いつけません。
  We couldn't *catch* [*keep*] *up with* the sharp increase in orders.

|||解説|||
catch [keep] up with ～には「～を追い越す」という意味はないことに注意。can't

catch up with は、「遅れが出て、取り戻せない」というニュアンス。can't keep up は「どんどん遅れる」イメージ。

(…に) おいて　in / at / under

(例)
- 1月23日の会議において、私たちは段階的に人員削減を始めることを決定しました。
  In a meeting on January 23, we decided to start making personnel cuts in stages.
- 3月にカーネギーホールにおいて我々が主催するイベントにあなたをご招待したく存じます。
  We would like to invite you to an event we will be hosting *at* Carnegie Hall in March.
- あなたが直面している問題を理解はしておりますが、現状のシステムにおいては、ご依頼の件はほぼ不可能です。
  While we understand the difficulties you are facing, *under* the current system, what you are asking is nearly impossible.

||| 解説 |||
in は at に比べ、より具体的かつ限られた場所などに使う。at a meeting が会議の前後や休憩などをすべて含むのに対し、in a meeting は会議そのものを指す。「〜の場合は」を意味する場合は under を使うことが多い。

おいで　(⇒お越し)

応じる　accept / meet　(⇒受ける)

(例)
- 貴社の提案に応じます。
  We are willing to *accept* your proposal.
- ABC 社は貴社の要求に応じられないということです。
  We were informed that ABC will be unable to *meet* your requirements.

||| 解説 |||
第2例の meet は「(要求などを) 満たす」という意味。

(決まり文句) …には応じられません
① **We are unable to accept...**
② **We can't comply with...**

(例)
- 遺憾ながら、ご注文に応じられません。
  We are sorry that *we are unable to accept* your order.
- 以下の理由で、取り消しのご要望には残念ながら応じられません。
  We are sorry that *we can't comply with* your request for cancellation for the following reasons:

解説
相手に何かを断る文なので、例のように We are sorry (that) などを付けることが多い。comply with ～ は「（規則・要求・命令など）に従う」という意味。

応対　courtesy

例
- 商品返品の際も、ご購入時と同じように丁寧な応対を心掛けています。
  We are sure that when returning the item you will receive the same *courtesy* as when you purchased it.

解説
the same courtesy as ～は「～と同様の慇懃な行為・言葉（＝応対）」ということ。

応募（する）　application / apply (for)

例
- 2月3日付のジャパンタイムズに貴社が広告を出しておられる営業職に応募いたします。
  I am writing to *apply for* the position of salesman, which you advertised in The Japan Times on February 3.
- 1月10日付の朝日新聞の求人広告を拝見し、営業マネージャーの職に応募したいと存じます。
  With reference to the classified advertisement in The Asahi on January 10, I would like to *apply for* the position of marketing executive.
- 3月1日までに応募書類をお送りください。
  Please send your *application* by March 1.
- 当社の秘書の職にご応募いただき、ありがとうございました。
  Thank you for *applying to* us *for* a position as secretary.

解説
「（職など）に応募する」は apply for ～。名詞形は application。applicant は「応募者」。第2例の classified advertisement は「（新聞の）部門別求人・求職広告」で classified ad と省略形がよく用いられる。

おかげで　thanks to

例
- 貴社のご協力のおかげで、この問題を解決することができました。
  Thanks to your cooperation, we managed to resolve the problem.
- 皆さんのご厚意のおかげで、現地での滞在を快適で実りあるものにすることができました。
  The courtesies you extended to me *made* my stay in your city both fruitful and comfortable.

解説
thanks to ～は「～のおかげで」を表すのによく用い、thanks は常に複数形。第2

例のように相手の協力などを主語にして、「～のために…になった」という表現もよく使われる。

お悔やみ　（⇨悔やみ）

送り状　invoice

（例）
- 10月15日にご注文いただきました商品の送り状を同封します。
  We are enclosing the *invoice* for the items you ordered on October 15.
- 1万8000ドルの新しい送り状を再発行するとの通知が、ABC社からありました。
  ABC informed us that they will reissue a new *invoice* for $18,000.
- この送り状に対してご送金いただければ幸いです。
  We would appreciate your remittance to cover the *invoice*.
- 信用状取引には、支払い手数料として送り状金額の2%の費用がかかります。
  The letter of credit transactions is costing 2% of the *invoiced* amount for processing payment.

|||解説|||
最後の例の the invoiced amount（送り状に記載された金額）のように invoice は動詞としても使われる。

送る　send　（⇨配達／発送）

（決まり文句）…をお送りします
① **We send you...**
② **We are sending you... / We will be sending you...**
③ **We are pleased to send you...**

（例）
- 詳細はすぐにお送りします。
  We will be sending you the details soon.
- カタログ1部を当方のニューヨークの代理人、ホワイト氏に送ります。
  I am sending a copy of our catalog to Mr. White, our representative in New York.
- 本件に関してお求めの情報をお送りします。
  We are pleased to send you the information you requested on this matter.

|||解説|||
第2例は you 以外に送る例。「航空便で送る」のなら airmail ～ to you など。

（決まり文句）…をお送りしました
① **We have sent you...**

おくれる

（例）
② **We were pleased to send you...**
③ **... was sent to you.**
- 別便でカタログをお送りしました。
  We have sent you the catalog separately.
- 4月4日にご注文された商品を別途船便でお送りしました。
  We were pleased to send you, separately by surface mail, the items you ordered on April 4.

|||解説|||
通常は送り主（We など）を主語にするが、物を主語にすると③のように send は受け身形にする。⇨ p. 460

（決まり文句）…をお送りください
① **Please send us...**
② **Would you please [kindly] send us...?**
③ **Please let us have...**

（例）
- 以下の商品の見本をお送りください。
  Please send us samples of the following items:
- 貴社のプログラムの申込書を至急お送りください。
  Would you please send us an application form for your program as soon as possible?

|||解説|||
依頼する文であるから please や would you please をつけて丁寧な表現にするのが望ましい。⇨ p. 456

（決まり文句）…をお送りいただけるとありがたいのですが
① **We would appreciate your sending us...**
② **We would appreciate it if you would send us...**
③ **We would be grateful if you would send us...**

（例）
- 貴社のカタログと価格表をお送りいただけるとありがたいのですが。
  We would appreciate your sending us your catalog and price list.
- 貴社製品に興味を持っておりますので、資料をお送りいただければありがたく存じます。
  We are interested in your products and *would be grateful if you would send us* information about them.

|||解説|||
「…してほしい」の丁寧な表現であり、ビジネスではこのような丁寧さが常に要求される。⇨ p. 458

遅れる　be late　（⇨遅延）

（例）
- 貴社のお支払いが3か月遅れていることをお知らせいたします。

We need to remind you that your payment is three months *overdue*.

- 商品は1週間遅れて届きましたが、それについての説明はまだ受けておりません。

  We have just received the articles after a week's *delay*, for which no explanation has yet been given us.

- 弊社のオファーを受諾なさったのが、あいにく有効期間より5日遅れておりました。

  Unfortunately, we received your acceptance of our offer five days *late*.

- 運送業者の取り扱いミスによって遅れたことが分かりました。

  We find that the shipper's mishandling has caused the *delay*.

|||解説|||

「遅れる」は名詞の delay を使っても表せる（第2例）。第1例の overdue は「（支払いの）期限が過ぎて」の意。

（決まり文句） …するのが遅れて申し訳ございません

① **We (would like to) apologize for the delay in (doing)...**
② **We (very much) regret the delay in (doing)...**
③ **We are sorry for the delay in (doing)...**

（例）
- メールの返信が遅れ、申し訳ございません。

  We apologize for the delay in replying to your email.

- ご注文の品の配送が遅れ、申し訳ございません。

  We would like to apologize for the delay in delivering your order.

- 貴社の品物の出荷が遅れ、申し訳ございません。

  We are sorry for the delay in shipping your order.

|||解説|||

「遅れに対してお詫びする」という表現には apologize for the delay や be sorry for the delay などを用いる。（⇨申し訳ない／詫びる）

お越し　come (to) / be in　（⇨訪ねる／来社する）

（例）
- 日本へいらっしゃる際には、当方へぜひお越しください。

  I do hope that you will *come to* our office when you visit Japan.

- 10月7日の3時から4時の間に、当社へお越しください。

  I would like to *invite* you *to* our office between 3:00 and 4:00 on October 7.

- お見送りのため遠路をわざわざお越しいただき、ありがとうございました。

  It was very kind of you to *come* all the way to see me off.

- 貴社のどなたかが東京にお越しになるようでしたら、その方と連絡を取

るにはどうしたらよいのかお知らせください。
　If any of your personnel are going to *be in* Tokyo, please let us know how to get in touch with them.

|| 解説 ||
「お越し」は「来る」の敬語表現であり、例文のように文脈に応じて様々な表現が可能である。

行う　hold

(例)
● レセプションは、10月5日火曜日の午後6時から8時まで、大阪のABCホテルで行われます。（⇨開催する）
　The reception will *take place* [*be held*] at the ABC Hotel in Osaka on Tuesday, October 5 from 6:00 to 8:00.
● 最初の配当金の支払いは11月〜1月四半期の利益に基づき、2010年3月1日ごろに行われる予定です。
　The first dividend payment will *be made* around March 1, 2010, based on profits for the November-December-January quarter.

|| 解説 ||
take place / be held / be made（後の2つは受け身表現）は物事を主語にした、あることが「行われる」という表現である。

起こる　happen / occur

(例)
● 積み荷に何が起こったのかを説明したいと思います。
　We would like to explain what has *happened* to the shipment.
● 再びこのような取り扱い上のミスは起こらないと、お約束いたします。
　We can assure you that such handling mistakes will not *occur* again.

|| 解説 ||
happen / occur は「（あることが）起こる」ことであるが、happen より occur の方が堅い表現。

納める　（⇨納入）

教える　let us [me] know　（⇨知らせる）

(決まり文句)
…を教えていただきたいのですが
① **We would like to know...**
② **We would appreciate it if you would let us know...**

(例)
● この件についてもう少し詳しく教えていただきたいのですが。
　We would like to know more about this matter.
● 貴社の保証と修理サービスについても教えていただきたいのですが。

I would also *like to know* about your warranty and repair service.

解説

would like to know は「知りたい」、let us know は「知らせてもらう」ということであるから、間接的には「教えてほしい」という意味を表すことができる。

恐らく　probably / likely

例
- 恐らく問題の原因は ABC 社にあると思われます。
  We are afraid that the problem was *probably* caused by ABC.
- 彼は恐らく今年の夏にアメリカを訪れます。
  He is *likely* to visit the United States this summer.

解説

probably より likely の方がそうである可能性が低い。類義語の maybe や perhaps はより可能性が低くなる。

恐れ　danger

例
- 彼らが貴社との今後の取引を中止する恐れがあります。
  There is a *danger* that they will terminate any further business with you.

解説

「…の恐れがある」は there is a danger that…(節が続く) / there is a danger of…(名詞相当語が続く) のどちらも使える。

恐れ入りますが　be sorry to trouble 〜　(⇨面倒)

例
- 恐れ入りますが、500 ドルの前金を 5 月 20 日までにお送りください。
  We are sorry to trouble you, but could you send us a deposit of $500 by May 20?
- 恐れ入りますが、私の履歴書と数点のデザインのコピーを同封しますので、ご検討いただけますと幸いです。(⇨**勝手ながら**)
  I am taking the liberty of enclosing my resume and the copies of some of my designs. Your consideration would be appreciated.

おっしゃる　tell / say

例
- 8 月 2 日付のメールで、あなたはこの件を調査するとおっしゃっていましたが、それから何もご連絡がありません。
  You *told* us in your email of August 2 that you would investigate this matter, but we have not heard from you since then.
- 10 月 5 日付のメールでおっしゃられたように、確かにあなたが購入されていないものに対して請求書が送られていました。

As you *said* in your email of October 5, you were indeed billed for a purchase you had not made.

||解説||
「おっしゃる」は英語では tell / say でよい。

追って　later

（例）
- 申込用紙は追ってお送りいたします。
  We will send you the application forms *later*.
- 詳細は追って（2、3日中に）報告いたします。
  A detailed report will *follow in a few days*.

訪れる　（⇨訪問）

驚き・驚く　surprise / shock

（例）
- あなたが入院されていると伺い、たいへん驚きました。
  I *was* very *surprised to* hear that you were in the hospital.
- 伊藤氏のご逝去は私どもにとって大きな驚きでした。
  The passing of Mr. Ito was a great *shock* to us.
- 驚いたことに、ABC 社は昨日になって当方の要求に応じられないと知らせてきました。
  Surprisingly, ABC informed us yesterday that they could not meet our requirements.

||解説||
「～して驚く」「～に驚く」は be surprised to do / be surprised at ～。surprisingly は to one's surprise としても同じで、It is surprising that... という文表現も可能。「驚くほどでもないが」なら Not surprisingly。

同じ　same　（⇨同様）

（例）
- 注文品の品質は見本の品質と同じでなければなりません。
  The quality of the order must be *the same as* that of the sample.
- 今後同じようなミスを犯さないように全力を尽くす所存です。
  We will do our best to avoid *similar* errors in the future.
- 別便で見本をお送りいたしますが、あなたがお探しになっているものとまったく同じだとお分かりになるでしょう。
  We are sending a sample separately. We are sure you will find it to be *exactly what* you are looking for.

||解説||
be the same as... と be exactly what... は「…と同じ」ということ。similar は同

—ではなく「類似している」ことを表す。

お願い　（⇨願い／願う）

オファー(する)　offer

(例)
- 次のとおりオファーさせていただきます。
  We are pleased to *offer* you the following:
- これが弊社の最良のオファーです。
  This is our best [bottom line] *offer*.
- 残念ながら、これが当社のオファーできるぎりぎりの価格です。
  I am afraid that this is the best price we can *offer*.
- これらの品を定価から 5% 引きでオファーしていただけますか。
  Would you be willing to *offer* these items at 5% off the list price?
- 残念ながら、この条件ではオファーを受け入れることができません。
  Unfortunately, we are unable to accept your *offer* on these terms.

||| 解説 |||
「オファー」offer（動詞・名詞）は、引き合いに対する回答（品質、数量、価格、納期、支払い条件など）のこと。⇨ p. 470

おめでとう　congratulations

(決まり文句)　…おめでとうございます　（⇨祝う）
① **Congratulations on...**
② **Please accept our congratulations [best wishes] on...**
③ **You have our congratulations on...**
④ **With best wishes for...**

(例)
- 販売部長にご昇進、おめでとうございます。
  Congratulations on your promotion to sales manager.
- お孫さんのご誕生、おめでとうございます。
  Congratulations on the birth of your grandchild.
- ご就任おめでとうございます。
  You have our congratulations on your new position.
- クリスマスと新年、おめでとうございます。
  With best wishes for a Merry Christmas and a Happy New Year.

思い起こす　（⇨思い出す）

思い出す　recall / remind

(例)
- 当方の支払い指図書を思い起こしていただきたく本状を書いておりま

す。
　　We are writing to *remind* you *of* our payment instructions.
● 私どもの販売契約の第3条を思い起こしていただきたく存じます。
　　We request you to *recall* Article 3 of our sales agreement.
● 昨年10月に貴社を訪問した際にあなたと楽しくお話ししましたことを思い出します。
　　I *recall* the pleasant discussion with you when I visited your company last October.

|||解説|||

remind A of B は「A（人）にB（あること）を思い起こさせる」ということ。recall は「思い出す」で、remember より堅い表現。類義語の recollect も堅い表現で「意識的に思い起こす」というニュアンスがある。

思う　think / feel

決まり文句
…と思います
① **We think that... / We feel that...**
② （期待して）**We hope that... / We expect that...**
③ （確かに）**We trust that... / We are sure that...**
④ （不安に）**We are afraid that...**

例
● 貴社は本件でABC社と協力するべきだと思います。
　　I think you should cooperate with ABC on this matter.
● 本提案にご満足いただけるものと思います。
　　We hope you will be satisfied with this proposal.
● 4月20日に私がお送りしたメールを受け取られたことと思います。
　　I hope that you received the email I sent on April 20.
● この情報は役に立つと思います。
　　We trust that you will find this information useful.
● 近いうちにまた、お会いできるものと思います。
　　I am sure that we will soon meet again.
● 貴社が提供された情報は不正確だと思います。
　　I am afraid that the information you gave us is incorrect.

|||解説|||

「思う」に対する英語表現は文脈により、①〜④のように多様な表現がある。

思われる　wonder / seem

例
● 何か間違っているのではないかと思われるのですが。
　　We are *wondering* if something is wrong.
● 貴社の送金がかなり遅れているように思われます。

Your remittance *seems* to be quite late.

解説

wonder if [whether] は「…ではないかと思う」という意味。同じ wonder if... の表現を丁寧な依頼に用いることもできる（見出し語『いらっしゃる』参照）。seem to be [do] 〜 は「〜である［〜する］ように思われる」と断言を避ける表現。（⇨いらっしゃる）

及ぶ　affect

(例)
- わざわざご返事をくださるには及びません。
  Please *do not trouble yourself to* send an answer.
- これらの変化によって 21 世紀の産業に影響が及ぶかもしれません。
  These changes may *affect* industry in the 21st century.

解説

第 1 例の do not trouble yourself to do は「わざわざ〜することはない」ということであるが、「返事をもらいたい」という本意を含んだ婉曲表現の一種。affect に関する解説は、見出し語『影響』を参照のこと。（⇨影響）

折　occasion　（⇨機会）

(例)
- 当社シカゴ支店の開業の折にお祝いのお言葉をいただき、ありがとうございました。
  Thank you very much for your good wishes on the *occasion* of the opening of our Chicago branch.
- こちらへおいでの折はどうぞお立ち寄りください。
  Please drop in on us *when* you come this way.

折り返し　reply

(例)
- 折り返しご返事ください。
  We are looking forward to your *reply*.

解説

すぐ返事をもらいたいときには at your earliest convenience という表現もある。（⇨都合）

お礼　（⇨礼）

卸売り　wholesale

(例)
- ABC 社は衣料品の卸売業者です。
  ABC is an apparel *wholesale* dealer.
- 当社は日本で多くの卸売店と取引があり、全国を網羅する販売網を持っ

ております。
　We deal with many *wholesalers* in Japan, and we have an extensive marketing network throughout the country.

● 当社と業者間の卸売価格を維持するために、残念ですが消費者の方へ直接商品をお売りすることはできません。
　Unfortunately, we are unable to sell our products directly to the consumer. This is because we want to keep our *wholesale* prices between our dealers and ourselves.

解説
「卸売業者」は wholesale dealer / wholesaler。「卸売価格」は wholesale price。

お詫び　（⇨詫び）

終わる　be done　（⇨終了する）

例
● それがまだ終わっていないなら、至急済ませてください。
　If it has not yet *been done*, please complete it immediately.
● 調査が終わり次第、結果を報告いたします。
　We will report the findings to you as soon as we *complete* the investigation.

解説
has been done は「(あることが)成し遂げられている」ということ。

か

外貨　foreign currency

例
● 外貨をかせぐために政府は輸出を奨励しています。
　The government encourages exports to earn *foreign currency*.

解説
「外貨」は foreign currency で複数形にしない。「外貨準備高」は foreign currency reserves という。

海外　overseas

例
● 現在の経済情勢では海外での取引開始に特に慎重にならざるを得ません。
　The present economic conditions make us especially careful when starting to do business *overseas*.
● 当社は海外市場を拡大しております。
　We are expanding our *overseas* markets.

かいけつ 53

||| 解説 |||
このような文脈では foreign より overseas が好んで用いられる。foreign はやや冷たい感じがする。

会議　meeting

(例)
- 会議を準備したいと思います。
  I would like to arrange [set up] a *meeting*.
- 経営検討会議は 11 月 9 日午後 4 時に ABC 本社にて開催されます。
  The business review *meeting* is scheduled to be held at ABC's headquarters on November 9 at 4:00.
- 次回の販売会議は 10 月 2 日午前 10 時に会議室で開きます。
  The next sales *meeting* will be held on October 2 at 10:00 in the conference room.
- この会議にあなたがご出席なされることを心から願っています。
  We sincerely hope that you will attend this *meeting*.

||| 解説 |||
meeting は「会議」を表す一般的な語。大きい会議なら conference を用いる。

会計年度　fiscal year

(例)
- ABC 社の昨会計年度の年次報告書を同封いたします。
  We are enclosing the Annual Report for ABC's last *fiscal year*.
- 2010 会計年度の上半期の販売促進計画のコピーを同封いたします。
  We are enclosing a copy of our sales campaign program for the first half of *fiscal* 2010.

||| 解説 |||
「会計 [事業] 年度」は fiscal year で、英国では financial year を用いる。ある年の会計 [事業] 年度をいう場合は、第 2 例の fiscal 2010 のように簡潔に表せる。

解決 (する)　solution / resolve / settle

(例)
- これらの業務処理上の問題の解決を図るべく、一同努力しております。
  We are working together on the *solutions* of these operational problems.
- 本問題をできるだけ早く解決する必要があると思います。
  We think that we need to *resolve* this problem as soon as possible.
- 本件を解決するのに必要な措置を取ってくだされば幸いです。
  We would appreciate your taking necessary steps to *settle* this matter.
- 私どもの解決策をご考慮ください。
  Would you please consider our *solutions*?

解説
resolve は「(問題・難事などを)解決する」ことで同意の solve よりもやや堅い語。名詞形は resolution(「決議」の意味もある)。solve(動詞) ― solution(名詞)と同様の関係。settle は「(物事の)決着をつける」ことで名詞形は settlement。「解決策」は solution。

開催する　hold

例
- 本日、株主総会の後、取締役会が開催されましたことをお知らせします。
  I am happy to inform you that the meeting of the Board of Directors *was held* today, following the stockholders' meeting.
- 見本市は 7 月 10 日から 2 週間、東京で開催されます。
  The fair will *be held* in Tokyo for two weeks beginning on July 10.

解説
会議やパーティーなどを「開催する」には hold を用い、手紙などで通知するときは、主語に開催するものをもってきて受け身形で表現することが多い。(⇨会議)

会社　company / office　(⇨企業)

例
- その会社の状態をお尋ねしたいと思います。
  We would like to inquire about the status of the *company*.
- 会社の運営はしっかりしています。(信用調書で)
  The *company's* affairs are in good shape.
- 鈴木は短期休暇で会社を休んでおります。
  Mr. Suzuki is away from the *office* on a short vacation.

解説
第 3 例の away from the office(不在で)は決まり文句で、ややくだけた表現では away のみでもよい。このような場合の「(仕事場としての)会社」は office を用いる。

開設する　open

例
- 名古屋に新事務所を開設しましたことをお知らせいたします。
  We are pleased to announce the *opening* of a new office in Nagoya. / This message is to announce that we have *opened* a new office in Nagoya.

解説
上の例文の場合、at Nagoya ではなくて in Nagoya であることに注意。

改善(する)　improve

例
- 貴社の現行サービスの改善について何かお考えでいらっしゃいますか。

Do you have any ideas for *improving* your present service?

● このような誤りを起こさないために必要な改善策を取られることを望みます。

We hope that you will take the necessary *corrective measures* to prevent such errors.

会談　(⇨打ち合わせ／話し合い)

改定する　revise

例　● 当社は下記のように就業規則を改定いたしました。

We have *revised* our office regulations as follows:

● このような状況ですので、当社としましては価格を改定せざるを得ません。

Under the circumstances, we are compelled to *revise* our prices.

‖‖解説‖‖
名詞形の「改定」は revision。「技術援助契約改定」なら revision to a technological assistance agreement となる。

回答　(⇨答える／返事)

回復　recovery

例　● 速やかなご回復をお祈りしています。

Best wishes for a quick *recovery.* / I sincerely hope you *recover* soon.

● 当地の市況は回復の兆しを見せております。

The market here is beginning to show signs of *recovery*.

‖‖解説‖‖
健康の回復、情勢などの回復はともに recovery を使って表現できる。

概要・概略　outline / general description

例　● 以下は当社の希望いたします事柄の概略です。

The following is the *outline* of what we would like to do.

● 以下に販売計画の概略を述べたいと思います。

We would like to *outline* our sales campaign below.

● これは ABC 社が希望している計画の概要を示しています。

This provides a *general description* of the plan that ABC wants to carry out.

‖‖解説‖‖
outline は名詞（第 1 例）にも動詞（第 2 例）にも使える。

かう

買う （⇨購入する）

価格　price

（例）
- 製品Aの1トン当たりの価格をお知らせください。
  Please let us know the *price* of Product A per ton.
- 貴社の改定価格は私どもの顧客には高すぎるようです。
  Your revised *prices* seem too high for our clients.
- 価格は予告なしに変更することがありますのでご注意ください。
  Please note that *prices* are subject to change without notice.
- オファー可能な全品目のカタログと価格表を同封いたします。
  Enclosed are the catalog and *price* list covering all available items.
- 貴社の価格設定が十分に競争力のあるものかどうか、慎重に考慮いたしました。
  We have carefully considered whether your *pricing* is sufficiently competitive.

|||解説|||

price を動詞として使うと「価格を設定する (set a price)」という意味になる (第5例)。

かかわらず　in spite of / although　（⇨しかし）

（例）
- 金と時間を注いだにもかかわらず、プロジェクトは失敗しました。
  The project was a failure *in spite of* all our money and time.
- あなたは10年来の信頼できるお客様であるにもかかわらず、ご自分の信用を危険にさらしていらっしゃるようです。
  Although you have been a reliable customer for 10 years, we are afraid you are placing your credit standing in jeopardy.

|||解説|||

「～にもかかわらず」は in spite of や despite を用いる。節を用いるなら though や although を使う。

下記　following　（⇨以下）

（例）
- ご要望の情報は下記のとおりです。
  The requested information is *as follows*:
- 下記の品目についてそれぞれ1個ずつサンプルをお送りください。
  Please send us a sample of each of the *following* items:
- 下記の品物を注文いたします。
  We would like to order the *following* items:

（…に）限る　only / limited to / restricted to

例
- お申し込みの受け付けは 5 月 20 日限りとします。
  Applications will be accepted *only* until May 20.
- 当方に関する限り、その案を実行することについては何ら異議はございません。
  There is no objection, *as far as* we are concerned, to carrying out the plan.
- 現在のキャンペーンは 3 月に限られているので、特典を得たい場合はお急ぎください。
  The current campaign is *limited to* March, so please hurry if you wish to take advantage of it.
- 資源の利用は、作業用途だけに限られます。
  The use of resources *is restricted* to work purposes.

|||解説|||
第 1 例の only until May 20 の場合、5 月 20 日は含まれることに注意。第 2 例については、見出し語『関する』を参照のこと（⇨関する）。

書く　write　（⇨手紙／本状）

例
- 会議を開いていただきたく、この手紙を書いております。
  I am *writing* to request a meeting.

確信する　be sure / be certain　（⇨きっと）

決まり文句
…と確信しています
① **We are sure [certain] that...**
② **We are convinced [confident] that...**
③ **We trust that...**

例
- これらの改定にご満足いただけるものと確信しております。
  We are sure you will be pleased with these revisions.
- 私どもの良好な関係が今後とも末長く続くことを確信しております。
  I am certain the close relationship between us will continue for many years to come.
- ABC 社の指導者として、同氏が今後ともその能力を発揮されることを確信しております。
  I am convinced that he will continue to display his competence and capability as a leader at ABC.
- この妥協案には御社のご賛同がいただけるものと確信しております。
  We trust that you will approve of this compromise.

確認(する)　confirmation / confirm　(⇨確認書)

〈解説〉
各文例のように that 以下のことを確信しているということを表す。②の表現は①より意味が強い。③は自分の強い期待、それに基づく確信を示す。

〈例〉
- 正確な日取りは追って確認いたします。
  The exact date will be *confirmed* later.
- 上記金額の受け取りをファクスでご確認いただければ幸いです。
  Your fax *confirmation* of receiving the above amount would be appreciated.

〈決まり文句〉 …を確認いたします
① **This (message) is to confirm...**
② **We are pleased to confirm...**

〈例〉
- 貴社のお支払いを受領しましたことを確認いたします。
  This message is to confirm that we have received your payment.
- あなたが6月7日から10日までシングルルームを予約されたことを確認いたします。
  This message is to confirm your reservation for a single room from June 7 to 10.
- 皆さんの当社訪問の期日につきましては、6月30日の木曜日であれば私どもには何も差し支えがないことを確認いたします。
  As for the date of your visit, *I am pleased to confirm* that Thursday, June 30 is quite all right with us.

〈解説〉
いずれも手紙の書き出しなどに用いる表現。

〈決まり文句〉 …を確認してください
① **Please confirm...**
② **Would you (please) confirm...?**
③ **We would like to ask you to confirm...**

〈例〉
- この小切手をすでにお送りくださったかどうかをご確認いただけますか。
  Would you please confirm if the check has been sent yet?
- ABC社がその商品を出荷したかどうかを確認してください。
  We would like to ask you to confirm whether ABC has shipped the order.

確認書　confirmation

〈例〉
- 本件に関する確認書をご送付ください。

Please send us a *confirmation* on this.
- (注文などの)確認書をお待ちしています。
  We look forward to your *acknowledgment*.

|||解説|||
「確認の手紙」は a letter of confirmation となる。第2例の acknowledgment は「受取通知書」のこと。

確約する　(⇨保証(する)／約束する)

確率　(⇨可能性／見込み)

過去　past
(例)
- それは過去3年にわたる私の調査研究の成果です。
  This is the result of my research over the *past* three years.
- 当社の海外での売り上げは過去2、3年間減り続けています。
  Our overseas sales have been decreasing over the *last* few year.

重ねて　again
(例)
- いろいろご援助いただき、重ねてお礼申し上げます。
  Thank you *again* for all of your kind assistance.
- 情報をお送りくださったご配慮に重ねてお礼申し上げます。
  Once again, thank you for your consideration in giving us this information.

|||解説|||
「重ねて」は again でよい。第2例のように文頭に Once again を置くこともよくある。

貸し付け　(⇨融資)

課題　subject / matter　(⇨問題)
(例)
- 下記は同氏が滞在中に扱うことになっている課題です。
  Below are the *subjects* to be covered during his stay:
- あなたとお会いして当面の課題について話し合いたいと思います。
  I would like to meet with you and discuss some relevant *matters*.

|||解説|||
subject(s) は「課題、主題、テーマ」。「話し合う[研究する]課題」は subjects to be discussed [studied]。

価値　value

例
- あなたのご意見、ご提案は我々には大きな価値のあるものになります。
  Your comments and suggestions will *be of* great *value* to us.
- 当社は価値ある製品を米国に提供し続けてきたと思っております。
  We believe that we have continued to provide *valuable* products to the US market.

|||解説|||
be of value / valuable は「価値のある」という意味。

がっかりする　（⇨落胆する）

勝手ながら　take the liberty of　（⇨一存）

例
- 当社のパンフレットと価格表を勝手ながら同封させていただきます。
  We are *taking the liberty of* enclosing our brochure and price list.

|||解説|||
一人称の主語のとき「僭越ながら〜する、勝手ながら〜する」ということを表すときに使う。of doing の代わりに to do という形も可能。

活躍　success

例
- お元気でご活躍のことと聞いてます。
  I understand that you are *faring well*.
- 新しい地位でのご活躍を祈っております。
  I wish you every *success* in your new position.

|||解説|||
「活躍する」は文意により様々な表現がある。第1例の fare は「(人が)暮らす、やっていく」という意味。

活用する　make use of

例
- 当社のサービス（便宜供与）を十分にご活用なさることを願っております。
  We hope you will *make full use of* our facilities.
- 我々は当社の販売網を最大限に活用するための戦略を立てる必要があります。
  We should map out a strategy to *optimize* our sales network.

|||解説|||
make (the) full use of 〜 は「〜を十分に活用する」という意味で、make the most of 〜 ともいえる。optimize も意味は同じだが、論文調のやや堅い表現。

悲しみ・悲しむ　sorrow

（例）
- ブラウン氏がお亡くなりになったことを知り、悲しみに堪えません。
  We have just learned, with profound *sorrow*, of the passing away of Mr. Brown. / It was with profound *sorrow* that we received the sad news of the passing away of Mr. Brown.
- スミス氏急逝の知らせを受け、たいへん悲しんでおります。
  We *were* deeply *saddened* to hear of the sudden death of Mr. Smith.

||| 解説 |||
sorrow は「人の不幸の報に接しての悲しみ」。sadden は「（人を）悲しませる」という意味で受け身形で使われることが多い。

必ず　sure　（⇨きっと）

（決まり文句） 必ず…してください
① **Please be sure to (do)…**
② **Please make sure that…**
③ **(Please) Don't fail to (do)…**

（例）
- 疑問点がございましたら、必ず私どもへお知らせください。
  Please be sure to let us know about any questions which may arise.
- 必ず結果をお知らせください。
  Please make sure that you inform us of the results.
- 必ずこちらへおいでください。
  Don't fail to be here.

||| 解説 |||
「必ず…してください」は、「必ず…するように注意［手配］する」という意味の be sure to (do) や make sure that… を用いて表せる。make sure of (something) の形も可。③の fail to (do) は「…し損じる」で、これに don't が付いて「必ず…しなさい」の意味になる。

かなり　considerable / substantial / well

（例）
- 効果が上がるまでにはかなりの時間がかかると思います。
  It will take *considerable* time to become effective.
- 当方の要求に応じてくだされば、かなりの注文ができると思います。
  If you can comply with our request, we will be able to place a *substantial* order.
- 都合のよい時間と場所を決められるよう、面会の可否はかなり前にお知らせいたします。
  I will let you know *well* in advance so that we can find a convenient time and place to meet.

解説
第1例の considerable は「(時間・量・程度・大きさなどが)かなりの」の意味。「まあまあの」という意味もある。第2例の substantial は「かなり多い、相当な」。第3例の well in advance は時間的に「十分に前もって」の意味。

可能　possible　(⇨できる)

例
- それが可能かどうか検討してみます。
  I will check to see if it is *possible*.
- もし可能でしたら、9月20日までにご連絡ください。必要な手配をいたします。
  If (it is) *possible*, please let us know by September 20, and we will make appropriate arrangements.
- その計画を実行に移すことは可能でしょうか。
  Would it be *possible* to put the plan into practice?

解説
第1例の check to see if... は「…かどうか調べてみる」という決まり文句。

可能性　possibility / chance　(⇨見込み)

例
- 貴社が ABC 社との取引を開始する可能性がありましたら、同社についての詳しい情報をお送りいたします。
  If there is a *possibility* that you will start doing business with ABC, we will give you more information about them.
- ABC 社からの受注成約の可能性は十分にあります。
  There is a good *chance* that we will be able to finalize an order with ABC.

解説
possibility that... は that 以下のことが起こる可能性を示す表現。可能性がないのであれば、no possibility that... となる。chance は「見込み、可能性」。

株　stock

例
- この会社の株は今年で3年連続の減配です。
  This is the third consecutive year that dividends have decreased on this company's *stock*.

解説
stock と同義の share は主に英国で用いる語。

株主　stockholder

例
- 会社は今や大株主グループに対して責任を負わなければなりません。

The company now must answer to a large *stockholder* group.

解説
主に英国では shareholder を用いる。「株主総会」は a stockholders' meeting、年次報告書の冒頭の「株主の皆様へ」は To the Stockholders となる。

上半期　the first half

（例）
● しかしながら、今年上半期中にはどんな行動も取るつもりはありません。
However, we will not take any action during *the first half* of the year.

解説
「下半期」は the second half。

…かもしれない　may

（例）
● 値下げ幅は貴社にとって十分ではないかもしれませんが、貴社と取引していくために当社が誠意を示していることをご理解ください。
These price reductions *may* not be enough for you, but please understand our sincere desire to work with you.
● ことによると当社はさらに大きな損失を被るかもしれません。
We will *possibly* suffer even further losses.

解説
第2例のように possibly や perhaps といった副詞を用いて「…かもしれない」を表すこともできる。

体（からだ）　yourself

（例）
● お体に十分お気をつけください。
Please take good care of *yourself*.

解説
take care は「気をつける」。個人的な手紙の最後によく使う Take care. は「じゃあ元気でね」ということ。

…からも　（…からも〜と申しております）… join(s) me in 〜

（例）
● 柴田善雄からもくれぐれもよろしくと申しております。
Yoshio Shibata *joins me in* sending our kindest regards.

解説
… join(s) me in doing（文字どおりには「…が私が〜することに加わる」）という言い回しを使って表せる。この例は手紙の末文によく使われる表現である。なお、ここでの Yoshio Shibata は（先方が直接知っている）自分の部下と想定される。したがって Mr.（敬称）を省略している。

借り入れ　borrowing

(例)
- 米国における実質借り入れ利率は 10% 前後です。
  The effective interest rate for *borrowing* in the United States is about 10%.
- 同社は当行青山支店に比較的少額の借り入れ残高のない口座を持つだけです。
  They carry only a rather small *nonborrowing* account with our Aoyama branch.

||| 解説 |||
第 1 例の「実質借り入れ利率」は、専門用語では「実効金利」という。

代わり　place　(⇨代案／代替品／代表)

(例)
- 私の代わりに山本がお伺いいたします。
  Mr. Yamamoto will come *in place of* me.
- 私の代わりに、山崎氏を重役会メンバーの代表取締役に推薦させていただきたいと存じます。
  In my place, I would like to recommend Mr. Yamazaki as a member of the Board and Representatives.
- お会いできる代わりの日をいくつか挙げていただけませんか。
  Could you give me a few *alternative* dates on which we may meet?

||| 解説 |||
「私の代わりに」は in place of me / instead of me などと表せる。in my place は文章語的。第 3 例の alternative は「代わりの、代替の」という意味。

考え　thought / idea　(⇨意見)

(例)
- このような考えから、私どもはより注意深くなるべきだと考えています。
  With this *thought* in mind, I think we should be more careful.
- この件についてあなたのお考えを伺いたく存じます。
  I would like to hear your *ideas* on this.

考える　think / consider　(⇨考慮)

(決まり文句)
…と考えます
① **We think (that)...**
② **We believe (that)...**
③ **We consider...**

(例)
- 当地に代理店を置くことは貴社のために最善だと考えます。
  I *think* it would be in your best interest to have an agency here.
- 私どもはこの問題を早急に解決する必要があると考えます。

We *consider* it necessary to resolve this problem soon.

||| 解説 |||
③の consider はやや文章語的。

(決まり文句) …を考えますと
① **in view of...**
② **in consideration of...**
③ **in (the) light of...**

(例) ●貴社との友好関係を考えますと、本件に対し至急ご配慮いただけるものと拝察します。
In view of our close relationship with your company, we believe you will give it prompt attention.
●不安定な世界の経済状勢に起因する深刻で複雑な諸問題を考えますと、お断りせざるを得ません。
In light of the serious and complex problems arising from the unsettled global financial situation, we will have to decline.

||| 解説 |||
①～③いずれも「…を考慮に入れて」という意味。Considering... と分詞構文の形でも表現できる。なお、consideration は法律用語では「約因、対価」を意味する。

喚起する　call　(⇨注意)

(例) ●そのような思い切った手段を取ることが危険であることに、あなたの注意を喚起したいと思います。
We would like to *call* your attention to the danger of taking such drastic measures.

||| 解説 |||
call (someone's) attention to ~ は「(ある人の)注意を~の方に向ける」。

関係　relationship　(⇨関係者／関連)

(例) ●私どもはあなたならびに ABC 社との親密な関係を維持したいと願っております。
We hope to maintain our close *relationship* with you and ABC Corporation.
●今後も良好な関係が続きますよう願っております。
We look forward to a pleasant *association* in the future.
●私どもはブラウン氏とたいへん親しい関係にあります。
We are very *close* to Mr. Brown.

||| 解説 |||
「(人・会社などの公的な)関係」を意味する relationship は relations と同意。

association は「交際」。

歓迎(する)　welcome　(⇨迎える)

(例)
- 当社へのお越しを歓迎いたします。
  We will be happy to *welcome* you at our office.
- 貴社を訪問しました際には温かく歓迎していただき、誠にありがとうございました。
  It was very kind of you to extend to me a warm *welcome* during my visit.
- 貴社と協力する機会を得られることは私どもの最も歓迎するところです。
  The opportunity to cooperate with you is most *welcome*.
- ご提供いただくご提案はどのようなものでも歓迎いたします。
  We will be happy to *entertain* any suggestions you may offer.

|||解説|||
welcome は「歓迎する」(動詞)、「歓迎」(名詞)、「(人・物事が)歓迎される」(形容詞)の意味で使われる。entertain は「(考えなどを)好意的に受け入れる」。

関係者　parties concerned

(例)
- プロジェクトが計画どおりに進行しましたのは、関係者一同の努力の賜物です。
  It is a tribute to *all concerned* that the project went according to plan.
- 関係者の皆様に十分ご満足いただけますように、業務遂行に当たってはいかなる努力も惜しまない所存です。
  We will spare no effort to handle the business so that full satisfaction may be ensured for all *parties concerned*.
- 関係者各位:
  To whom it may concern:

|||解説|||
all (those) concerned も all parties concerned も「すべての関係者」の意。第3例は手紙の敬辞(Dear Mr. ～ : と同様のもの)に当たるもので、不特定多数に宛てる文書に使う。

(…に)関して　in reference to　(⇨関する/ついて)

(例)
- この件に関して迅速な措置を取っていただき、ありがとうございます。
  Thank you for taking prompt action *in this regard*.
- 貴社の3月7日のお問い合わせに関して、お求めの情報を提供いたします。

かんじょう

In [With] reference to your inquiry of March 7, we are happy to supply you with the information you requested.

‖解説‖

「…に関して」には例のほかに regarding... / concerning... / referring to... / relating [relative] to... / in [with] regard to... / with respect to... など様々な表現があるが、ニュアンスの差はあまりない。日常会話で普通に用いる about などを使ってもよい。

感謝する　thank / appreciate　（⇨ありがたい／ありがとう）

〔決まり文句〕 …に感謝いたします

① **Thank you for... / We (wish to) thank you for...**
② **We appreciate...**
③ **We would like to express (to you) our appreciation for...**
④ **Please accept our thanks for...**

〔例〕
● 本件についてのご協力に謹んで感謝いたします。
　Thank you very much *for* your cooperation in this matter. / *We* greatly *appreciate* your cooperation in this matter.
● 2010 年 4 月 20 日付のメールに感謝いたしますとともに、本件に関するご理解とご協力に対し、心からお礼申し上げます。
　Thank you for your email of April 20, 2010, and we wish to express our sincere thanks for your understanding and cooperation in this matter.
● 結構なお品をお贈りいただき、感謝しております。
　I would like to express my appreciation for your lovely gift.

勘定　account

〔例〕
● 4 月分の勘定が未払いとなっておりますのでお知らせいたします。
　This message is to remind you that your April *account* stands unsettled.
● 勘定の決済について早急なご対応に感謝いたします。
　Thank you for settling your *account* in a prompt manner.
● 貴社の勘定書を同封いたしました。
　We have enclosed a *statement of* your *account*.
● ABC 社より当方との掛け売り勘定の申し入れがございました。
　ABC recently applied for a charge *account* with our firm.

‖解説‖

account には「勘定」のほかに「口座」「計算書」といった意味もある。第 4 例の charge account（掛け売り勘定）は、英国用法では credit account という。

感じる　feel　（⇨思う）

(例)
- これらの条件の見直しが必要であると、私どもは強く感じております。
  We *feel* very strongly that a revision of these terms is necessary.

関心　interest　（⇨興味）

(例)
- この会社は、御社の提案に強い関心を示しました。
  This company has shown a keen *interest in* your proposal.
- ABC 社の製品に関心を持っていただき、ありがとうございます。
  Thank you for your *interest in* ABC's products.
- 貴社の日本市場への参入には、大いに関心を持ってきました。
  I have *been* greatly *interested in* your entry into the Japanese market.

|||解説|||
「〜に対する関心」は (an) interest in 〜。「〜に関心がある」は be interested in 〜 で、have [take] (an) interest in 〜 も同じ。第 2 例は商品の問い合わせに対する回答の手紙に用いる表現。

関する　refer to　（⇨関して／ついて）

(例)
- 本メールは 10 月 20 日のご照会に関するものです。
  This message *refers to* your inquiry of October 20.
- ABC 社に関する情報をご請求いただき、ありがとうございます。
  Thank you for your request for information *about* ABC Company.
- 当方に関する限り、その計画について異議はございません。
  As far as we are concerned, we have no objection to the plan.

|||解説|||
第 3 例の as far as we are concerned は「我々に関する限り（他の人については関知せず）」という限定を示すときに用いられる表現。

歓待　hospitality / warm welcome　（⇨もてなし）

(例)
- 同社の素晴らしい協力と歓待に対し、たいへん感謝しております。
  We are extremely grateful for their wonderful cooperation and *hospitality*.
- 貴社オハイオ工場を訪問した際のご歓待にたいへん感謝しております。
  I very much appreciate the *warm welcome* you extended to me on my visit to your Ohio plant.

観点　standpoint / light　（⇨見地）

(例)
- 利益を上げるという観点からは、このような販売活動には利点があります。

From the *standpoint* of profit, such sales activities have merits.
- 彼らは経済の悪化を政治的に有利な観点から解釈しようとしています。
  They are trying to put the adverse economic results in a favorable political *light*.

||| 解説 |||

第 2 例の put (something) in a favorable light は「(あることを)有利な観点から見る」という意味。

関連　connection / conjunction　(⇨関して)

(例)
- これに関連し、今後とも一層貴社のお役に立ちたいと存じます。
  We assure you that we are willing to serve you further *in this connection*.
- 事業の設立に関連して、来年アメリカを訪問する予定です。
  I will be visiting the United States next year *in connection with* the establishment of our proposed business venture there.
- 関連会社の従業員を含め、約 5000 名の従業員がおります。
  We have about 5,000 employees, including those working in our *affiliated* companies.

||| 解説 |||

「〜に関連して」に対応する英語表現はいろいろあるが、ニュアンス上の違いはあまり意識せずに使っていい。「関連会社」は affiliated company で、単に affiliate ともいう。「子会社」は subsidiary (company)、「親会社」は parent company で表す。

き

記憶(する)　remember / recall　(⇨思い出す)

(例)
- ご記憶かと存じ上げますが、未払い代金について督促状をお送りいたしました。
  As you will *recall* [*remember*], we have sent you a reminder of your overdue account with us.
- 貴社の地区における当社新製品の販売促進について話し合ったことをご記憶かと存じます。
  You will *recall* that we discussed the promotion of our new products in your district.
- 私の記憶が正しければ、5 月 10 日にあなたへ製品 A の納入期日に関するファクスをお送りしました。
  On May 10, if I *remember* correctly, I sent you a fax regarding the

delivery schedule for Product A.

解説

第 1・2 例は相手の注意を喚起するための表現。思い出す（recall / remember）のは過去のことであるが、(as) you will recall と未来形を使うことに注意。自分の記憶が曖昧なとき、あるいは断言を意識的に避けたいときの表現として、第 3 例の if I remember correctly や if memory serves me right（私の記憶が正しければ）などを用いる。

機会　opportunity / time

例

- 互いに関心のある事柄をまた話し合う機会があろうかと思っています。
  We hope that we will have another *opportunity* to discuss topics of mutual interest.
- 近いうちにまたお会いする機会があるものと思います。
  I am sure the *opportunity* will soon arise for us to meet again.
- いつか別の機会を見つけて、あなたとジョンソン氏にお会いすることができますでしょうか。
  We wonder if it would be possible for us to find some other *time* to meet you and Mr. Johnson.
- またお役に立てる機会がありますことを願っています。
  We are looking forward to the *opportunity* of serving you again.

解説

「機会」には opportunity や chance を用いるが、chance の方が偶然性が強い。「～する機会」は the [an] opportunity to do / the [an] opportunity of doing という。第 3 例の find some other time の time は「（～するのに適した）時機、機会」という意味。

決まり文句　この機会に…したい

① **We would like to take this opportunity to (do)...**
② **Taking this opportunity, we want [would like] to (do)...**

例

- 貴社とのお取引に対し、この機会に感謝の意を表したいと存じます。
  We would like to take this opportunity to express our appreciation for your business.
- この 8 月にあなたとご一緒できて非常に楽しかったことを、この機会にお伝えしたいと思います。
  Taking this opportunity, I want to tell you how much I enjoyed spending time with you last August.

解説

「この機会に（この機会を利用して）…したい」には take (advantage of) this opportunity to do という表現がよく用いられる。

…する機会をくださりありがとうございます
決まり文句
① **Thank you for (giving us) the opportunity to (do)...**
② **We appreciate this opportunity to (do)...**
③ **We are grateful to have the opportunity to (do)...**

例
- お役に立てる機会をくださり、ありがとうございました。
  Thank you for the opportunity to be of service to you.
- 貴社と協力する機会をくださり、ありがとうございます。
  We are grateful to have the opportunity to cooperate with you.

||解説||
opportunity の後ろは to do のほかに of doing も使える。

…する機会を持てたことは喜びです
決まり文句
① **It is a pleasure for us to have had the opportunity to (do)...**
② **We are pleased to have had the opportunity to (do)...**

例
- ブラウン氏と知り合いになれる機会を持てたことは喜びです。
  It is a pleasure for us to have had the opportunity to get to know Mr. Brown.

気軽　free / not hesitate

例
- 当コールセンターは 24 時間営業しております。いつでもお気軽にお電話ください。
  Our call center is open 24-hours a day, so *do not hesitate to* call us at any time.
- お送りした書類は未完のものですので、必要と思われる点はお気軽に変更ください。
  The document I have sent you is not finalized, so *feel free to* make any changes that you think are necessary.
- さらにご質問がございましたら、どうぞお気軽にメールをお寄せください。
  In case you have any further questions, please *feel free to* email us.

||解説||
「気軽に（遠慮なく）〜する」は feel free to do で表せる。例えば May I...?（…してよろしいですか）に対する回答にこの表現を使うことができる。

期間　period / term　（⇒期限）

例
- あなたの訪問期間中にお会いできるかどうか、お知らせください。
  Please let me know if you would like to get together *during* your visit.
- 現時点ではこのような期間の契約を結ぶつもりはございません。
  We are not prepared as of now to form contracts for such *periods*.

●契約期間は 2011 年 12 月 31 日に終了いたします。
　The *term* of agreement expires on December 31, 2011.

||| 解説 |||
「〜の期間中に」は during で表す。契約の「期間」は、term または period を用いる。

祈願する　(⇨祈る)

危機　crisis

（例）●当社は現在深刻な財政危機に直面しております。
　We are now faced with a serious financial *crisis*.

||| 解説 |||
crisis は「危機、難局、重大局面」。「エネルギー危機」なら an energy crisis。

企業　enterprise　(⇨会社)

（例）●ABC グループは化学製品の製造に従事する世界規模の企業です。
　ABC Group is a worldwide *enterprise* devoted to the production of chemicals.
●企業経営と指導力といった最も重要な課題も話し合う予定です。
　We will also discuss the most crucial questions of *corporate* management and leadership.

||| 解説 |||
「企業」は enterprise / company。「企業の」という意味では corporate がよく使われる。例えば corporate governance は「企業統治」。

聞く　hear　(⇨伺う)

（例）●あなたが入院されていると聞き、たいへん心配しております。
　I'm very sorry to *hear* that you are in the hospital.
●また、同社が荷為替信用状の荷送り人として 2000 ドルの支払い能力があるかどうかについて、ご意見をお聞かせください。
　Please also *advise* us whether the company is considered good for $2,000 as shippers under documentary credits.

||| 解説 |||
「…と聞いております」「…と聞いてうれしく存じます」「…について聞きたく存じます」は、見出し語『伺う』を参照のこと。「お聞かせください」には advise や inform などを使う（見出し語『教える／知らせる』参照）。（⇨伺う／教える／知らせる）

期限　limit / time / deadline　（⇨期日）

（例）
- このオファーの受諾には 30 日の期限をつけさせていただきます。
  We have to put a 30-day *limit* on your acceptance of this offer.
- この手形の支払いのためにさらなる期限の延長が必要でしたら、お知らせください。
  If you require a further extension of *time* to pay this bill, please let us know.
- 7 月 31 日期限のお支払い金がまだ届いていないことをお知らせします。
  This is to inform you that your payment which was *due* on July 31 has not yet reached us.
- 貴殿の 2000 ドルの支払い期限が 30 日過ぎておりますことをお知らせいたします。
  We would like to remind you that your payment of $2,000 is now 30 days *overdue*.
- このオファーは 5 月 12 日をもって期限切れになります。貴社の速やかなご返事をいただければ幸いです。
  This offer *expires* on May 12. Your immediate reply would be appreciated.

||| 解説 |||
ビジネスでは、契約などの期限を守ることが重要であることは言うまでもない。期限を通知する表現（第 1 例）、期限切れを警告する表現（第 3・4・5 例）などを習得しておくことは不可欠である。due は「支払い期限が到来する、満期の」、overdue は「支払い期限切れの」の意の形容詞。expire は「（契約などが）満期になる、期限切れで無効になる」を表す動詞。

期日　deadline　（⇨期限）

（例）
- 貴社が納入期日に間に合わない場合は、注文を取り消さざるを得ません。
  Unless you can meet the delivery *deadline*, we will have to cancel our order.
- 前回の支払いが期日に間に合わなかったことをお詫びいたします。
  We apologize for the delay in making the last payment.
- ご注文の品を期日までにお届けできず、誠に申し訳ございません。
  We are extremely sorry that we could not deliver your order *on time*.

||| 解説 |||
deadline は「締切日、期日」。do (something) on time は「期日どおりに〜する」の意。

基準　standard / basis　（⇨標準）

例
- 私どもの調査は一般に認められている監査基準に従ってなされました。
  Our examinations were made according to generally accepted auditing *standards*.
- 供給品は関連の安全基準に従い変更されました。
  The unit supplied was modified to comply with the relevant safety *standards*.
- 利息は1年365日の基準で計算されます。
  Interest will be calculated *on the basis of* a 365-day year.
- 5000個以上ご注文いただければ、基準価格をお引きいたします。
  If you order 5,000 units or more, we can reduce our *base price*.

|||解説|||
「基準」は standard(s)。例えば global standard は「国際基準」、de facto standard は「事実上の基準」。「〜を基準にして」は第3例の on the basis of 〜 や based on 〜 で表す（⇨基づく）。

基礎　base　（⇨基づく）

例
- 私はこのメモを討議の非公式な基礎資料としてお送りいたします。
  I am sending this memorandum to serve as an informal *base* for discussion.
- 上記の雇用条件は ABC 銀行の規定を基礎にしております。
  The above employment conditions *are based on* the regulations of ABC Bank.

|||解説|||
「〜を基礎にする」は be based on 〜で表す。

期待（する）　expectation / expect / hope　（⇨希望）

例
- お買い上げいただいた商品がお客様の期待に添わず、申し訳ございません。
  We are sorry that the items you purchased have not met your *expectations*.
- 製品 A の売れ行きは当方の期待をはるかに上回っています。
  Product A is selling much better than we *expected*.

決まり文句
…を期待しています
① **We hope that...**
② **We trust that...**
③ **We look forward to...**

例
- 当社のオファーに興味を持っていただけることを期待しております。

We hope that you will be interested in our offer.
- ご用命いただけますことを期待しております。
  We trust that you will give us the opportunity to serve you.
- 今後ともご協力いただけることを期待しております。
  We look forward to your kind cooperation in the future.

‖ 解説 ‖

that 以下のことを「期待する」という文型をとることが多い。回答を求める手紙の末文でよく使う。②は「きっと…してくれるだろう」ということで、相手への期待や信頼を表す。③の look forward to ～ は「(望ましいことを)期待して待つ」ということで、to の後ろには名詞または動名詞がくる。

…気付　to the attention of　(⇨…宛)

(例)
- ご連絡は山本気付でお願いいたします。
  Please address them *to the attention of* Mr. Yamamoto.
- B. ロジャーズ人事部長気付 (注記で)
  Attention: Mr. B. Rogers, Personnel Manager

‖ 解説 ‖

「…気付で」は to [for] the attention of... / care of... / c/o... と表現する。「A 様気付 B 様」というときは Mr. B c/o Mr. A などとする。

きっと　be sure / no doubt

(例)
- これらの会社はきっと貴社の提案に興味を示すでしょう。
  I'm sure these companies will show interest in your proposal.
- 予約を解約されたのは、きっとそれなりの理由があってのことと存じます。
  No doubt you have several reasons of your own for having canceled your reservations.

‖ 解説 ‖

no doubt は「疑いもなく」で、without doubt を用いるとより意味が強くなる。(⇨疑い)

(決まり文句)　きっと…と思います　(⇨確信する)
① **We are sure that...**
② **We trust that...**
③ **We assure you that...**

(例)
- きっとそれに興味を持っていただけるものと思います。
  We are sure that you will find it interesting.
- この手紙が御社に届くまでには、この件はきっと解決されていると思います。

We trust that the matter will be settled before this letter reaches you.
- 上記の情報はきっとあなたのお役に立つと思います。
I assure you that the above information will be helpful to you.

||| 解説 |||
相手に何かを申し入れるときや、相手を安心させる場合などに用いるとよい表現。①、②は that 以下のことを自分が「確信する」、③は that 以下のことを「相手に確信させる、請け合う」ということ。

規定　regulation / provision

（例）
- 第 8 項に示された規定に従って本件を処理してください。
Please handle this matter in accordance with the *regulations* specified in Item 8.
- 下記は、当方の信用供与についての追加規定です。
The following are additional *provisions* of our credit facilities:

||| 解説 |||
regulations（通常複数形で使う）は「公権力による規定」で、rules and regulations は「法令」。provision は「(契約の)条項、規定」。

（決まり文句）　〜は…と規定しています
① 〜 **specify...**
② 〜 **stipulates that...**

（例）
- この取り決めは、移動、食事、宿泊の償還について規定しています。
This agreement *specifies* reimbursement of travel, meals and lodging.
- 信用状では、引受手数料と割引料は受益者が負担すると規定しています。
The contract *stipulates that* the shipping charges be paid by the buyer.

||| 解説 |||
上記の表現のほかに「…ということが規定されています」It is stipulated that... もよく用いられる。stipulate に続く that 節の中の動詞は原形（英用法では should ＋ 原形）。

記入する　fill in / complete

（例）
- 5 月 31 日までに同封のアンケートにご記入のうえ、ご返送ください。
We ask that you kindly *fill in* the enclosed questionnaire and send it back to us by May 31.
- 2010 年 8 月 15 日までに添付の申込用紙に必要事項を記入して返送してください。
Please *complete* and return the attached application form to us by August 15, 2010.

●記入済みの申込書を至急ご返送ください。
Please return the *completed* application immediately.

||解説||
空欄記入式の書式に「(必要事項を)記入する」は fill in / fill out (米国用法) あるいは complete を使う。第3例の completed は「すべて記入済みの」ということ。

希望(する)　hope / desire / expectation(s)　(⇨期待／願う／望む)

(例)
●この改定条件は貴社のご希望に添うものと思います。
We feel that these revised terms meet your *expectations*.
●ご希望であれば、預金は何口かに分けることもできます。
If desired, the deposit may be made in several lots.
●この方法が品質問題を解決することを希望します。
We *hope* that this measure solves the quality problem.
●この件に関する詳しい情報をご希望なさるようでしたら、お知らせください。
If you *would like* further information on this matter, please let me know.

(決まり文句) …を希望します
① **We hope that...**
② **We would like to (do)...**

(例)
●貴殿または同僚の方がご出席になることを希望いたします。
We hope that you or your colleagues will attend.
●貴社が当方の提案を受け入れてくださることを心から希望します。
We sincerely *hope that* you will accept our proposal.
●私どもは貴社のスポーツ用品の代理店になることを希望いたします。
We would like to be your agent for your sporting products.

||解説||
「…することを希望する」という場合、平易な表現としては②の would like to do を使う。would like の後ろに名詞を置けば「…がほしい」の意になる。

義務（ぎむ）　obligation

(例)
●この損失により、当方は ABC 社に対する義務を果たすことができません。
These losses prevent us from meeting our *obligations* to ABC.
●貴社が義務を果たされない場合は、この注文を取り消さざるを得ません。
If you should fail in your *obligations*, we will be compelled to cancel the order.

- ABC 社は 230 点の納品の義務を怠っています。
  ABC is *delinquent* in deliveries by 230 pieces.

  ▌▌解説▌▌

  契約上、立場上生じる「義務」は obligation(s) で、「(義務を)果たす」には meet / fulfill、「(義務を)怠る」には fail in / neglect などを用いる。「〜する義務を負っている」は have an obligation to do / be obliged to do などで表せる。

決める　(⇨決定)

気持ち　sentiments

例
- ご親切なお気持ちに心より感謝いたします。
  We sincerely appreciate your kind *sentiments*.
- 彼を亡くされたあなたのお気持ちはよく分かります。
  I know how deeply you must *feel* his loss.

  ▌▌解説▌▌

  sentiments(よく複数形で用いる)は「感情を含んだ意見、気持ち」。

疑問　question　(⇨疑い／質問)

例
- 疑問な点がございましたらお知らせください。
  If you have any *questions*, please let us know.

急　urgency　(⇨緊急／至急)

例
- 急なお願いで申し訳ございません。
  Please pardon the *urgency* of this request.
- 商品が遅れずにそちらへ届くように、本件を急を要するものとしてご処理ください。
  Please treat this matter as *urgent* so that you can receive the items on time.

  ▌▌解説▌▌

  第 1 例の the urgency of this request は「このお願いが緊急であること」という意味。the importance of this matter(本件が重要であること)も類似の表現形式。

休暇　vacation / holiday

例
- 私は 8 月 10 日から 18 日まで休暇を取ります(ので、お知らせいたします)。
  This is to inform you that I will be *on vacation* from August 10 through 18.
- 楽しい休暇をお過ごしください。

We hope you will have a nice *vacation*.

● 佐々木は現在短い休暇を取って会社を休んでおります。
　Mr. Sasaki is now away from the office on a short *holiday*.

||解説||

会社、工場などで個人が取る「休暇」は vacation（米国用法）／ holiday（英国用法、よく複数形で使う）。ほかに「休暇」を表す英語に leave があるが、これは労働協約で認められた休暇のことで、例えば sick leave（病気休暇）などのように用いる。

求人　job opening

(例)　● 1月23日にお送りいただいた履歴書をありがたく受領いたしましたが、残念ながら今のところ求人はしておりません。
　While we were happy to receive the resume you sent on January 23, we regret to inform you that we currently have no *job openings*.

● この先、他部署で求人があれば、あなたを候補として考えさせていただきます。
　We would like to consider you as a candidate if another *position becomes available* in the future.

||解説||

position becomes available、position opens up も「求人」を表す。ちなみに、「求人欄」は classified ads や help wanted ads など。⇨ p. 452

供給する　supply

(例)　● 発送上の問題により、貴社にご要望の商品を供給することができません。
　We are unable to *supply* you *with* the requested lines due to a shipping problem.

||解説||

「A に B を供給する」は supply A（人・会社）with B（物）の形をとる。provide A with B も同義。

恐縮　（⇨恐れ入りますが／申し訳ない）

業績　achievement / accomplishment / work

(例)　● ABC 社の偉大な業績に対し、お祝い申し上げます。
　Please accept our congratulations on the great *achievements* of ABC Company.

● 私どもは ABC 社の、とりわけここ数年間の注目に値する業績を誇りに

思っております。
　We are very proud of the remarkable *accomplishments* of ABC, particularly over the past few years.
●貴殿の営業管理における業績は素晴らしいものでした。
　Your *work* in business management has been excellent.

|||解説|||
achievements / accomplishments（例文のような場合は複数で用いることが多い）は会社が達成した「事業実績、業績」。work は主として個人の実績の場合に用いる。

競争　competition

（例）
●この製品にはもっと競争できる価格が必要です。
　We need a more *competitive* price for this item.
●当方の価格は貴社の市場で競争力のあるものであると思います。
　We believe that our prices are *competitive* in your market.
●当社製品の品質は競争相手の品質より勝っております。
　The quality of our products is superior to that of our *competitors'*.

|||解説|||
competitive は「競争力を有する」ということ。competitive advantage は「競争優位性」。competitor は「競争相手、同業者」。

強調する　emphasize / stress

（例）
●私どもは下記の仕様書の要件を強調いたします。
　We *emphasize* the following requirements for our specifications:
●貴社代表の方々の座席を確保するため、できるだけ早めの予約が必要であることを強調したいと思います。
　I would like to *stress* that it is essential to make reservations as soon as possible to ensure places for your delegates.

|||解説|||
emphasize の後に that 節を続けることもできる。

協定　arrangement / agreement　（⇨契約）

（例）
●当メールで提案しました業務協定をご検討くだされば ありがたく存じます。
　We would appreciate it if you could consider the business *arrangement* we have proposed in this message.
●署名済みの交換協定を 2 部同封いたしました。
　We have enclosed two copies of the signed exchange *agreement*.

解説
arrangement は「取り決め、協定」。agreement は「合意、契約（書）」。

共同　collaboration / joint

（例）
- この研究分野で貴社と共同して取り組む可能性について話し合いたいと思います。
  I would like to discuss a possible *collaboration* with your organization in this research field.
- 当社は米国の会社と共同して、事業を拡大する機会を探しております。
  We are seeking an opportunity to expand our business through a *joint* effort with US companies.

解説
「共同で取り組む」は work in collaboration / make a joint effort などという。

興味　interest　（⇨関心）

（例）
- 私どもはカナダに製品を輸出することに興味を持っております。
  We *are interested in* exporting our products to Canada.
- 当社製品に興味をお持ちいただき、たいへんありがたく存じます。
  We certainly appreciate your *interest in* our products.
- 弊社の管理者教育プログラムに興味を示していただき、ありがとうございます。
  Thank you for your *interest in* our executive training program.
- この提案に興味をお持ちになられれば、詳しい情報をお送りいたします。
  If you find this proposal *interesting*, we will send you more information.
- 当社の顧客である ABC 社は貴社の新製品に興味を示すと思います。
  Our client, ABC, might *show interest in* your new product.

解説
「〜に対する興味（関心）」は interest in 〜、「〜に興味がある」は be interested in 〜 で、in を使うことに注意。売り込みや、問い合わせに対する回答などの手紙によく用いる表現。

業務　business / service

（例）
- 当社の港支店は 9 月 1 日に A ビルの 1 階で業務を再開する予定です。
  Our Minato branch is scheduled to restart *business* on the first floor of A Building on September 1.
- 貴社に当方の各部門の付帯業務を提供したいと存じます。

We would like to provide you with the additional *services* of our various departments.
- 顧客の皆様向けに最近開始しました新しい業務をご案内申し上げます。
  You may be interested in a new *service* we have recently started for our customers.

|||解説|||
business は全般的な「業務、営業、商売」、service は相手に提供する「サービス業務」。

協力（する）　cooperation / cooperate

〈協力を依頼する〉

（例）
- その前提に立って、本計画において貴社のご協力をお願いしたいのです。
  On that premise, we seek your kind *cooperation* on this project.
- この件についてご協力いただけましたら、誠にありがたいのですが。
  Your kind *cooperation* in this matter would be greatly appreciated.
- 引き続きご協力、ご交情をいただけますよう、お願い申し上げます。
  We hope we can count on your continued *cooperation* and friendship.
- 彼にご援助、ご協力いただければ、誠にありがたく存じます。
  Any assistance and *cooperation* you may kindly give him would be very much appreciated.

〈協力に感謝する〉

（例）
- ご協力に深く感謝いたします。（依頼文書の結びにも使う）
  Thank you very much for your *cooperation*.
- 本件についてのご協力に感謝いたします。
  I very much appreciate your *cooperation* in the matter.

〈協力を申し出る〉

（例）
- できるだけ貴社に協力いたします。
  We will be happy to *cooperate with* you as much as possible.
- 貴社と協力する機会が持てることはたいへん喜ばしいことです。
  The opportunity to *cooperate with* you is most welcome.
- いつでも貴社に全面的に協力しますことをお約束いたします。
  We assure you that we will always give you our full *cooperation*.

|||解説|||
仕事を円滑に進めるうえで、取引会社との協力は不可欠である。様々な交渉、引き合いとその返事といった業務上のやりとりから、挨拶状に至るまで、「協力」に関する表現はよく用いられる。いずれもメールや手紙の末文に用いられることの多い表現。

許可(する)　permission / allow

(例)
- 3月3日の国際会議に青木が出席するための許可を申請いたします。
  We would like to ask for *permission* for Mr. Aoki *to* attend the international conference on March 3.
- ABC 社には、その計画を実施するに当たって、関連特許を使用する許可が与えられます。
  ABC will be granted *permission to* use applicable patents for carrying out that project.
- 私どもはその会社が望むような延長を許可できる立場にございません。
  We are sorry we are not in a position to *allow* such an extension as requested by that company.

||解説||

permission to do は「～してよいという許可」の意味。「許可する」は permit / allow などで、「～に…することを許可する」というときは permit [allow] ～ to do... となる。

記録　record

(例)
- 当方の記録によれば、同社は過去10年間、当社の請求書に支払いをしなかったことは一度もございません。
  Our *records* show that they have never failed to settle their account in the past ten years.
- これが貴社の記録と一致しておりませんでしたら、お知らせください。
  If it does not correspond with your *records*, please let us know.
- 当社はいつでも顧客に迅速でよりよいサービスができるよう、記録を常に最新のものにしております。
  We keep our *records* up to date so that we can always offer quick and better services to our clients.

||解説||

「記録」は record(s) を用いるのが一般的。「(当方の)記録によれば」は our records show [indicate] that... と表現する。

金額　amount

(例)
- 郵送料と一緒に送金額をお知らせください。
  Please let us know the *amount* to be remitted together with the postage.
- 本状は 2345 ドルの金額の為替手形を同封した、8月4日付のお手紙に関するものです。
  This refers to your letter of August 4, enclosing drafts *for* $2,345.

‖解説‖
「金額」は amount または sum。「～の金額の」に in the amount [sum] of ～という表現があるが、第2例のように for を用いる方が簡潔。

緊急　urgent　（⇨至急）

〔例〕
- 本注文を緊急を要するものとしてお取り扱いください。
  Please treat the order as *urgent*.
- 貴社が戦略を実行するに当たって直面している最も緊急の問題を話し合う必要があります。
  We need to discuss the most *pressing* challenges you now face in implementing your strategy.

‖解説‖
「緊急な」は urgent。第2例の pressing は「差し迫った」という意。

銀行　bank / banker

〔例〕
- 私どもは10年以上にわたり、同社の主力銀行となっております。
  We have served as their main *bankers* for over ten years.
- 同行はこの地区の外国為替公認銀行の一つです。
  It is one of the authorized foreign exchange *banks* in this district.
- 貴社の日本における取引銀行として、どのような形ででもお役に立てることを願っております。
  We will be happy to serve you in any way possible as your *bankers* in Japan.
- 私の銀行口座はA銀行B支店にあり、口座番号は123-4567890です。
  My *bank account* is with A Bank, B Branch, a/c 123-4567890.
- 当行の銀行業務が制約されているために貴社にご迷惑をお掛けし、誠に申し訳ございません。
  We deeply regret that you have been inconvenienced by the limited *banking services* of our bank.

‖解説‖
one's bankers（複数形）は「取引銀行」の意で、one's bank でも表せる。「銀行口座」は bank account で、a/c は account の略（⇨口座）。「銀行業務」は banking services / banking (business) という。

金融　finance

〔例〕
- 支払い能力は、金融機関の証明によって裏付けられていなければなりません。
  Your ability to pay should be backed by evidence from a *financial*

institution.

● 金融市場の規制がもっと緩和されれば、よりよい業務を提供できるのですが。

If restrictions on the *money* market are reduced, we will be able to offer you better services.

解説

financial は「財政上の、金融の」という意の形容詞。「金融機関」は financial institution、「金融市場」は money market / financial market という。

食い違い　discrepancy　(⇨違い)

(例) ●最終引き渡し日について明らかな食い違いがあります。

There is an apparent *discrepancy* in the final delivery date.

解説

discrepancy は「(計算などの)食い違い」。ほかに difference「(意見などの)相違」、contradiction「(陳述・報告などの)矛盾」などの類義語がある。

苦情　complaint

(例) ●貴社製品の品質について、当社の顧客から多くの苦情が寄せられました。

We have received many *complaints* from our customers about the quality of your product.

●製品 A の配送の遅れについて苦情を申し立てたいと存じます。

We would like to *complain* about the delayed delivery of Product A.

解説

complaint は「(不平不満の)訴え」という意味から「苦情」となる。complain は「苦情を言う」(動詞)で、「A に対して B についての苦情を言う」は complain about B(物事)against A(人・会社)となる。「クレームをつける」というときも claim ではなく、complain / make a complaint を用いるのが普通で、claim は損害賠償などの請求のときに用いる。

具体的　concrete / specific

(例) ●本件に関して、今のところ何も具体的な回答を差し上げられず、申し訳ございません。

We are sorry for being unable to give you a *concrete* reply at present concerning this matter.

●具体的なことが分かりましたら、お知らせいたします。

If anything *concrete* comes about, we will let you know.
- 御社の具体的なご指示に忠実に添うことをお約束します。
  We assure you that we will follow your *specific* instructions faithfully.
- ご提案についてもう少し具体的に説明していただけませんか。
  Could you please be a little more *specific* about your proposal?

解説
第1例の a concrete reply は「(抽象的でない)具体的な回答」、第3例の specific instructions は「(具体的事項が若干件数ある場合、どの事項かを)特定するような指示」。「指示、指図」の場合、instructions と複数形で用いる。

ください　please　(⇨いただく)

決まり文句　…してください
① **Would you (please)...?**
② **Please...**
③ **Would you be kind enough to (do)...?**

例
- 貴社の事務機器に関する資料をお送りください。
  Would you please send us information about your business machines?
- 以上の点を真剣にご検討ください。
  Please give your earnest consideration to the above points.

解説
依頼の表現である。Would you...? や Please... が一般的。May we have the pleasure of (doing)...? という表現もあるが、かなり改まった言い方。

くやみ　condolence / sympathy

決まり文句　お悔やみ申し上げます
① **Please accept our sincere condolences...**
② **We would like to extend (to you) our deepest sympathy...**
③ **You have our deepest sympathy...**

例
- 貴社社長、ジョンソン様のご逝去に、心よりお悔やみ申し上げます。
  Please accept my sincere condolences on the passing of Mr. Johnson, your President.
- スミス氏ご逝去との悲報に接し、心からお悔やみ申し上げます。
  I would like to extend to you my deepest sympathy at the sad news of the passing away of Mr. Smith.
- この度のご不幸を悼み、心からお悔やみ申し上げます。
  You have our deepest sympathy at this time of loss.

解説
ビジネス上の悔やみ状は例のような形式的な表現で十分と言える。また、出すタ

イミングも大切である。「悔やみ、哀悼」は condolence で、複数形で用いられることが多い。a letter of condolence は「悔やみ状」。sympathy も同義（複数形で使うときもある）。⇨ p. 502

比べる　（⇨比較する）

クリスマス　Christmas

（例）
- クリスマスと新年、おめでとうございます。
  I wish you *a Merry Christmas* and a Happy New Year.
- クリスマスカードをお送りくださり、ありがとうございました。
  Thank you for the Christmas card you sent to me. / I was happy to receive your card conveying *Season's Greetings*.

||| 解説 |||
日本の年賀状に当たるのが欧米のクリスマスカードだろう。a Merry Christmas に対して新年は a Happy New Year。第 2 例の Season's Greetings は「時候の挨拶」でクリスマスに限らずに用いる。相手の宗教が不明なときはこれを使うのが無難である。

来る　（⇨いらっしゃる／お越し）

加えて　in addition (to)

（例）
- 上記の問題に加えて、モデル A10 個に欠陥があることが分かりました。
  In addition to the above problem, we have found that 10 Model A units are defective.
- 加えて、全製品に 5 年間の保証を付けています。
  Additionally, we have a 5-year warranty on each product.

||| 解説 |||
「～に加えて」は in addition to ～ や前置詞の besides で表せる。on (the) top of ～も同義であるが、ややくだけた表現。第 2 例の additionally は通例文頭で接続詞的に用いる（副詞の besides と同様）。

加える　（⇨追加）

詳しい　detailed

（例）
- 本件をもっと詳しくご説明いただけませんか。
  Could you please explain this matter *in* more *detail*?
- 本件についての詳しい情報をお送りください。
  Please send us *detailed* information about this matter.

- さらに詳しく出ているパンフレットを同封いたしました。
  We have enclosed a brochure which provides *further details*.

  ▌解説▌
  「より詳しく」は in more detail / into more detail(s) を使う。第2例の detailed information は「詳細に及ぶ情報」、第3例の further は「それ以上の、更なる」という意。

け

敬意　regard(s)

（例）
- あなたの絶えざるご努力に心より敬意を表します。
  Please accept my warmest *regards* for your ceaseless efforts.
- 心からの敬意を込めて（結びで）
  With best *regards*,

▌解説▌
regard の本来の意味は「(人・行為に対する)尊敬、敬意」。複数形 regards で「よろしくという挨拶」の意になり、例のようにメールや手紙の結びの言葉としてよく用いられる。第2例は「敬具」。Best regards, や With kind regards, も使う。（⇒敬具）

経営（する）　management / manage / operate

（例）
- 私どもはカナダで3つの工場を経営しております。
  We *operate* three factories in Canada.
- 私は渋谷支店の経営責任を負うことになりました。
  I have taken the responsibility of *managing* our Shibuya Office.
- 私は3月末をもって ABC 社の現役の経営陣から離れる予定です。
  I will be leaving ABC's active *management* at the end of March.
- ABC 社は精製薬品製造に従事する経営基盤のしっかりした会社です。
  ABC is a *well-established* company engaged in producing refined chemicals.

▌解説▌
工場などを「運営する」は operate で、例えば「電話運営会社」は telephone operating company。企業や組織の「経営」は manage（動詞）、management（名詞）。management は第3例のように「経営陣」という意味でもよく使われる。

計画（する）　plan / project

（例）
- ABC 社に参加してもらえれば、この計画の実現が推進されるでしょう。
  ABC's participation would be helpful in accomplishing the *plan*.

- 我々は海外市場からの撤退を計画しております。
   We *are planning to* withdraw from overseas markets.
- ABC プロジェクトに関しては、すべて計画どおりに進みました。
   With regard to Project ABC, everything went *as planned*.

||解説||

「計画する」は plan を用いるのが一般的。これから実行する計画は plan、すでに実行中で方針や決定を実施に移す段取りなら project を使うことが多い。「計画どおりに」は as planned / according to plan。

景気　business

(例)
- 日本の景気は悪いです。
   Business is sluggish in Japan.
- 景気が後退して株価は下落しています。
   Stock prices are falling due to the *recession*.

||解説||

例文の「景気」business は、特定の事業、商売を指すのではなく、一般的な商況のこと。第 2 例の recession は「景気の後退、不景気」。

敬具　Yours sincerely,

(例)
- 敬具
   Yours truly, / *Yours sincerely,* / *Best regards,*（など）

経験　experience

(例)
- その会社での経験によって、私がその職にすぐにでも就ける人物であることがお分かりになると思います。
   You will find that my *experience* in the company has prepared me well for the position.
- 私どもは酒類の輸入販売の経験が 25 年あります。
   We *have* 25 years of *experience* in importing and marketing alcoholic beverages.
- 経験から ABC 社との取引には慎重を期す必要があることが分かります。
   Experience has shown that you need to exercise caution when dealing with ABC.

||解説||

「経験がある」は have experience。第 3 例の「経験から…が分かる」はほかに (My) Experience tells me [leads me to think] that... とも表せる。

傾向　trend / tendency　（⇨動向）

（例）
- 銅の値段は下落傾向にあります。
  Prices for copper are on a downward *trend*.
- この会社は、支払いが遅れる傾向にあります。
  This company has a *tendency to* be late in making payments.
- ハイテク社会は人間性を失わせる傾向があるように思えます。
  High-tech society seems to have a *tendency to* dehumanize life.

|||解説|||

「〜への傾向、性向」は tendency to [toward] 〜。

警告する　warn

（例）
- 会議に遅れないよう警告しなければなりません。
  I must *warn* you not to be late to any meetings.
- 本件を貴社に警告したいと思います。（⇨注意）
  We would like to bring this matter to your *attention*.

|||解説|||

第1例の warn you (not) to do は非常に意味が強い表現なので、使う文脈、状況をよく考えること。

経済　economy

（例）
- あなたのお話は貴国の経済動向を理解するのに役立ちました。
  Your speech helped me to understand the trends of the *economy* in your country.
- 私どもは現在の世界の経済情勢に適応すべく、リストラに取り組まなければなりません。
  We should concentrate on restructuring our organization to adjust to the present global *economic* situation.
- 日本国内で経済的に買い付けを行うことで、貴社を援助できるものと存じます。
  We believe we can assist you in making *ecconomical* purchases in Japan.

計算（する）　calculation / calculate

（例）
- 送料を計算していただき、金額をドルでお知らせください。
  Could you *calculate* the shipping costs and let us know the dollar amount?
- 私どもは利息を3%の率で計算するつもりでおりました。
  We intended the interest to be *calculated* at the rate of 3%.

- あなたが発見された先の計算のミスを確認いたしました。
  We verified the error you found in your previous *calculation*.
- 月次計算書はいつもどおり、10日までにはお手元に届くでしょう。
  Your monthly *statement* will reach you by 10th of the month, as usual.

|||解説|||
「計算する」は calculate で、同義の compute には「コンピュータで計算する」という意味もある。「計算書、(請求)明細書」は statement で、financial statements は「財務諸表」。

継続する　continue / carry on (with) / maintain　(⇨続ける)

(例)
- この素晴らしい関係が継続するよう、あらゆる努力をいたします。
  We will make every effort to *continue* our close relationship with you.
- 私どもはその場所で業務を継続いたします。
  We will *carry on with* our business there.
- ご預金を当行に継続していただければ、ありがたく存じます。
  We would appreciate it if you would kindly *maintain* your deposit with us.

|||解説|||
continue は「(あることを)継続させる」。carry on は同義であるがくだけた表現。maintain は「(ある状態・行為を)維持する」。

経費　expense(s) / cost

(例)
- 信用調査にかかった経費は、請求書を受領次第、お支払いいたします。
  We will be happy to pay any *expenses* accruing from this credit inquiry as soon as your bill reaches us.
- 最初のご注文(の条件)どおりになされば、貴社は経費が節約できます。
  You can cut your *expenses* by adhering to your original order.
- 負担された経費はすべて当方が支払います。
  We will bear any *cost* that you incur.

|||解説|||
「経費」の意味で expense を使う場合は、通常複数形。general and administrative expenses なら「一般管理費」。cost は元来「原価」の意味であるが「費用」の意味で慣用されることが多い。

敬服する　admire　(⇨賞賛)

(例)
- 貴社の効率的なマーケティングと製品の優れた品質に敬服しております。
  I *admire* your effective marketing and the excellent quality of your

products.
- あなたの勇気には敬服しております。
  I *have a lot of admiration for* your courage.

┃┃┃解説┃┃┃
admire は「(人が、人・物事に)敬服する、感嘆する」。米国の『フォーチュン』誌が毎年春に発表する America's Most Admired Companies は「米国で最も尊敬される会社ランキング」。

契約　contract / agreement

(例)
- 今月中に契約を結ばれることを希望します。
  We hope you will conclude the *contract* this month.
- 貴社が契約条件に従わなかったので、当社は貴社の注文を取り消さざるを得ませんでした。
  Since you have not complied with the terms of the *contract*, we have been forced to cancel your order.
- 私どもは本件を重大な契約違反であると考えております。
  We consider this a serious breach of *contract*.
- 契約は4月1日より2年間有効とします。
  The *contract* will be effective from April 1 for two years.
- 買い注文第100号を契約どおり、7月20日までに出荷してください。
  Please ship P/O No. 100 by July 20 *as contracted*.

┃┃┃解説┃┃┃
「契約(書)」は contract(請負契約など)、agreement(技術援助契約、合弁契約など)。engagement や arrangement なども用いられるが、表現のバリエーションとして用いることが多く、正式文書ではあまり見られない。

経歴　(business) background

(例)
- 武田氏の業務経歴その他の詳細を記しました履歴書を同封いたします。
  I have enclosed Mr. Takeda's resume showing his *business background* and other details.
- 同封の履歴書には、私の資格と経歴についての詳細が記載されています。
  The enclosed resume gives further information about my *qualifications and experience*.

┃┃┃解説┃┃┃
「経歴」に対する英語表現は文脈により異なる。単に background といえば、事務系、技術系などの場合によく使う。business background ならどんな仕事を経験してきたか、qualification ならどんな資格を持っているかということ。以上

のような情報を述べた文書が resume（履歴書）である。英国用法では CV または curriculum vitae。

結果　result / effect

（例）
- 何らかの結果が出次第、お知らせいたします。
  As soon as we get the *results*, I will let you know.
- このことで、私はカナダ旅行をキャンセルする結果になりました。
  This has *resulted in* me having to cancel my trip to Canada.
- 貴社の信用状の伝達が遅れた結果、商品の値段が上がりました。
  Your delay in transmitting the credit has *resulted in* a higher cost for the merchandise.
- この件を調査しました結果、商品が当方の仕様書どおりに選別されていないことが分かりました。
  Upon examining the matter, we have found that the items were not sorted according to our specifications.

‖解説‖
単数であっても第1例のように、ネイティブは複数形を使う傾向にある。「～した結果」は as a result of ～ でも表せるが、第3例のように result in を使うとすっきりした表現になる。「～を調査の結果」は upon [on] examining ～ のほかに after checking into ～ とも表せる。

欠陥（けっかん）　defect

（例）
- モデル A30 個に欠陥があるようです。
  We have found that 30 Model A units are *defective*.
- ご指摘の欠陥を調査いたしました。
  We have looked into the *defects* you pointed out.

決済（する）（けっさい）　settlement / settle　（⇨支払い・支払う）

（例）
- 2010 年 10 月 25 日付送り状の決済のため、5000 ドルの小切手を同封いたします。
  We are enclosing a check for $5,000 *in settlement of* your invoice of October 25, 2010.
- 残額を決済するため、1500 ドルの小切手を 6 月 20 日までにお送りください。
  Please send us a check for $1,500 by June 20 to *settle* the balance.
- 2500 ドルの貴社の勘定はまだ決済されておりません。
  Your account of $2,500 *remains unsettled*.
- 月ごと（の計算書）に決済していただくよう、お願いいたしました。

We asked you to make *payments* against monthly statements.
- したがって、今月末まで勘定の決済を延期してくださるよう、お願いしなければなりません。
 Therefore, I must ask you to settle your account by the end of this month.
- 勘定の早期決済にご尽力いただき、深く感謝いたします。
 We very much appreciate your endeavor to make an early *settlement* of the account.

|||解説|||
「決済」は settlement、「決済する」は settle。「未決済のままである」は remain unsettled。

決定（する）　decision / decide

（例）
- 取締役会は、来年3月に東京で会合を開くことに決定いたしました。
 The Board of Directors *has decided to* hold a Meeting of the Board in Tokyo next March.
- ABC 社は販売員をアメリカ企業に送ることを決定しました。
 ABC *has made a decision to* send out their sales representatives to American companies.
- 本件に決定を下さないままにしておき、申し訳ありません。
 We are sorry for having kept this matter *pending*.

|||解説|||
「～することを決定する」は decide to do / make a decision to do。第3例の pending は「未定の、未解決の」という意味。

結論　decision / conclusion

（例）
- 本件に関して何らかの結論が出次第、お知らせいたします。
 We will let you know as soon as any *decision* is made on this matter.
- 貴社のオファーは当方の現在の要求に見合うものではないという結論に達しました。
 We *have come to the conclusion that* your offer does not meet our present requirements.

|||解説|||
conclusion は論文や報告書の「結論」という意味でよく使われる。

懸念　concern　（⇨心配）

（例）
- このような事情ですので、同社の信用状態に対する懸念を述べようとお手紙を差し上げる次第です。

Therefore, I am writing to you to express a *concern* about their credit standing.
- 同社との取引にはまったく懸念すべきところはないと思われます。(信用調書で)

  They are considered absolutely *responsible for* business dealings.

|| 解説 ||
第 2 例の responsible は「義務履行能力がある」という意味。

件　matter / regard　(⇨点／問題)

例
- この件では速やかな措置を取っていただき、ありがとうございます。

  Thank you for your quick action taken *in this regard*.
- この件について、どうぞよろしくお願い申し上げます。

  Thank you for your kind cooperation *on this matter*.

懸案の　pending

例
- 現在懸案中の追加システムに対する注文を取り消さざるを得ません。

  We have to cancel our order for the additional system which is now *pending*.
- 懸案の ABC プロジェクトについてご意見をお聞かせください。

  We are interested in having your comments on the *proposed* ABC Project.

|| 解説 ||
「懸案(中)の」は pending を使う。第 2 例の proposed は、提案したがまだ実施されていないので「懸案中の」の意味になる。

原因　cause　(⇨ために)

例
- この原因の究明のために当方から社員を派遣いたします。

  We will send a representative to trace the *cause* of this.
- 問題は当方の事務的なミスが原因で起こったことが分かりました。

  We have found that the problem *was caused by* a clerical error on our side.

|| 解説 ||
「原因」は cause だが、第 2 例のように「〜の原因になる」という意の動詞用法もある。

見解　view / comment　(⇨意見)

例
- 私どもの見解では、現在の負債が増えれば、貴社の信用状態は危険に陥りかねません。

From our own *point of view*, adding to your present obligations could jeopardize your credit standing.
- 契約改定についてのご見解をお聞かせください。
  I would like to have your *comments* on the revision of the contract.
- 私どもは一本化した契約を望みますが、あなたのご見解をいただきたいと思います。
  We would prefer a single agreement. Please give us your *views* on this.

||| 解説 |||
(one's point of) view は「(個人的な好みや感情を含んだ) 見解」、comment は「(合理的判断を含んだ) 論評」。「…が私の見解です」の表現に I am of the opinion that... があるが、形式ばった言い方。通例は I think [believe] that... を用いる。

元気で　well

- お元気でお過ごしのことと存じます。
  I understand that you are faring *well*. / I hope that you are getting along *well*.
- 長い間ご無沙汰しておりますが、お元気でお過ごしのことと思います。
  We have not seen each other for a long time, but I hope that this message finds you *well*.
- ごきげんよう、お元気で。
  Goodbye and *good luck*.

||| 解説 |||
安否について「元気です」というときは well がよく使われる。第3例はくだけた別れの挨拶。

現金　cash　(⇨即金)

- 所得税控除により現金還付が受けられます。
  You will receive *cash* back through an income tax deduction.
- 同社とは現金引替渡しで取引なさる方が安全です。(信用調書で)
  It is safer for you to do business with them on a *COD* basis.

||| 解説 |||
第2例の COD は「現金引替渡し (cash on delivery / collect on delivery)」。「現金建てで、現金払いで」は on a cash basis、「注文時現金払いで」は on a CWO (cash with order) basis。

権限　authority

- 同氏に契約書に署名する権限を与えました。

We have given him *authority to* sign contracts.
- 岡部には貴社製品の買い付けを決定する権限があります。
  Mr. Okabe has the *authority to* make a decision about purchasing your products.
- そちらのシカゴ本店に権限を与え、できるだけ早く保証状を解除していただければ幸いです。
  We would appreciate it if you would kindly *authorize* your Chicago head office *to* release the guarantee as soon as possible.

||解説||
(the) authority to do は「〜する権限」。have (the) authority to do は be authorized to do(〜する権限を与えられている)ともいえる。

健康　health

例
- 末長いご健康とご幸福をお祈り申し上げます。
  I extend my best wishes for a long life of *health* and happiness.
- 末長いご健康とご成功をお祈り申し上げます。
  Best wishes for your continuing *good health* and success.

||解説||
退職通知への返事などに使う決まり文句として覚えておくとよい。

現在　now / present

例
- あなたの報告書を受け取りました。現在検討中です。
  We received your report and *are now studying* it.
- 現在、当社はこのプロジェクトに投資することができません。
  At present we are unable to invest in this project.
- 現在、遅延の原因を調査中です。
  We are *currently* investigating the cause of this delay.
- 現在までのところ、4月10日付の当方の問い合わせにご返事をいただいておりません。
  As of now, we have had no reply to our inquiry of April 10.
- 昨日5月20日現在、弊社の注文品を受領しておりません。
  As of yesterday, May 20, we have not yet received our order.

||解説||
「現在〜している最中だ」の意味を表す英語に be (now) in the process of doing という表現があるが、普通は第1例のようにシンプルに進行形で表せばよい。第4、5例の〈as of ＋日時〉は「○○日現在」を表す。effective as of 〜 は契約書や公式文書でよく用いられる表現で、「○○日現在をもって効力発生」という意味になる。

健勝（けんしょう）　（⇨健康）

現状　the present status [situation]

（例）
- この保証状の現状について早急にお知らせください。
  Please let us know *the present status* of the guarantee soon.
- 当方は最善を尽くして現状に対処いたします。
  We will do our best to deal with *the present situation*.

|||解説|||

類義の the status quo は「現状（維持）」という意で政治分野などで用いる。「現状では」は under the (present) circumstances / as things stand など。（⇨事情）

見地（けんち）　point of view　（⇨観点）

（例）
- この協定の締結は技術的、財政的双方の見地から見て賢明なことでしょう。
  Concluding this agreement would make sense from both a technical and financial *point of view*.
- 彼はアメリカ人の見地から日本企業との取引について話す予定です。
  He will talk about doing business with Japanese companies from the *standpoint* of an American.

|||解説|||

a point of view / a standpoint とも「見地」を表し、例のように形容詞などを入れて用いる。

検討（する）　consideration / consider / study / examine

〈検討します〉

（例）
- お申し出を慎重に検討し、当方の結論をお知らせいたします。
  We will *consider* your offer carefully and let you know our decision.
- ご要望の件は慎重に検討いたします。
  Your requirement will *be* carefully *considered*.
- 貴社のご提案を慎重に検討することをお約束いたします。
  We assure you that your proposal will *receive* our careful *consideration*.

〈検討しています〉

（例）
- ご提案は当方の販売部門で検討させていただいております。
  Your suggestions *are being followed through* by our Marketing Division.
- これは私どもが検討している事項です。(謝絶の含み)
  This is a matter that we *are examining*.

●私どもは貴社の地区で当社の新しい繊維製品を市場に出せるかどうかを検討しております。
　We *are studying* the possibility of marketing our new line of textile products in your area.

〈検討しました〉

(例)
●貴社のご注文を、昨年10月にさかのぼって詳細に検討いたしました。
　We *have examined* your orders in detail dating back to last October.
●あなたの資格・適性を十分に検討いたしました（のは確かです）。
　Please be assured that your qualifications *were* thoroughly *reviewed*.

||| 解説 |||
「検討する」には consider / study / examine「詳しく調べる」がよく使われる。ほかに review「（本来の意味は）再検討する」などを用いる。〈検討します〉の第3例の receive one's careful consideration（文字どおりには「慎重な考慮を受ける」）は相手を安心させるために使う表現。

〈検討を依頼する〉

(例)
●当方のオファーをご検討いただき、受け入れてくださるよう、よろしくお願いいたします。
　We would appreciate it if you would *consider* our offer and accept it.
●本件をよろしくご検討くださいますよう、お願い申し上げます。
　Thank you for *your* special *attention to* this matter.
●どうぞ以上の点をご検討ください。
　We are sure you will *give* the above points *your* kind *consideration*.
●ご検討いただきたく、当社商品のカタログと価格表を同封しました。
　I have enclosed a catalog and price list of our merchandise *for your consideration*.

||| 解説 |||
〈検討を依頼する〉の第2例にある your special attention to ～ は「～を特別にご検討いただくこと」。第4例の for your consideration は「ご検討いただくために」で、売り込みなどの書面でよく用いる表現。

権利　right / prerogative

(例)
●貴社に対して損害賠償を請求する権利を留保いたします。
　We reserve the *right* to make a claim for damages against you.
●当社商品を他のルートで販売する権利を行使いたします。
　We will exercise our *prerogative* of marketing our products through other channels.

||| 解説 |||
right は法律、道徳、伝統などに由来する、いずれの「権利」にも使える。例えば a

basic human right は「基本的人権」。prerogative は「特別に与えられた権利」で、第 2 例の場合は「契約上の特権」。

こ

好意　courtesy

例
- ご要望にはお応えできませんが、ご好意には感謝いたします。
  I will have to refuse your request, but I do appreciate the *courtesy*.
- 柴田氏にご好意を示していただければ、誠にありがたく存じます。
  Any *courtesy* you may kindly extend to Mr. Shibata would be highly appreciated.
- 近いうちに東京で、あなたのご好意に報いることを願っております。
  I hope to reciprocate your *courtesy* in Tokyo sometime soon.

解説
感謝を込めて相手の「好意」を表すには「丁寧さ、慇懃な行為」のことをいう courtesy をよく用いる。a courtesy visit は「表敬訪問」。

合意(する)　agreement / agree　(⇨賛成する／同意)

例
- 今月末までに合意に達することを願っております。
  We hope to reach an *agreement* by the end of this month.
- 双方が合意すれば、契約を取り消すことができます。
  The contract can be canceled by mutual *agreement*.
- 貴社と合意したとおり、契約を実行したいと思います。
  We would like to carry out the contract *as agreed upon with* you.

解説
「合意」は agreement。合意の集大成である「契約(書)」の意味もある。

幸運　(the best of) luck

例
- ご幸運をお祈りいたします。
  I wish you *the best of luck*.

解説
the best of luck は「幸運中の幸運」ということで、人を励ますときによく使う表現。

光栄　honor / privilege

決まり文句
…は光栄でした
① **It was an honor to (do)...**
② **It was a privilege to (do)...**

③ **It was a pleasure to (do)...**

(例)
- 貴社の 50 周年記念祝賀会にご招待いただき、誠に光栄でした。
  It was indeed *a* great *honor* for me *to* be invited to your 50th anniversary celebration.
- 故人と知り合いになれて光栄でした。
  It was a privilege to have known him.
- あなたをここにお迎えできて光栄でした。
  It was a pleasure to have you here.

|||解説|||
It が形式主語になり、to 以下を受ける。①〜③のいずれも少し改まった表現。

(決まり文句) **…ならば光栄です**
① **It will be our privilege to (do)...**
② **It will be a pleasure to (do)...**
③ **We would consider it an honor if...**

(例)
- 今後ともお役に立てれば光栄です。
  It will be our privilege to be of service to you in the future.
- 会議にご出席いただければ光栄に存じます。
  I would consider it an honor if you would attend the meeting.

|||解説|||
相手の引き立てや協力などをお願いする際のやや改まった表現。第 2 例の would は仮定法。

後援（こうえん）　auspices

(例)
- データ通信システムに関する国際会議が、ABC 社の後援のもとに年 2 回開かれています。
  The international conference on communication systems is held biannually *under the auspices of* ABC.

|||解説|||
under the auspices of 〜は「〜の後援で」の意味。auspices「後援、援助」は必ず複数形。金銭的な「後援」の場合は sponsorship を使う。なお、biannual は「年 2 回の」、biennial は「2 年ごとの、2 年に一度の」。

交換（する）（こうかん）　exchange / replace　（⇨取り替える）

〈意見などの〉

(例)
- あなたと技術情報を交換したことは非常に有益でした。
  It was very profitable for us to *exchange* technical information with you.
- 交換協定は署名して送付いたしました。

The *exchange agreement* has been signed and sent to you.
- バイヤーの代表者が署名した書状と交換に、3500ドルを本日受取人に支払いました。
  We paid $3,500 today to the payee *in exchange for* a letter signed by the buyer's representative.

〈商品などの〉

例
- 送られた商品の交換について確認書をまだ受け取っておりません。
  We have not received your written confirmation concerning the *replacement* of the shipment.
- ここ数か月間、既設のコンピュータと周辺装置を新型モデルと交換する作業を進めてきました。
  For the last few months we have been *replacing* our existing computers and peripherals *with* newer models.

〈通貨の〉

例
- 円口座の残高をドルに交換することができます。
  You are allowed to *convert* the balance in your yen account into dollars.
- 適用した交換レートに必ずご満足いただけると思います。
  We are sure you will be satisfied with the *conversion rate* applied.

||| 解説 |||
意見などのやり取りには exchange を使う。in exchange for ～は「～と交換に」。品物などを「交換する」は replace で、replace A with B は「A を B に取り替える」。substitute を使っても同じ文型。convert は「転換する」という本義から「ある通貨を外貨に交換（両替）する」という意味に使うこともある。同義で change も使える。

航空便　airmail

例
- カタログを航空便（郵便）で送ってください。
  Please send your catalog *by airmail*.
- 貴社の買い付け注文第 50 号は、11 月 10 日までに航空便（空輸）でお送りいたします。
  Your P/O No. 50 will be *airfreighted* by November 10.
- 航空便（封筒の注記）
  AIR MAIL / VIA AIR MAIL

||| 解説 |||
airfreight は「航空貨物」「空輸する」という意で、airmail「航空郵便」と区別する。封筒の注記の「航空便」はフランス語では PAR AVION。

貢献（する）　contribution / contribute

（例）
- ABC 社は日本の通信産業に顕著な貢献をしています。
  ABC has made a considerable *contribution to* the communication industry in Japan.
- これらの交流は私ども両社の成功にきっと貢献するでしょう。
  These exchanges will certainly *contribute to* our mutual success.

||| 解説 |||
「貢献」は contribution だが、文脈により「寄付」と解されることがあるので注意を要する。

口座　account

（例）
- ABC 銀行のあなたの口座に 5 万円送金しましたことをお知らせいたします。
  We are pleased to inform you that we have remitted 50,000 yen to your *account with* ABC Bank.
- 同社は当行日比谷支店に口座を持ち、預金残高は 5000 万円以上になります。（信用調書で）
  They carry *accounts with* our Hibiya Office, maintaining a deposit balance of over ¥50,000,000.
- 再び当行に口座を開いていただければ、ありがたく存じます。
  We would appreciate it if you could open an *account with* us again.
- この度当座預金口座を解約されたと伺い、たいへん残念に思います。
  We are very sorry to learn that you have closed your *checking account*.

交際　acquaintance / relationship　（⇨付き合い）

（例）
- スミス氏とは 15 年以上の交際があります。
  Mr. Smith has been an *aquaintance* of mine for over 15 years.
- これからもご交際いただき、折にふれてお目にかかれることを楽しみにしています。
  I do hope that we can continue our *relationship* and I look forward to seeing you from time to time.

||| 解説 |||
acquaintance は「（人との）面識、交際」の意味。make someone's acquaintance なら「（ある人と）初めて知り合いになる」。continue は「継続する」こと。

交渉（する）　negotiation / negotiate

（例）
- 貴社をお訪ねして交渉を行えたら幸いです。

We will be happy to visit your office for *negotiations*.

● 発送スケジュールについて当社のメーカーの ABC 社と交渉中です。
We are *negotiating with* ABC, our manufacturer, concerning the shipment schedule.

‖解説‖
「交渉」は negotiations と複数形で用いることが多い。「(人・会社と)交渉する」は negotiate with 〜。(⇨再開する)

更新(する)　renewal / renew

(例)
● 当方の記録によりますと、あなたから更新料金の 10 万円をまだいただいておりません。
Our records show that we have not received your *renewal* payment of ¥100,000.

● サービス契約を 6 か月よりも長い期間に更新してもよろしいでしょうか。
Would you allow us to *renew* the service contract for a term longer than six months?

● 契約を更新されるかどうか、ご連絡をまだいただいておりません。
We have not been informed whether you will *renew* the contract.

‖解説‖
「(契約などを)更新する」は renew。

口頭(の・で)　oral / orally / verbally

(例)
● 5 月 10 日に貴社でお会いするという口頭のお約束を確認させていただきます。
We would like to confirm our *oral* arrangement made for a meeting at your office on May 10.

● 今回の改定には、2010 年 6 月 20 日の会議で、貴社が我々と口頭で同意した事項が含まれています。
This revision includes the points on which you *orally* agreed with us at the meeting on June 20, 2010.

● 同社の引き合いに対して、当社はもっと効率的な計画を口頭でオファーしました。
In response to their inquiry, we *verbally* offered a more efficient plan.

‖解説‖
「(他の表現手段ではなく)口頭で」は orally / verbally。oral「口頭の」は written「文書の」と対比して用いることが多い。

購入する　purchase

(例)
- 購入なさりたい数量をお知らせください。
  Please let us know the quantity you'd like to *purchase*.
- 当方は貴社のモデル A を 100 セット購入したいと思います。
  We would like to *purchase* 100 sets of Model A.

後任　successor　(⇨引き継ぐ)

(例)
- 田中が私の後任となります。
  My *successor* will be Mr. Tanaka. / Mr. Tanaka will be *replacing* me.
- 私の後任者である江田幸夫を紹介いたします。
  Please let me introduce you to my *successor*, Mr. Yukio Eda.
- 織田氏が支店長として矢野氏の後任におなりになると承りました。
  We note that Mr. Oda will *succeed* Mr. Yano as branch manager.

‖‖解説‖
「後任者」は (someone's) successor。「A が B の後任になる」は A succeeds B / A replaces B / A is the successor to B などと表現する。

高配　courtesy　(⇨好意／配慮)

(例)
- 同氏に対し、ご高配とご支援を賜わりますれば、誠にありがたく存じます。
  Any *courtesies* and assistance you could extend to him will be greatly appreciated.

小売店　retailer

(例)
- 当社製品を扱っている、あなたの地区の小売店のリストを同封しました。
  We have enclosed a list of *retailers* in your area who carry our products.

‖‖解説‖
「小売店、小売業者」は retailer / retail dealer。(⇨卸売り)

考慮(する)　consideration / consider　(⇨考える／検討)

(例)
- 本件を考慮していただければ、ありがたく存じます。
  We would appreciate it if you would *consider* this matter.
- ご提案の変更を考慮されてはいかがでしょうか。
  You might *consider* revising your proposal. / Would you *consider* revising your proposal?
- 価格設定には、予想される外国為替取引量を考慮しなければなりませ

ん。
> On pricing, you should *take into consideration* the volume of expected foreign exchange business.

||| 解説 |||

「考慮する」は consider で、目的語に動名詞はくるが consider to do（不定詞）の形は誤り。take into consideration ～は「～を考慮に入れる」で、～（目的語）が into の前にくることもある。

超える exceed

（例）
- 取引額の見積もりは20億ドルを超えます。
> The transaction is valued *in excess of* two-billion dollars.
- 価格は1ユニットにつき20ドルを超えないことを希望します。
> We hope the price will not be *more than* 20 dollars per unit.
- ABC社の売り上げは予想をはるかに超えたということです。
> We heard that ABC's sales far *exceeded* their expectations.

||| 解説 |||

第1例の in excess of two billion dollars は「20億ドルを超えて（20億ドルは含まない）」で、第2例の more than 20 dollars も 20ドルは含まない。

誤解 misunderstanding

（例）
- 契約条件に関して誤解があるように思われます。
> We are afraid that there is a *misunderstanding* about the terms of the contract.
- 当方の誤解によりご迷惑をお掛けしましたことを残念に思います。
> We are sorry to have troubled you due to a *misunderstanding* on our part.
- この点に関し、誤解のないようお願いいたします。
> Please make sure that there are no misunderstandings concerning this.

小切手 check

（例）
- 貴社の口座に対して3500ドルの小切手を振り出しました。
> We have drawn a *check for* $3,500 against your account.
- 送り状第50号に対する支払いとして、5000ドルの小切手を同封いたします。
> We are enclosing a *check for* $5,000 in payment of your invoice No. 50.
- その残額の清算のため、5月10日までに小切手をお送りください。
> Please send us a *check* by May 10 to clear the balance.

||| 解説 |||
「(ある金額)の小切手」は a check for ～(金額) と表す。

顧客（こきゃく）　client / customer

（例）
- 貴社の顧客に対し、必ずいつもお役に立てるよう努力いたします。
  We assure you that we will always be happy to serve your *clients*.
- ABC 社が 10 年間にわたって当社の大事な顧客であることをお知らせいたします。
  We are pleased to inform you that ABC has been a valued *client* for ten years.
- 当百貨店の顧客の多くが、御社のディスプレイをほめています。
  Many of the *customers* at our department store have made positive comments about your display.

||| 解説 |||
名前などの情報のある顧客については client、詳しい情報のない不特定多数の顧客については customer を使う傾向にある。client には「依頼人」の意味もある。

国際（の）　international

（例）
- こちらの負担で 10 セットを国際宅配便でお送りいたします。
  We will be happy to send you ten sets by *international* courier service at our expense.
- ますます国際化している世界の中で、貴社との今後の協力関係はさらに重要なものになるでしょう。
  In an increasingly *internationalized* world, cooperation with you will become more important.

||| 解説 |||
international の原義は「国と国との間の（個々の国の存在を前提とする）」ということ。internationalize は「国際化する」という動詞。

極秘（ごくひ）　strict confidence

（例）
- いただく情報はいかなるものも極秘扱いといたします。
  We will keep any information we receive *in strict confidence*.
- この情報は極秘扱いにしてください。
  Please treat this information *in strict confidence*.
- 極秘（注記）
  CONFIDENTIAL

||| 解説 |||
「極秘扱いで」は in strict confidence。第 3 例の CONFIDENTIAL は文書の第 1 ペー

ジに朱記して「極秘文書」を示し、手紙の封筒の注記にも用いる（⇨ p. 410）。

心から（の）　warm / earnestly / sincere

(例)
- この度あなたが社長に就任されましたことを心からお祝い申し上げます。
  Please accept my *warmest* congratulations on your recent appointment as president.
- 彼を温かくお迎えいただきますよう、心からお願い申し上げます。
  I *earnestly* hope that you will kindly extend warm hospitality to him.
- ABC社一同の心からのお悔やみを申し上げます。
  I would like to extend the *sincerest* [*deepest*] sympathies from all of us at ABC.

心遣い（こころづかい）　thoughtfulness

(例)
- お心遣いに深く感謝いたします。
  Your *thoughtfulness* is deeply appreciated.
- 情報をお知らせいただいたお心遣いに感謝いたします。
  It is very *thoughtful* of you to let me have the information.

|||解説|||
thoughtfulness は「心配りが行き届いていること、心がこもっていること」という意味である。相手のしてくれたことに対する最上級の褒め言葉の一つとして用いる。

心のこもった　warm / thoughtful / kind

(例)
- 私の副社長就任を祝って温かく心のこもったお手紙をいただき、誠にありがとうございます。
  Thank you very much for your *warm and thoughtful* letter congratulating me on my appointment as vice president.
- 当社の横井社長の死去に際して心のこもったお悔やみの言葉をいただき、深く感謝いたします。
  We greatly appreciate your *kind* message of condolence following the death of our president, Mr. Yokoi.

|||解説|||
第1例の as vice president が無冠詞であることに注意。「特定の肩書き」であることを示す。

心待ちにする　look forward to　（⇨待つ）

(例)
- 早急なご返事を心待ちにしております。

We are *looking forward to* hearing from you soon.

試み・試みる　attempt / try

(例)
- あなたの支払い残高を清算していただくための最後の試みとして、この手紙を書いております。
  I am writing you *in a* last *attempt to* ask you to clear your balance.
- 私が5月にシカゴを訪れた際、クライン氏があなたとの面会の手配を試みました。
  Mr. Klein had *tried to* arrange a meeting with you during my visit to Chicago in May.

‖解説‖
第1例の in an attempt to do（〜する試みとして）はやや文語調。「〜することを試みる」には try to do がよく用いられる。

ございます　have

(例)
- さらにご質問がございましたら、ご遠慮なくお尋ねください。
  Please feel free to ask me if you *have* any further questions.
- この点に関し、ほかにご意見、ご提案がございましたら、お知らせください。
  In case you *have* other thoughts or suggestions in this regard, please let us know.

後日　later　（⇨追って）

(例)
- この件についてお返事をお待ちしております。はっきりした予定については後日お知らせいたします。
  We look forward to hearing from you in this regard and will let you know about specific arrangements *later*.

個人的　personal / personally

(例)
- このようなご迷惑をお掛けしたことに対して個人的にお詫びを申し上げたいと存じます。
  I'd like to extend my *personal* apologies for having caused you this inconvenience.
- 滞在中にあなたと個人的にお会いする機会があれば幸いです。
  I would appreciate an opportunity to *personally* meet with you during my stay.

‖解説‖
「個人的に」は personally で、individually ではない。「個人的な事情（理由）で」は

for private [personal] reasons.

コスト　cost　(⇨経費)

例
- 私どもの目標は生産コストを15%削減することです。
  Our goal is to reduce production *costs* by 15%.

ご存じ　(⇨存ずる)

答え　(⇨返事)

答える　answer / reply

決まり文句　…にお答えします
① **We are glad [pleased] to answer...**
② **We are replying to...**
③ **This (message) is in reply to...**

例
- 6月7日のご照会にお答えいたします。
  We are happy to answer your inquiry of June 7.
- ご質問にはいつでもお答えいたします。
  We will always *be happy to answer* your questions.
- …についての3月4日付のメールにお答えいたします。
  This is in reply to your email of March 4 concerning...

|||解説|||
「…に答える」は reply の後には to が入るが、answer の後に to は不要。

決まり文句　…にお答えください
① **Please answer...**
② **You are required to answer [reply to] ...**
③ **We would like to ask you to answer...**

例
- 添付の用紙を使って下記の質問にお答えいただき、ご返信ください。
  Please answer the following questions on the attached document and return it to us:
- 当方の質問にできるだけ早くお答えください。
  We would like to ask you to answer this question as soon as possible.

決まり文句　…にお答えして
① **in reply to...**
② **in answer to...**
③ **in response to...**

例
- 3月25日付のメールにお答えして、ABC社に関する信用調書を添付いたします。

In reply to your message of March 25, we are pleased to enclose credit information concerning ABC Company.

- 1月20日付のお問い合わせにお答えして、下記のコピー機のいずれかを購入されることを提案いたします。

  In answer to your inquiry of January 20, I would like to suggest that you purchase one of the following copiers:

|| 解説 ||

どの表現を使っても意味の違いはない。Replying to... と分詞構文にしてもよい。

異なる　differ...from / be different / vary / disagree with

例
- 商品の性質が、貴社が以前にお送りくださった見本と異なるようです。

  We found that the quality of merchandise *was different from* the sample you sent us before.

- 今年の調査結果はさまざまな点で昨年の調査と異なります。

  The results of this year's survey *differ* in several ways from last year's survey.

- 当社の従業員ガイドラインは、合併完了後、かなり異なったものになるでしょう。

  Our employee guidelines will be very *different* after the merger is complete.

- 当社の商品の値段は、ご注文のサイズによって著しく異なります。

  The price of our products *varies* significantly depending on the size of your order.

- A社から受け取った数字は、我々の計算と異なります。この不一致についてお調べください。

  The figures we received from Company A *disagree with* our calculations, so we ask that you look into the discrepancy.

|| 解説 ||

be different from A は「A とは異なる」の意。「A とは~という点で異なる」は be different from A in ~ となる。状況、ものなどが異なる場合は differ...from や be different、vary を使い、人の意見などが異なる場合は I disagree with you.(私の意見はあなたと異なる)のように disagree を使う。

言葉　word

例
- あなたが当社のために努力してくださったことに対して、お礼の言葉もございません。

  I have no *words* to express my thanks for your efforts on our behalf.

断る （⇨辞退する）

この度　recently

（例）
- この度のご就任、おめでとうございます。
  Congratulations and best wishes on your *new* assignment.
- この度当社の大阪支店が開店しましたことをお知らせいたします。
  We are glad to inform you that our Osaka branch has *recently* been opened.

ご無沙汰　（⇨無沙汰）

困る　be in a bad situation / have difficulty

（例）
- 私どもは貴社の出荷の遅れのためにたいへん困っております。
  We *are in a bad situation* due to your delay in shipping.
- 通関の際にお客様がお困りになることがないよう、注意してください。
  Please make sure that the client *has* no *difficulty in* clearing the shipment.

‖解説‖
be in a bad situation は「困っている、面倒なことになる」。have difficulty in ～ は「～が困難である、～に困る」で、～に動名詞がくるときは in が省略されることがある。

これから　（⇨今後）

これまで　so far　（⇨今まで／現在）

（例）
- これまでのところ、貴社の積み荷を受け取っておりません。
  We have not yet received the shipment.
- これまでのところ、広告キャンペーンはそれほど功を奏してはいません。
  So far, the advertisement campaign has not showed significant results.

‖解説‖
so far は「今までのところ」の意味で、現在も完了していない事柄を表す際に、通例現在完了形とともに用いる。

今回　this time

（例）
- したがって、今回は貴社のご要望に応じられません。
  Thus, we are unable to accept your request *this time*.
- 大阪への今回のご訪問の期間中にお目にかかりたく存じます。

I would like to meet with you during your *current* visit to Osaka.

解説

副詞的に「今回」というときは this time と前に at を入れない方が普通。第 2 例の current は「今の、今回の」。「この前の」という意の「今回の」は last。

根拠　reason　（⇨理由）

例
- この件で ABC 社が貴社を援助するだろうと信ずべき十分な根拠があります。
  We have every *reason* to believe that ABC will assist you in this connection.

今後　in the future

例
- 今後も貴社と協力していけると期待しております。
  We look forward to cooperating with you *in the future*.
- 今後のご健康とご多幸をお祈りいたします。
  I wish you good health and prosperity *for the future*.
- 今後のお付き合いを楽しみにしております。
  We are looking forward to our *continued* association.

解説

in the future（時間的なこと）、for the future（目的を示す）は文末につけることが多い。第 3 例の continued「引き続いての」（ともに形容詞）を用いても「今後」ということを表現できる。

困難（な）　difficulty / difficult

例
- 私どもは現在、財政的困難に陥っています。
  We are now having financial *difficulties*.
- これ以上割引することは困難です。
  It is *difficult* for us to give you any further discounts.
- そのような思い切った措置を取れば、貴社と取引を続けることが困難になるでしょう。
  Such drastic measures will *make it difficult* for us *to* continue doing business with you.

解説

第 3 例の make it difficult（it は意味上の主語で to do 以下を受ける）は「~することを困難にする」という表現。

混乱　confusion / mix-up

例
- 貴社への商品配送に関して混乱が生じましたことをお詫びいたします。

Please accept our apologies for the *confusion* which occurred in delivering the products to you.
- この混乱は、当方がアメリカに送られるはずの貨物を見分けられなかったために起きました。
This *mix-up* was a result of our failure to identify the cargo that needed to be sent to America.

さ

サービス　service

例
- 当社が提供するサービスにご満足いただけるものと存じます。
We believe that you will be satisfied with the *service* we offer.
- 今後はさらによりよいサービスをさせていただきます。
We assure you that we will provide you with better *service* in the future.
- 貴社へのサービスを向上させるために、以下の人事異動を行いましたことをお知らせします。
This is to inform you of the following changes in personnel to improve our *services* to you:

||| 解説 |||
「サービス」は英語に直しにくい言葉であるが、例のように「接客、もてなし方」という意味の場合は service をそのまま用いることができる。なお、service には「（会社での）勤務」「（宗教上の）儀式」という意味もある。

(…の) 際　in the case of / in the event of / if　（⇨折、機会）

例
- 緊急の際には下記の電話番号に遠慮なく直接ご連絡ください。
In the case of an emergency, please do not hesitate to contact us directly at the phone number below.
- 道路状況が悪化した際には移動ができなくなるかもしれません。あらかじめご了承ください。
It may not be possible to travel *in the event of* bad road conditions, so we ask for your understanding in advance.
- 私の提案が受け入れられた際には、事務所を移転するつもりです。
If my proposal is accepted, I am prepared to move the location of my office.

||| 解説 |||
in the case of より、in the event of の方が堅い印象。いずれも、どちらかといえば悪いことが起こる想定をした場合に使う。

再開する　resume

（例）
- 契約更新についての交渉を再開することを提案いたしたく存じます。
  We would like to suggest that we *resume* negotiations on the renewal of the contract.

解説
resume negotiations は「交渉を再開する」こと。「交渉を開始する」は start [enter into] negotiations、「交渉を打ち切る」は break off negotiations。

再会する　see (someone) again

（例）
- あなたと東京で再会することを心待ちにしております。
  I am looking forward to *seeing* you *again* in Tokyo.
- あなたや会社の皆さんと再会できて楽しかったです。
  I enjoyed *being back with* you and your staff.

最近　recently

（例）
- 藤田が最近シカゴを訪問した際に賜りましたご厚意に、お礼申し上げます。
  Thank you for the courtesies you extended to Mr. Fujita during his *recent* visit to Chicago.
- 最近私はカナダから帰国いたしました。
  I have *recently* returned from Canada.

解説
recent は「最近の」で、同じ日の少し早い時間に起こったことも表す。recently は第2例のように完了形や過去形とともに用い、普通、現在形とは用いない。

財源　financial resources

（例）
- 同社はその計画を遂行するのに十分な財源を持っています。
  They have sufficient *financial resources* to carry out the project.

解説
「財源」は financial resources といい、resources は「資源」という意味。human resources なら「人的資源」。

最後（の）　final / last

（例）
- この手紙は法的措置を取る前の最後の警告状です。
  This is our *final* warning before legal action is taken.
- 双方にとって望ましくない措置を避けるための最後の手段として、本状をしたためます。
  I am writing to you in a *last* attempt to avoid taking steps which

neither of us would like.
- 最後に、貴社のご協力に改めて感謝いたします。
  Finally, we would like to thank you for your cooperation.

|||解説|||
last は順序が最後であることに過ぎないが、final は一連の過程の完結を示す。最終の取り立て送付状を final collection letter という。「最後に」は finally のような副詞を用いる。同義の in closing は、長い発表や文章の最後で結論を述べるときによく用いられる。

在庫　stock

(例)
- 全品目の在庫がございます。
  All the items are *in stock*.
- あいにく、3月7日にご注文いただいた商品は在庫がございません。
  Unfortunately, we have no *stock* of the item you ordered on March 7. /
  We are sorry ,but the items you ordered on March 7 are *out of stock*.
- 今後、貴社商品の在庫を増やす予定です。
  We will *stock* more of your lines in the future.

|||解説|||
「在庫がある」は be in stock。「在庫がない」は be out of stock で、we are out of stock のように人・会社を主語にすることもできる。第3例の stock は「仕入れる、在庫にする」という意の動詞。

最高（の）　highest

(例)
- 当社はあらゆる業務で最高水準を維持したいと思っています。
  We hope to maintain the *highest* standards in all business affairs.
- しかしその場合は、最高60日の納品の遅れが生じます。
  In that case, however, there will be a delay of *up to* 60 days in delivery.

|||解説|||
程度が「最高の」なら high の最上級。時間的・数量的に「最高〜まで」は up to 〜 を用いる。

再考する　reconsider　（⇨見直す）

(例)
- 支払い条件に関する当方の提案を再考していただけませんか。
  Would you *reconsider* our proposal on the terms of payment?
- 本件を再考していただければ、ありがたく存じます。
  We would appreciate it if you could *reconsider* this matter.

採算　profit

(例)
- これ以上割り引くと当社の採算が取れなくなりますので、申し訳ありませんが貴社の要求に添うことができません。
  We are sorry that we can't comply with your request because a further discount will make our business *unprofitable*.

|| 解説 ||
unprofitable は「採算割れの」。逆に「採算が取れる」は be profitable / pay（割に合う）を使う。

最終 (の)　final　(⇨最後)

(例)
- その問題につきましては、まだ最終決定に至っておりません。
  We have not yet reached a *final* decision on that matter.

最小　(⇨最低)

最新 (の)　latest

(例)
- 弊社の最新のカタログをご参考までに同封いたします。
  We are enclosing our *latest* catalog for your reference.
- 本件についての最新の情報を絶えずお知らせいたします。
  We will *keep* you *posted on* this matter.

|| 解説 ||
第 2 例の keep ～ posted on... は「…に関して～に最新情報を知らせておく」ということ。keep ～ informed of... としても同じ。

財政 (の)　finance / financial　(⇨財務)

(例)
- ABC 社の財政状態に関する貴行の信用調書をお送りください。
  Please send us your banker's report on ABC's *financial* standing.
- ABC 社は現在財政困難に直面しています。
  ABC is now facing *financial* difficulties.

|| 解説 ||
financial は「財政上の、財務上の」という意味。「金融の」という意もある (⇨金融)。

最善　best

(例)
- 抜本的な策を講じることが貴社にとって最善だと考えます。
  I think it would be *in your best interests* to take drastic measures.
- 当社はこのような間違いが二度と起こらないように最善を尽くします。
  We will *do our best* to make sure that such a mistake does not happen

again.

解説
「最善を尽くす」は do one's best / do the best one can などで、第2例のような苦情処理の文面で誠意を示すためによく用いられる。

最大(の)　best

(例)
- 貴社の支援は、世界的な家庭電化機器メーカーである ABC 社の最大の利益になるものと信じます。
  I believe that your support will be in the *best* interests of ABC as a worldwide manufacturer of household appliances.
- この機会を最大限にご利用いただきたいと思います。
  We hope you will *make the most of* this opportunity.

解説
第2例の make the most of ～ は「～を最大限に利用する」。

最中(さいちゅう)　(⇨…中(ちゅう))

最低(の)　minimum

(例)
- 最低引き受け可能数量は1品目につき100台です。
  The *minimum* quantity acceptable is 100 units for each item.
- その商品の在庫は最低限まで減少しています。
  The stock of that item has fallen to a *minimum*.
- 損害を最低限に抑えるためにあらゆる努力をすることをお約束します。
  We assure you that we will make every effort to *minimize* the damage.

解説
minimum は「最低の」(形容詞)、「最低限」(名詞)。minimize は「最低限にする」(動詞)。

再編成する　restructure

(例)
- 私どもは組織を全面的に再編成いたしました。
  We have completely *restructured* the organization.

解説
restructure the organization は「組織を再編成する」こと。名詞形 restructuring は和製英語「リストラ」の語源。

財務(の)　financial　(⇨財政)

(例)
- 当社は財務上の問題でできる限りの支援をいたします。
  We will offer you every possible assistance in *financial* matters.

採用する　adopt / employ / hire

(例)
- この財務諸表は同社の財政状態を正しく示しています。
  These *financial* statements show their financial position fairly.

採用する　adopt / employ / hire

(例)
- ABC 社は輸出にコンテナ輸送方式を採用しています。
  ABC has *adopted* the container system for exports.
- 当社は、下記の職務を担当する資格がある管理職付きの秘書を採用したいと考えています。
  We wish to *employ* a qualified executive secretary whose duties are described below.
- 当社はあなたを、ABC ビジネススクール卒業後、常勤社員として採用する用意があります。
  We are prepared to *hire* you as a full-time employee after you graduate from ABC Business School.

||| 解説 |||
「(物・事柄を)採用する」は adopt、「(人を社員として)採用する」は employ / hire。ちなみに人事の仕事は hire and fire(雇うことと首にすること)だとよく言われる。

最良　(⇨最善)

幸い　fortunately

(例)
- 幸い、その災害による被害はありませんでした。
  Fortunately, we suffered no damage from the disaster.

||| 解説 |||
fortunately はよく文頭に置かれる。

(決まり文句) …できて幸いです　(⇨ありがたい)
① **It is a pleasure to (do)...**
② **We are pleased to (do)...**

(例)
- 当方の注文品の出荷予定について早速ご返事をいただき、幸いです。
  We are pleased to have received your quick reply concerning the shipment schedule of our order.

(決まり文句) …できれば幸いです　(⇨ありがたい)
① **It will be a pleasure to (do)...**
② **We will be glad to (do)...**

(例)
- この面でお役に立てれば幸いです。
  It will be a pleasure to serve you in this connection.
- 早急にご返事をいただければ幸いです。

| (決まり文句) | *We will be glad to* hear from you soon. |

…していただければ幸いです （⇨ありがたい）
① **We would appreciate it if you would [could]...**
② **Your ... will [would] be appreciated.**

(例) ●本件をご考慮いただければ幸いです。
We would appreciate it if you would consider this matter.
●事情をご理解いただければ幸いに存じます。
Your understanding of the situation *would be* greatly *appreciated*.

||| 解説 |||
丁寧な依頼の表現である。

サイン （⇨署名）

さかのぼる　date back

(例) ●貴社の注文を昨年 10 月にさかのぼって調べました。
We have investigated your orders *dating back to* last October.
●4 月出荷分にさかのぼって 5% の値引きをしていただきたく存じます。
We would like to ask for us a 5% discount *retroactive to* April's shipment.

||| 解説 |||
第 2 例の retroactive は「効力がさかのぼる」。retro- は「さかのぼって」の意味を表す接頭辞。a retroactive tax reduction は「さかのぼって行われる税控除」。

下がる　go down

(例) ●日本では株価が下がっています。
Stock prices are *going down* in Japan.

||| 解説 |||
「(価格などが)下がる」には fall や decrease も使える。

作業　work　（⇨操業）

(例) ●ご依頼は、休日明けの作業再開とともに処理されるでしょう。
Your request will be processed as soon as *work* is resumed after the holiday.
●作業時間短縮のために、徹底的な効率化が図られました。
We have worked hard to become more efficient in order to reduce *work* time.

||| 解説 |||
work は継続する作業。終了が明確な作業については主に job を使う。仕事に就い

ている（＝無職ではない）場合は I have a job. と言う。「作業時間」は manpower hours、labor hours、working hours など。

削減する　reduce

（例）
- 当社はコストを5%削減することを目指しております。
  We are aiming to *reduce* our costs by 5%.

||解説||
reduce の名詞形は reduction。reduction in the cost は「コスト削減」。

作成する　prepare / design

（例）
- 当社の財務諸表は一般会計原則に準拠して作成されています。
  Our financial statements *are prepared* according to GAAP.
- この研修プログラムは上級管理職用に作成されています。
  This training program *is designed for* senior executives.

||解説||
文書などを「作成する」には make (out) / draw up なども使える。第2例の be designed for 〜は「（〜を対象にして）作成される」という意。

避ける　avoid

（例）
- 同様の間違いの再発を避けるために、あらゆる可能な対策を講じます。
  We will take all possible measures to *avoid* a recurrence of such a mistake.
- モデル A は現在品切れですので、申し訳ございませんが、納品の遅れは避けられそうもありません。
  Model A is now out of stock and we are afraid a delay in delivery is *unavoidable*.

||解説||
第2例の unavoidable は「不可避の」の意。同義語は unavoidable → inevitable → inescapable の順で意味が強くなる。

下げる　（⇨値引き／引き下げる）

差し支えない　all right

（例）
- 私どもが貴社をお訪ねする期日につきまして、7月7日は差し支えないかどうかご確認ください。
  As for the date of our visit, please let us know if July 7 is *all right with you*.
- 10月15日に当社の営業部長とともに貴社をお訪ねしても差し支えな

いでしょうか。
May I have your permission to visit you with our Sales Manager on October 15?

● 来年の見通しは明るいと言っても差し支えありません。
It can *safely* be said that the outlook for the next year is bright.

||| 解説 |||
第1例の all right with you はややくだけた言い方で、convenient for you（あなたにとって都合がよい）を使うこともできる。第2例は文字どおりには「訪ねてよいという許可をいただけますか」ということで許可を求める表現。第3例は論文、報告書でよく使われる。

差し引く　(make a) deduction

（例）
● 手数料を差し引き、売上金を当社口座 1234567 に入金してください。
Please credit our account No. 1234567 with the proceeds after *deduction* of your fees.

||| 解説 |||
deduction は「控除」、after deduction of 〜 で「〜を差し引いたうえで」となる。the proceeds は「売上高、収入」の意で「代わり金」などとも言う。

させる　allow / let

（決まり文句）
…させてください
① **Please let us (do)...**
② **(Please) Allow us to (do)...**
③ **We wish to (do)...**

（例）
● そのことはよく考えさせてください。
Please let us think it over.

● 貴社に対してできる限りよいサービスをさせていただきます。
We wish to offer you our best possible service.

||| 解説 |||
許可を求める表現で、①の let us do はよく使う（この意味では let's という短縮形は用いない）。②の Allow us to do... はより丁寧な表現。③は希望・願望を表す丁寧な表現。

早急　（⇨早急(そうきゅう)）

察する　understand　（⇨理解する）

（例）
● 私どもの事情をお察しいただきたく存じます。
We hope that you will *understand* our situation.

||解説||
上の例は、ひと通り説明をした後で、その状況に理解を求めるときに使う言い方。

早速　promptly

(例)
- 早速そのサービスを利用させていただきました。
  We *seized the first opportunity to* utilize the services.
- 早速残高を清算していただき、ありがとうございます。
  We very much appreciate the *promptness* with which you cleared your balance.
- あなたの旅行日程について早速ご返事いただき、ありがとうございます。
  Thank you for your *prompt* reply regarding your trip schedule.

||解説||
第1例の seize the first opportunity to do は「いち早く～させていただく」の意味。prompt は「即座の、早速の」。

さらに　further

(例)
- 11月25日付のメールでご要請の件はさらに検討いたしました。
  We have considered *further* the requirements in your message of November 25. / We have given *further* consideration to the requirements in your message of November 25.
- さらにご質問がありましたら、遠慮なくお電話ください。
  If you have any *further* questions, please do not hesitate to call me.
- したがって、納品がさらに1週間遅れることになります。
  Therefore, the delivery will be delayed *another* week.

…ざるを得ない　be obliged to / be forced to / be compelled to

(決まり文句)　…ざるを得ません
① **We are obliged to (do)...**
② **We are forced [compelled] to (do)...**
③ **We have to (do)...**
④ **We have no choice [alternative] but to (do)...**

(例)
- 本件について早急に対策が講じられない場合は、法的措置を取らざるを得ません。
  Unless this matter is taken care of immediately, *we will be obliged to* take legal action.
- 商品の損傷により当社が被った4万ドルの損失を補償するよう、貴社に要請せざるを得ません。

We are compelled to request that you make up for the loss of $40,000 which we have suffered from the damage to the products.

- 当方の注文を取り消さざるを得ないことをお知らせいたします。
  We are sorry to inform you that *we have to* cancel our order.
- 原材料費の値上げのため、私どもは価格を5%引き上げざるを得ません。
  We have no choice but to raise the prices by 5% due to higher material costs.

解説

例文のように様々な表現があるが、相手に対して「威圧的な」感じを与えないように注意すること。①、②は「…することを強いられる」という表現であるが、oblige → compel → force の順で強制力が強まる。④は「…する以外に選択の余地がない」という意で「…ざるを得ない」ことになる。

残額　balance

例
- 請求書の残額を今月末までに貴社へお送りいたします。
  We will send you the *balance* of the bill by the end of this month.
- 残額を決済するため、450ドルの小切手をお送りください。
  Please send us a check for $450 to settle the *balance*.

参加する　participate in / join　(⇨出席)

例
- 貴社で催されるセミナーに参加するようお誘いいただき、ありがとうございます。
  Thank you for your invitation to *participate in* the seminar to be held at your company.
- ぜひご参加ください。
  I do hope you will be able to *join* us.

解説

「参加する」の participate の後には in を必ず入れるが、join には他動詞と自動詞の用法がある。一般に、人や団体と行動を共にするような場合（目的語に人や団体がくる）は他動詞用法を用いる。自動詞用法は join in the discussion（討論会に参加する）などの場合に用いる。

残業　overtime

例
- 平日の勤務日についての疑問にお答えしますが、ほとんどの従業員が午前9時から午後6時までの勤務で、残業はほとんどありません。
  In response to your question about a standard workday, most staff members work from 9:00 to 6:00 and seldom *work overtime*.

● お返事が遅くなりまして申し訳ございません。重要な納期に間に合わせるために残業しておりました。
　I am sorry that I didn't reply sooner, but I have been *working overtime* to meet an important deadline.

||解説||
overtime work とも言う。「残業」の意味で overwork は使わないので注意。

参考　reference

(例)
● これらの件は今後の参考として、私どものファイルに保管させていただいております。
　These have been kept in our files *for future reference*.
● それはあなたにとって、とても参考になるでしょう。
　You will find it very *informative*.

||解説||
第2例の informative は「役に立つ、参考になる」ということ。

(決まり文句) ご参考までに
① **for your information**
② **for your reference**

(例)
● ご参考までに、当社の業務全般に関するパンフレットを1部同封いたします。
　We have enclosed a copy of our general services brochure *for your information*.
● ご参考までに、上記の手紙の写しを添付いたします。
　For your reference, I have attached a copy of the above letter.

||解説||
書類などを送るときによく使う表現。

参照する　refer to

(例)
● 当方の本社宛の、2010年7月22日付のメールをご参照ください。
　Please *refer to* your message of July 22, 2010, emailed to our head office.

賛成する　agree　(⇨同意)

(例)
● 同氏を会長に任命してはどうかとのご提案に、私どもは全面的に賛成いたします。
　We completely *agree with* your proposal that he be appointed as Chairman of the Board.
● 発送の条件につきましては御社に賛成いたしかねます。

We can't *agree with* you *about* the terms of shipment.

解説
「（あることについて）（人に）賛成する」は agree with (someone) about [on] (something)。第 1 例の proposal に続く that 節中の動詞は仮定法現在（動詞の原形）で、英国用法では動詞の前に should が入る。

参入　entry / access

例
- 日本では消費者の反応が非常に好意的であり、今年 7 月の北米市場参入の成功も確信しております。
  Customer feedback has been very positive in Japan, and we are anticipating a very successful *entry* into the North American market this July.
- ロシア市場への参入に際しては、数多くの困難に直面してきました。
  We have encountered a large amount of difficulty *accessing* the Russian market.

解説
entry はより一般的な言い方で、単に「市場に入る」場合に使えるが、access は参入の難しさなどに言及した場合に使う。

残念だ　be sorry / regret

決まり文句
…は残念です
① **We are sorry that... [to (do)...]**
② **We regret that...**

例
- あなたがプロジェクトに加わることができないと伺い、残念です。
  We are sorry to hear that you can't join the project.
- 弊社の提案にご満足いただけないのは残念です。
  We regret that you are not satisfied with our offer.
- ご購入になった商品がお客様の期待に添えず、残念です。
  We are sorry that the products you purchased have not met your expectations.
- 貴社の会長のご逝去を知り、たいへん残念に存じます。
  We were extremely *sorry to* learn of the passing away of the chairman of your company.

解説
残念に思っていることを表明するときや、お詫びを述べるときに使う表現。（⇨ 申し訳ない／詫びる）

決まり文句
残念ながら…
① **We regret to (do)...**

② **We are sorry to (do)...**
③ **Unfortunately...**

(例)
- 5月8日開催予定の会議が、残念ながら取りやめになりましたことをお知らせいたします。

  We regret to inform you that the conference scheduled for May 8 has been canceled.
- ご招待いただきましたが、残念ながらお伺いできません。

  I am very sorry to say that I can't accept your kind invitation.
- 残念ながら、当社は貴社の要求を受け入れることができません。

  Unfortunately, we are unable to accept your requests.

||解説||

第1・2例は「残念ながら…ということをお知らせします」という表現で、よくない内容の通知をする手紙の書き出しに用いる。決まり文句①よりも sorry を使った②の方が柔らかな表現。(⇨知らせる)

サンプル　(⇨見本)

し

自愛する　take (good) care of yourself

(例)
- くれぐれもご自愛ください。

  Please *take good care of yourself*.

||解説||

話し言葉では別れるときの挨拶として使うこともある（略して Take care! とも）。

幸せな　happy　(⇨喜ぶ)

(決まり文句) …できるのは幸せです
① **We are happy to (be in a position to) (do)...**
② **We are very happy to have the opportunity to (do)...**

(例)
- 貴社に引き続きご協力いただけるのは幸せです。

  We are happy to have your continued services.
- 貴社と仕事ができる（機会が持てる）のはとても幸せです。

  I am very happy to have the opportunity to work with you.

||解説||

be happy to do は「…する（できる）のは幸せである」というときの慣用的表現。

仕入れ先　supplier

(例)
- ABC 社は米国における弊社の綿布の仕入れ先です。

ABC is our *supplier* of cotton fabrics in the United States.
- 当社は貴国で可能性のある仕入れ先を探しています。
  We are trying to locate potential *suppliers* in your country.

||| 解説 |||

supplier は「供給者」。したがって、自社を中心に考えると「仕入れ先」という意で使える。

仕入れる　stock

（例）
- 当社の卸売店に貴社の新製品を仕入れることを決定しました。
  We have decided to *stock* our wholesalers *with* your new products.
- 当社は大手のメーカーから皮革製品を仕入れますので、このような低価格でオファーすることができます。
  We can offer leather products at these low prices because we *purchase* them from a large manufacturer.

||| 解説 |||

stock A with B で「A（店など）にB（製品など）を仕入れる」（第1例）。「購入する」意の purchase を用いても「仕入れる」を表せる（第2例）。

支援（する）　support / assistance / help

〈支援の申し入れ〉

（例）
- 貴社の事業拡大を支援したいと思っております。
  We are anxious to *assist* you in expanding your business.
- 貴社を支援いたしますので、ご安心ください。
  You can be assured that you will have my *support*.

〈支援への感謝〉

（例）
- ご支援くださり、誠にありがとうございます。
  Thank you very much for your *assistance*. / Your *support* is really appreciated.

〈支援のお願い〉

（例）
- 本件に関しご支援くだされば、ありがたく存じます。
  We will appreciate any *assistance* you may provide us in this matter.
- 本件解決のためにご支援いただきたく存じます。
  We would like to ask for your *help* in resolving this matter.
- 同氏に対しご高配とご支援を賜りますれば、誠にありがたく存じます。
  Any courtesies and *assistance* you may extend to him would be highly appreciated.

||| 解説 |||

「支援」というとき、support の方が assistance より広い意味で使える。help は

「援助、助力」を表す平易な語。お願いするときは appreciate（ありがたい）や would like to といった丁寧な表現を用いる。

資格　qualification

(例)
- ABC 社は下記の職務を遂行する資格のあるアメリカ人マネージャーを採用したいと考えています。
  ABC wishes to employ an American manager *qualified to* perform the following duties:
- 率直に申しまして、私には本件に決定を下す資格がないと思います。
  Frankly speaking, I do not think that I am *qualified to* make a decision on this matter.
- 私は ABC 社の相談役という資格で本状を書いております。
  I am writing to you *in the capacity of* a counselor to ABC.

‖解説‖
「～する資格がある」は (be)qualified to do 。第 3 例の in the capacity of ～ は、「～の資格で…する」ことを述べるときに使う。(in my capacity)as ～ としても同じ。

しかし　but / however

(例)
- しかしながら、上半期中にはどんな行動も取るつもりはありません。
  However, we will take no action during the first half of the year.

‖解説‖
but より however の方が文語調。but は文中では使わないが、however は前後にカンマ (,) をつけて文中でも使用可 (I am afraid, however, that...)。また、セミコロン (;) やコロン (:) の後に however,... と続けるのは米国調。

仕方ない　（⇨やむを得ない）

時間　time

〈時間を割いて…〉

(例)
- 時間を割いていただき、ありがとうございました。
  Thank you very much for your *time*.
- 私どもと会うために時間を割いていただき、ありがとうございました。
  Thank you for *taking the time* to see us.

〈時間がほしい〉

(例)
- 確答を差し上げるまでにもう少しお時間をいただきたく存じます。
  We feel that we will *need more time* to give you a definite answer.

〈時間がある・ない〉

(例)
- 時間がございましたら、ぜひお越しください。
  I do hope that you will come and see me if you *have time*.
- 時間があまりありませんので、ファクスかEメールでご確認ください。
  Because of the *lack of time*, please confirm this by fax or e-mail.
- 時間が許せば、私どもと一緒に食事をしていただきたいのですが。
  If time permits, we would like you to dine with us.

|||解説|||
スケジュールの調整や何かを依頼するようなときに便利な表現。先方がこちらの都合に合わせてくれたような場合は、〈時間を割いて…〉の第1・2例のようにお礼も忘れずに。

至急　soon / immediately

(例)
- 至急ご連絡ください。
  Please let me know *as soon as possible*.
- この件につき、至急ご返答いただければ、ありがたく存じます。
  We would appreciate your *prompt* reply to this matter.
- 至急ご送金くださいますよう、お願いいたします。
  We would like to ask you to send the remittance *immediately*.

|||解説|||
様々な表現が使える。第1例の as soon as possible は「できるだけ早く」ということ。第2例の prompt は自発的な態度を含意する。

市況　market situation / market conditions

(例)
- 彼は市況を調査し、当社新製品について顧客と話し合う予定です。
  He will study the *market situation* and discuss our new line of products with our clients.
- そちらの市況に関する情報をお知らせいただき、ありがとうございました。
  Thank you for giving us the information about your *market conditions*.

事業　business

(例)
- 我々はニューヨークで新しい事業を立ち上げる計画です。
  We are planning to set up a new *business* in New York.
- この度ABC株式会社という社名で事業を開始しましたことをお知らせいたします。
  We are pleased to inform you that we have launched a *business* under the name of ABC Corporation.

しこうする　131

資金　funds

(例)
- この計画は設備費用の資金を調達するためのものです。
  This plan is designed to raise *funds* for equipment needs.
- この機関は、政府から資金供給を受けています。
  This institution is *financed* by the government.

解説
funds は複数形で用いられることが多い。「〜の資金を調達する」は raise funds for 〜（第1例）。第2例の finance は「資金を融通する、融資する」意の動詞。

試験　trial

(例)
- 貴社の価格設定が十分競争力のあるものであれば、試験注文をしたいと思います。
  We would like to place a *trial order* with you if your pricing is competitive enough.
- 当社は製品を試験的にカナダへ輸出しました。
  We exported our products to Canada *on a trial basis*.

解説
試験的に最初に発注するときに trial order「試験注文」の表現を使う。「正式な注文」は firm order。「試験的に」は on a trial basis。

事項(じこう)　matter

(例)
- これは私どもが検討している事項です。
  This is a *matter* that we are studying.
- 協議事項は以下のとおりです。
  The *agenda* is as follows:

解説
第2例の agenda は「付議事項」のこと。例えば「取締役会付議事項」は agenda for the meeting of the board of directors となる。

志向する　be oriented

(例)
- 私どもはここ数年間、より一層国際化を志向してきました。
  We have *become* even more internationally *oriented* over the past few years.
- ABC 社はますます情報技術を志向しています。
  ABC *is* more and more *oriented to* information technology.

解説
oriented (to 〜) は「(〜を)志向して」という意味。oriented を用いると簡潔な表現になる。例えば、market-oriented（市場を志向する）、business-oriented（ビジ

ネス志向の)、information-oriented(情報志向の)、technology-oriented(技術志向の)。第1例の internationally oriented(国際志向の)の場合、ハイフンは付けなくてよい。

仕事　work / job

（例）
- ご健康とお仕事における（引き続いての）ご成功をお祈り申し上げます。
  We wish you health and continued success in your *work*.
- 彼は国際貿易関連の仕事に就くことを強く望んでいます。
  He desires to get a *job* related to international trade.
- 貴社と一緒に仕事ができることはいつも喜びです。
  It is always a pleasure for us to *work* with you.
- 私の経験を貴社での仕事に生かせる機会が得られることを心から望んでいます。
  I sincerely hope that I will have an opportunity to put my experience to *work* for you.

|||解説|||
work は抽象的に「仕事」のことをいう。task は「課された仕事」、job は「個々の職務」で a job as a secretary は「秘書の仕事」。

資産　asset

（例）
- ABC社の資産状況は良好です。
  ABC has a good *asset position*.
- 彼らは30万ドルを上回る正味資産を持っています。
  They have *a net worth of* more than $300,000.
- 人材は企業にとって最も重要な資産です。
  People are the most valuable *assets* for companies.

|||解説|||
asset position は「資産状況」（第1例）、net worth は「純資産」（第2例）。asset は会社などの「資産」をいうときは通例複数形。「流動資産」は current assets、「総資産」は total assets という。

指示(する)　instructions / directions　（⇨命ずる）

（例）
- この件に関してあなたからのご指示を心待ちにしております。
  I look forward to your *instructions* in this regard.
- 出荷日についてご指示をお願いします。
  Please give us *directions* as to the shipping date.
- 私は下記の件についてお知らせするよう、指示を受けました。
  I have *been instructed* to inform you of the following matters:

- ご指示どおり、商品は6月6日にお届けいたします。
  As you instructed, we will deliver the items on June 6.

‖解説‖
「指示」の意味では instructions / directions と通例複数形で用いる。「(あなたの)指示どおり」には according to your instructions / on your instructions という表現もある。

支持する　support / back up　(⇨賛成する)

(例)
- 貴社のご提案を喜んで支持いたします。
  We will gladly *support* your suggestions.
- この件につきましては、あなたを支持することができません。
  We are unable to *back* you *up* on this matter.

事実　fact / the case　(⇨実際)

(例)
- 事実、多くの銀行会社が経営難に陥っています。
  In fact, many banking companies are in financial difficulty.
- もしそれが事実だとすれば、私どもはABC社に対して何らかの措置を講じなければなりません。
  If that should be *the case*, we would have to take measures against ABC.
- これは事実ではないようです。
  It seems that that is not *the case*.

‖解説‖
「実状、事実」の意の case には必ず定冠詞を付ける。Is it the case that...? として that 以下が事実であるかどうかを確認する表現もある。

支出　expenditure / outlay

(例)
- 私どもは数年間、これらの支出を負担し続けなければなりません。
  We have to continue to carry these *expenditures* for some years.
- 現状では、数千ドルの支出をする余裕はほとんどありません。
  I can little afford the *outlay* of several thousands of dollars under the present circumstances.

市場(しじょう)　market

(例)
- 貴社製品に関する当方の市場調査の結果をお知らせいたします。
  We would like to inform you about the results of our *market* survey for your products.
- 私どもは新製品でオーストラリア市場に参入するつもりです。

We plan to enter the Australian *market* with our new products.
- 弊社は近ごろ新モデルを市場に出しました。
    We have recently put a new model on the *market*.

‖解説‖
「〜を市場に出す」は put [place / bring] 〜 on the market。

事情　circumstances / situation / conditions

(例)
- 事情をご理解いただければ、ありがたく存じます。
    We would appreciate your understanding of the *situation*.
- このような事情ですので、当方の申し出を再検討していただきたいのです。
    Under the circumstances, we would like you to reconsider our offer.
- やむを得ない事情によりパーティーに出席できず、たいへん残念に思います。
    I am very sorry that unavoidable *circumstances* prevent me from attending the party.

‖解説‖
circumstances は「(周囲の)状況、事情」一般をさす。第 2 例の under the circumstances / in these circumstances は「このような事情のもとで」ということ。under [in] no circumstances は「決して〜ない」。「事情が許せば」は when conditions permit などとなる。

辞職　(⇒辞任する／退職)

自信　confidence

(例)
- この調査は終わっておりませんが、私どもは目標を達成する自信が十分ございます。
    The research is not finished, but we *are* sufficiently *confident of* achieving our objective.
- 彼は輸出市場を開拓すること (能力) に十分自信を持っております。
    He *has* full *confidence in* his ability to open up export markets.
- 私は自信を持って、あなたにその本をお薦めできます。
    I can *confidently* recommend the book to you.

‖解説‖
「自信がある」意の confident は sure より自信の度合いが強い。be confident about [of] 〜 / be confident that / have confidence in 〜は「〜(すること)に自信がある」という自己の確信を相手にアピールする際の表現。

自身　oneself

(例)
- 私自身があなたに説明しましたとおり、当社ではそのような取引はいたしません。
  As I explained to you *in person*, we don't do that type of business.
- ご自身で品質をご確認いただけるよう、見本を別便でお送りしました。
  We have sent the samples separately so that you can check the quality *for yourselves*.

||解説||
第1例の in person「自分自身で」は personally も使える。

…したい　would like to

(決まり文句)　…したいと思います
① **We would like to (do)...**
② **We are anxious to (do)...**
③ **We hope [wish] to (do)...**
④ **We will be delighted to (do)...**

(例)
- この共同計画について、貴社とさらに話し合いたいと思います。
  I would like to further discuss the cooperative program with your organization.
- 私どもはいつでも貴社の市場拡大をご支援したいと思っております。
  We are always *anxious to* assist you in expanding your market.
- 来期には、貴社とさらに多くの取引をしたいと思っております。
  We hope to do more business with you during the coming season.

||解説||
こちらの希望・願望を伝える表現。③の hope to do は可能と信じて望む、wish to do は控え目に望む丁寧な表現という違いがある。

…次第　as soon as / immediately after　(⇨…次第だ／次第で)

(例)
- その結果を聞き次第、ご連絡いたします。
  As soon as I hear the result, I will let you know about it.
- 許可が下り次第直ちに、手形名宛人は手形を支払います。
  The drawee will pay the bill *immediately after* the license is granted.
- ご都合つき次第、日程をお知らせください。
  Please inform us of your schedule *at your earliest convenience*.
- 正式なご注文をいただき次第、商品をお届けいたします。
  Upon receipt of your firm order, we will deliver the products to you.

||解説||
「〜するとすぐに」を表す表現である。as soon as や immediately after に続く節

の中の動詞は、主節が未来形(will)でも現在形にする。最後の Upon receipt of 〜 は Upon [On] receiving 〜 とも表せる。

事態　situation / things

例
- このような事態が起きましたら、お知らせください。
  Please let us know if such a *situation* should arise.
- このような事態が再び起きないように万全を期します。
  We will do all we can to see that such a *situation* does not come about again.
- 私どもは事態を改善する用意が十分あります。
  We are fully prepared to put *things* right.

|||解説|||
「事態、情勢」は situation。the changing global situation なら「激変する世界の情勢」、a dead-end situation なら「閉塞状況」。things(複数形)も「事態」であるが、健康、生活、仕事など、生活密着的文脈でよく使われる。

辞退する　decline / turn down

例
- せっかくでございますが、ご招待を辞退申し上げます。
  I am sorry to say that I am obliged to *decline* your invitation.
- 遺憾ながら、貴社のご提案は辞退せざるを得ません。
  Regretfully, we have to *decline* your proposal.
- このような事情ですので、貴社のご注文を辞退しなければなりません。
  In these circumstances, we have to *turn down* your order.

|||解説|||
相手の申し出を受け入れることができないときの各種の表現。ビジネス文書では impolite(失礼)にならないよう、例文のように心掛ける必要がある。類義の refuse や reject は語感が強い。⇨ p. 426

…次第だ　depend on [upon] / be up to

例
- 日本でどのように製品を売り込むのかは、御社の長期目標次第です。
  How to sell your products in Japan *depends upon* your long-term objectives.
- 当社が ABC 社と今後の取引をすべて中止するかどうかは、貴社の決定次第です。
  It *is up to* you to decide whether we should terminate any further business with ABC.
- これは今後の進捗状況次第です。
  This will have to *be contingent upon* the future progress.

次第で（このような次第で）　such being the case　（⇨事情／したがって）

||| 解説 |||
depend on [upon] ～は「～に依存する、頼る」という意味から「～次第だ」となる。contingent はある事柄が将来の不確実要素に左右されること。

例
- このような次第ですので、残念ながらご一緒することができません。
  Such being the case, I am sorry that I can't go with you.
- このような次第ですので、同封しました一覧表どおりに損傷品を取り替えてください。
  In view of this, please replace the broken items according to the enclosed list.
- こういう次第ですので、今月末まで信用状の期限延長をお願い申し上げます。
  Under the circumstances, we would like to ask you to extend the L/C to the end of this month.

||| 解説 |||
ある文章から次の文章に話を展開するときに用いる決まり文句。

（…に）従い　according to

例
- 2月4日のメールでのご要請に従い、見本を別便でお送りします。
  As you requested in your message of February 4, we are pleased to send you our samples separately.
- 貴社のご指示に従い、5月10日までに品物をお届けいたします。
  The delivery will be made by May 10, *according to* your instructions.

||| 解説 |||
相手の要請、取り決めの条件などに従うというときの表現。in accordance with より according to の方がくだけた文章でも使える。

従う　follow / live up to

例
- この点に関する貴社のご指示に従います。
  We will *follow* your instructions in this respect.
- 私どもは当社の営業方針に従って行動しなければなりません。
  We have to *live up to* our business policy.

||| 解説 |||
第2例の live up to ～ は「（期待・原則など）に添う」という意味。

したがって　therefore　（⇨次第で）

例
- したがって、私どもは今のところ、はっきりしたご返事をすることがで

きません。
> *Therefore*, we can't give you a definite answer now.

● したがって、これらの変更は必要ないということになります。
> *It follows that* these changes are unnecessary.

|||解説|||
第2例の It follows that... では it が意味上の主語となって that 以下の節を導く。「…ということになる」という意。

質　（⇨品質）

実行する　execute / effect / carry out　（⇨実施する）

（例）
● 貴社は上記の支払い指図を実行されていないようです。
> It seems that you have not *executed* the above payment order.

● 上記の1万ドルの支払い実行の権限を当方に与えていただければ幸いです。
> We would appreciate your authorizing us to *effect* payment of the above amount of $10,000.

● 私どもがこの計画をどのように実行することを望まれるのか、ご教示ください。
> Please give us instructions on how you would like us to *carry out* this plan.

|||解説|||
execute は「(契約などを)履行する」、effect は「(目的などを)達成する」。carry out は「(計画・命令・約束・義務などを指示どおりに)実行する」ことで、日常語として様々な文脈で使われる。

実際　actually / to be honest

（例）
● 実際のところ、この商品は少々高すぎると言ってよいでしょう。
> *Actually*, I would say that this item is a little too expensive.

● 実際のところ、私どもは厳しい不況に直面しております。
> *As a matter of fact*, we are facing a severe economic recession.

● 実際問題としては、我々の契約上の関係はこのままでよいということになります。
> *In practical terms*, this means that our contractual relationships remain unchanged.

● 貴社がこのようなすばらしい成果を上げられたことが、実は私たちにとってはうれしい驚きでした。
> We were, *to be very honest*, pleasantly surprised that your company

delivered such splendid results.

解説
actually / as a matter of fact はいずれも「実際のところ」という意味で、文頭にくる場合が多い。前述の内容を補ったり、相手の予想外のことを切り出したりする場合によく用いられる。

実施する　conduct / put into effect　（⇨実行する）

(例)
- 当社は東京で情報産業の市場調査を実施いたしました。
  We *conducted* a market study of the information industry in Tokyo.
- ABC 社のリストラ計画は、2010 年 4 月 1 日付で実施されました。
  A restructuring plan for ABC was *put into effect* on April 1, 2010.

解説
第 1 例は conduct の代わりに carry out も使える。第 2 例の put ~ into effect（この例は受け身）の effect は「実施」の意。bring [carry] ~ into effect も同じく「(制度・計画など)を実施する」こと。

実績　performance / experience

(例)
- これらの数字は同社の素晴らしい操業実績と健全な財政状態を示しています。
  These figures show their strong *performance* and sound financial condition.
- ABC 社はこの業界で長年の実績がある一流の輸入業者です。
  ABC is a leading importer with many years *experience* in this field.
- 当社は各種の電子装置を開発した実績があります（開発してきました）。
  We *have developed* various electronic devices.

失望する　be disappointed with

(例)
- ABC 社の東京支店が閉鎖されたとお伺いし、たいへん失望しております。
  It is with great *disappointment* that we hear of the closing of ABC's Tokyo branch.
- 私どもは ABC 社のメンテナンス業務にたいへん失望しております。
  We *are* very *disappointed with* ABC's maintenance services.

質問　question

(例)
- 申し訳ありませんが、ご質問にお答えすることができません。
  I am sorry that I can't answer your *question*.
- このお知らせについてご質問がございましたら、ご遠慮なくお電話くだ

さい。
　If you have any *questions* concerning this notice, please do not hesitate to call us.
● 当社の商品についてさらに質問がございましたら、お知らせください。
　Please let us know if you have any further *questions* about our merchandise.

失礼　sorry　(⇨恐れ入りますが／申し訳ない)

(決まり文句) …して失礼しました
① **We are sorry that [for]...**
② **(Please) Excuse us for...**

(例) ● 先日の会議に出席することができず、失礼いたしました。
　I am sorry that I was unable to attend the meeting the other day.
● お手紙をもっと早く差し上げられなくて失礼いたしました。
　Please excuse me for not writing to you sooner.

|||解説|||
残念であるという気持ちを相手に伝えるときの言い回し。(⇨残念だ)

…していく　continue　(⇨続ける／引き続き)

(例) ● ABC 社との関係を促進するために、私どもにできることは、すべて行っていく所存です。
　We will *continue to* do all we can to promote our relationship with ABC.

|||解説|||
continue の後には to do (不定詞)、doing (動名詞) のいずれも可。このような連語関係は辞書で確認することが必要。

…していただく　(⇨いただく)

指摘する　point out

(例) ● お送りいただいた商品が見本内容と一致していないことを指摘いたします。
　We would like to *point out* that the products you sent us are not up to the quality of the sample.
● 本件をご指摘いただき、ありがとうございました。
　Thank you for *bringing* this matter *to our attention*.
● 7月8日付のメールでご指摘されたとおり、あなたが購入されていない商品に対して代金請求をしておりました。

As you *pointed out* in your message of July 8, you were indeed charged for a purchase you had not made.

||| 解説 |||
第1例は何か特定のことに言及するときの言い方で、It has been pointed out that...（…という指摘がありました）という表現もある。point out の後に名詞（例えば the error）を続けることもできる。

…してください　（⇨ください）

時点　as of　（⇨現在）

例
- 現時点までに、本件について貴社よりご連絡をいただいていないようです。
  As of today, we do not appear to have heard from you in this regard.
- 昨日5月23日の時点で、貴社に注文した商品が届いておりません。
  As of yesterday, May 23, the products we ordered from you have not arrived.

||| 解説 |||
As of May 23 は「5月23日現在」という意味で、契約書など正式文書では effective as of ～（～の時点で有効な）としてよく使う。

指導　leadership / guidance

例
- 貴殿のご指導のもとに ABC 社が今後繁栄なさることでしょう。
  I'm sure that ABC will enjoy prosperity under your *guidance* [*leadership*] in the future.
- あなたの指導力によって我々の合弁事業は素晴らしい成功を収めました。
  Your *leadership* has resulted in a brilliant success for our joint venture.
- 200人ほどの実業界の指導者が会議への出席を予定しておりますので、あなたもぜひご参加ください。
  We expect that about 200 business *leaders* will attend the conference and hope that you will join us.

||| 解説 |||
leadership / guidance はいずれも「指導」であるが、leadership はやや抽象的な概念。「指導者」は leader。

品薄　short / low

例
- 急激に需要が増加したため、その商品は品薄になっております（在庫が

少なくなっております)。
The inventory is *running short* because of a sudden increase in demand.
- 品薄になっております(在庫が限られています)ので、すぐにご注文いただくことをお勧めします。
We recommend that you send in your order as soon as possible because supplies *are limited*.

解説

第1例の run は「(事態が悪い状態に)なる」ということ。「金がなくなる」のなら My money runs short. となる。

品切れ　out of stock

(例)
- 貴社が6月9日にご注文された商品は、ただ今品切れです。
The product you ordered on June 9 *is out of stock* now.
- この商品は現在品切れ(売り切れ)になっておりますので、残念ながらご注文をお受けすることができません。
We are sorry that we can't fill your order because this item *is* now *sold out*.

辞任する　resign / withdraw

(例)
- 2010年6月30日をもって、ABC社の取締役会の役員を辞任いたしました。
I have *resigned* my position on the ABC Board of Directors, effective June 30, 2010.
- 残念ですが、第8回年次大会の運営委員を辞任しなければなりません。
I regret that I must *withdraw from* the steering committee for the Eighth Annual Conference.

解説

「〜を辞任する」は resign 〜 / withdraw from 〜。resign には resign from 〜と自動詞用法もあり、文脈によっては「辞任させられた」という意味にも取られることがあるので要注意。

支払い・支払う　payment / pay　(⇨未払い)

〈支払いの受領・通知〉

(例)
- 10月7日に5000ドルお支払いいただき、ありがとうございました。
Thank you for your *payment* of $5,000 on October 7.
- 支払い条件に従ってご送金くださるよう、よろしくお願いいたします。
We would like to request that you remit according to the terms of

payment.
- 貴社の送り状第 100 号に対する支払いとして、3500 ドルの小切手を同封いたします。
  We are pleased to enclose a check for $3,500 *in payment of* your invoice No. 100.

〈支払い期限〉

(例)
- お支払いは商品到着後 10 日以内にお願いいたします。
  Please make the *payment* within ten days after you receive your order.
- 貴社の第 1 回目のお支払い期日は 2010 年 10 月 31 日であることをお知らせいたします。
  We would like to remind you that your first *payment is due* on October 31, 2010.
- 貴社のお支払い期限が現時点で 20 日間過ぎておりますことをここにお知らせいたします。
  This message is to remind you that your *payment is* now 20 days *overdue*.
- 請求書のお支払い期限が過ぎておりますことをお知らせいたします。
  We are writing to inform you that your bill is *overdue*.

||| 解説 |||
due は「支払い期日の来た、満期の」、overdue は「期限が過ぎて」の意。

〈支払いの遅延・延長〉

(例)
- 支払いを 4 月末まで延ばしていただきたく存じます。
  We would like to *defer payment* until the end of April.
- 支払いが遅れていることをお詫びいたします。
  We are sorry for the *delay in payment*.
- 当方の送り状第 123 号に対するお支払いが遅れていますことをお知らせいたします。
  I would like to remind you that you *are late in payment* of Invoice No. 123.
- 代金をお支払いいただいておりませんので、残念ですが、貴社のこの商品に対するご注文を取り消さざるを得ません。
  We are sorry that we have to cancel your order , because we *have not received your payment*.

||| 解説 |||
be late in ~ は「~(すること)が遅れている」という意味。

市販する　market / bring to market　(⇨市場)

(例)
- 私どもはこの商品を市販する可能性について慎重に検討してまいりま

した。
We have carefully considered the possibility of *marketing* this product.
- この製品を市販するために必要な投資は高額すぎます。
The investment needed to *bring* this product *to market* is too high.

次便　(⇨追って)

資本　capital

(例)
- 当社の払込済資本金は100億円です。
Our *paid-in capital* is 10-billion yen.
- 2009年末の同社の運転資本は5678万ドルでした。
At the end of 2009, the company had a *working capital* of $56,780,000.
- 現在の経済状況を考えると、これほどの大プロジェクトの資本を獲得することは難しいでしょう。
Considering the current economic condition, it will be difficult to find the *capital* for such a large project.

事務　clerical work / business

(例)
- この度の問題は当方の事務上の手違いによるものでした。
The problem was caused by a *clerical* error on our part.
- ABC社は各種の事務機器の製造に従事しています。
ABC is engaged in the production of various *business* machines.

|||解説|||
「事務機器」は a business machine。machine(s) はしばしば複合語で「機械(装置)」を指し、machinery は集合的に単数扱いで「機械装置」を指す。

使命　responsibility　(⇨任務)

(例)
- 青木が本件を解決する使命を帯びています(責任を負っています)。
Mr. Aoki has been given the *responsibility* of resolving this matter.

指名する　nominate

(例)
- 鈴木氏が19日の会議の議長に昨日、指名されました。
Mr. Suzuki *was nominated as* chairman for the conference on the 19th yesterday.

|||解説|||
「(役職)に指名される」は be nominated for ～。該当する役職がただ一人のときは役職名は通例無冠詞(chairman には the / a を付けない)。Chairman Hiroshi

Suzuki のように名前の前に付ける場合や、正式な肩書きの場合は、Chairman と大文字にするが、それ以外は小文字が一般的。

謝意　（⇨感謝する）

社員　personnel / employee / staff

例
- ほとんどの社員が、その方針に賛成しています。
  Most of the *personnel* agree with the policy.
- 当社の社員は以下のとおりです。
  The members of our staff are as follows:
- あなたの身分は常勤社員となります。
  We would like to offer you a full-time *employee* position.
- 同氏を引き続き弊社の社員にしておくべきかどうかについて、ご意見をお聞かせください。
  Please let us know your thoughts on whether we should continue to keep him *on our payroll*.

||| 解説 |||
personnel / staff は集合的に社員全体を指す。employee は個々の社員。payroll は「給料支払簿」のことで、be on the regular payroll なら「正社員である」という意。

釈明する　（⇨説明）

社長　president

例
- 横田氏は東京の ABC 商事の社長です。
  Mr. Yokota is the *president* of ABC Trading Co., Ltd., Tokyo.
- ABC 社社長にご就任されましたことを心よりお祝い申し上げます。
  Please accept our sincere congratulations on your appointment as *president* of ABC Company.

||| 解説 |||
英国系の会社の場合は managing director が実質上の社長である場合がある。

社内　internal / intra-office / in house

例
- これは機密情報のため、書類は必ず社内のみで共有してください。
  This is sensitive information, so make sure that you only share this document *internally*.
- あなたから依頼のあったファイルは、16 日に社内メールで送られているので、すでに手元に届いているはずです。

The files that you requested were sent by *intra-office* mail on the 16th, so they should have arrived already.

● 外部委託により運営コストは下がるかもしれませんが、社内生産のほうが品質管理は容易です。
Outsourcing may reduce operating costs, but it would be easier to maintain quality with *in-house* production.

|||解説|||
internal が最も一般的な表現。intra-office は「社内の別部署間」のニュアンス。in-house は会社の外と内を比較する場合によく使う。「社外」は external。

社名　(company) name

(例) ● お客様の地域内にある当社の販売業者の社名と住所をお知らせいたします。
We are pleased to inform you of the *names* and addresses of our dealers in your area.

● ABC社のジョーンズ氏から貴社の社名を伺いました。
I have been given your *name* by Mr. Jones of ABC Company.

自由(に)　free

(例) ● 当社の情報サービスを自由にご利用ください。
Please feel free to use any of our information services.

● いつでもご自由にシカゴの本社にお越しいただきたいと願っています。
I hope that you will *freely* visit our headquarters in Chicago anytime.

|||解説|||
第1例の Please feel free to do は「自由に(遠慮なく)～してください」という表現。(⇒遠慮する)　「～を自由に使う」には put ～ at one's disposal という言い方もある。

従業員　staff / employee　(⇒社員)

(例) ● 従業員総数は4200名です。
Staff on the payroll total 4,200. / The number of *employees* totals 4,200.

● 江田氏は15年間にわたり、私どもの小売店の従業員でした。
Mr. Eda has been an *employee* with our retail store for 15 years.

重視する　value / place emphasis on

(例) ● 私は当社とABC社との提携関係を非常に重視しております。
I do *value* our association with ABC Company.

●当社は医療機器の開発を特に重視しております。
We are *placing* special *emphasis on* developing medical instruments.

解説
value は「(高く)評価する、重んじる」、place [lay] emphasis on ～ は「～を特に重要視する、強調する」こと。第1例の do value の do は value を強める助動詞。

従事する　be engaged in

(例)
●私どもは洗濯機などの家電製品の製造に従事してきました。
We have *been engaged in* the manufacture of washing machines and other home appliances.
●私どもは、市場調査の仕事に従事する資格のある貴校の卒業予定者に関心を持っています。
We are interested in your graduating students who are qualified in *pursuing* a career in market research.

解説
第2例の pursue は「(研究や仕事に)従事する」という意味。

住所　address

(例)
●あなたの新しい住所をお知らせください。
Please let me know your new *address*.
●上記住所にお手紙をください。
Please write to us at the above *address*.

就職(する)　get a position in

(例)
●金融業界での就職は難しくないと思います。
I'm sure you will have no difficulty *getting a position in* the financial industry.
●当社の国際部に就職口があります。学生の皆さんに知らせてあげてください。
We have an *opening for a job* in our International Department. We'd appreciate it if you could circulate this information to your students.

解説
「～に就職する」は get a position in ～ のほかに get a job with ～ がある。job は「勤め口」の意。

修正(する)　revision / modify

(例)
●ご要望のとおり、私どもは支払い条件を下記のように修正いたします。
As you requested, we would like to *modify* the terms of payment as

follows:
- その計画に数か所修正を加えました。
  We have *made* some *revisions* in the plan.

重大な　serious / grave

例
- 私どもは本件を重大な契約義務違反と考えております。
  We consider this a *serious* breach of contractual commitment.
- お送りいただいた商品に、残念ながら重大な欠陥があることをお知らせします。
  We regret to inform you that there are certain *grave* defects in the products you sent us.

‖解説‖
grave の方が serious より問題が深刻なことを表す。

就任（する）　appointment　（⇨任命）

例
- ご就任おめでとうございます。
  You have our congratulations on your new *assignment*.
- この度のABC社社長へのご就任に、心からお祝い申し上げます。
  Please accept my warmest congratulations on your recent *appointment as* president of ABC Company.
- 加藤が4月1日付で当社営業部長に就任しますことをお知らせいたします。
  We are pleased to inform you that Mr. Kato will *become* the manager of our Sales Department on April 1.

十分（な）　sufficient / full

例
- 貴社の追加注文に応じられる十分な在庫がございます。
  We have *sufficient* stock to fill your additional orders.
- 柴田氏はその職務を行う資格が十分あると思います。
  I believe that Mr. Shibata is *sufficiently* qualified to carry out these duties.
- 御社の商品について十分理解できました。
  We were able to gain a *full* understanding of your products.
- 十分間に合うようにご連絡いたしますのでご安心ください。
  You can be assured that I will let you know *in plenty of time*.

‖解説‖
「（商品などの）在庫が十分にある」なら have a large stock of ~ などとも表せる。

重要な important / significant

(例)
- この件を徹底的に調査することは極めて重要であると思います。
  We believe that it is most *important* to make a thorough investigation into this matter.
- 貴社との今後の取引において重要と思われる事柄について話し合いたく存じます。
  I would like to discuss matters which I consider *significant* to future transactions with your company.

║解説║
「重要な」は important が一般的であるが、significant や meaningful も「十分意味のある」という意味でよく使われる。

従来どおり as before / as usual （⇨いつも）

(例)
- 従来どおり 7％ 値引きしていただければ、購入いたします。
  If you give us a 7% discount *as before*, we will make a purchase.
- 特別なご指示がなければ、従来どおりの発送手続きを取らせていただきます。
  Unless you give us special instructions, we will follow shipping procedures *as usual*.

║解説║
「従来どおり」には as in the past も可。第 2 例の as usual は「いつものとおり」ということで「従来どおり」ということになる。

終了する complete （⇨終わる）

(例)
- 当地での最近の市場動向に関する調査データの検討を終了いたしました。
  We have *completed* our review of the survey data on recent market trends here.

║解説║
complete は finish より堅い語で「(物事を)仕上げる、完成する」の意。類義の close は「(仕事・取引・論議などを)終える」こと。

祝辞（しゅくじ） congratulations （⇨祝う）

(例)
- 心のこもったご祝辞をいただき、誠にありがとうございます。
  It was most thoughtful of you to send me your warm *congratulations*.
- 先ごろの私の就任に際してご祝辞をいただき、誠にありがとうございます。
  Thank you very much for *your kind words* concerning my recent

appointment.

解説

相手からもらった祝辞のことを your kind words という(第2例)。

縮小する　reduce

（例）
- 当社の ABC 社への資本参加を縮小することで、両社は基本的に合意に達しました。
  Agreement was essentially reached between ABC and us on *reducing* our ownership in ABC.
- 景気の回復が遅れているために、当社は生産を縮小しなければなりません。
  We have to *reduce* production because of the slow economic recovery.
- 当社の ABC 社との協力関係は、将来やや規模を縮小したものとなるでしょう。
  Our partnership with ABC will be *on a* somewhat *smaller scale* in the future.

解説

reduce は「(数量・程度などを)少なくする」こと。第3例の on a somewhat smaller scale は「やや縮小した規模で」の意。

受諾(する)　accept　(⇨受ける／承諾)

（例）
- 10月20日のお申し入れを受諾するのは難しいかと存じます。
  It would be difficult for us to *accept* your offer of October 20.
- 10日以内に受諾回答をいただけない場合、今回のオファーは取り下げます。
  We will withdraw this offer, unless we receive your *acceptance* within 10 days.

受注(する)　the receipt of an order / receive an order

（例）
- 納品は受注後1週間以内に行います。
  Delivery will be made within one week after we *receive your order*.
- 納入は受注後1か月以内にお願いいたします。
  We would appreciate delivery within a month of [after] *the receipt of our order*.
- これらの商品の在庫は十分にありますので、受注後すぐに発送できます。
  We have a large stock of these products, and will be able to ship immediately upon *receiving your order*.

●受注から発送までに要するおおよその期間をお知らせください。
Please let us know the approximate time from *receipt of order* to shipment.

出荷（する）　shipment / ship　（⇨発送）

(例)
●当方の注文第 100 号の出荷をお急ぎください。
Please *ship* our order P/O No. 100 as soon as possible.
●ご注文いただきました品物は 7 月 10 日までに出荷できます。
The items you ordered can *be shipped* by July 10.
●当社が 6 月 6 日に出荷しました商品の一部が破損していたことを、誠に申し訳なく存じます。
We are extremely sorry that some of the products we *shipped* on June 6 have been damaged.
●当方の注文第 150 号の出荷日をお知らせください。
Would you please tell us the *shipment* date for our order No. 150?

|||解説|||
第 1 例の P/O は purchase order（注文書）の略。

出席（する）　attendance / attend　（⇨出席者／招待）

〈出席を依頼する〉

(例)
●3 月 7 日の夜の食事会にぜひご出席ください。
I hope that you can join us at dinner on the evening of March 7.
●3 月 26 日の ABC 社の年次総会にご出席くださいますよう、お願いいたします。
We would like you to attend ABC's annual meeting on March 26.
●次回の取締役会は、7 月 10 日午後 2 時より開催されます。取締役全員、必ずご出席ください。
The next meeting of the board of directors is scheduled for July 10 at 2:00. All members of the board *are expected to attend*.
●ご出席くださればうれしく存じます。
We would be very happy to *have you come*.

|||解説|||
出席を依頼する際に用いる各種表現である。実務上はどの文例もよく使われる。

〈出席の可否を問う〉

(例)
●会合にご出席いただけるかどうか、9 月 8 日までにお知らせください。
Please let me know by September 8 *if you will or will not be attending* the meeting.
●ご出席いただけるかどうか、同封の返信用はがきでお知らせください。

Please let us know by the enclosed reply card *whether you will be able to attend*.

- ご出席になれない場合は、電話番号 03-1234-5678 の加藤までご連絡ください。
  Please call Mr. Kato at 03-1234-5678 *if you can't attend*.
- パーティーにご出席いただけるかどうか、折り返しファクスでのご返事をお願いします。
  Please confirm your *attendance at* the party by return fax.

|||解説|||
if... / whether... は「…かどうか」という意味で使う。if の方がより口語的。文例のように know や、see / wonder などの後でよく用いる。

〈出席を通知する〉

（例）
- 当社会長の岡部、および社長の横山が、7 月 6 日午前 10 時から開かれる会議に出席することをお知らせします。
  We are pleased to inform you that Mr. Okabe, chairman and Mr. Yokoyama, president of our company *will be attending* the meeting to be held at 10:00 on July 6.
- 家内ともども、12 月 10 日の授賞式に喜んで出席いたします。
  My wife and I *will be pleased to be present at* the presentations on December 10.
- 次回の月例会に出席するのを楽しみにしています。
  I *am looking forward to attending* the next monthly meeting.

|||解説|||
出席する旨を相手に伝えるときに使う文例である。「喜んで出席する」という気持ちが伝わるようにするとよい。

〈出席を断る〉

（例）
- 残念ながら、11 月 19 日の会合には出席できません。
  Unfortunately, I *will not be able to attend* the meeting on November 19.
- 残念ですが、所用のためパーティーに出席できません。
  I am sorry to say that business *prevents me from attending* the party.
- 日程が重なり、5 月 10 日のロバーツ氏の歓迎会には出席することができません。
  Due to schedule conflicts, we *will be unable to join you at* the reception in honor of Mr. Roberts on May 10.
- 体調を崩しておりますので、遺憾ながら、その会議には出席できないことをお知らせします。
  I regret to tell you that I *can't attend* the meeting due to illness.

|| 解説 ||

様々な理由を挙げて出席を辞退する表現。丁重な語調と迅速な回答が必要。not という否定的な表現を避けるために unable を使う例もあることに注意（will cannot は文法的に不可）。

〈出席のお礼〉

（例）
- お時間を割いてパーティーにご出席いただき、たいへん感謝しています。
  It was very kind of you to share your time with us by *being present at* the party.
- スミス氏にご出席いただき、たいへん光栄でした。
  We were greatly delighted that Mr. Smith *was able to join us*.

〈出席できなかったお詫び〉

（例）
- 海外におりましたので、今回の式典に出席できず、たいへん残念でした。
  I deeply regret that I was out of the country and *could not be present at* the ceremony.
- 貴社の記念式典に出席できなかったことをお詫び申し上げます。
  I am sorry that I *was unable to attend* your anniversary celebration.

|| 解説 ||

出席できなかったことを事後に詫びる文では、礼儀正しい言い回しを心掛ける。

出席者　attendee

（例）
- この会議の出席者の詳細につきましては、後日お知らせいたします。
  We will let you know details about the conference *attendees* later on.
- 出席者はすべて、貴殿と同じく企業の経営者です。
  All *present* will be corporate managers like yourself.

|| 解説 ||

第2例の all present は「出席者全員」、those present なら「出席者」となる。present（出席している）は形容詞で前の all や those にかかる。

出張（する）　business trip

（例）
- 私は来月アメリカへ出張いたします。
  I will *make a business trip* to the United States next month.
- 私の海外出張中に連絡をお取りになりたい場合は、当方の安田に連絡してください。
  If you wish to communicate with me while I *am traveling abroad*, please contact Mr. Yasuda at our office.
- 社長の藤田はただ今ヨーロッパに出張中です。
  Mr. Fujita, our president, is now in Europe *on a business trip*.

- 2月7日付のメールを拝見いたしました。海外出張しておりましたので、ご返事が遅れ申し訳ございません。

  I am very sorry for my delay in replying to your email of February 7 which arrived while I was abroad *on business*.

  ▌▌解説▌▌
  「出張する」は make a business trip / go ~ on business などで、第2例のように特に business を明記しないでよいこともある。on a business trip は「業務出張で」、on business は「商用で」。

需要　demand

- 新しい電器製品に対する需要は、ここ3年以上にわたってこの市場で伸びています［落ち込んでいます］。

  Demand for new electrical appliances has grown [declined] over the past three years in this market.

- この手の製品には大きな需要があります。

  This line of products is *in* great *demand*.

  ▌▌解説▌▌
  「~に対する需要」は demand for ~。第2例は There is a great demand for this line of products. と言い換えられるが、それぞれの英文の不定冠詞の有無に注意。

受領（する）　receipt　（⇨受け取る）

- モデル A100 セットのご注文第123号を受領したことをお知らせいたします。

  We are pleased to *acknowledge* your order No. 123 for 100 Model A sets.

- 当方の小切手を受領されましたら、折り返しファクスでその旨お知らせください。

  Please *acknowledge receipt* of our check by return fax.

- このメールを受領次第、この商品を発送していただくようお願いします。

  We would like to ask you to ship the products as soon as you *get* this email.

順調（に）　well / satisfactorily

- こちらではすべて順調にいっております。

  Everything here is *going all right*.

- 数年間にわたるリストラの後は、当社の業績は極めて順調になっています。

しょうかい　155

We are *doing very well* after some years of restructuring.
- この計画は、非常に順調に進展しております。
 This project is moving ahead quite *satisfactorily*.

|||解説|||
第1例の everything is going all right は「万事順調である」ということ。everything は漠然と諸般の事柄を指す。

準備（する）　arrangements

（例）
- 私どもは ABC 社にシステムの設置、運転、保守の準備をするよう、要請しました。
 We have asked ABC to *prepare for* installation, operation and maintenance of the system.
- この情報が会議を準備なさるのに役立つことを願っております。
 I hope that this information will help you *make arrangements for* the conference.
- 当方の注文品の出荷準備はできていますでしょうか、お知らせください。
 Please let us know if you *are ready to* ship our order.
- 講座の選択は自由で、事前準備をする必要はありません。
 You can freely select the sessions you want to attend and no *preparation* is necessary.
- カナダへの旅行は準備万端整っております。
 Everything *is set* for our trip to Canada.

|||解説|||
「～の準備をする」は prepare for ～ / make arrangements for ～などで、後者は諸般の準備を整える（長期間の）過程を強調するニュアンスがある。「～する準備ができている」は be ready to ～。

使用　（⇨使う）

照会（する）　inquiry　（⇨照会先／問い合わせ）

（例）
- 5月15日に ABC 社の機器に関するご照会をいただき、ありがとうございます。
 Thank you for your *inquiry* of May 15 about ABC equipment.
- 当社の信用状態につきましては、ABC 銀行にご照会ください。
 Please *refer to* ABC Bank for our credit standing.

|||解説|||
銀行などにある会社の信用状態などを「照会する」は refer to を用いる。

紹介(する)　introduction / introduce　（⇨紹介状）

〈例〉
- ご紹介いただき、ありがとうございます。
  Thank you for the *introduction*.
- あなたの親切なご紹介で、ABC 社を訪問し、バウマン氏と会うことができました。
  I was able to visit ABC and meet with Mr. Bauman through your kind *introduction*.
- 私どもを ABC 社に紹介していただければ幸いです。
  We would appreciate it if you could *introduce* us *to* ABC.
- 貴社の名前と E メールアドレスは ABC 社より紹介していただいたものです。
  Your name and email address have *been given to* us by ABC.

〈決まり文句〉 …を紹介いたします
① **We are pleased to introduce you to...**
② **We take pleasure in introducing you to...**
③ **This (message) is to introduce you to...**

〈例〉
- 当社の大事な得意先である ABC 社の常務取締役、青木氏をご紹介申し上げます。
  I am pleased to introduce you to Mr. Aoki, Managing Director of ABC Company, our most valued client.
- 当社の新しい販売担当者の山田一郎を紹介いたします。
  We take pleasure in introducing you to Mr. Ichiro Yamada, our new sales representative.

‖解説‖
「(あなたに)～を紹介する」は introduce you to ～ で、だれかを相手に紹介するときに用いる表現。⇨ p. 446

照会先　reference

〈例〉
- 鈴木氏は照会先として、あなたのお名前を挙げてくださいました。
  Mr. Suzuki has given us your name as a *reference*.
- 必要な時に私どもを信用照会先としてご利用いただけるように、安定した信用状態を維持することを望んでいらっしゃると思います。
  We know that you want to maintain your sound credit standing so that you might use us as a credit *reference* when needed.
- 当社の提案をお引き受けいただけるようでしたら、貴社のご希望の支払い条件と銀行信用照会先とをお知らせください。
  If you can accept our proposal, please let us know your preferred payment terms and bank *references*.

||| 解説 |||
a (credit) reference は「信用照会先」で、通常、取引銀行のことが多い。bank reference は「銀行信用照会先」、trade reference は「同業者信用照会先」、personal reference は「個人信用照会先」。⇨ p. 472

紹介状　letter of introduction

例
- 高橋に持たせました紹介状の写しを同封いたします。
  I have enclosed a copy of the *letter of introduction* which I have handed to Mr. Takahashi.
- この紹介状の持参人である戸田雄二氏は私の親友で、シカゴに2か月滞在する予定です。
  Mr. Yuji Toda, the bearer of this *note* (*of introduction*), is a close friend of mine who plans to stay in Chicago for two months.

||| 解説 |||
紹介状（の原本）は本人に持参させるのが一般的である。a letter of introduction の類似表現として a letter of recommendation（推薦状）、a letter of confirmation（確認状）などがある。

上記（の）　above　（⇨以上）

例
- 上記の件につきまして、ご返事をいただきたく存じます。
  We would like to hear from you in the *above* regard.
- 上記の計画に問題がないとお考えでしたら、御社にご協力を仰ぎたく存じます。
  If you think the *above* project will work, we would like your cooperation.

状況　situation / circumstances　（⇨事情）

例
- 状況は急速に好転しています。
  The *situation* is rapidly improving.
- 状況に変化があり次第、その旨お伝えいたします。
  Whenever the *circumstances* change, we will inform you accordingly.
- 私どもが事業を拡大できる状況ではありません。
  Circumstances will not allow us to expand our business.

衝撃　shock　（⇨驚き・驚く）

例
- ジョンソン氏の訃報に接し、衝撃を受けております。
  I *was shocked to* learn of the passing of Mr. Johnson.
- スミス氏のご逝去は我々にとって大きな衝撃であり、私たちは悲嘆に暮

れております。

The passing away of Mr. Smith is a great *shock* to all of us and we are deeply saddened.

解説
訃報に接して弔意を表す際などの表現。be shocked to do... / be shocked at [by]... は「(…して／…に) ショックを受ける」。sadden は「悲しませる」。

条件　condition / terms

例
- これらの条件を受け入れてくださることを願っております。
  We hope that you will accept these *conditions*.
- 弊社の条件が受け入れられるものかどうか、お知らせください。
  Please let us know if our *terms* are acceptable.
- 貴社のオファーは以下に明記しました条件でお受けいたします。
  We accept your offer on the *terms* stipulated below:
- 貴社の注文書に記載された条件ではご注文をお受けできません。
  We can't accept your order on the *conditions* stated in your order form.
- 上記の修正を条件として、この注文をご確認ください。
  Please confirm the order *subject to* the above modifications.
- 5000個以上のご注文をいただけるという条件で、8%割り引くことに決定いたしました。
  We have decided to give you an 8% discount, *on condition that* you order 5,000 units or more.

解説
terms は「条件」の意では必ず複数形。condition も複数形で用いることが多い。第5例の subject to ～ は「～を条件として、～があれば(…する)」ということ。最後の例は that 以下のことを「条件として」という言い方で、if...(…ならば) よりも形式ばった表現。

照合する　check

例
- あなたの8月8日のご照会を当方の記録と照合いたしました。
  We *checked* your inquiry of August 8 *against* our records.
- 商品を貨物引渡通知書と照合しましたところ、10セット不足していることが分かりました。
  Upon *checking* the products *against* the delivery note, we found that they are short by 10 sets.

解説
check は inspect ほど厳しくない手軽な調査をすること。「A を B と照合する」は

check A against [with] B。例えば check a new list with the original は「新リストを原本と照合する」。

条項　clause / item

(例)
- 信用状には、割引料は買い手の負担とする旨の条項を入れなければなりません。
  We have to include in the L/C a *clause* that discount charges are for the buyers' account.
- 確約書には以下の条項が含まれていなければなりません。
  The letter of intent should include the following *items*:

詳細　details

(例)
- 貴社のオファーの詳細をお知らせいただきたいと思います。
  We would like to have *details* concerning your offer.
- 詳細は追ってお送りいたします。
  A *detailed report* will be sent to you later.
- 詳細につきましては、添付の注文書をご覧ください。
  Please refer to the attached order sheet for *details*.
- その計画の詳細につきましては、2010 年 1 月 7 日付の私どものメールをご参照ください。
  Please refer to our message of January 7, 2010, for *more information* about the plan.

|||解説|||
for details / for more [further] information は「詳細を知るために」の意。

賞賛(する)　admiration / admire　(⇨敬服する)

(例)
- 両社の提携関係に対する、私の個人的な賞賛と心からの感謝の気持ちを表したく存じます。
  I would like to express my personal *admiration* and warmest appreciation for our association.
- 私どもは、この問題に対処するに当たってのあなたの努力を、大いに賞賛しております。
  We greatly *admire* you *for* your efforts in handling this problem.

上司　superior / manager / supervisor

(例)
- ご依頼の件、お受けしたいのですが、上司の承認がないとできないのです。
  I wish I could approve your request, but without the approval of my

- *superior*, it is not possible.
- 上司と相談した結果、全額を返却させていただくことにいたしました。
  After consulting with my *manager*, we have decided to grant you a full refund.
- この問題は当社にとって非常に大事な問題です。もしご協力いただけない場合には、上司の方のお電話番号をお聞かせいただきたく思います。
  This issue is very important for us. If you are unable to help us, I would like to ask for the telephone number of a *supervisor* who can.

||| 解説 |||

superior は肩書きにかかわらず、自分よりも上の地位の人全般を指す。manager 及び supervisor は、具体的な肩書きのイメージできる上司。boss も使えるがスラング的な響きがあるので、オフィシャルな文書では使わないほうが無難。

上述　（⇨上記）

仕様書　specifications

- 貴社の仕様書は当社の規格に合いませんので、残念ですが、本注文を取り消さざるを得ません。
  We are sorry that we will have to cancel our order because your *specifications* do not meet our standards.
- 当方の仕様書どおりの商品をお送りいただけない場合は、代替品をお送りください。
  Unless you send the products according to our *specifications*, please send us alternatives.

||| 解説 |||

specifications は「仕様書、設計明細書」で通例複数形。口語では specs ともいう。

昇進（する）　promotion / be promoted

- この度 ABC 社の経理部長に昇進いたしましたことを書中をもってお知らせします。
  I am writing to inform you that I have *been promoted to* Manager of the Accounting Department of ABC.
- この度のご昇進、おめでとうございます。
  Please accept my congratulations on your recent *promotion*.
- 販売部長へのご昇進、おめでとうございます。
  I would like to congratulate you on your *promotion to* Sales Manager.
- あなたが ABC 社社長に昇進されたとお伺いし、喜びに堪えません。
  I was very pleased to hear of your *promotion to* President of ABC

Company.

解説
「昇進」や「進級（学生の場合）」には promotion を使う。⇨ p. 498

招待（する）　invitation / invite

決まり文句

…にご招待いたします
① **We (would like to) invite you to...**
② **We are pleased to invite you to...**
③ **You are respectfully [cordially] invited to...**

例

● 3月15日金曜日午後6時開催予定の弊社10周年記念式典に謹んでご招待申し上げます。
　We cordially *invite you to* our 10th anniversary celebration on Friday, March 15 at 6:00.

● 今回の東京ご訪問の際に、あなたを当社にご招待したいと思います。
　I would like to invite you to our company during your forthcoming visit to Tokyo.

● 私どもは、9月20日日曜日に、あなたを拙宅での5時からの夕食にご招待いたします。
　We are pleased to invite you to our home for dinner at 5:00 on Sunday, September 20.

● 年次大会の講演者のために4月7日午後5時から開かれるレセプションに、謹んでご招待申し上げます。
　You are respectfully invited to a reception to be held in honor of annual conference speakers at 5:00 on April 7.

● 私のご招待に応じていただければ、誠にありがたく存じます。
　I would greatly appreciate your accepting my *invitation*.

解説
人を招待する際の文例。最後の例は決まり文句にはないが、招待するときの応用表現。⇨ p. 436、500

〈招待へのお礼・受諾の返事〉

例

● ご親切にご招待いただき、ありがとうございます。
　Thank you for your kindness in *inviting* me. / It was very kind of you to *invite* me.

● 喜んでご招待をお受けいたします。
　I am happy to *accept your invitation.* / I have the pleasure of *accepting your invitation.*

● ABC社大阪支店の開店式へご招待いただき、厚くお礼申し上げます。
　I am most grateful to you for *inviting* me to the opening ceremony of

ABC's Osaka branch.
- 12月15日の貴社のパーティーにご招待いただき、ありがとうございます。

  Thank you very much for *inviting* me to your party on December 15.

  ┃┃解説┃┃
  「招待を受け入れる」は accept your invitation。

  〈招待を断る返事〉

  (例)
  - ご招待に応じられず残念です。

    I am sorry that I *can't accept your invitation*. / I regret to say that I *can't accept your kind invitation*.
  - スケジュールの都合がつかず、残念ながら、ご招待に応じることができません。

    Unfortunately, my schedule *prevents* me *from accepting your kind invitation*.
  - ご招待をお受けしたい気持ちはやまやまなのですが、あいにく、どうしても都合がつきません。

    I sincerely wish I could accept your invitation, but unfortunately, I do not think I would be able to manage it.

  ┃┃解説┃┃
  第3例の I wish I could... は「もし…できればよいのだができない」という遺憾の意を示す。「残念ながら」という気持ちを表すとよい。 ⇨ p. 440

  〈招待状の送付〉

  (例)
  - 数日の内に、正式の招待状をお届けいたします。

    I will send a formal *invitation* within a few days.
  - 詳細なプログラムの内容を記した正式な招待状を、近々お手元にお届けいたします。

    A formal *invitation*, including specific program information will reach you shortly.

承諾(する)　approval / approve　(⇨承認／認める)

(例)
- 本件に関する当方の決定をご承諾いただきたいと思います。

  We hope that our decision on the matter will meet with your *approval*.
- 本件をご調査いただき、これに対する当方の措置をご承諾くだされば幸いです。

  We would greatly appreciate it if you would look into the matter and *approve of* our action in this connection.
- 当方の提案を承諾していただきたく存じます。(⇨受ける)

  We hope that you will *accept* our proposal.

||解説||
第2例の approve of our action は、「当方の処置に満足して承諾する」という意味。

商談(する)　talk business

(例)
- 田中は顧客との今後へ向けての商談のために、5月9日にニューヨークへ発つ予定です。
  Mr. Tanaka is scheduled to leave for New York on May 9 to *discuss future business* with our clients.
- あなたと商談をする機会を持てたことは大きな喜びです。
  It was a great pleasure to have the opportunity to *talk business* with you.

承知する　know / be aware　(⇨存ずる)

(例)
- アメリカの消費者は自然志向が強いことは、私どもはよく承知しております。
  We *know* well that American consumers are nature-oriented.
- ABC社が貴社と取引をしていることは承知しております。
  I *understand* that ABC is doing business with you.
- ご承知のとおり、モデルAの現行輸出価格は1セット当たり150ドルです。
  As you are aware [*As you already know*], our current export price on Model A is $150 per set.
- ご承知と思いますが、私どもはシカゴに支店を開きました。
  As you may know, we have opened a branch in Chicago.

||解説||
第3・4例の as you are aware / as you already know / as you may know は相手がすでに承知していることを確認する形式を取っているが、相手に情報を伝えるときの表現である(実際は相手にとってまったく新しい情報のこともある)。

承認(する)　approval　(⇨承諾)

(例)
- この点における当方の方策をご承認ください。
  We would appreciate your *approval of* our strategy.
- この計画をご承認いただければ、誠にありがたく存じます。
  We would very much appreciate your *approval of* this plan.

商売　business

(例)
- 私どもの商売は、昨年のこの時期に比べて多少上向いています。

Compared with the same period last year, our *business* is doing slightly better.

- ABC 社はこの商売に長年の経験があります。
 ABC has many years of experience in this line of *business*.

商品　products / line / merchandise / item

（例）
- 同封の注文書に記載しました商品をお送りください。
 Please send us the *products* listed in the enclosed order form.
- 当社ではご注文をお受けしてから3週間以内に商品をお届けできます。
 We can make delivery of the *products* within three weeks after receipt of your order.
- 今月末までにご要望の商品を供給いたします。
 We will supply you with the *items* you requested by the end of this month.
- 当社では今後、貴社商品の在庫を増やす予定です。
 We will stock more of your *lines* in the future.
- 貴社はABC社に商品代金を支払う必要があります。
 You need to pay ABC for the *merchandise*.

▍解説▍

products は最も一般的な語で、常に複数形、通例複数扱い。merchandise は集合的に「商品」の意味で複数形はとらない。line は「（ある種類・型の）商品」。

情報　information

（例）
- お求めになられた当社の保証に関する情報をお送りいたします。
 We are pleased to give you the *information* you requested concerning our warranty.
- 残念ですが、お求めの情報を提供できません。
 I am sorry I can't supply you with the *information* you requested.
- 詳しい情報が必要でしたら、ご遠慮なく当方へご連絡ください。
 If you need any further *information,* please do not hesitate to contact us.
- あなたがこの情報に興味を持っていただけることを願っております。
 We hope that you will find this *information* interesting.
- 現在当方に届いている情報によれば、同社はABC社と取引をしていません。
 According to the *information* now reaching us, they have no business with ABC.
- 本件につきまして最新の情報をお知らせしていきます。

We will *keep* you *posted* [*up to date*] on this matter.

||解説||

information は複数形をとらないことに注意。

証明する　certify / testify

(例)
- 本状は ABC 社の業務が順調に発展していることを証明するものです。
  This is to *certify* that ABC's business is expanding steadily.
- 9月5日付のメールにお答えして、次のとおり証明いたします。
  In reply to your message of September 5, let us *testify* as follows:

||解説||

第1例の This is to certify that... は that 以下のことを証明する言い方。testify は「(人が)～を証明する、(事が)～の証拠となる」という意。

将来　future　(⇨今後)

(例)
- 将来のご多幸をお祈りして、(結語)
  With best wishes *for the future,*
- この2つの産業は、将来必ず成長するでしょう。
  These two industries will certainly grow *in the future*.
- 長い将来にわたって、両社の取引が続いていくことを心から願っております。
  I sincerely hope that our two companies will continue to do business together *for many years to come*.

職場　position

(例)
- 皆さんからひとかたならぬご支援とご厚情を賜りましたこの職場を去ることをたいへん残念に思います。
  I am very sorry to leave a *position* where I have received so much support and kindness from you all.
- 彼とは15年にわたり、職場を共にしました(一緒に働きました)。
  I have been *working with* him for 15 years.

||解説||

position には「職、勤め口」の意があるので「職場」という意味でも使える。「職場」には workplace という語があるがあまり用いられず、「職場に復帰する」なら return to work のように表す。

職務　position / undertaking / responsibility　(⇨任務)

(例)
- 私の新しい職務の任期は 2012 年 3 月 31 日までです。
  My new *position* will continue until March 31, 2012.

- 新職務においてご成功を収められますよう、お祈り申し上げます。
  We wish you every success in your new *undertaking*.
- あなたの主な職務は以下のとおりです。
  Your major *responsibilities* will be as follows:
- 私は、2010年4月1日より、営業課長の職務に就くことを命じられました。
  I was assigned to *serve as* manager of the sales section from April 1, 2010.

助言　advice

（例）
- 助言が必要でしたら、喜んで差し伸べたいと思っております。
  We will be very happy to offer you any *advice* that you may require.
- 今後とも引き続きご助言をいただければ、ありがたく思います。
  I would greatly appreciate any further *advice* you may have.

書状　（⇒手紙）

処置　（⇒処理する／措置）

ショック　（⇒驚き・驚く／衝撃）

所定の　designated / allotted / specified

（例）
- 会議は、所定の場所での開催で変わりないことをお知らせいたします。
  We'd like to inform you that the meeting is still going to be held at the *designated* location.
- スケジュールはタイトです。所定の時間を超えないよう最善を尽くしてください。
  Please do your best not to exceed the *allotted* time, as we are on a tight schedule.
- 明日のシンポジウムの講演者は、所定の順番で講演をするでしょう。
  The speakers at tomorrow's symposium will be giving their speeches in the sequence *specified* in the agenda.

|||解説|||
designate は「指定する」、allot は「当てがう、割り当てる」という意味。specify は、より明確かつ具体的な内容を指す。

署名（する）　signature / sign

（例）
- 同封したカードにご署名のうえ、ご返送ください。

Please *sign* the enclosed card and return it to us.

● 添付の申込用紙にご記入いただき、ご署名のうえ、当社の日比谷支店宛にお送りください。

Please fill out the attached application form, affix your *signature* to it and send it to our Hibiya branch.

||| 解説 |||

「署名」は signature、「署名する」は sign。日本語のサイン（名詞）をそのまま英語に誤用しないこと。

〈署名済みの・署名なしの〉

(例) ● 署名済みの交換協定のコピーを同封いたします。

We are enclosing a *signed* copy of the exchange agreement.

● 署名捺印済みの契約書を1部同封し、1部を当社の控えとして残します。

I am enclosing one *executed* copy of the contract and keeping one for our records.

● 船荷証券に署名がないままで、手形の名宛人が商品を引き取れるようご手配ください。

Please arrange for the drawee to receive the merchandise with the *unsigned* bills of lading.

||| 解説 |||

第2例の executed には、この署名がなければ当該文書の効力が発生しないというニュアンスがある。

〈署名の不備に関して〉

(例) ● ご送付いただきました証書のご署名が、ご登録いただいているものと異なっております。

Your *signature* on the certificate you sent us *differs from the signature filed with us*.

● 送り状に正規の署名がなされていないようです。

We found that the invoice *was not properly signed*.

||| 解説 |||

日本では登録印鑑で捺印するが、国際的な取引では署名に関する問題がしばしば起こるので、このような表現も重要。

所用　business

(例) ● あいにく所用のため、ご招待をお受けすることができません。

Unfortunately, *business* prevents me from accepting your invitation.

● 残念ですが所用がございまして、あなたとご一緒することができません。

I regret to say that I will be unable to go with you because of *business*.

>||| 解説 |||
>申し出、招待などを断るときに使う。断り状などではきちんと理由を述べるべきだが、このような表現も便利。

処理する　handle / take action　（⇨措置）

（例）
- ABC 社がこの問題をご満足いただけるように処理できなかったことを知り、遺憾に思っております。
  We regret to learn that ABC has not *handled* the problem to your satisfaction.
- 本件を早急に処理していただくようお願いいたします。
  We hope that you *take* immediate *action* on this matter. / Please *see to* this matter as soon as possible.
- 貴社のご注文をいつもどおり迅速に処理することをお約束します。
  We can assure you that your order will *receive* our usual prompt *attention*.

>||| 解説 |||
>「処理する」は handle や deal with が一般的であるが、それ以外にも文例のような表現が可能である。第 2 例の see to ～ は「（人・物事）の世話をする」。see to it that... は「（…するように）取り計らう」（⇨取り計らう）。

助力　assistance　（⇨支援）

（例）
- 伊藤がニューヨーク訪問中に賜りました貴殿のご助力に感謝いたします。
  Thank you for your kind *assistance* rendered to Mr. Ito during his visit to New York.
- ご助力をいただければ、たいへんありがたく存じます。
  Any *assistance* you might give us would be highly appreciated.

書類　papers / document

（例）
- 注文に必要な書類をお送りください。
  Please send us the necessary *papers* for placing an order.
- その手続きに必要な書類を作成中です。
  We are preparing the necessary *documents* for that procedure.

知らせ　news / word

（例）
- 本件につきまして何のお知らせもいただいておりません。
  We have not been informed of any *news* concerning this matter.
- 貴殿が ABC 社の社長に選任されたというお知らせを伺い、たいへんう

れしく存じます。
> We were very pleased to hear the *news* of your election as President of ABC Company.

● あなたが貴社の輸出部長に任命されたという知らせが届きました。
> *Word* has reached us that you have been appointed as the manager of the Export Department.

● 貴社社長ジョーンズ氏ご逝去の知らせを聞き、深い悲しみに包まれております。
> We were deeply saddened to *hear of* the passing of your president, Mr. Jones.

||解説||

news / word ともに「知らせ、便り」という意味で、a news / a word とはならず、word は無冠詞で用いることが多い。

知らせる　inform / let you [us] know

(例)
● ABC 社との会議の詳細についてお知らせくださいました 5 月 10 日付の E メール、ありがとうございました。
> Thank you for your email of May 10 *informing* us *of* the details of your meeting with ABC.

● その問題についてお知らせいただき、ありがとうございます。
> Thank you for *letting us know* about the problem.

● 9 月 11 日の当方のファクスでお知らせしましたとおり、当社は下記の住所に移転いたしました。
> As we *informed* you in our fax of September 11, we have moved to the following address:

● 2 月 14 日以前に問題を解決できるようでしたら、その旨お知らせいたします。
> If we can resolve the matter before February 14, we will *let you know*.

● この問題につきましては、変化がありましたら、絶えずお知らせするようにいたします。
> With regard to this problem, we will *keep* you *informed of* any changes.

||解説||

「知らせる」の動詞に advise を用いることもあるが、やや堅苦しい言葉で最近ではあまり使われなくなっており、口語的な tell を使うことが増えつつある。最後の例の we will keep you informed of は絶えず何かを知らせるという継続の意味になる。informed of の代わりに posted about [on] も使えるがやや古い言い回し。

決まり文句　…をお知らせします
① **We are glad [pleased] to inform you that...**
② **We would like to inform you that...**
③ **This (message) is to inform you that...**
④ **We are writing to inform you that...**

例
● 私のカナダ訪問が非常に実り多く価値のあるものであったことを（喜んで）お知らせいたします。
　I am glad to inform you that my trip to Canada was very fruitful and rewarding.
● 当社輸入部長の小林が8月にシカゴへ発ち、貴社を訪れる予定になっておりますことをお知らせいたします。
　I would like to inform you that Mr. Kobayashi, our import manager, is scheduled to leave for Chicago and visit your company in August.
● 私どもの事務所が下記の住所に移転しましたことをここにお知らせいたします。
　This message is to inform you that we have moved to the following address:
● 貴社からのご送金をいただいておりませんことをお知らせします。
　We are writing to inform you that we have not yet received your remittance.

‖解説‖
決まり文句①は「…を喜んでお知らせいたします」ということで、We take pleasure in informing... / We have the pleasure of informing you that... などの表現もある。単に We would like to inform you that... とするよりも礼儀正しい感じが出せる。逆に通知する内容がよくない場合には We are sorry to inform you that... といった表現を用いる（⇨残念だ）。③、④は事務的な内容の手紙の書き出しに用いる表現。また、苦情の手紙などで相手の注意を喚起する場合には、remind を用いた We are writing to remind you of [that]... という表現も効果的である（⇨注意）。

決まり文句　…をお知らせください　（⇨連絡）
① **Please let us know...**
② **Will [Would] you (please) tell us...?**
③ **Could you (please) tell us...?**
④ **We would appreciate it if you would let us know...**

例
● あなたのためにできることがございましたら、お知らせください。
　Please let us know if we can help you in any way.
● 添付しました報告書についてご質問がございましたら、お知らせください。

Please let us know if you have any questions about the attached report.
- 到着日をお知らせください。
Would you please let us know your arrival date?
- 私のシカゴ滞在中にあなたとお会いすることができるかどうか、お知らせください。
Could you tell me your availability during my stay in Chicago?
- その製品の詳細についてお知らせください（お知らせいただければありがたく存じます）。
We would appreciate it if you would let us know the full details of the product.

||解説||
決まり文句①は「お知らせください」の基本的な形式。②、③は丁寧な依頼の表現、④は書き言葉的な表現で手紙でよく使われる。

調べる　check / look into　(⇨調査)

（例）
- お送りいただいた商品を調べましたところ、見本と一致していないことが分かりました。
Upon *checking* the delivered products, we found that they do not correspond to the sample.
- 本件をお調べいただき、結果をお知らせください。
Please *look into* the matter and inform us of your findings.

||解説||
check は「（きちんとなっているか）調べる、照合する」こと（⇨照合する）。look into ～は「（問題など）を研究する、調査する」で、日常的に用いられる。

知り合い　acquaintance

（例）
- 彼と知り合いになれて光栄でした。
It was a privilege to *have known* him.
- ロサンゼルス滞在中にあなたとお知り合いになれたことは、喜びでした。
I was pleased to *make your acquaintance* during my stay in Los Angeles.

||解説||
第1例の have known him は「彼と知り合いになった」こと。ただし、この表現は故人に対して使うもので、存命であれば、It was a privilege to meet him. を使う。Have you known him long? は「彼とは長らく知り合いですか」。第2例の make your acquaintance は meet you とほぼ同意。

退く （⇨辞任する／退任）

資料　material

（例）
- 興味を持っていただけそうな資料をいくつか同封いたします。
  I am enclosing some *materials* which you might find interesting.
- これらの文書は今後の参考のために、資料として保存いたします。
  These documents will *be kept on file* for future reference.

||解説||
第2例の on file は「ファイルされて、整理して」ということ。

知る　know / learn　（⇨知らせる／存ずる）

〈知られる〉

（例）
- 同社の素晴らしい業績は、日本の貿易業界ではすでによく知られています。
  Their brilliant achievements *are* already *well-known to* the trading community in Japan.

〈知りたい〉

（例）
- 貴社の輸出価格と支払い条件の詳細を知りたく存じます。
  We *would like to know* the details of your export prices and terms of payment.
- 御社が支店を開設する計画があるのか知りたかったのです。
  We *were interested to learn* that you are planning to open a branch.
- 貴社が日本における代理店に、当社をご指定いただけるかどうかを、知りたく存じます。
  We *would like to know* if you would consider appointing us as your agent in Japan.

||解説||
〈知りたい〉第2例の be interested to learn は「たいへん関心があり知りたい」ということで、こちらの熱意を表すことができる。

〈知りました〉

（例）
- 5月10日にいただいたファクスで、あなたが7月に東京へいらっしゃることを知りました。
  I *have learned* from your fax of May 10 that you are coming to Tokyo in July.
- 貴社が当社の製品に興味を持っていらっしゃることを知り、うれしく思います。
  We are glad to *know* that you are interested in our products.
- 貴社が当方の見積もりを受諾していただけないことをメールで知り、残

念に思います。
　We regret to *learn* from your email that you can't accept our quotation.
● 当社の代理店である ABC 社が、貴社のご注文品を納期までにお届けできなかったことを知り、誠に遺憾に存じます。
　We are very sorry to *hear* that ABC, our distributor, did not deliver your order on time.

||| 解説 |||

ありがたいことを知ったときは be glad to know、よくないことを知ったときは regret to learn [know] / be sorry to hear といった感情を含んだ表現を用いると文面が生き生きする。

進行　progress

例
● 新しい工場の建設がすでに進行中です。
　Construction on the new plant *is* already *in progress*.
● 貴社と ABC 社との共同事業はかなり進行していると伺っております。
　I understand that the joint venture between your company and ABC *is* well *underway*.
● 私どもは本プロジェクトの進行状況を、あなたに絶えずお知らせしていきます。
　We will keep you informed about our *progress* on this project.

||| 解説 |||

第 1・2 例の be in progress / be underway は「進行中である」ということ。

人材　human resources / personnel

例
● 当社は、常に技術のある人材を求めております。あなたにも履歴書をお送りいただきたく存じます。
　Our company is constantly looking for skilled *human resources*, and so we would like to invite you to send us your resume.
● 才能ある新しい人材を獲得するため、会社の採用方針を改訂しています。
　In an effort to acquire new and able *personnel*, we are revising the company's recruiting policy.

||| 解説 |||

人事部 は human resource(HR) department(division)、または personnel department(division)。

深謝する　be grateful　(⇨ありがたい／ありがとう)

例
● この計画における貴社のご支援に深謝いたします。

We *are* very *grateful for* your assistance with this plan.

進出する　expand

（例）
- ABC 社はカナダ市場への進出を計画しています。
  ABC is planning to *expand into* the Canadian market.
- 貴社は海外進出を検討すべきだと思います。
  I think that you should consider *expanding* overseas.

|||解説|||

expand into ～は「～へと広がる、拡大する」という意味。

信じる　believe / trust

（決まり文句）　…と信じます
① **We believe that...**
② **We are sure that...**
③ **We trust that...**

（例）
- この情報はあなたのお役に立つものと信じております。
  We believe that this information will be helpful to you.
- 私どものオファーは貴社にご満足いただけるものと信じます。
  We believe that our offer will meet on your satisfaction.
- 貴社のご協力がきっと得られるものと信じております。
  We are sure that we can count on your cooperation.
- 本件における当社の立場をご理解いただけるものと信じております。
  We trust that you will understand our position in this matter.

|||解説|||

文例のように that 以下のことを信じるという表現になる。①は「（きっと）…と思う」という think を強めた言い方、②、③は「…と確信する」。

申請（する）　application / apply

（例）
- この発明の特許は申請済みです。
  We have *made an application for* a patent on this invention.
- 人事課に異動を申請することができます。
  You can *apply to* the personnel section *for* a transfer.
- 入会の申請書は 6 月 30 日までにご提出ください。
  Please file an *application for* membership by June 30.

|||解説|||

apply for ～ / make an application for ～は「（許可・援助・仕事などを求めて）申請する」。application は「申請書」という意味でも使う。agreement（合意）が「契約書」として使われるのと同様である。

親切(な)　kindness / kind

(例)
- ご親切に重ねて感謝いたします。
  Thank you again for your *kindness*.
- ご親切なお手紙をいただき、誠にありがとうございます。
  Thank you very much for your *kind* letter. / Your *thoughtful* letter is very much appreciated.
- ご親切にも ABC 社の 2009 年度年次報告書をお送りくださり、ありがとうございました。
  It was very *kind* of you to send me ABC's 2009 Annual Report.

迅速な　prompt　(⇨至急／早急)

(例)
- 本件における貴社の迅速なご配慮とご協力に感謝いたします。
  Thank you for your *prompt* attention and cooperation on this matter.
- ご注文は迅速に履行いたしますのでご安心ください。
  You can be assured that we will execute your orders *promptly*.

慎重に　carefully

(例)
- ご提案を慎重に検討することを保証いたします。
  We assure you that your proposal will receive our *careful* consideration.
- 貴社のオファーを慎重に検討し、当方の結論をお知らせいたします。
  We will study your offer *carefully* and let you know our decision.
- 同社との取引は慎重になされることをお勧めします。
  We advise you to exercise *caution* in dealing with this company.
- 残念ながら、事業を拡大することに私どもは慎重にならざるを得ない状況になっています。
  We regret that the circumstances require us to be *conservative* in expanding our business.

‖解説‖
careful は「慎重な、注意深い」という意で、対義語は careless。第 3 例の exercise caution は「用心する」こと、第 4 例の conservative は「(主張・評価などが)控えめな、保守的な」の意。

進捗　(⇨進行／進展)

進展　progress / development　(⇨進行)

(例)
- 残念ながら、この問題の解明はほとんど進展しておりません。
  Regretfully, we have made little *progress* in solving the problem.

● 今後の進展状況を逐一お知らせください。
　Please keep us informed of all *developments*.

新年　New Year

（例）
● 明るくめでたい新年をお祈りいたします。
　We wish you a bright and successful *New Year*.
● 新年のご多幸とご繁栄をお祈りいたします。
　With best wishes for a happy and most prosperous *New Year*.
● 新年にあたり、貴社のますますのご繁栄をお祈りいたします。
　As the *new year* begins, we wish your company continued success.
● 今後ともお付き合いいただけますようお願い申し上げますとともに、謹んで新年のご祝詞を申し上げます。
　We look forward to our unchanging association and extend our best wishes to you for the *New Year*.

|||解説|||
New Year と、N と Y は通常大文字にする。

心配（する）　concern / be worried

（例）
● あなたが入院されているということを聞いて、非常に心配しました。
　I *was* greatly *worried to* hear that you were in the hospital.
● その契約が取り消されるかもしれないと、当方では心配しております。
　We *are worried about* the possible cancellation of the contract.
● 本件についてご心配していただき、ありがとうございました。
　Thank you for the *concern* you showed on this matter.

|||解説|||
「～について心配する」は be worried about ～ / be concerned about [at] ～ など。

信用　credit　（⇨信用状）

（例）
● 当社の信用状態につきましては、ABC 銀行にご照会ください。
　Please refer to ABC Bank for our *credit standing*.
● あなたに対し、10 万ドルの信用限度を設けさせていただきます。
　We are prepared to give you the *credit line* of $100,000.
● ABC 社に関する信用調書を添付いたします。
　We are pleased to attach *credit information* on ABC.
● 貴社の勘定 7500 ドルが支払い期限を 60 日過ぎています。したがって、貴社の信用格付けは危険な状態に陥っています。
　Because the balance of $7,500 on your account is now 60 days

overdue, your *credit rating* is in jeopardy.

|||解説|||
取引上の「信用」には credit を用いる。credit standing は「信用状態」、line of credit / credit line は「信用供与限度額」、credit information は「信用情報（信用状態に関する情報）」、credit rating は「信用格付け」。

信用状　letter of credit / L/C

例
- 荷渡しは、注文書および関係信用状受領後5週間以内に行われることをご承知おきください。
  Please note that delivery will be made within five weeks of receipt of your order and the covering *L/C*.
- 下記の条件どおりに、取消不能信用状を開設してください。
  Please open an irrevocable *letter of credit* according to the following terms:
- 御社のご注文の分の信用状をまだ受け取っていないようです。
  I am afraid we have not received the *letter of credit* covering your order.
- このような次第ですので、今月末まで信用状の有効期限を延長してくださいますよう、お願い申し上げます。
  Under the circumstances, we sincerely hope that you will extend the validity of the *L/C* to the end of this month.

|||解説|||
L/C は letter of credit の略。信用状とは貿易代金の決済方法の一つとして用いる書類で、信用状を開設するのは輸入業者の取引為替銀行である。⇨ p. 484

信頼する　trust

例
- 本件を早急に調査していただけるものと信頼しております。
  We *trust* that you will look into this matter soon.
- 私どもの大事な顧客である同社は、コンピュータ製品を扱うことに関心を持つ信頼できる輸入業者を探しています。
  This company, one of our valued clients, wishes to find *reliable* importers who are interested in handling computer products.

|||解説|||
第1例は相手の行動を促すために「相手が～してくれることを信頼している」という表現をとっている。第2例の reliable は「頼りになる、信頼できる」。

尽力　（⇨努力）

水準　standard / level

例
- その品物は水準に達していないことが分かりました。
  We found that the products are not up to the *standard*.
- 私どもには、一般の方々に適切な水準のサービスを提供する責任がございます。
  We have the obligation and responsibility to offer an adequate *level* of service to the public.

解説
standard は「(比較判断のための一つの)基準、標準」で、below (the) standard は「水準以下で」の意になる。level は「(到達した)程度、段階」。

推薦する　recommend　(⇨勧める)

例
- 松本氏を推薦申し上げます。
  We are pleased to *recommend* Mr. Matsumoto *to* you.
- 本状をもちまして、横山氏を国際部部長の職に推薦いたします。
  I am writing to *recommend* Mr. Yokoyama *for* the position of Manager of International Department.
- ABC 社を貴社製品の日本における有望な販売代理店として、自信を持って推薦いたします。
  We can confidently *recommend* ABC *as* a promising distributor for your products in Japan.
- ABC 社のブラウン氏から貴社を推薦されました。
  You *were recommended to* us by Mr. Brown of ABC.

解説
recommend A to B は「A(人・物・事)をB(人)に推薦する」、recommend A for B は「A(人・物・事)をBに適していると推薦する」、recommend A as B は「A(人・物・事)をBとして推薦する」。

推定する　estimate

例
- 当社はコストを2万ドルと推定しています(見積もっています)。
  We *estimate* the cost *at* $20,000.
- 私どもは被害を5000ドルと推定しています。
  We *estimate* the damage *to be* $5,000.

解説
estimate A at B で「A(費用・損益など)をB(数量・金額)に見積もる」。at の代わりに to be とすることもできる(第2例)。

数量　quantity

（例）
- 配送されました商品の数量が、貴社の送り状原本と一致していないことが分かりました。
  We found that the *quantity* of the delivered products did not correspond to your original invoice.
- （買い付けを）ご希望なさる数量についてお知らせください。
  Please let us know the *quantity* you may need.
- 当方が注文数を増やしましたら、数量割引をしていただけるでしょうか。
  Would you give us a *quantity discount* if we increase the size of our order?

|||解説|||
第3例の quantity discount は「数量割引」で大量購入に対する割引のこと。

据え置く　keep　（⇨延期する）

（例）
- 私どもは2011年3月まで、これらの製品を現行価格に据え置きます。
  We will *keep* these product lines at the current prices until March 2011.

|||解説|||
keep は「維持する」ということで、例のように「据え置く」に使える。

末長く　for many years to come

（例）
- ご夫妻が末長く健康で幸せであられることをお祈り申し上げます。
  I wish you and your wife *many more years of* good health and happiness.
- 両社の良好な関係が末長く続くことを確信しております。
  I am certain the strong relationship between our two organizations will continue *for many years to come*.

|||解説|||
漠然と「将来長い間」を表す表現である。第1例の many more years of ～の more は、「従来もそうであったが今後も」というニュアンス。

すぐ　soon / immediately

（例）
- すぐにまたメールをお送りします。
  I'll email you again *soon*.
- 8月20日付のメールにすぐにご返事を差し上げられず、申し訳ございませんでした。
  I am sorry that I could not *immediately* reply to your email of

August 20.

● 私どもは貴社のご要望にすぐお応えし、お役に立てるよう懸命に努めてまいります。

We will respond *quickly* to your requests and try our best to help you.

スケジュール　schedule　（⇨日程／予定）

例
● 次回日本を訪問された際にスケジュールの都合がつくようでしたら、どうぞ当社へお立ち寄りください。

If your *schedule* permits, please call on us when you are in Japan next time.

● 会合にご招待いただきましたが、スケジュールの都合がつかず、残念ながらお伺いできません。

Unfortunately, my *schedule* prevents me from accepting your kind invitation to the gathering.

||| 解説 |||

例のように schedule を主語にすると簡潔な文章構成が可能になる。

過ごす　have

例
● 昨年貴社をお訪ねしましたが、その後いかがお過ごしでしょうか。

How have you been since I visited your company last year?

● 海外での休暇を楽しくお過ごしください。

I hope you will *have* a pleasant overseas vacation.

||| 解説 |||

第1例の How have you been? は安否、近況を尋ねるときの言い方。（⇨いかが）

勧める　advise / recommend / suggest / urge　（⇨推薦する）

決まり文句
…をお勧めします
① **We (would) advise you to (do)...**
② **We (would like to) recommend...**
③ **We (would) suggest that...**
④ **We must urge you to (do)...**

例
● ABC 社との取引には慎重を期されることをお勧めいたします。

We would advise you to exercise caution in dealing with ABC.

● 貴社が日本での主要取引銀行に ABC 銀行を含められますことをお勧めいたします。

We recommend that you include ABC Bank among your major banks of account in Japan.

● ABC 社と連絡をお取りになられることをお勧めいたします。

We would suggest that you get in touch with ABC.

‖解説‖
③はやや控えめな提案を表し、④は強く催促する表現。recommend that... / suggest that... の that 以下では助動詞 will はつけないで動詞は原形（仮定法現在。英国用法では should を入れる）。また、recommend you to do / suggest you to do の形は不可。

進める　further / proceed with / move ahead　（⇨促進する）

(例)
- 貴社がその計画を進めるのであれば、お知らせください。
 Please let us know if you intend to *further* the plan.
- 新工場の建設を進めることに決定いたしました。
 We have decided to *proceed with* the construction of our new factory.
- このプロジェクトを進める前に、まず弁護士と話しておいたほうがいい。
 Before you *move ahead* with this project, I suggest that you first talk with a lawyer.

‖解説‖
further は動詞として用いれば「促進する」という意味。proceed with ～も同義。

ずっと…する　continue (to do)

(例)
- ABC 社の製品、販売、技術その他の分野における進歩には、ずっと敬服してまいりました。
 We have *continued to* admire the progress ABC has made in its products, markets, technology and elsewhere.

すでに　already

(例)
- すでにそうなさっておられるのでしたら、誠にありがとうございます。
 If you have *already* done so, please accept our sincere thanks.
- すでに述べたとおり、喜んであなたとお会いします。
 As *already* indicated, I will be glad to meet with you.

‖解説‖
already は原則として現在完了形とともに使うが、第 2 例のように過去形と一緒でも使える。場所は be 動詞・助動詞の後、または一般動詞の前に置く。

素晴らしい　wonderful / great

(例)
- それは我々皆にとって素晴らしい経験でした。
 It was a *great* [*wonderful*] experience for us all.
- 今後ともこの素晴らしい関係が継続しますように、あらゆる努力をする

ことを誓います。

I can pledge every effort to continue this *great* association in the years ahead.

解説

great は「素晴らしい、とてもよい」という意味で(特に口語で)よく使われる。

すべて　everything

(例)
- 貴社製品の販路を拡大するためにできることはすべていたします。
  We will do *whatever* we can to extend the market for your products.
- この問題を円満に解決するために可能なことは、すべてさせていただく所存です。
  We will do *everything* we can to amicably settle the matter.
- すべてがうまくいっていると確信しております。
  I trust that *everything* is going all right.

解説

第1例の whatever we can は what we can より意味が強い。everything は内容的には複数であるが、単数扱いされる。

すみません　be sorry　(⇨申し訳ない)

(例)
- ご面倒をお掛けしてすみませんが、当方の記録では本項目は未決済となっております。
  We are sorry to have to bother you, but our records show that the item remains unsettled.
- すみませんが、もう一度貴社の記録を調べていただけませんか。
  May I trouble you to check your records once again?

解説

「申し訳ないが～してほしい」との表現である。第2例も第1例と同様に面倒を掛けることを「すまない」と言っているが、Would you please check your records once again? と表現してもよい。

速やかな　early　(⇨迅速な/早急)

(例)
- メールをありがとうございます。ついては速やかなご指示をお待ち申し上げます。
  Thank you again for your email. We look forward to your *early* instructions in due time.
- 速やかなご回復をお祈りいたします。
  Please accept our best wishes for an *early* recovery.

せ

せい (⇨ために)

誠意　sincerity

(例)
- ご質問にはいつでも誠意をもってお答えいたします。
  We will always be happy to answer your questions *with our best attention*.
- どのような形ででもお役に立てますよう、誠心誠意努めさせていただく所存です。
  It is our *sincere* desire to be of service to you in any manner possible.

||解説||
第1例の with our best attention は「我々の最良の注意を払って」ということ。第2例の possible（できる限りの）は、any / all / every などの意味を強める。any possible manner より any manner possible と possible を後に置く方が意味が強い。

成果　fruit / result

(例)
- プロジェクトは成果を上げ続け、双方の利益となる事業として成功を収めるでしょう。
  The project will continue to *bear fruit* and will lead to successful ventures for our mutual interest.
- ABC社は電気通信事業において素晴らしい成果を収めています。
  ABC has *achieved* splendid *results* in the telecommunication business.

||解説||
bear fruit は「（比喩的に）成果を上げる」。achieve results も同義。

税関　customs　(⇨通関する)

(例)
- この貨物は米国税関を通関して、9月9日に当方へ届きました。
  This shipment was cleared through US *customs* and delivered to us on September 9.

請求(する)　request / claim / charge　(⇨請求額／請求書／要求)

(例)
- 貴社よりご請求のありました当社の最新のカタログを同封いたします。
  We are enclosing our latest catalog that you *requested*.
- 損傷に対し、貴社に損害賠償を請求する権利を留保いたします。
  We reserve the right to *claim* compensation from you for any damage.

〈支払いの請求〉

（例）
- 保険料は、すべての運送費用とともに荷受人に請求するものとします。
  The insurance premium is to be *charged to* the consignees, together with all expenses for forwarding.
- 当社はその商品を有料倉庫に保管し、貴社に商品の金利（倉敷料）を請求せざるを得なくなります。
  We will be forced to store the products in a commercial warehouse and *charge* you interest on them.

||| 解説 |||
claim は「（賠償などを）請求する」こと。類義語の demand には「有無を言わさず」という強いニュアンスがある。代金などを「請求する」には charge を用い、charge A to B または charge B A で「A（代金など）を B（人・会社）に請求する」（第3・4例）。

請求額　charge

（例）
- 送り状第123号および第134号の請求額に間違いはありません。
  We confirm that the *charges* on our Invoice Nos. 123 and 134 are proper and correct.
- いまだに請求金額をお支払いいただけない以上、当社としては請求を弁護士の手に委ねざるを得ません。
  Your continuing neglect of your *account* leaves us no alternative but to refer the *account* to our attorney.

||| 解説 |||
charge はしばしば複数形で用いる。第2例の account は「勘定書、請求書」の意味。

請求書　bill

（例）
- ここに1200ドルの請求書を同封いたしますが、これは5月14日に貴社より返送された請求書と差し替えるものです。
  We are enclosing a *bill for* $1,200 to replace the one you returned to us on May 14.
- 貴社の請求書に対する支払いが遅れたことをお詫びいたします。
  Let me apologize to you for the delay in paying our *bill*.
- すでに請求書の支払い期限が過ぎておりますことを、お知らせします。
  This message is to remind you that your *bill* is already overdue.

||| 解説 |||
「（ある金額）の請求書」は bill for 〜 で、for の代わりに of は不可。

逝去　passing / death　（⇨悔やみ）

（例）
- ブラウン氏のご逝去を悼み、心からお悔やみ申し上げます。
  We express our sincere regret over the *passing* [*death*] of Mr. Brown.
- スミス氏のご逝去の報に接し、哀惜の念に堪えません。
  It was a source of deep regret for me to learn that Mr. Smith had *passed away*.
- スチュアート氏のご逝去に対し、ご遺族ならびに貴社へ心より哀悼の意を表します。
  I would like to express our deepest sympathy for the *loss* of Mr. Stuart to the bereaved family and to your company as well.

||| 解説 |||

お悔やみ状では death の代わりに passing がよく使われる。あからさまに言うことを避けた婉曲的な表現。die の代わりに pass away を用いるのも同様（第2例）。

成功　success

（例）
- 引き続いてのご成功をお祈りします。
  With best wishes for your continued *success*.
- ABC 社の製品は日本市場でかなりの成功を収めています。
  ABC's products have *been* highly *successful* in the Japanese market.

生産（する）　production / produce　（⇨製造）

（例）
- ABC 社は各種の台所用品を生産しています。
  ABC *produces* various kinds of kitchenware.
- 当方の信用状を受け取り次第、注文品の生産を開始してください。
  Please proceed with the *production* of our order on receipt of our L/C.
- 当社のモデル A-123 は生産中止になっております。
  Our Model A-123 has been *out of production*. / We have discontinued the *production* of Model A-123.

||| 解説 |||

production は一般的な意味での「生産」。類義語の manufacture は機械を用いた大規模な製造のニュアンスが強い。

清算（する）　settlement / settle　（⇨決済）

（例）
- その旨ご連絡をいただき次第、勘定を清算いたします。
  We will *settle* the account as soon as we hear from you.
- できるだけ早く延滞残高の清算をなされるようお願いいたします。
  We hope that you *make a settlement* on your delinquent balance as

soon as possible.

解説
第2例の delinquent は「怠慢な、義務を怠る」の意。

正式な　formal

（例）
- 別に問題がないようでしたら、正式な契約書を作成いたします。
  If everything is satisfactory, we will draw up a *formal* contract.
- 当社はその商品を正式に注文する意向であることをお知らせします。
  This message is to inform you of our intention to *formally* order the products.

製造（する）　manufacture　（⇨生産）

（例）
- 残念ながら、現在当社ではご注文いただいた製品を製造しておりません。
  We are sorry that we no longer *manufacture* the products you ordered.
- 貴社が上記の商品のいくつかを製造していると伺っています。
  We understand that you *manufacture* one or more of the items mentioned above.
- モデル A の製造元である ABC 社は、当社にその製品の販売促進に当たることを委任しています。
  ABC Corporation, *manufacturer* of Model A, has authorized us to promote sales of the products.

解説
「製造業者、製造元」は manufacturer。

性能　performance

（例）
- 私は ABC 社の装置の性能とアフターサービスについて、非常に心配しております。
  I am very concerned about the *performance* and after-sales service of ABC equipment.
- 貴社のモデル 123 の性能は当方の要求を満たしていません。
  We find that your Model 123 *performs* below our requirements.

解説
第2例の perform（動詞）は「性能を発揮する」の意。

製品　products

（例）
- 弊社の主力製品は家庭電気器具です。
  Our major *products* are household appliances.

- 当社製品にはネックレス、イヤリング、ヘア・アクセサリーなどがあります。
  Our *line of products* covers necklaces, earrings, and hair accessories.
- 弊社の新しい音響製品を紹介したいと思います。
  I would like to show you our new *line of* audio *products*.

解説
product は通例複数形が用いられ「工業製品、産出物」の意。これに対し農産物は缶詰やワインのラベルにあるように produce（集合名詞）を使う。

積送品　shipment / consignment　（⇨積み荷）

例
- 当方の注文第 105 号に対する貴社の積送品を本日受領いたしました。
  Today we received your *shipment* for our order No. 105.
- この積送品は汽船「あけぼのの丸」に船積みします。
  This *consignment* will be shipped to you on the S.S. Akebono Maru.
- 当地にてまだ解決しなければならないことがいくつかございますので、最初の積送品の出荷日をはっきり申し上げることはできません。
  As there are a few things to iron out at this end, we can't confirm any definite date when the first *consignment* will be sent.

解説
shipment には「出荷、船積み」という意味以外に「積み荷、積送貨物」の意味がある。最近では航空貨物も多いので、「積送品」という表現がよく使われている。

責任　responsibility　（⇨責任者）

例
- 出荷の遅れによって生じる損害について、貴社は責任を取らなければなりません。
  You should *be responsible for* any loss that might incur by the delay in shipment.
- 当方は輸送中に発生した損傷については責任を負いかねます。
  We can't *take* any *responsibility for* the damage which might occur in transit.
- 本情報は極秘裏に貴社に提供するもので、当方は一切責任を負わないものといたします。
  The information is given to you in strict confidence *without any responsibility* on our part.

解説
be responsible for ～は「～に責任がある」、take [assume] responsibility for ～は「～に対して責任を取る」、without any responsibility は「何の責任もない」。

責任者　person in charge　（⇨担当）

例
- 貴社の責任者が協定書に正式にサインしなければなりません。
  The agreement should be officially signed by a *person in charge* at your company.
- 同氏は現在役員の資格で、私どもの情報システムグループの全面的責任者となっています。
  In his present management capacity, he *is* wholly *responsible for* our Information Systems Groups.

解説
in his capacity as president / in the capacity of president とすると「社長の資格で」という意味。as president と簡潔に表現することもできる。person in charge は「（その職務に対して）責任と権限を有する人」のこと。

…せざるを得ない　（⇨…ざるを得ない）

設計する　design

例
- その装置は、性能だけでなく安全性についても、ABC 社の要件に適合するよう設計されています。
  The units are *designed* to properly meet ABC's requirements for maintainability as well as performance.
- この装置はもともと屋内で使用するように設計されたものです。
  This device *was* originally *designed for* indoor use.

解説
第 2 例の be designed for ～は「（ある目的）に合うように設計されている」を表す。

接触する　contact / approach　（⇨連絡する）

例
- ABC 社は、実績のある広告会社との接触を望んでいます。
  ABC would like to make *contact* with an experienced advertising company.
- 貴社がよりよいオファーを出すことができなければ、ABC 社は恐らく貴社の競争相手に接触するでしょう。
  Unless you can make a slightly better offer, ABC will probably *approach* your competitor.

解説
contact は手紙、電話、E メールなど、連絡の手段は特定せずに使うことができる。

設定する　set

例
- 今回の信用供与額は3億円に設定されています。
  The amount of this credit facility is *set at* ¥300 million.
- この製品については、現行市場価格より少し高めに価格を設定しなければなりません。
  On this product, we have to *set* the price a little higher than the current market price.
- 当方の価格設定について、率直なご意見をお聞かせください。
  Please give us your frank comments on our *pricing*.

|||解説|||
「価格 [金額] を (ある額) に設定する」は set the price [amount] at 〜。「価格設定」は pricing。

説得する　persuade / induce

例
- 社長の職にとどまるよう、同氏を説得することもできます。
  Perhaps he could be *persuaded to* remain in office as president.
- 私は彼らを説得して、このプロジェクトに何らかの資金を割り当てるよう試みました。
  I tried to *induce* them *to* appropriate certain funds for this project.

|||解説|||
persuade 〜 to do / induce 〜 to do は「…するように〜を説得する」で、persuade の方が相手を説き伏せるという感じが出る。

説明 (する)　explanation / explain

例
- スケジュールについて手短にご説明いただけますでしょうか。
  Could you please *explain* the schedule briefly?
- 5月7日付の当方のメールで説明しましたとおり、私どもはアメリカ市場から撤退するつもりです。
  As we explained in our email of May 7, we will withdraw from the American market.
- あなたにもっと詳しく事情を説明するように、社長より命じられました。
  Our president has asked me to *explain* to you the circumstances in greater detail.
- 田中はその計画について詳細な説明をすることになっております。
  Mr. Tanaka will give you a detailed *explanation* on the plan.

|||解説|||
事実、概要、詳細を相手に説明することに関連する表現である。「説明する」は

explain が一般的。

設立する　found / establish

(例)
- 同社は 1931 年に私企業として設立されました。
  The company *was founded* as a private enterprise in 1931.
- この研究所は、多様化かつ高度化した産業全体のニーズに応えるために設立されました。
  This research institute *was established* to meet the diversified and sophisticated needs of the industry as a whole.

ぜひ　very much

(例)
- 私どもの大阪本社にぜひいらしてください。
  I *do* hope you will have a chance to visit our corporate headquarters in Osaka.
- 来週シカゴへ参ります折に、あなたとぜひお会いしたいと思います。
  I would *very much* like to meet with you while I'm in Chicago next week.

|||解説|||
第 1 例では I hope を I do hope にして、do を用いて「ぜひ」と強調。なお、headquarters（本社、本部）は単数扱いされることが多い。

世話　help

(例)
- 先日の米国訪問の際は、いろいろお世話いただき、ありがとうございました。
  Thank you for *helping* me during my recent visit to the United States.
- いろいろお世話になり、ありがとうございました。
  Thank you very much for *everything* you have done for me.
- 先日はお世話になりました。
  Thank you for your *assistance* the other day.

|||解説|||
take care of ～も「世話をする」という意味で使われるが、これは「（人・物事）の面倒をみる」というニュアンスで、ビジネスで使う日本語の「世話」とは、意味がずれる。

先日　the other day / a few days ago

(例)
- 先日、システム不具合の原因を調査しました。
  We investigated the cause of the system problem *the other day*.
- 先日、私のクレジットカードに差額が返金される旨のメールをいただき

ました。
I received a mail from your company *a few days ago* stating that the balance would be returned to my credit card.

|| 解説 ||
「先日」は日時を特定しないため、誤解を避けたい場合は具体的な日にちを書いた方がいい。

全体的　general / overall

(例)
- この計画を実行するためには、各社が果たす役割について、関係企業間で全体的に理解することが必要です。
  To carry out this plan, a *general* understanding on the role each company will play will be necessary.
- 全体的見地から見れば、当社には流通機構の合理化が絶対的に求められています。
  From an *overall* standpoint, it is absolutely necessary for us to streamline our distribution system.

|| 解説 ||
general の後には抽象名詞がくることが多い。第 2 例は From an overall viewpoint, ... でもよい。

選択(する)　choice / select　(⇨選ぶ)

(例)
- 自由に選択していただける 25 色の色見本カードを同封いたしました。
  We have enclosed a sample card with 25 colors from which you can freely *select*.
- 第 2 の選択肢として、ABC 社のプリンターをお勧めいたします。
  We would like to recommend ABC printers as our second *choice*.

|| 解説 ||
第 2 例の one's second choice は「第 2 の選択肢」で、one's first choice も同様の使い方。

前提　premise / assumption

(例)
- その前提に立って、本件の解決にご協力をお願いしたいのです。
  On that premise, we seek your kind cooperation in resolving this matter.
- 私ども双方が ABC 社の早期の成功を望んでいることを前提として、話を進めます。
  We start here *with the premise that* we both desire ABC to succeed soon.

- 貴社が引き続き当社製品の輸入業務を行うという前提で、ABC 社に当社のカナダでの一手代理店になってもらいたいと考えております。
  On the assumption that you will continue to import our products, we would like to have ABC serve as our sole agent in Canada.

‖解説‖
第 2 例の with the premise that... は「…という前提で」。the major premise / the minor premise はそれぞれ「大前提」「小前提」。第 3 例の on the assumption that... は「…ということを想定して」ということ。

選任（する）　select / appointment

- 貴殿が最近社長に選任されたとお伺いし、たいへん喜んでおります。
  It was with much pleasure that I learned of your recent *appointment as* president.
- 貴殿が ABC 社の社長に選任されましたことを伺ったところです。
  I have just learned that you have *been selected* as President of ABC Company.

‖解説‖
be selected (as) ～は「～に選任される」を表す。

専念する　devote oneself to / concentrate on

- この新しい職務につけば、私は拡販に専念できるようになるでしょう。
  This new position will allow me to *devote myself to* expanding our sales.
- 現在の日本の経済情勢に対応するため、我々は会社内部の改善に専念しなければなりません。
  We should *concentrate on* making internal improvements to adjust to the present economic conditions in Japan.

‖解説‖
devote oneself to ～は「自分自身～に専念する」、concentrate on ～は「～に努力や注意を集中する」。

専門　specialty

- ABC 社は高級スポーツウェアを専門に扱う販売業者です。
  ABC is a distributor *specializing in* quality sportswear.
- 市場調査は当社の専門分野です。
  Market research is our *specialty*.
- 当社は専門的な訓練を受けた社員による国際部を新設いたしました。
  We have established a new International Department with *expertly*

trained staff.
- 当社のスタッフは、この分野における最新の専門的知識を有しております。
  Our staff has the latest *specialized* knowledge in this field.

解説
第1例の specialize in ～は「(店などが)～を専門に扱う」。第4例の specialized knowledge は「専門的知識」で knowhow ともいう。なお、staff(社員、職員)は通例単数形で集合的に用いる。

先約　previous engagement / prior engagement
例
- 申し訳ございませんが、先約のため会合に参加できません。
  I am sorry to say that a *previous engagement* prevents me from attending the meeting.
- 残念ですが、当日は先約がございましてご一緒できません。
  I am sorry I can't go with you as I have a *prior engagement* on that day.

解説
こうした表現を用いれば、招待などを断るときの理由として、当たり障りのないものになる。

戦略　strategy
例
- 貴社はもっと効果的な販売戦略を立てるべきではないかと思います。
  I think that you should formulate a more effective marketing *strategy*.
- フロリダ州の戦略上の立地条件を最優先して考慮すべきであると思っております。
  We understand that the *strategic* location of Florida should be primarily considered.

解説
一般に strategy(戦略)は長期的なものを指し、短期的なものは tactic(s)(戦術)として区別される。R&D strategy は「研究開発戦略」。

全力　utmost
例
- この問題の解決に全力を尽くします。
  We will *do our utmost to* resolve this problem.
- ご信頼がいつまでも得られるように全力を尽くします。
  We will *do everything we can to* maintain your confidence in us.

解説
do one's utmost [best] to do / do everything one can to do はいずれも「全力を

尽くして~する」ということ。

そ

そう so

(例)
- もしそうでしたら、至急お知らせください。
  If so, please let us know immediately.
- 私どもがそうであったように、やがて彼らはその状況が困難であることに気付くでしょう。
  They will find the situation as difficult for them *as it has been* for us.

解説
if so は「もしそうであるならば」。第2例の as it has been for us は as it has been difficult for us の difficult が省略されたもので、「私どもにとって困難であったように」ということ。

(…に) 添う (⇨従い)

相違 discrepancy

(例)
- この相違点を修正する必要があると思います。
  I think that you should correct this *discrepancy*.
- 上記のとおりまったく相違ありません。(⇨違いない)
  I affirm the above to be *true and correct* in every respect.

解説
第2例は「上記が真実かつ正確であることを確認します」ということで「まったく相違ない」ことを表現している。

増加 (する) increase

(例)
- この製品の先月の売上高は2万ドルに達し、昨年同時期に比べて7%増加しています。
  Last month's sales of this product amounted to $20,000, which is a 7% *increase* over the same period last year.
- この製品に対する需要が増加しましたので、当社の在庫が非常に減少しております。
  Because of the *increased* demand for this line, our stocks are running very short.

早期 (の) early

(例)
- ABC 社とは、早期に合意に達しました。

We reached an *early* agreement with ABC.
- 当社はこの産業界に早期参入したため、かなりの経験を積んでいます。
  Because we entered this industry at an *early date*, we have a considerable amount of experience.
- 早期船積みのはっきりした日取りをお知らせください。
  Please let us know the definite date for *early* shipment.

|||解説|||
early は予定、定刻より「早い」こと。

早急（な）　prompt / quick　（⇨至急）

例
- 早急なご返事を心待ちにしております。
  We are looking forward to your *prompt* reply. / We look forward to hearing from you *soon*.
- 早急にご返事いただければ、ありがたく存じます。
  Your *prompt* reply would be highly appreciated.
- この変更を早急にご承認いただければ、ありがたく存じます。
  We would appreciate your *quick* approval of this change.

|||解説|||
prompt は応答や反応が「早い」こと。quick は動作、行動が「速い」こと。

操業　operations

例
- 当社の新事業は4月から操業を開始します。
  Our new business will begin *operations* from April.
- 当社大阪工場の火災により、操業が停滞いたしました。
  A fire in our Osaka plant interrupted *operations*.

送金（する）　remittance / remit

例
- 貴社から10万2000ドルの送金を受けました。
  We have received your *remittance* of $102,000.
- 早急に5000ドルをご送金くださるよう、お願いいたします。
  We look forward to your *remittance* for $5,000 as soon as possible.
- ABC銀行を通じて2万ドルを貴社宛に送金いたしました。
  We have *remitted* $20,000 *to* you through ABC Bank.
- 翌月末までに、ABC銀行の当社の口座にお支払い金額をご送金ください。
  Please *remit* your payment *to* our account with ABC Bank by the end of the following month.

草々　with very best wishes

例
- 重ねてお礼申し上げます。草々。
  Thank you again, and *with very best wishes*,

解説
手紙の結びの文句。

相談する　talk / consult　（⇨話し合い）

例
- その問題についてご相談いただきたいことがございます。
  I would like to *have a talk with* you about the matter.
- 今後のお取引について、どうぞご遠慮なく当方にご相談ください。
  Please do not hesitate to *consult* us about your future transactions.
- この件について、私どもの相談に乗っていただけませんでしょうか。
  Would you be willing to *discuss* the matter *with* us?
- 部長の鈴木と相談してから、はっきりしたご返事を差し上げます。
  I will give you a definite answer after *talking to* Mr. Suzuki, our department manager.

解説
文例のように文脈に応じて表現を変えるとよい。

相当な　substantial

例
- 当社は貴社のモデル A を相当の数量注文したいと思います。
  We would like to place a *substantial* order for your Model A.
- 相当量の業務は 4 月 1 日までに終わらせる必要があります。
  A good portion of the work needs to be finished before April 1.

解説
substantial / a good portion of ともに「かなりの量の」の意。

…相当の　equivalent / worth

例
- 私どもは ABC 社に 500 米ドル相当の日本円を支払いました。
  We have paid the yen amount *equivalent to* US$500 to ABC.
- 昨年 ABC 社は 300 万ドル相当の電子機器をアメリカへ輸出しました。
  Last year, ABC exported to the United States 3 million dollars' *worth of* electronic equipment.

解説
equivalent to ～は「～に相当する」、～'s worth of... は「～の値打ちのある…」（'s は所有格語尾）。

送付　（⇨送る）

双方 (そうほう)　both　(⇨互い)

例
- この協定は、双方にとってたいへん有益なものとなると確信しております。
  We trust that this agreement will be very beneficial to *both of* us.
- 私どもは双方が関心を持つ事柄について話し合いたく存じます。
  We would like to discuss matters of *mutual* interest.

解説
to both of us の both によって「双方にとって」の意味が強調される。第2例の mutual は「相互の」の意。

創立　(⇨設立する)

添える (そえる)　(⇨添付する)

即座 (そくざ)　(⇨すぐ／早急)

促進する (そくしんする)　facilitate / expedite　(⇨進める)

例
- これにより、両社の友好的かつ有益な関係が促進されるものと、確信しています。
  I am sure that it will *facilitate* friendly and helpful relations between our two companies.
- 計画を促進する方法を探しております。
  We are looking for methods to *expedite* the plan.

措置 (そち)　action / step　(⇨処理する)

例
- この件に関して、さっそく措置を取っていただき、ありがとうございます。
  Thank you for the prompt *action* in this regard.
- そのようなミスが起こらないようにあらゆる措置を取ります。
  We will *take* all possible *steps* to prevent such a mistake.
- 原因の調査がまだでしたら、必要な措置を取っていただけるよう、お願いいたします。
  We hope that you will *take* the necessary *steps* to investigate the cause if you have not already done so.
- 状況を好転させるために、何らかの措置が取られるべきだと思います。
  I think that *something should be done* to improve the situation.

解説
第2例の all possible steps は「すべての可能な措置」。第4例の something

should be done は「何か措置を取らなければならない」という意。

即金　cash　（⇨現金）

（例）
- 即金でお支払いいただければ、10%の値引きをいたします。
  We can make a 10% discount *on cash payment*.

率直な　frank

（例）
- 当方の価格設定について、率直なご意見をお聞かせください。
  Please let us have your *frank* opinions on our pricing.
- 率直に申し上げますと、貴社が振り出した手形を支払わないことを考えました。
  Frankly speaking, we considered not honoring your draft drawn on us.

||| 解説 |||
第2例の frankly speaking は「率直に言うと」の意。文頭、文中で用いる。

そのうち　someday

（例）
- そのうちお目にかかれればと思っております。
  Someday in the future I do hope we can get together.
- そのうち私どもが手配をし、本件に関する情報を提供いたします。
  In due course we will arrange to furnish you with information on this matter.

||| 解説 |||
第1例の someday in the future は多分に儀礼的な言い回しで、具体的な予定に入っている訳ではない。in due course は「しかるべき時がくれば」の意。

それで　therefore　（⇨したがって）

（例）
- それで、私どもの気持ちを伝えるために手紙を書きたかったのです。
  I, *therefore,* wanted to write and tell you of our feelings.

||| 解説 |||
therefore は「それゆえ」という意味で、文頭、文中いずれでも使える。文中のときは、前後にコンマをつけることが多い。

そろえる　equip

（例）
- 英語を話すスタッフをそろえておりますので、私どもは日本国内での個人的なサービスも提供することができます。
  Equipped with English-speaking staff, we can also offer personal services to you within Japan.

● 当社は良質の商品をよくそろえ、いつでもお客様に提供できるよう心掛けております。
　It is our desire to provide our customers with an *adequate selection* of quality merchandise at all times.

|||解説|||
equipped with ~は「(仕事ができるだけの)~が備わっている」の意。

損害　damage / loss

(例)
● 損害を最小限に抑えるためにあらゆる努力をすることをお約束します。
　We assure you that we will make every effort to minimize the *damage*.
● 出荷の遅れによって当方は大きな損害(損失)を受けることになります。
　The delay in shipment will cause us serious *loss*.
● 損傷品について損害賠償をしていただければ幸いです。
　Your *damage compensation for* the broken products would be appreciated.
● 損失に対し、損害賠償を請求する権利を留保いたします。
　We reserve the right to claim *damages for* the loss.

|||解説|||
damages と複数で用いると「損害賠償(金)」の意になる。claim damages for the loss は「損失に対して損害賠償を請求する」。compensation は「補償、(損害)賠償」。damages ＝ damage compensation。

損傷　damage　(⇨破損)

(例)
● 20個の商品が完全に損傷を受けています。
　Twenty pieces of the merchandise have *been* completely *damaged*.
● 損傷品を補償することに不同意の場合は、法的措置を取らざるを得ません。
　Unless you are willing to pay for the *damaged* products, we will be forced to take legal action.
● 添付の一覧表どおりに損傷品を取り替えてください。
　Please replace the *broken* items according to the attached list.

|||解説|||
動詞の damage は「損傷[損害]を与える」意。「損傷した」には damaged / broken などを用いる。

存ずる　feel / know

(決まり文句)　…と存じます　(⇨思う)

(例)
① **We hope that...**
② **We feel that...**
③ **We know...**

- ご遠慮なくお知らせいただければと存じます（希望します）。
  I hope that you will not hesitate to let me know.
- お忙しいこととは存じます（知っています）が、会合にご出席なされるよう、心よりお願い申し上げます。
  As *I know* how busy you must be, I sincerely hope that you will be able to attend the meeting.

(決まり文句) ご存じと思いますが… （⇨承知する）
① **As you (may) know,...**
② **Although you may already know,...**

(例)
- きっとご存じと思いますが、ABC 社はここ 5 年間、当社の代理店になっております。
  As you undoubtedly *know*, ABC has represented us for the last 5 years.
- すでにご存じとは思いますが、ABC 社は横浜へ移転しました。
  Although you may already know, ABC has moved to Yokohama.

た

代案　alternative (plan)

(例)
- 代案が必要でしたら、お知らせください。
  If *alternatives* are required, please let us know.

|||解説|||
alternative は「（あるものに）代わるべきもの」という意味。なお、「二者択一、（場合により三者以上から）選択すべきもの」の意味もある。

第一　first

(例)
- まず第一に、原因を究明することが必要です。
  First (of all), the cause needs to be investigated.
- 来月横浜へ向けて出る第一の船便で注文の品をお届けください。
  Please deliver our order by the *first* ship leaving for Yokohama next month.
- 彼の訪問の第一の目的は市場調査をすることです。
  The *primary* purpose of his visit is to study the market.

|||解説|||
「まず第一に」は in the first place / to begin with という表現もある。first (of all)

は文頭に用いるのが普通。列挙するときに firstly, secondly, thirdly とすることもあるが first, second, third より堅い表現。「主要な」という意の「第一の」（形容詞）には primary / prime / major を用いる。

対応（する）　response / react　（⇨対処する）

例
- われわれの問い合わせに対して迅速にご対応いただきましたことに、まずお礼を申し上げます。
  We would first like to thank you for your fast *response* to our enquiry.
- 早急に対応してくだされば、たいへんありがたく存じます。
  Your early *response* would be highly appreciated.
- 我々は取引規制の変化に素早く対応できなくてはなりません。
  We must be able to quickly *react to* the changes in business regulations.
- 取引量の増加に対応するための策を講じなければなりません。
  We must take measures to *meet* the growing volume of business.

‖解説‖
第2例のように「対応」を主語にすると簡潔な文章になる。第3例の react to 〜 は「〜に反応する、対応する」、第4例の meet は「〜を満足させる、〜に応じる」の意。

代金　price

例
- 代金と郵送代の分の 456 ドルの小切手を同封いたします。
  We are enclosing a check for $456 to cover the *price* and postage.
- この商品は、代金引き換え払いで販売いたします。
  Regarding this line of products, we will sell it on a *COD* basis.

‖解説‖
第1例の to cover the price and postage は「代金と郵送料を償うべき」ということで、「代金と郵送料に相当する」という意味になる。第2例の COD は cash [collect] on delivery の略で「現金引き換え渡し」のこと。

滞在（する）　stay

例
- 私は大阪の ABC ホテルに滞在しますので、7月3日以降はそこでメッセージを受け取ることができます。
  I will be *staying at* ABC Hotel in Osaka, and a message will reach me there after July 3.
- 私のニューヨーク滞在中と同様、彼にもご支援いただきますよう、お願い申し上げます。
  I hope you will give him your assistance, as you did for me while I

was in New York.
- ニューヨーク滞在中にあなたより受けました温かいおもてなしに感謝いたします。

    I appreciate your warm hospitality during my *stay in* New York.

    ▌解説▌
    第2例の while I was in New York と第3例の during my stay in New York とは同義。帰国後のお礼状などに使える表現。⇨ p. 428

対策　countermeasure / provision　(⇨措置)

例
- 私どもは早急にこの問題の対策を講じることをお約束いたします。

    We assure you that we will immediately take *countermeasures against* this problem.

- 貴社では輸送中の損傷への対策を取っていなかったのではないかと思われます。

    We suppose that you have made no *provision for* damage in transit.

    ▌解説▌
    countermeasure は複数形で用いることが多く「対応策」の意。provision は「用意、対策」という意で、preparation より堅い語。後には for の代わりに、against も用いる。

大事（にする）　value / take care of

例
- 両社の良好な関係を私どもは常に大事にしてきましたし、今後とも貴社のお役に立ちたいと願っております。

    We have always *valued* the strong relationship between us and look forward to serving you in the future.

- お大事になさってください。（見舞い状の結び）

    Take (good) care of yourself.

- ABC 社との取引には大事をとられることをお勧めいたします。（信用調査で）

    We advise that you should *be on the safe side* in dealing with ABC.

    ▌解説▌
    take care of yourself は別れるときの挨拶代わりにも用いる。「じゃ、お大事にね」の意。第3例の be on the safe side は「大事をとる」。

貸借（たいしゃく）　balance

例
- ABC 社の 2010 年 3 月 31 日現在の貸借対照表を詳細に調査いたしました。

    We have closely examined the *balance sheet* of ABC as of March 31,

2010.

||解説||
balance sheet は「貸借対照表」。

対象　object / target

(例)
- 次の研究対象の提案も含め、調査計画書を提出するよう顧客が求めています。
  Our client has asked us to submit a research proposal, including the suggested *object* of our next study.
- 貴社のマーケティング戦略は興味深いですが、意図する対象視聴者に合っているか否かについては懸念があります。
  Your marketing strategy is interesting, but we are a little concerned about whether or not it is suitable for the intended *target* audience.
- 当社は、10代の若い女性たちを対象にしたアクセサリーの製造を専門としています。
  Our company specializes in making accessories that are *intended for* young females in their teens.
- 先月、当社では20〜30歳代の男性を対象に調査を実施し、結果を分析しました。
  Last month, we conducted a survey of males in the 20 to 30 age group and analyzed the results.

||解説||
targeted age group（対象年齢層）、targeted consumers（対象消費者）などといった言い方もある。

退職(する)　retirement / retire　(⇨辞任する／退任)

(例)
- 2010年3月31日にABC社を退職することをお知らせします。
  I would like to inform you that I will be *retiring from* ABC on March 31, 2010.
- あなたがABC研究所を退職されるご意向であるとお伺いし、たいへん残念に思います。
  I am very sorry to learn of your intention to *leave* ABC Institute.
- ご退職後のご多幸とご健康をお祈り申し上げます。
  With best wishes for a happy and healthy *retirement*.

||解説||
retire from 〜は「(会社)から退職する、(役職)から退任する」の意。第2例の leave（from は不要）も同義。類義語の resign（辞職する）は堅い表現。第3例の retirement は「退職後の余生」の意。

対処する deal with / cope with （⇨処理する／対応）

例
- この問題にどう対処すべきか、ご指示をお与えください。
  Please give us directions as to how we should *deal with* this problem.
- この難局に対処するに当たり、貴社のご協力をお願いしたく存じます。
  We would like to ask for your cooperation in *coping with* this difficult situation.

大切 （⇨大事）

代替品（だいたいひん） alternative / replacement

例
- 代替品を提供いたしたく存じます。
  We would like to offer an *alternative*.
- 当方が注文したのと同じ商品の代替品を、すぐにお送りいただけますでしょうか。
  Could you immediately send the *replacements* for the same products as we ordered?
- 直ちに代替品の発送を手配いたします。
  We will arrange for shipment of the *replacements* soon.

態度 position / attitude / stance

例
- 歩み寄りは可能だとしても、この件に関する我々の態度は始めから明確に表明しています。
  Even though we would like to be able to make a compromise, we have clearly stated our *position* on this matter from the beginning.
- 御社の社員の不快な態度によって、私は御社と協力してビジネスを行ったことを後悔していると言いたい。
  I wish to say that the unpleasant *attitude* of your staff has made me regret doing business with your corporation.
- いずれのプロジェクトについても共同作業を始める前に、環境に配慮したビジネスに対する当社の態度を明確にしておきたいと思います。
  Before working together on any projects, our company would like to make its *stance* on ecologically friendly business clear.

||| 解説 |||
attitude に比べ、position や stance は「意識的に見せる態度」という意味合いが強い。

退任（する） retirement / resignation / resign （⇨辞任する／退職）

例
- ABC 社常務取締役を退任することに関しまして2月10日にお手紙を

いただき、ありがとうございました。
Thank you for your letter of February 10 concerning my *retirement from* the position of Managing Director of ABC.
- 同氏はABC社の営業部長の職を退任しました。
He has *resigned* his position as Sales Manager of ABC Company.

代表　representative　（⇨代理）

例
- ABC社を代表して、心よりお悔やみ申し上げます。
On behalf of ABC Company, I wish to express our deepest sympathy.
- ABC社の経営陣は、横山祐一社長が代表となっております。
ABC's management *is headed by* President Yuichi Yokoyama.

||解説||
on behalf of ～は「～の代表として、代理として」で in place of ～も同義。第2例の head は「率いる」という意味。

代品　（⇨代替品）

代理　representative　（⇨代表／代理店）

例
- 私が山田の代理で貴社へお伺いいたします。
I will visit your office *in place of* Mr. Yamada.
- 私がそちらに滞在している間に、あなたもしくは代理の方とお会いしたいと思います。
I would like to meet with you or your *representative* while I am in your city.
- 私の不在中は田中が代理を務めます。
Mr. Tanaka will be *acting for* me during my absence.

||解説||
「代理（の人）」は representative で、「代表者」の意もあり、文脈によって使い分ける。第3例の act for ～は「～の代理を務める」の意。

代理店　agent

例
- 私どもは当地における貴社の代理店としてお役に立ちたいと思います。
We would like to offer our services as your *agent* here.
- カナダではABC社が当社の代理店となっております。
ABC Company *represents* us in and for Canada.
- 貴社製品の代理店とさせていただく可能性について、話し合っていただけますでしょうか。
Would you consider discussing with us the possibility of us

representing your products?

‖解説‖
agent には「代理人」の意もあり、act as agent for ～とすると「～の代理人として行動する」。「代理店」は agency も使うが、agent が人を中心に見た語であるのに対し、agency は業務や場所に重きを置いた語。「広告代理店」は advertising agency。第 2・3 例の represent は「代理をする」の意味から「代理店になる」という意味でも使われる。

大量　quantity

（例）
- 大量にご購入なされるようでしたら、10% の割引をいたします。
  We will offer you a 10% discount, if you purchase *in quantity* [*in volume*].
- 貴社の価格が手ごろでかつ品質が満足のいくものであれば、大量に注文できるでしょう。
  If your prices are reasonable and the quality is satisfactory, we should be able to place a *large* order.

‖解説‖
「大量に」は in quantity / in large quantities / in volume など。quantities of ～ は「大量の～」。第 2 例の large order は「大口発注」。

絶えず　always

（例）
- ご満足いただけるサービスを提供できるよう、絶えず努力することをお約束いたします。
  You can be assured that we will *always* endeavor to offer you satisfactory services.
- 本件についての最新の情報をあなたに絶えずお知らせいたします。
  We will *keep* you fully *posted on* this matter.

‖解説‖
第 2 例の keep A posted on B は「B について A（人）にいつも知らせておく」で keep A informed of B も同義。

互い(の)　mutual

（例）
- お互いに関心のある事柄をまた話し合う機会があろうかと思っております。
  We hope that we will have another opportunity to discuss topics of *mutual* interest.
- 貴社が当社との間で、お互いのためになる関係を享受できることを願っています。

We hope that you will enjoy a *mutually* rewarding relationship with us.

||| 解説 |||

第 1 例の (something) of mutual interest は「互いに関心のある（事柄）」。第 2 例の mutually は「互いに」で、rewarding（ためになる）を修飾する。

妥協（する）　compromise

例
- ABC 社は本件について妥協しないのではないかと思います。
  I am afraid that ABC will not *compromise* on this matter.
- この件については妥協の余地がございません。
  There is no room for *compromise* on this matter.
- この妥協案は御社にご賛同いただけるものと確信しています。
  We are sure that this *compromise* will meet with your approval.

||| 解説 |||

compromise は動詞としても名詞としても用いられる。「A（人）と B のことで妥協する」は compromise with A on B。同義語の appeasement もそうであるが、compromise は否定的な意味で使われることがある。第 2 例の room (for / to do) は不可算名詞で「(〜の) 余地、可能性」のこと。

打撃　damage

例
- 当社の業務は円の下落によって大きな打撃を受けております。
  Our business has *been* greatly *damaged by* the depreciation of the yen.
- 神戸の産業は地震によってひどい打撃を受けました。
  Industry in Kobe *was* badly *hit by* the earthquake.

||| 解説 |||

be damaged [hit] by 〜 は「（物・事柄が）〜によって損害を与えられる」こと。人が損害を受けるときには suffer damage from 〜 などを使う。

多幸　happiness

例
- 新年のご多幸とご繁栄をお祈りいたします。
  With best wishes for a *happy* and most prosperous New Year.
- あなたのご多幸をお祈りいたします。
  I wish you every *happiness*.
- 経営幹部および社員の皆様のご多幸をお祈り申し上げます。
  I offer my *best wishes* to the members of the management and staff.

||| 解説 |||

相手の幸運を願うときの決まり文句である。

確かな　sure / reliable / sound　（⇨確信する／確認）

(例)
- この情報は確かである（信頼できる）ことを保証します。
  I can assure you that this information is *reliable*.
- それは確かな投資となるでしょう。
  It will be a *sound* investment.

〈確信する〉

(例)
- 計画が両社の利益となる事業として成功を収めることは確かであると思います。
  We *are sure* that the project will lead to successful ventures of mutual interest.

〈確認する〉

(例)
- 確かに7月20日付のあなたのメールを受領しました。
  I am writing to *confirm* that we have received your message of July 20. / This *acknowledges* receipt of your message of July 20.

確かめる　check / confirm　（⇨確認）

(例)
- 証明書を当方へ送られたかどうか、お確かめいただきたいのですが。
  Would you please *check* whether you have sent us the certification form?
- 上記の残高をお確かめください。
  We would like to ask you to *confirm* the above balances.

‖解説‖
「～を確かめてほしい」というときは ask [would like] you to confirm ～が使える。

助かる　be helpful / be (of) help

(例)
- これで私どもは非常に助かりました。
  This has *been* very *helpful to* us.
- この件を早急にご考慮いただければ、私どもはたいへん助かります。
  Your prompt consideration of this matter would *be of* great *help to* us.

‖解説‖
helpful to ～は「(人)に役立つ、助けになる」ということ。helpful for ～ではない。

助け　assistance　（⇨支援）

(例)
- ABC社の協力が私どもの取引を発展させる助けになるでしょう。
  The cooperation of ABC will *help* us develop our business.
- 私どものサービスが大いに貴社の助けになるように、最善を尽くします。
  We will do our best in order that our service will *be of* the greatest

assistance to you.

|||解説|||
第 1 例の help us develop は help us in developing より普通の言い方。develop の前の to の省略は米国用法から発生したが、今は英国用法でもよく省略される。第 2 例の be of assistance to you は be helpful to you より堅い表現。(⇨助かる)

携わる　be engaged in / be involved in

（例）
- 鈴木は 10 年間以上、輸入業務に携わっております。
  Mr. Suzuki has *been engaged in* importing for over ten years.
- ABC 社は輸出業務にすでに携わっており、貴地の市場へ参入したいと考えています。
  ABC *is* already *involved in* exporting and would like to enter your market.

尋ねる　inquire / ask

（決まり文句）…をお尋ねします
① **We are writing to inquire...**
② **This (message) is to inquire...**
③ **We would like to ask...**

（例）
- 貴社の支払い条件についてお尋ねいたします。
  I am writing to inquire about your terms of payment.
- 当メールは、5 月 10 日に貴社に注文した商品がまだ届いていない理由についてお尋ねするものであります。
  This message is to inquire as to why the products we ordered from you on May 10 have not reached us.
- その理由をお尋ねしたいと存じます。
  We would like to ask the reason for that.

|||解説|||
inquire about ～は「～について尋ねる」。inquire after ～は「(第三者を介して、人の) 安否を尋ねる」、inquire for ～は「(品物を、あるかどうか) 問い合わせる」という意味。

（決まり文句）…を (遠慮なく) お尋ねください
① **Please feel free to ask...**
② **Please do not hesitate to ask...**

（例）
- ご質問なさりたいことがございましたら、遠慮なくお尋ねください。
  Please feel free to ask me any questions which you may have.
- さらにあなたのお役に立てることがございましたら、遠慮なくお尋ねく

ださい。
If there is any further assistance which we can provide, *please do not hesitate to ask.*

|||解説|||
自由に質問することを相手に促す表現。

訪ねる　visit　(⇨訪問)

例
- 大阪に私をお訪ねくださいますよう、ご招待申し上げます。
  I wish to extend to you an invitation to *visit* me in Osaka.
- 先日はお訪ねいただきましたがお会いできず、とても残念でした。
  I deeply regret having missed your *call* the other day.
- 次回のニューヨーク訪問の際は、あなたをお訪ねしてお話しする機会を持ちたいと願っています。
  I hope to have an opportunity to *visit with* you during my next trip to New York.

|||解説|||
第3例の visit with ～を使うと「訪問して（その人と）おしゃべりする」というニュアンスがある。

直ちに　(⇨すぐ／早急)

立場　position / standpoint

例
- この件における私どもの立場をご理解いただけるものと思います。
  We are sure that you will understand our *position* on this matter.
- この件における貴社の立場をはっきりさせていただけないでしょうか。
  I would appreciate your clarifying your *position* on this matter.
- ABC社との関係はあまり親密ではありませんので、私どもはこれ以上詳細な情報を提供できる立場にございません。
  Because our relationship with ABC is not so close, we *are not in a position to* provide you with more detailed information.
- 当社の立場からは、ABC社にその責任があるとは言えません。
  From our *standpoint*, it can't be said that ABC is responsible for it.

|||解説|||
「(～する、できる)立場にある」は be in a position to do で、「そのような立場にない」のなら be not in a position to do とする（第3例）。第4例の standpoint は「観点」の意（⇨観点／見地）。

立ち寄る　drop in / call on　（⇨訪問）

(例)
- 近くへお越しの節はぜひお立ち寄りください。
  Please *drop in* and see us when you come around this way.
- どうぞいつでもお気軽にお立ち寄りください。
  Please feel free to *call on* us at any time.

解説

drop in は visit よりくだけた言い方で「ぶらっと立ち寄る」こと。「〜に立ち寄る」という場合は drop in on(人)/ drop in at(場所) となる。

達成する　accomplish / achieve

(例)
- 私どもはあなたが示された目標のほとんどを達成いたしました。
  We have *accomplished* most of the objectives you suggested.
- 我々は当初考えた生産目標のすべてはまだ達成しておりません。
  We have not *achieved* all of the product objectives which we had initially considered.

解説

accomplish は「(人が計画などを努力して)成し遂げる」。achieve は「(人が目標を首尾よく)達成する」。

妥当な　appropriate / reasonable

(例)
- 私どもは ABC 社の取った措置はまったく妥当であると考えます。
  We consider the measures ABC took quite *appropriate*.
- 妥当な価格をオファーしてくださるよう、お願いいたします。
  We hope that you will offer us a *reasonable* price.

解説

第 1 例の consider 〜 appropriate は「〜が妥当であると考える」。第 2 例の reasonable は「道理にかなった」という意味から「妥当な」となる。

たとえ(…でも)　even if

(例)
- たとえ変更がございませんでも、この用紙は 9 月 30 日までにご返送ください。
  Please return this form by September 30, *even if* there are no alterations.

楽しい　enjoyable / good

(例)
- 私はカナダで楽しい夏を過ごしました。
  I had a very *enjoyable* summer in Canada.
- 当社のパーティーを楽しんでくださったとのこと、うれしく思います。

I'm glad to hear that you had a *good* time at our party.
- 楽しい夏休みをお過ごしください。
  Have a *nice* summer vacation.
- パーティーでは楽しい一時を過ごすことができました。
  I had a *great* time at the party.

楽しみ　pleasure

(例)
- 彼とは個人的なお付き合いはありませんでしたが、お目にかかってお話をするのが楽しみでした。
  Although we did not have personal contacts, it was my *pleasure* to meet and talk with him.

|||解説|||
it is my pleasure to do は「～するのが私の楽しみである」という表現。

(決まり文句) …を楽しみにしています
① **We look forward to...**
② **We anticipate (with pleasure)...**

(例)
- またお会いする機会を楽しみにしております。
  I look forward to the opportunity to meet with you again.
- 近いうちに御社より初めてのご注文をいただけることを楽しみにしております。
  We look forward to your initial order in the near future.
- 旧交を温める機会を楽しみにしております。
  I anticipate with pleasure the prospect of renewing our friendship.

|||解説|||
look forward to ～（名詞・動名詞が続く）は「～を大いに期待して待つ」ときに使う。anticipate with pleasure も同義。

楽しむ　enjoy

(例)
- あなたとその日にご一緒できたことがとても楽しかった（楽しめた）ことをお伝えしたいと思います。
  I would like to tell you how much I *enjoyed* the opportunity of being with you on that day.
- この度の日本訪問の最後の晩をお楽しみください。
  Please *enjoy* the last evening of your trip to Japan.

|||解説|||
enjoy は、食べ物、酒、スポーツ、人との付き合いなどを楽しむことで、幅広い物、事柄が対象となる。

多分 (⇨恐らく)

多忙 (⇨忙しい)

たまたま　as it happens

〈例〉
- 加藤氏は、たまたま ABC 社経営陣とちょっとした関係を持っているに過ぎません。
  As it happens, Mr. Kato has little contact with the management of ABC.
- ABC 社はここ数年間、当社とたまたま取引関係があります。
  ABC *happens to* have had business relations with us over the last few years.

|||解説|||
第 1 例の as it happens の it は Mr. Kato 以下の事柄そのものを指す。第 2 例の happen to do は「たまたま〜する」ということ。

賜物（たまもの）　tribute / result

〈例〉
- すべてが計画どおりに進行したのは、関係者一同の努力の賜物です。
  It is a *tribute* to all concerned that everything went according to plan.
- このプロジェクトの成功はあなたのたゆまぬ努力の賜物だと思います。
  I believe that the success of the project is the *result* of your untiring effort.

賜る（たまわる）　extend / favor

〈例〉
- ご援助とご協力を安田に賜りますれば、誠にありがたく存じます。
  Any assistance and cooperation you may kindly *extend to* Mr. Yasuda would be very much appreciated.
- この点について明確なご指示を賜りますようお願いいたします。
  Let me ask you to *favor* us *with* your clear instructions in this regard.

(…の) ために　(in order) to / for / due to / owing to　(⇨ためになる)

〈目的〉

〈例〉
- この件について話し合うために、あなたにお会いしたいと思います。
  I would like to meet with you *to* discuss this.
- 当方の記録をそろえるために必要ですので、添付の領収書にご署名のうえ、ご返送ください。
  Please sign the attached receipt and return it to us *in order that* we may complete our records.

- 当社の業務は国際的な取引に従事する人々のために企画されています。
  Our service is designed *for* those involved in international business.

〈理由・原因〉

例
- このミスは、工場の包装係が商品を不注意に取り扱ったために起きたことが分かりました。
  We found that the mistake happened *due to* careless handling by a packing clerk in the factory.
- 日程の変更のために、残念ですが予定していました貴社への訪問を取りやめざるを得なくなりました。
  I regret that I have to give up my planned visit, *owing to* changes in my schedule.

‖解説‖
(in order) to do は「~するために」で so as to do も同義。in order that... は「…ができるように」で so that... の方が口語的な表現。due to ~ / owing to ~は理由、原因を示す。

ためになる (be) of interest / beneficial （⇨有益な）

例
- この計画が双方のためになるものと確信しております。
  I am sure that this project will *be of* mutual *interest*.
- 貴社と ABC 社との協力関係は両社の発展のためになるでしょう。
  Your cooperation with ABC will be *beneficial to* the progress of both organizations.

‖解説‖
be of mutual interest は「双方のためになる」の意で be of mutual benefit としても同じ。

便り message （⇨手紙／知らせ）

例
- 5月20日までに貴社よりお便りがない場合は、注文を取り消さざるを得ません。
  If we do not *hear from* you by May 20, we will have to cancel our order.
- ご連絡を楽しみにしております。
  I look forward to *hearing from* you.
- スミス氏から2週間、便りがありませんでした。
  I didn't recieve a *message* from Mr. Smith for two weeks.
- すぐにまたお便りを差し上げます。
  I will *write to* you again soon.

…だろう （⇨思われる）

短期（の）　short-term / brief

(例)
- ABC 社は当社の短期的需要に応じられないと知らせてきました。
  ABC has informed us that they can't meet our *short-term* requirements.
- 残念ながら、短期間の出張でカナダへ出かけ、8 月 20 日まで戻りません。
  Unfortunately, I have to leave for a *brief* business trip to Canada and will not be back until August 20.

‖解説‖
short-term は「短期の、短期的」で対義語は long-term（長期的）。第 2 例の a brief business trip は「短期業務出張」。

短縮する　shorten / downsize / reduce

(例)
- 船積み期間を短縮してください。
  I'd like to ask you to *shorten* your shipment time.
- 当社は操業を短縮せざるを得なくなりました。
  We were forced to *downsize* operations.
- 営業時間を 1 時間短縮させていただくことになりました。
  We have decided to *reduce* our business hours by one hour.

‖解説‖
shorten は「（期間を）短縮する」こと。reduce は「（数量・程度・値などを）減少させる、縮小する」こと。

担当　in charge

(例)
- 田中がカナダのマーケティングを担当することになりました。
  Mr. Tanaka will *be in charge of* marketing for Canada.
- 私どもの担当課長がすぐにお伺いします。
  Our manager *in charge* will call on you at once.
- どなたにご連絡すればよいか、担当者をお知らせください。
  Please let me know *the right person* whom I should contact.
- 連絡担当者
  Principal Contact:

‖解説‖
be in charge of ～は「～を担当する」。a manager in charge は「担当（の）課長」で a responsible manager とも表せる。（⇨**責任者**）

担保　security

(例)
- そちらではどのように融資の担保を取るのかをお知らせください。
  We would like to know how you take *security for* a loan.
- 私はその物件を融資の担保に充てる用意がございます。
  I am prepared to offer the premises as a *security for* the loan.
- 信用危険を伴う場合は、担保付きで取引なさる方がよろしいでしょう。
  It would be preferable to effect transactions involving a credit risk *on a secured basis*.

||| 解説 |||

secure には「(〜に)担保を付ける」という意がある。したがって第3例の on a secured basis は「担保付きで」となる。

ち

地位　post / position

(例)
- 新しい地位でのあなたのご活躍を確信しております。
  I am sure you will handle your new *post* very well.
- 私は3月31日をもってABC社の社長の地位を退くことになります。
  I will be retiring from my *position* as president of ABC Company as of March 31.

||| 解説 |||

post は組織内の職務の意味。したがって handle your new post は「新しい職務をさばく＝新しい地位で活躍する」こと。take a post in a company なら「就職する」こと。

チェック　(⇨調べる／調査)

遅延　delay　(⇨遅れる)

(例)
- 貴社のご注文品の発送遅延をお詫び申し上げます。
  I am sorry for the *delay in* the delivery of your order.
- 継続的な支払い遅延は認められません。
  We cannot accept continued *delays in* payment.
- 入金が遅延した理由をお知らせください。
  Please let us know the reason for the *delayed* entry.

||| 解説 |||

「〜の遅延」の「の」に当たる前置詞は、第1例の delay in the delivery のように in を用いることに注意。of ではない。

近い　near

〈時間的に〉

（例）
- 近いうちにお便りをいただけることを心待ちにしております。
  We look forward to hearing from you *soon*.
- 近いうちにまたお目にかかりたく存じます。
  I hope we can get together again *in the not too distant future*.
- 近い将来、貴社と取引できますことを心待ちにしております。
  I look forward to doing business with you *in the near future*.

〈距離的に〉

（例）
- 今度近くへいらっしゃる折には、どうぞ当社へお立ち寄りください。
  Next time you are *in the neighborhood*, please drop by our office.
- 近くへお越しの節はぜひお立ち寄りください。
  Please call on us when you happen to come *this way*.

〈おおよそ〉

（例）
- 20年近くもお付き合いいただき、光栄に存じます。
  It is a great honor for me to have been associated with you for *nearly* 20 years.

||解説||

時間的な「近く」という意味で一般的に用いられるのは soon で、in the near future / in the not too distant future は文語的。future には通例 the を冠する。「近所に」というときは in the neighborhood。「（当社の）近くに来る」は文例の be in the neighborhood あるいは come near our office などを用いる。数量表示で使う「おおよそ」は nearly であるが、当該数字よりは少ない、つまり nearly 20 years は「20年近く」であるが、20年にはならない。

違い　difference　（⇨違いない／違う）

（例）
- 原見本と積み荷との間には違いはまったく見られません。
  We see no *difference* between the original samples and our shipment.

||解説||

difference between A and B は「AとBとの間の違い」。文例は否定文なので no difference（いかなる違いもない）のように no を付ける。We do not see any difference... としても同義。

（…に）違いない　must / sure

（例）
- 輸送中に、積み荷に何か問題があったに違いありません。
  Something *must* have gone wrong with the cargo in transit.
- ABC社は貴社との取引に興味を示すに違いありません。
  I *am sure* that ABC will show interest in doing business with you.

||| 解説 |||
must は話し手の強い確信を示し「…に違いない」という意味(第 1 例は主語が無生物)。同じ意味を第 2 例のように I am sure [certain] that... (…ということは確かです)の文型でも表現できる。

誓う　pledge

(例)
- この素晴らしい関係が末長く継続するよう、あらゆる努力をすることを誓います。
  I can *pledge* every effort to continue this strong association for many years to come.
- 私は、矢部剛のシカゴ滞在中の全生活費に対して責任を持つことを、ここに誓います。
  I hereby *pledge* that I will be responsible for all living expenses of Tsuyoshi Yabe during his stay in Chicago.

||| 解説 |||
pledge は「(人が)(〜することを)誓う」こと。第 2 例の I hereby pledge that...(…ということを誓う)のように形式ばった文章に使われることが多い。

違う　(⇨異なる)

近づき　contact / acquaintance　(⇨知り合い)

(例)
- 貴社とお近づきになれますよう願っております。
  We hope to *be in* close *contact with* you.
- ニューヨーク滞在中にあなたとお近づきになれる機会を楽しみにしております。
  I look forward to the opportunity to *make your acquaintance* during my stay in New York.

||| 解説 |||
be in contact with you / make your acquaintance はほぼ同義で、「あなたとお近づきになる」の意。

力　ability / power / assistance

〈能力〉

(例)
- 当社に委託してくださる業務に力の限り取り組みますことを、お約束いたします。
  We assure you that the business you may entrust to us will be carried out *to the best of our ability*.
- 一両日中に問題を解決することは、私の力では及ばないことが分かりま

した。
I find it *out of my power* to settle the problem in a day or two.

〈助力〉

例
- 何か他の方法でお力になれることがありましたら、お知らせください。
  If we may *be of assistance to* you in some other way, please let us know.

|||解説|||
第1例の to the best of one's ability は「能力の及ぶ限り」の意味で、ability は実際に物事を処する能力のこと。第2例の out of one's power は「力の及ぶ範囲外」の意。第3例の If we may be of (some) assistance to you... は、相手に協力を申し出るときによく使われる表現（⇨協力／支援）。

力添え　assistance　（⇨支援）

例
- この件でお力添えをいただけないでしょうか。
  I wonder if you could *help* me in this regard.
- 同氏がニューヨーク滞在中、お力添えを賜りますれば誠にありがたく存じます。
  I would be most grateful for any *assistance* you would extend to him during his stay in New York.

|||解説|||
第2例の any assistance you would extend to him は「彼に差し伸べるであろうあなたのお力添え」ということで、would を使うことにより相手の助力を丁寧にお願いする気持ちを表せる。

遅滞　delay

例
- この注文を遅滞なく実行してください。
  Please fill this order *without delay*.
- 受領されたことを遅滞なくお知らせください。
  Please acknowledge receipt *in due course* (of time).

|||解説|||
in due course の due は「当然の、しかるべき」という意味で、全体として「しかるべき期間中に遅滞なく」となる。

着任する　take the post

例
- 私は着任したばかりですが、ABC計画の進展にたいへん関心を持っています。
  I *am new to my post* and am most interested in the developments of the ABC Project.

● 沢田が神戸支店長に着任することになりました。
　Mr. Sawada will *take the post of* manager at our Kobe branch.

解説
第 1 例の I am new to my post は「新たに着任した」の意味。第 2 例の take the post of ～ も同義（～には職位などがくる）。

チャンス　（⇨機会）

…中　be ～ ing / within

〈…の最中〉

（例）● 私どもは現在ミスの原因を調査中です。
　We *are* (now in the process of) *examining* the cause of the error.

〈期間〉

（例）● 2、3 日中にまた連絡いたします。
　I will get back to you *within* the next two or three days.

解説
「～している最中」の意味を表すには進行形を用いるのが一般的。文例の表現 be in the process of ～ ing も使えるが、形式ばった感じを与える。「～日中（以内）に」は within を使う。in two or three days と in にすると「2 ～ 3 日経った後」の意になる。

注意（する）　attention / care

（例）● 米国内に複数の代理業者を持つことは明らかに危険であることに、ご注意いただきたいと存じます。
　We would like to *call your attention to* the obvious danger of having more than one representative in the US.

● このメールは 2 月 10 日付の当方のメールに対しご注意を喚起し、対応をお願いするものです。
　This message is to *remind* you *of* our message of February 10, and to ask for your response.

● これらの照会には細心の注意を払います。
　We will *give* our most careful *attention to* these inquiries.

● 今後の注文には最善の注意を払って履行していただくよう、お願いいたします。
　We'd like to ask you to handle our future orders *with your closest attention*.

● この件についてご注意いただき、ありがとうございました。
　Thank you for *bringing* this matter *to our attention*.

解説
attention は「注意、注意力」のことで、call someone's attention to ～ / bring ～ to someone's attention は「～に対して（ある人の）注意を喚起する、注意を向けさせる」ということ。第 2 例の remind A of B は「A(人)に B に対する注意を喚起させる」の意。なお、第 1 例の more than one... は意味的には複数（2 以上）だが、単数扱いが普通。

仲介(者)　mediator

例
- ABC 社と当社の仲介をしていただき、感謝いたします。
  Thank you for acting as a *mediator* between ABC and our company.
- 日本とのお取引に際しましては、当行を仲介者としてご利用くださいますよう、ご検討のほどお願い申し上げます。
  Please explore the possibility of using our bank as *intermediary* in your business with Japan.

解説
mediator / intermediary は「（～の間の）仲介者」。act as a mediator between A and B で「A と B の仲介をする」。なお、mediator には「調停者」の意味もある。

注目　attention　（⇨注意）

例
- 品物が、私どもが発注するに至った元の見本と一致していない事実に、ご注目いただきたいと存じます。
  We would like to *call your attention to* the fact that the products do not correspond to the sample which led to our decision to place the order.

注文(する)　order　（⇨注文書／注文品）

〈注文の依頼（売り込み）〉

例
- 近い将来、御社より初注文がいただけることを楽しみにしております。
  We look forward to receiving your initial *order* in the near future.
- 当方のオファーを貴社が受け入れられ、すぐにご注文いただけることを願っております。
  We hope that our offer will be acceptable to you and that we may soon have your *order*.
- 貴社のご注文はいつもどおり迅速に処理いたします。
  Your *order* will receive our usual prompt attention.

解説
receive an order は「注文を受ける」。

ちゅうもん

〈注文する〉

（例）
- 以下の商品を注文いたします。
  We are pleased to *place an order for* the following items:
- 貴社に製品 A を 500 ケース注文いたします。
  We would like to *order* 500 cases of Product A *from* you.
- 上記の価格で注文をいたします（注文書を送ります）。
  We will *send* you our *orders* at the prices listed above.
- モデル A、200 セットを当方のメーカーに注文いたしました。
  We have *placed an order for* 200 Model A sets *with* our manufacturer.

||解説||
place an order for A は「A（品物）の注文をする」。place an order for A with B は「A（品物）を B（会社など）に注文する」（第 4 例）。place の代わりに send なら「注文（書）を送る」となる（⇨注文書）。

〈注文の受領・注文への感謝〉

（例）
- 貴社の注文書を受け取りました。ありがとうございます。
  We *acknowledge your order* with many thanks.
- 貴社のご注文第 50 号をお受けいたします。
  We are pleased to *accept your order* No. 50.
- モデル A、200 セットの 6 月 10 日付のご注文、ありがとうございました。
  Thank you for your order of June 10 for 200 Model A sets.
- 貴社のご注文第 50 号が添付された 9 月 7 日付のメールを拝受いたしました。
  Thank you for your message of September 7 with your *order* No. 50.

||解説||
発注に対するお礼の表現。第 1 例の acknowledge は「（人が）（手紙・贈り物などを）受け取ったことを知らせる」こと。⇨ p. 480

〈注文の拒否〉

（例）
- 残念ながら、現在貴社のご注文をお受けすることができません。
  We are sorry that we *can't accept your order* right now.
- この商品は現在品切れですので、残念ながら、貴社のご注文に応じることができません。
  We regret that we *can't fill your order*, as the products are now out of stock.

||解説||
相手の申し入れ（注文）を断る文章であるから、We are sorry... / We regret... のような前書き表現を入れる。⇨ p. 482

〈注文の変更・取り消し〉

（例）
- 注文を 100 セットに変更したいと思います。

We would like to *change our order* to 100 sets.
- 値段を変えずに注文量を減らすことは可能でしょうか。
Is it possible to *reduce the amount of the order* without changing the price?
- そうでないと、この商品の注文を取り消さざるを得ません。
If not, we will be forced to *cancel our order* for this product.
- 7月7日の当方の注文を取り消してください。
Please *cancel our order* of July 7.

||解説||
注文を変更する表現には、change an order（変更する）、cancel an order（取り消す）、reduce the amount of the order（数量を減らす）などがある。

注文書　order

（例）
- 下記の商品の注文書をお送りいたします。
We are pleased to send an *order* for the following items:
- モデルA、100セットの注文書を同封いたします。
Enclosed is our *order* for 100 Model A sets.
- 私どもは商品を注文書と照らし合わせました。
We have checked the products against the *order*.

||解説||
order は「注文書」という意味にも用いられるのは、request が「要求」と「要求書」の両義に用いられるのと同じである。英語らしい用法である。

注文品　order

（例）
- 残念ですが、貴社のご注文品をすぐに出荷することができません。
We are sorry that we can't ship your *order* right now.
- ご注文品は2週間以内に納入いたします。
The articles you ordered will be delivered within two weeks.

||解説||
第2例の the articles you ordered は「注文された品」ということだが、order だけでも集合的に「注文品」という意味になる（第1例）。

長期（の）　long / long-term

（例）
- 資金引き出しの際の長期プライムレートが適用されます。
The *long-term* prime rate at the time of drawdown will be applied.
- 貴社とは長期にわたり取引をしておりますので、ご提示があり次第、手形を引き受けます。
Because of our *long* business relationship, we will honor your draft

upon presentation.
- 本状は、長期間未払いとなっている貴社の勘定の決済について思い起こしていただくためのものです。
  This is to remind you that the settlement of your account is now *long overdue*.

|||解説|||
「長期の」は long / long-term。第3例の now long overdue は「長期間未払いの」の意味（この long は副詞）。

調査（する）　investigation / investigate / check　（⇨調べる）

（例）
- 発送が遅れた原因を自力で調査します。
  I'll try to *investigate* the reason for the shipping delay on my own.
- 当社で本件を徹底的に調査し、すぐに回答いたします。
  We are *investigating* the matter thoroughly and will get back to you soon.
- 調査いたしますので、品質不良のサンプルをお送りください。
  Please send us some samples of inferior quality *for our investigation*.
- 調査しましたところ、問題は当方の事務的なミスによるものと判明しました。
  Upon investigation, we found that the problem was caused by a clerical error on our part.
- 本件を調査しました結果、ABC 社がその輸入商品の大半を扱っていることが分かりました。
  After checking into the matter, we have found that ABC handles the majority of imports.

|||解説|||
investigate / investigation は「(徹底的に)調査する／(徹底的な)調査」の意。第4例の upon investigation はよく文頭で使われ、「調査した結果…ということが分かった」という構文になる。check into [inquire into] the matter は「本件を調査する」こと。

調子　order

（例）
- 貴社より先ごろ購入しましたコンピュータの調子が悪い（正しく作動しない）のです。
  The computer we recently bought from you *does not work* properly.
- 5月10日に受け取りましたプリンタの調子が悪い（故障している）ようです。
  The printer we received on May 10 seems to be *out of order*.

||| 解説 |||
out of order は「調子が悪い」。対義表現は in order（調子がよい）。

調整（する）　adjustment / arrange

(例)
- これを検討し、必要に応じて調整してください。
  Please look at it and *make* any *adjustments* you may feel necessary.
- 私は山本に、当地におけるあなたの日程を調整するよう命じました。
  I have asked Mr. Yamamoto to *arrange* your schedule here.
- 当社のシカゴ事務所は、現在試案を調整しています。
  Our office in Chicago is now *coordinating* our tentative plans.

||| 解説 |||
第1例の any adjustments you may feel necessary は「あなたが必要と考えるすべての調整」の意。「調整する」という意味では arrange / coordinate も用いられる。

重複　(⇨二重)

直接　personally / directly / firsthand

(例)
- 私どもが直接あなたにお会いできるようご手配いただければ、ありがたく存じます。
  It would be appreciated if you could arrange for us to meet with you *personally*.
- あなたが先方に直接連絡を取られてはいかがでしょうか。
  We suggest that you communicate with them *directly*.
- すべての送り状の金額を貴社の口座に直接支払いたいと思います。
  We would like to pay all invoices by *direct* payment to your account.
- 私どもは ABC 社の素晴らしい業績を直接存じ上げております。
  We know the excellent achievements of ABC Company *firsthand*.

||| 解説 |||
personally は「個人的に、親しく」という感じが出る。direct(ly) は中間に人を介さないこと。firsthand も同義。

直面する　be confronted with / be faced with

(例)
- 私どもは厳しい労働力不足に直面しております。
  We have *been confronted with* a severe labor shortage.
- 当社は家電業界の激しい価格競争に直面しています。
  We *are faced with* keen price competition in the home appliances business.

解説

be confronted with ~ / be faced with ~は「~に直面する」の意。「~に直面して」は in (the) face of ~などと表すことができる。

陳謝　apology　(⇨詫び／詫びる)

例
- 私どもの陳謝の意をお受けください。
  Please accept our sincere *apologies*.
- 私は、貴社に対して岡部氏の陳謝の意を伝えるよう、同氏より依頼されました。
  Mr. Okabe has asked me to offer his sincere *apology* to you on his behalf.

解説

お詫びの文章であるから、apology [apologies] の前によく sincere を付けることがある。「~に対する陳謝」なら apologies for ~とする。

賃貸　rental / lease

例
- あなたは賃貸契約の期間を守らなければなりません。
  You are responsible for the terms of the *rental* agreement.
- 1か月の賃貸契約でワンルームマンションを借りられます。
  You can rent a one-bedroom apartment on a one-month *lease*.

解説

rental は「賃貸」「賃貸物件」「賃貸料」の意。lease は「賃貸借契約（家屋、居室、自動車、産業機械、事務機械など）」。

つ

追加　addition

例
- このファイルに必要と思われる変更または追加をしてくださるよう、お願いいたします。
  We'd like to ask you to make any changes or *additions* to this file you feel are necessary.
- ご質問がございましたら、追加の情報を送らせていただきます。
  We will be happy to send you *additional* information if you have any questions.
- 当社は上記の製品以外には、10月には追加注文をしない予定です。
  We plan to place no *additional* orders in October except for the items listed above.
- 貴社が6月30日までにプロジェクトを完成できれば、追加料金をお支

払いする用意がございます。
We are prepared to pay the *surcharge* if you can complete the project by June 30.

解説
第2・3例の additional information / additional orders のように追加されるものの直前に additional を置くのが一般的な表現。「〜への追加」は additions [an addition] to 〜となる（第1例）。第4例の surcharge（追加料金）の sur は「超、過」を示す接頭辞。

（…に）について　about / on / regard / concerning　（⇨関して）

例
- この件について、彼は今週後半にあなたにメールを書くと思います。
  He will email you later on this week *on* [*about*] this matter.
- 弊社製品について何かご質問がございましたら、お知らせください。
  Please let us know if you have any questions *regarding* [*concerning*] our products.
- その詳細の一部について、当方の規則や規定を説明しましょう。
  In [*With*] *regard to* some of the specifics, let me explain our rules and regulations.
- 支払い条件につきましては、弊社では通常30日の支払い猶予をお願いしております。
  Concerning the terms of payment, we usually request 30 days' usance.
- 私どもが次に何をなすべきかについてご助言をいただければ、ありがたく存じます。
  We would appreciate your advice *on* what we should do next.

解説
「…について」の英語表現は多い。文例の about / on / concerning / regarding は会話でもよく用いられる一般的な表現。in regard to / with regard to / as regards は文章でよく使われる堅い表現と言える。

通貨　currency

例
- 貴社の最低価格は貴国通貨で記載するものとします。
  Your best price needs to be stated in your own *currency*.
- 米ドル購入日の為替相場に基づいた通貨調整差額をご送金ください。
  Please remit *currency* fluctuation payments based on the exchange rate on the day you purchase US dollars.

解説
currency は単数形で用いることが多い。foreign currency reserves なら「外貨準備（額）」。

通関する　pass through customs

例
- 当該商品が通関できるように、両金額を一致させる必要があります。
  Both amounts should be identical so that the merchandise may *pass through customs*.
- 問題なく通関するため、上記の点を適切に修正するよう、当社の買い主から要請を受けております。
  Our purchaser requests that the above points be corrected to *avoid difficulty with customs*.

解説
customs（通例複数扱い）は「関税」もしくは「税関」のこと。したがって pass [go] through customs だけで「通関する」という意味になる。

通じて　through

例
- ABC 銀行を通じて貴社に 200 万円を送金いたしました。
  We have remitted ¥2,000,000 to you *through* ABC Bank.
- 私どもは、必要な部品は貴社を通じて購入するよう、ABC 社に依頼するつもりです。
  We will ask ABC to purchase any required parts *through* you.

通常（の）　usual / ordinary / normally

例
- 以下が当社の通常の契約条件です。
  Below are our *usual* terms:
- 同社は通常の取引にはまったく問題ないものと思われます。
  We consider the company quite good for *ordinary* business engagements.
- 通常であれば、私どもは貴社のオファーを受け入れるところなのです。
  Normally, we would be delighted to accept your offer.

解説
ordinary の方が usual より堅い文章に使える。第 3 例は「通常なら喜んで～するのだが、実際は受け入れられない」という反語的表現である（will ではなく would を用いていることに注意）。

通知　notice　（⇨知らせ／連絡）

例
- この機会を利用して事前に通知をさせていただきます。
  I would like to take this opportunity to give you an advance *notice*.
- 当方から追って通知があるまで、この商品の新しい注文は受けないでください。
  Until further *notice* from us, no new orders should be accepted for

つき　229

this product.
- 貴殿が ABC 社の会長になられたとの通知を受けたところです。
  I have just been *notified* that you are the new chairman of ABC.

解説
notice（通知）、notify（通知する）は例のようにやや改まった文章に用いる。

通知する　inform / announce　（⇨知らせる）

例
- 貴社との業務契約が間もなく終了することを通知します。
  We are writing to *inform* you that your service contract is about to expire.
- 大阪に新事務所を開設したことを通知します。
  We are pleased to *announce* that we have opened a new office in Osaka.

解説
announce は不特定多数に広く発表するというニュアンスがある。

使う　use

例
- 私どもはスキー手袋に使える繊維素材を探しています。
  We are looking for textile materials that can be *used* to make ski gloves.
- このアプリケーションを使えば、御社の売り上げにおけるいかなる変化も確認できます。
  With this application, you can identify the reason for any changes in your sales.
- すぐに使える情報が載っているファイルを添付いたします。
  I have attached some files that show the kind of information readily *available*.
- 応募者はある程度日本語を使いこなせなければなりません。
  Applicants should *have* some *command of* the Japanese language.

解説
「使う」に対しては use を用いるのが一般的。第 2 例の with 〜は「〜を用いて」という意味に使う。第 3 例の available は「（〜に）利用できる、役立てられる」という意味。

（…に）つき　per

例
- 出荷の遅れによって、私どもは 1 日につき 1000 ドルの損失を被っております。
  The delay in shipment is causing us a loss of $1,000 *per* day.

- その場合は価格を 1 ポンドにつき 2.5 ドルまで引き下げます。
  If so, we can reduce the price to $2.50 *per* pound.

  ‖‖解説‖‖
  per は無冠詞の単数名詞の前に置いて「…につき」の意味になる。例えば per year / per annum は「1 年につき、1 年当たり」。日常的には a year のように a が同じ意味で使われることが多い。

次 next

(例)
- 次の船便で積送してください。
  Pease send on the *next* available ship.
- 同社の社名と住所は次のとおりです。(⇨以下／下記)
  Their name and address are *as follows*:

  ‖‖解説‖‖
  「(時間的に)次の」という場合、通常は next Sunday (次の日曜に) のように next に the を付けない。the を付けると過去、未来の一時点を基準として「その次の」という意味になる。

付き合い relationship / association (⇨関係)

(例)
- 今後も末長くお付き合いできますことを楽しみにしております。
  We look forward to continuing our *relationship* with you for many years to come.
- あなたや同僚の方々と(仕事で)お付き合いをさせていただくのはいつも喜びです。
  It is always a pleasure for me to *work with* you and your colleagues.

  ‖‖解説‖‖
  「あなたと付き合いをする」は work with you (第 2 例) と平易に表現してもよい。association もビジネス文でよく使われる語で a long and mutually rewarding association は「末長くお互いのためになる付き合い」。

つきましては therefore

(例)
- つきましては、上記の価格を承諾していただきたく存じます。
  In line with this, we would like to ask you to accept the above price.
- つきましては、ABC 社と直接連絡してください。
  Therefore, you are requested to communicate directly with ABC.

  ‖‖解説‖‖
  前文を受けるとき日本語でよく見られる表現であるが、英語では使わない方が簡潔な文章になる。あえて使うのなら例のように意味によって使い分ける。in line with this は「この線に沿って」、therefore は「それゆえ」。

着く （⇨到着／届く）

就く　assume　（⇨就任）

例
- 松井氏は 2010 年 4 月 1 日付で新しい任務に就きます。
  Mr. Matsui will *assume* his new responsibilities on April 1, 2010.
- 新たな地位に就かれた貴殿と緊密な取引関係を持てますことを期待しております。
  I look forward to having a close working relationship with you *in your new capacity*.

||| 解説 |||
assume は「（役目・任務・責任などを）引き受ける」こと。capacity は「立場、資格」の意で第 2 例の in your new capacity は「新しいお立場に立たれた」という意味になる。

…付　of / dated / as of

例
- 6 月 6 日付のメールを拝受いたしました。
  We received your message *of* June 6.
- 10 月 30 日付の当社の注文に対する支払いとして、675 ドルの小切手を同封いたします。
  We are pleased to enclose a check for $675.00 in payment for our October 30 order.
- 4 月 1 日付で輸入部長に就任することをお知らせします。
  I am pleased to inform you that on April 1, I will be the new director of our Import Department.
- 契約書は 6 月 18 日付です。
  The contract was *dated* June 18.
- 6 月 10 日付で当社は日本における ABC 社の専属代理店となります。
  As of June 10, we will be the exclusive agent of ABC in Japan.
- 2010 年 4 月 1 日付で事務所を下記住所に移転いたします。
  Effective April 1, 2010, my office address will be as follows:

||| 解説 |||
日付の書き方は of が一般的。dated / as of / effective は法律文書や正式文書で用いられることが多い。effective as of としても可。

都合　convenience

〈都合がよい〉

例
- これであなたのご都合がよろしいかどうか、また日程上、どの日がいちばんご便利かをお知らせください。

Please inform us if this is *convenient for* you and let us know what date would best fit your schedule.
- 都合のよい日時をお知らせください。
Please let us know when is *convenient for* you.
- その日の午後３時にご都合がよろしいことを願っております。
We hope that you will be *available* at 3:00 on that day.

|||解説|||
第１例の if this is convenient for [to] you は「これがあなたの都合に合うかどうか」の意。if you are convenient for [to] this は不可。

〈都合がつく・つかない〉

（例）
- スケジュールの都合がつき、おいでいただけることを心から願っております。
We sincerely hope that your *schedule permits you to* join us.
- 誠に残念ですが、旅行日程の都合で12月10日にシカゴへ行くことはできません。
I sincerely regret that my travel *schedule prevents me from being* in Chicago on December 10.

|||解説|||
permit (someone) to do は物を主語にして「(人に)〜させる」、prevent (someone) from doing は物を主語にして「(人が)〜するのを妨げる」という意味。後者の場合、拒否の意向を伝えるときに、物を主語にすれば書きやすいという利点がある。

（決まり文句）
都合がつき次第
① **at your earliest convenience**
② **as soon as possible**

（例）
- ご都合がつき次第、簡潔なご返事をファクスでお送りください。
Please fax us a short reply *at your earliest* (possible) *convenience*.
- ご出席いただけるかどうか、ご都合がつき次第お知らせください。
Could you let me know *as soon as possible if you can attend*?

|||解説|||
①の at your earliest convenience は、②の as soon as possible より相手に対して丁寧な表現である。

（決まり文句）
都合のよい時に
① **at your convenience**
② **at any time convenient for you**
③ **at any time which suits you**

（例）
- 会合にご出席いただけるかどうか、ご都合のよろしい時にお電話でお知らせください。

Please call me *at your convenience* to let me know if you will be available for the meeting.
- できましたら、7月8日のご都合のよろしい時にちょっとお会いしたいと思います。
 If possible, I hope to meet with you briefly on July 8, *at any time convenient for you*.

‖解説‖
①がよく使われる表現だが、at your own convenience とすれば意味が強くなる。

伝える　tell / report / extend / convey

例
- 調査報告を受け取りましたら、必要な情報をすべてお伝え（ご報告）いたします。
 I will *report* any necessary information *to* you when I receive the survey.
- 9月10日にあなたとご一緒できて非常に楽しかったことを、この機会を利用してお伝えしたいと思います。
 I would like to take this opportunity to *tell* you how much I enjoyed being with you on September 10.
- ブラウン氏、その他スタッフの方々によろしくお伝えください。
 Please *extend* my best regards *to* Mr. Brown and the rest of your staff.
- 奥様はじめご遺族の皆様に、私どもの弔意をお伝えください。
 Please *convey* our deepest sympathies *to* the bereaved widow and members of her family.

‖解説‖
report は「報告する」で、「~に関して報告する」なら report on [of / about] ~ となる。第3例の Please extend my best regards to ~ は「~によろしくお伝えください」という決まり文句。最後の例の bereaved は「近親に死なれた」（この場合は「夫を亡くされた」）という意。

続ける　continue

例
- 両社間の良好な信頼関係を育てていくために、私どもにできることはすべて続けてまいります。
 We will *continue to* do all we can to develop good faith among us.
- よりよいサービスを続けるために…
 In order to *continue offering* you better service,...

‖解説‖
「~することを続ける」は continue to do / continue doing いずれでもよい。

謹んで　sincerely

例
- ジョーンズ氏のご逝去に際し、謹んでお悔やみ申し上げます。
  Please accept our *sincere* sympathies on the passing of Mr. Jones.
- 謹んで加藤氏を紹介させていただきます。
  We have great pleasure in introducing you to Mr. Kato.

解説
第2例の We have great pleasure in doing... は堅い表現であるところから「謹んで…」の意味になる。なお、「…の旨謹んでお知らせする」We beg to inform you that... は商業文でよく使われた古臭い表現で、使わない方がよい。

務め　responsibility

例
- 安田氏は立派に務めを果たしてくれると思います。
  I am sure Mr. Yasuda will perform his *job* very well.
- 私どものお客様に対する務めは、優れた製品を手ごろな価格で提供することであると信じます。
  We believe that our *responsibility* to our customers is to provide quality products at reasonable prices.

解説
第1例の job は職務上の役目のこと。第2例の our responsibility to our customers は「顧客に対する責務」。

務める　serve / act

例
- 私は ABC 社の4支店で支店長を務めました。
  I have *served as* general manager of ABC's four branches.
- 新しい課長が就任するまでは、和田がその職を務めます。
  Until the new section manager is assigned, Mr. Wada will be *acting* in that position.

解説
serve は「(職務・任期を)務める」。第2例の will be acting in that position はここでは「課長の職務を代行する」との意。

努める　try　(⇨努力する)

例
- そうすることによって、私どもはコストの削減に努めております。
  By doing so, we are *trying to* reduce the costs.
- 可能であればいつでも、貴社のお役に立てるよう努めます。
  We *are eager to* be helpful to you whenever possible.

解説
try to do は「～するよう努力する」、be eager to do は「～することを強く望む」。

積み込む　load　（⇨船積み）

例
- 6月10日横浜到着予定の朝日丸に荷物が積み込まれた旨、承知しました。

  We note that the cargo *was loaded onto* the Asahi Maru, arriving at Yokohama on June 10.

|||解説|||

load は「(荷を)積み込む」という意味。船に積み込むのであるから load onto ～ と onto(～の上に)を使う。

積み荷　cargo / shipment　（⇨積送品）

例
- 信用状には空輸するよう明記されていましたが、積み荷は貨物船に船積みされました。

  The *cargo* was shipped on a surface freighter although the letter of credit stipulated that it be air freighted.

- 当方の注文第123号に対する貴社の積み荷を本日受領いたしました。

  Today we received your *shipment* for our order No. 123.

つもり　intention

例
- 私はこの夏にアメリカを訪れるつもりです。

  I *am planning to* visit the United States next summer.

- あなたが私の提案を受け入れるおつもりでいらっしゃるのでしたら、詳しい情報をお送りします。

  If you *are inclined to* accept my proposal, I would be happy to send you further information.

- 市場調査をするつもりでカナダを訪問しました。

  I visited Canada *with the intention of* studying market conditions.

|||解説|||

be planning to do は「～することを計画している」ということ。第2例の be inclined to do も「～するつもりである」を表す。第3例の with the intention of doing は堅い文章語。

て

手　（⇨手に負えない／手に入る）

提案（する）　proposal / suggestion / propose / suggest

例
- お出しいただけるご提案は、どのようなものでも歓迎いたします。

  We will be happy to entertain any *suggestions* you may offer.

- 当方の提案を受諾してくださるならば、貴社のご希望の支払い条件をお知らせください。
  If you can accept our *proposal*, please let us know your preferred terms of payment.
- ご提案の条件に加えて、30日間の期限の延長を喜んでお認めします。
  We are willing to allow you an extension of 30 days upon the terms you *suggested*.
- 同社が貴社提案の訂正に同意しましたことを、お知らせいたします。
  We are pleased to inform you that they have agreed to the *proposed* amendment.

||| 解説 |||

「提案」は proposal / suggestion であるが、proposal の方が意味が強い。suggestion は「示唆」といった感じ。動詞「提案する」は propose / suggest。「あなたが提案した～」は your proposed [suggested] ～ / ～ proposed [suggested] by you。

(決まり文句)　…を提案します
① **We (would like to) suggest...**
② **Let us suggest...**
③ **We (would like to) propose...**

(例)
- アメリカに本拠を置く下記の会社と連絡を取られることを提案します。
  I suggest that you contact the following US-based companies.
- 正しい操作が確実に行われるようにするため、当方より保守要員1名を派遣することを提案します。
  In order to ensure proper operation, *we suggest* sending one of our maintenance experts.
- 運行予定を確認するため、ABC船舶に直接メールされることを提案します。
  Let me suggest that you email ABC Shipping Company directly to check on the schedule.
- さらに協議を行うことを提案します。
  We would like to propose additional discussions.

||| 解説 |||

suggest / propose に続く that 節中の動詞は仮定法現在（動詞の原形と同じ形）を使う。suggest ～ ing の形も可（第2例）。

定価　list price / fixed price

(例)
- 貴社が2000セット以上ご購入なされば、定価から8%の値引きをいたします。

If you purchase 2,000 sets or more, we can give you an 8% discount off the *list price*.

◉この仕事の定価見積書を同封いたします。
　We are attaching *fixed price* quotations for this work.

|||解説|||

list price はカタログなどに載っている「表示正価、定価」のこと。price list は「定価一覧表」。

定期（の）　regular / periodic

（例）
◉貴社の機器は定期点検の実施期限が過ぎておりますので、お知らせいたします。
　This is to inform you that your equipment is overdue for its *regular* maintenance check.

◉このプロジェクトに関して、ABC社は当方に定期的に報告書を提出しています。
　Regarding this project, ABC makes a *periodic* report to us.

◉定期預金には3か月、6か月、1年、2年物とがございます。
　Time deposits are from three months, six months and one year to two years.

|||解説|||

regular は「定期的な、定例の」の意味。the regular meeting of the board of directors なら「定例取締役会」。periodic は「周期的な」の意味。「定期刊行物」を periodical (publication) というのはここからくる。「定期預金」は time deposit で、time deposit for two years なら「2年物定期預金」。

提起する　raise

（例）
◉本件をご提起いただき、ありがとうございました。
　Thank you for *raising* this issue.

◉貴社の顧客が提起した請求を、当方のメーカーであるABC社が受け入れたことをお知らせします。
　We would like to inform you that ABC, our manufacturer, has accepted the claim your customer *filed*.

|||解説|||

「（質問・要求などを）提起する」には raise や bring up を用いる。第2例の file a claim は「支払い請求をする」こと。

提供する　offer / provide

（例）
◉当社はこれらの商品を割引価格で提供することができます。

We can *offer* these products at reduced prices.
- 本件に関してご提供いただける情報は、どのようなものでも大いに歓迎いたします。
  We would very much appreciate any information you can *provide* us regarding this matter.
- 日本での取引状況に関する重要な情報を提供いたします。
  We will *provide* you *with* essential information on business affairs in Japan.

|||解説|||
「A(人・会社)にB(物・事を)提供する」は provide A with B(第3例)。supply も同じ用法。

提携(する)　association / affiliation / tie up

(例)
- このような提携を行えたのは、私にとって光栄なことでした。
  It has been my pleasure to have such an *association*.
- これからも長年にわたって、ABC 社と親密な提携を結んでいくことを期待しております。
  I look forward to many more years of close *affiliation with* ABC.
- 近い将来、当社が貴社と提携できることを願っております。
  I hope that we will be able to *tie up with* your company in the near future.

|||解説|||
association は「提携、交際」の意味。in association with that company なら「あの会社と提携して」。affiliation も「(~との)提携」という意味。「~と提携する」には tie up with ~ などを用いる。tie-up は名詞形で「提携、協力、タイアップ」。

提示(する)　presentation / present

(例)
- 手形が提示されましたら、お支払い願います。
  We kindly ask you to pay the draft upon *presentation*.
- その手形は ABC 銀行を通じ、本日当方に支払いを求めて提示されました。
  The draft was *presented* to us today for payment through ABC Bank.

|||解説|||
「(書類・証券などを)提示する」には present などを用いる。present a draft は「手形を提示する」。

提出する　submit / present / file

(例)
- 本日、当方の取引銀行に信用状開設依頼を提出しましたので、ご参考ま

でにその写しを同封します。
We *submitted* a letter of credit instructions *to* our bank today and enclosed a copy for your information.
- 下記の船積み書類は ABC 銀行に提出してあります。
The shipping documents listed below have been *presented to* ABC Bank.
- 入会の申請書を 5 月 31 日までに提出してください。
You are required to *file* an application for admission by May 31.

|||解説|||
submit A to B は「A(物)を B(人・会社など)に提出する」こと。present は「提示する」だけの意味にもなる。file は「(書類・申請書などを)提出する」という意

訂正する　correct / revise / rectify

(例)
- これらの誤りが訂正されるよう、お取り計らいください。
Would you see to it that these errors are *corrected*?
- あなたが指摘された相違点を訂正いたしました。
We have *rectified* the discrepancies you pointed out.
- 訂正済みインボイスを至急お送りください。
Please send the *revised* invoice to us as soon as possible.

|||解説|||
correct は「(誤りなどを)訂正する」、revise は「(書物・法律などを)改定する、改正する」。rectify は revise とほぼ同義である。

程度　degree / extent

(例)
- 当社にご興味をお持ちいただき、ありがとうございます。どの程度の協力をお望みなのかお知らせいただきたく思います。
We thank you for your interest in our company, and we would like to invite you to inform us as to what *degree* of cooperation you are seeking.
- 欠陥商品をお受け取りになられた貴殿の落胆は理解いたしますが、この種の商品には、ある程度の傷はつきものであることをどうぞご理解ください。
We understand your disappointment at receiving defective merchandise, but please understand that with this type of product, defects will always exist to some *extent*.

|||解説|||
degree と extent はほぼ同じ意味だが、degree が具体的な強さや量などの単位を表すのに対し、extent は範囲を指す場合が多い。

丁寧な　courteous / gracious

（例）
- 貴殿からご丁寧な配慮とおもてなしを賜り、深く感謝しております。
  We are extremely appreciative of your *courteous* care and generosity.
- ご丁寧なお祝いの言葉をいただき、誠にありがとうございます。
  I appreciate your *gracious* note of congratulations.
- 当社の社員一同、常に親切丁寧なサービスを提供するよう努力いたします。
  You will always find the staff of our organization eager to serve you in a *friendly and courteous* manner.

||| 解説 |||

感謝の意を表す文章でよく用いられる表現である。第1例の courteous care は「（思いやりのある）丁寧な配慮、ご高配」。第2例の gracious は kind よりやや堅い語で、「親切な、やさしい、礼儀正しい」ということ。第3例では friendly and courteous とほぼ同義の語を2語並べて意味を強めている。

定年　retirement age

（例）
- すでに定年を迎えた私のような人間にどのようなサービスを提供しているのか御社にお尋ねします。
  I am writing to your company to enquire about the services you offer to people such as myself, who are already past *retirement age*.

||| 解説 |||

「定年に達する」は reach retirement age。

手形　draft / bill

（例）
- 少額ですので、今回は手形は振り出しません。
  In view of the small amount involved, we are not *drawing a draft* this time.
- 送り状金額について、一覧後90日払いで当社宛に手形を振り出してください。
  Please *draw on* us for the amount of your invoice at 90 days' sight.
- 今回は手形を引き受け、商品を受け取ることにいたします。
  We shall *honor the draft* and take delivery of the products this time.
- 手形を早く提示したのは、恐らく手形振出人の側の不注意によるものだと思います。
  The early presentation of the *bill* may possibly be because of an oversight on the part of the *drawer*.
- 上記の取立手形は、ニューヨークにある貴行本店が支払いました。
  The above *collection* has been paid by your head office in New York.

解説

「~宛に手形を振り出す」は draw a draft(第2例のように draw on ~ という自動詞用法もある)、「手形を引き受ける」は honor a draft、「手形を支払う」は meet a draft。bill は「為替手形(= bill of exchange)」。なお、bill には「紙幣」という意味もある。最後の例の the above collection は the above bill for collection(取立手形)のこと。

手紙　letter

(例)
- この手紙が貴社へ届くまでには本件は解決されていることと思います。
  I am sure that this problem will have been settled by the time this *letter* reaches you.
- お手紙を差し上げるのが遅れ、申し訳ございません。
  I am sorry for the delay in *writing* you.
- 上記の住所にお手紙をください。
  Please *write to* us at the above address.
- またお手紙をいただけますことを楽しみにしております。
  We look forward to *hearing from* you again.

解説

write(書く)や hear from(連絡をもらう)など、手紙と関連して使われる表現は、文例のように「手紙を書く」「手紙をもらう」という意味で用いられる。

〈手紙の書き出し〉

(例)
- …をお知らせするため、お手紙を差し上げます。(⇨本状)
  We are writing to inform you that... / *This* (*letter*) *is to* inform you that...
- 貴社に初めてお手紙を差し上げます。
  This is our first *letter* to you.

〈手紙の受領〉

(例)
- 5月20日付のお手紙をありがたく拝受いたしました。
  We *acknowledge* with thanks *the receipt of your letter* of May 20.
- 6月15日付のお手紙、ありがとうございます。
  Thank you for your letter of June 15.
- お悔やみの手紙をいただき、社員ともども深く感謝しております。
  Your letter of condolence *is* deeply *appreciated* by our staff and myself.

解説

Thank you for your letter... は相手から手紙を受領したときの礼状の書き出しに最もよく用いられる表現である。acknowledge は「(手紙・贈り物などを)受領したことを知らせる」こと。

適合する　meet / conform to

（例）
- この注文品は当方の仕様書に適合しません。
  This order does not *meet* our specifications.
- それが貴社のやり方に適合しない場合は、私どもは修正を加えます。
  If it does not *conform to* your method of operation, we will make revisions to it.

適切（な）　suitable / appropriate

（例）
- ご賛成いただければ、私どもは吉田氏に適切な手配をしてもらうよう要請できるでしょう。
  If you agree, we will ask Mr. Yoshida to coordinate *suitable* arrangements.
- これらのプログラムは戦略会議や企画会議に特に適切なものです。
  These programs are specifically *appropriate for* strategy sessions and planning meetings.
- ABC 社は当社の便宜を適切に利用してきています。
  ABC has utilized our facilities in a *proper* manner.
- 適切と思われるご提案がございましたら、遠慮なくお聞かせください。
  Please don't hesitate to give us any suggestions that you feel are *appropriate*.

|||解説|||

「〜にとって適切な」は suitable for 〜 / appropriate for 〜などを用いる。第3例の in a proper manner は「適切な方法で」という意味。

できない　unable / impossible　（⇒できる）

（例）
- 残念ながら、ABC 社に関する情報を提供することはできません。
  We are sorry that we *are unable to* provide you with any information about ABC.
- 現時点では貴社にはっきりとしたお答えをすることができません。
  It is *impossible* for us to give you a definite answer now.
- 当社は ABC 社が望むような延長を許可することはできません。
  We *are not in a position to* allow the extension required by the ABC.
- お手紙を差し上げるのが遅れ、誠に申し訳ございません。最近いろいろな事が起こり、ご返事を書くことができなかったのです。
  My sincere apologies for not writing you sooner, but recent events *prevented* me *from* getting back to you.

|||解説|||

使う頻度の高い表現である。can't do と直接的に言うのではなく、文例のように

幅広い言い方がある。

適任（な）　right / qualified　（⇨ふさわしい）

(例)
- 私は土谷がその地位に適任な人物であると思っております。
  I believe that Mr. Tsuchiya is the *right* person for the position.
- 私どもは営業責任者として適任な人物を求めています。
  We are looking for a person *qualified* as a sales manager.

|||解説|||
right は「(人・物事が)〜するのに最も適切な、最もふさわしい」という意味。the right person in the right place は「適材適所」。第2例の qualified は「(〜する)資格がある」ということ(法的資格とは限らない)。

適用する　apply

(例)
- この提案は今後の営業に次のように適用されます。
  This proposal can *be applied to* projected operations as follows:
- 新価格は4月1日以降にご注文された商品に適用されます。
  The new prices *are applicable to* products ordered on and after April 1.
- このような故障には保証が適用されません。
  This type of failure *is* not *covered by* the warranty.

|||解説|||
「〜に適用される」は第1・2例の be applied [applicable] to 〜で表せる。第3例の be covered by 〜は「〜の適用を受ける」ということ。

できる　able / can　（⇨可能／できない）

(例)
- あなたが会合にご出席できますことを願っております。
  I hope that you will *be able to* attend the meeting.
- 私にできることがございましたら、ご遠慮なくおっしゃってください。
  If I *can* do anything for you, please don't hesitate to let me know.

できる限り　as 〜 as possible

(例)
- できる限り早くお知らせいたします。
  I will let you know *as soon as possible*.
- 私どもはあなたをできる限り援助することをお約束します。
  We assure you that we will assist you *in any manner possible*.

|||解説|||
「できる限り早く」は as soon as possible で as soon as one can とも言える。第2例の in any manner possible は「できる限りの方法で」。

手数　trouble　（⇨面倒／手数料）

〈決まり文句〉 お手数ですが…してください
① **I'm sorry to trouble you, but could you...?**
② **Would you be kind enough to (do)...?**
③ **May we trouble you to (do)...?**

〈例〉
- お手数ですが、その手紙を同社に転送してください。
 I'm sorry to trouble you, but could you forward the message to that company?
- お手数ですが、添付のファイルにフォード氏のご住所を追加ください。
 Would you be kind enough to add Mr. Ford's address to the attached file?
- お手数ですが、貴社の最新のカタログをお送りください。
 May I trouble you to send me your latest catalog?

‖解説‖
丁寧な依頼の常套表現である。「…する（お手数をお掛けする）には及びません」なら、Don't bother [take the trouble] to do... などとなる。

手数料　commission

〈例〉
- 貴社への手数料 2340 ドルが未払いとなっているとのこと、誠に申し訳ございません。
 We are very sorry to learn that your *commission* of $2,340 has not been settled yet.
- 貴社に妥当な手数料をお支払いできるほど、収益は十分なものではないと思います。
 We are afraid that the profit might not be sufficient for us to pay you a reasonable *commission*.

‖解説‖
「手数料」は commission で、単数形、複数形両方とも同義で使える。

手違い　error　（⇨間違い）

〈例〉
- 問題は当方の事務上の手違いによるものと判明しました。
 We determined that the problem was caused by a clerical *error* on our part.

‖解説‖
error は「（行為などの）間違い、手違い」のこと。mistake よりは語感が堅い。

撤回する　withdraw

〈例〉
- 10 日以内に受諾回答をいただけない場合、本オファーは撤回いたしま

す。
This offer will be *withdrawn* if not accepted within ten days.

手伝い　assistance　（⇨支援）

例
- どんなことでも喜んでお手伝いいたします。
  I would be pleased to provide any *assistance* I can.
- さらにお手伝いできることがございましたら、お知らせください。
  Please let me know if you require any further *assistance*.

||| 解説 |||
assistance は「援助、助力」の意で、help より堅い語。ちなみに新聞の headline（見出し）では文字数を減らすために aid を多用する。

手続き　process / procedure

例
- ABC 銀行に 1000 ドルを当方へ払い戻すように指示してください。これによって取り消し手続きが完了いたします。
  Please instruct ABC Bank to return $1,000 to us, thus completing the cancellation *process*.
- 貴社が正規の手続きを取られなかったのだと思います。
  We are afraid that you did not take the proper *procedures*.
- 上記の明細を受領次第、貴社のご注文品の発送に必要な手続きをいたします。
  We will take the necessary *steps* to ship your order as soon as we receive the above details.

||| 解説 |||
process は何かを行う際の「手順」のこと。procedure も同様に「手順」という意味であるが、これは法令、規則などに定められた「正式な手続き」としても用いられる。最後の例の the necessary steps to do は「〜するのに必要な処置、手段」のこと。

手に負えない　beyond one's control

例
- 状況が我々の手に負えないものであろうということは、十分理解しております。
  I fully understand that the situation might be *beyond our control*.
- 継続的な価格の下落は私には手に負えないもののように思えました。
  Ongoing falling prices seemed *beyond my cotrol*.

||| 解説 |||
「(ある人の)力の及ばない、手に負えない」ということを beyond one's control（文字どおりには「制御を超えた」）で表せる。beyond human control なら「人間

では防ぎようのない」の意。

手に入る　get

（例）
- 同じ種類の製品は香港で手に入るでしょうか。
  Is this same type of product *available* in Hong Kong?
- 何か情報が手に入りましたら、すぐにお知らせいたします。
  We will let you know as soon as we *get* some information.

|||解説|||

第 1 例の available (in place) は「(その場所で) 入手できる」という意味。

手配する　arrange / make arrangements

（例）
- できるだけ早く代替品を発送するよう手配いたします。
  We will *arrange for* the shipment of replacements as soon as possible.
- 2000 セットについては、11 月 20 日までに貴社の負担で空輸するよう手配してください。
  Please *arrange* an airfreight of 2,000 sets at your expense by November 20.
- 信用状を早急に開設するよう、貴社の顧客にご手配お願いいたします。
  Please *arrange with* your clients to open credits immediately.
- 3 月 3 日に私がご一緒して成田空港に行けますように手配します。
  I will *make arrangements for* you *to* go to Narita Airport with me on March 3.

|||解説|||

「(あること) を手配する」は arrange (for) ～ (第 1・2 例)、「(人・会社) に手配する」は arrange with ～ (第 3 例)、「(人が)…できるように手配する」は make arrangements for (someone) to do… (第 4 例)。

手持ち（の）　on hand

（例）
- ご注文の製品は売れ行きがよく、メーカーから送られた手持ちの商品は品切れ状態です。
  The item you ordered is selling well, and so the inventory *on hand* from the manufacturer has run out.
- 現在の需要が今後も続けば、当方の手持ち在庫は 10 日以内に不足しかねません。
  If the present pace of demand continues, our *current* stock will run short within ten days.

|||解説|||

第 1 例の the inventory on hand は「手持ち在庫品」の意。第 2 例の current

stock も同義。

点　regard / respect

（例）
- この点についてご協力いただけましたら、誠にありがたく存じます。
  Your kind cooperation *in this regard* would be greatly appreciated.
- 彼らは常に2日以内に出荷してくれます。その点に関しては、よい製造業者です。
  They always ship within two days. *In that respect,* they are a good supplier.

解説
「この点に関して」は、日本語の各種文章によく出てくる表現であり、英文表現も多様である。例はその一部である。in this regard の regard は「(特定の)点、事項」という意味。respect も同じ。

転勤　（⇨転任）

点検　（⇨調べる／調査）

伝言　message

（例）
- ホテルに伝言を残していただくか、シカゴのオフィスにファクスを送ってください。そこから香港にいる私のもとに連絡が来ます。
  You could either leave a *message* at the hotel or send a fax to my Chicago office which will be forwarded to me in Hong Kong.
- ABC銀行のマニラ支店から、私に伝言を取り次いでくれるとの親切な申し出を受けました。
  The Manila office of ABC Bank has kindly offered to relay *messages* to me.

解説
「伝言を残す」は leave a message 。第2例の relay messages は「伝言を取り次ぐ」ということ。

転送する　foward / transfer

（例）
- このメールが誤った宛先に送られた場合は、本来の団体宛に転送いただけますでしょうか。
  If I am sending this message to the wrong person, could you be so kind to *forward* it to the correct party?
- 早急に対処できるように、貴社の照会状を当方の代理店であるABC社に転送いたしました。

We have *forwarded* your letter of inquiry *to* ABC, our representative, for their prompt action.

- そのメッセージがロサンゼルス事務所宛にすべきものでしたら、お手数ですが同事務所に転送していただけますか。
  If this message should be *directed to* your Los Angeles office, could you kindly do that for me?
- 荷物は香港に送られた後、横浜行きの船に転送されました。
  The cargo was sent to Hong Kong and then *transferred* to a ship going to Yokohama.
- 転送願います（注記）
  Please Forward

||| 解説 |||
「（郵便物などを）転送する」には forward や transfer を用いる。第 5 例の Please Forward は封筒に書く on-arrival notation（着信後取り扱い注記）の一種で「乞転送」の意。

転任（する）　be transferred

（例）
- この度私は大阪事務所に転任しましたことをお知らせします。
  I am writing to inform you that I have *been transferred to* our Osaka office.
- シカゴへ転任のため、7月26日に東京を発つことになりました。
  I am pleased to inform you that I am leaving Tokyo on July 26 *for an appointment in* Chicago.

||| 解説 |||
be transferred to 〜は「（ある場所）に転勤させられる」こと。第 2 例の for an appointment in 〜は「（ある場所）での新しい仕事のために、転勤のために」の意（for a new appointment in 〜としてもよい）。

添付する　attach

（例）
- この情報は、添付しました価格表に示してあります。
  This information is indicated in the *attached* price list.

||| 解説 |||
the attached price list は「添付した価格表」。an attached document ならば「添付書類」。

（決まり文句）　…を添付いたします
① **We have attached...**
② **We are attaching...**

（例）
- ご参考までにそのメールを添付いたします。

For your reference, *I have attached* the email.
- 2000 ドル分の送り状第 100 号を添付いたします。
  We are attaching our invoice No. 100 for $2,000.

|||解説|||
商業文の伝統的な表現に Attached you will find... があるが、やや古くさい響きがするので使うのは避けた方がよい。

電話（する）　call

例
- ご質問がございましたら、03-1234-5678 番、内線 123 の私までお電話ください。
  If you have any questions, please *call* me at 03-1234-5678, extension 123.
- さらに情報が必要な場合は、上記の電話番号にお電話ください。
  Please *call* us at the above *telephone* number if you need further information.
- いつでも私どもにメールや電話で連絡してください。
  Please just email or *call* us any time.
- あなたにお会いできるかどうか、来週早々にお電話いたします。
  I'll *give* you *a call* early next week to see if we can get together.

と

問い合わせ　inquiry　（⇨照会／問い合わせる）

例
- 当社製品に関するお問い合わせのお手紙をくださり、ありがとうございました。
  Thank you for your letter of *inquiry* concerning our products.
- さらなるお問い合わせは、ABC 銀行になさってください。
  Please direct further *inquiries* to ABC Bank.
- 未払い送り状 150 号についての貴社のお問い合わせに関し、当方の記録を綿密に調べました。
  With reference to your *inquiry* about the outstanding Invoice No. 150, we have checked our records closely.
- お問い合わせは 03-1234-5678 番まで（お電話を）お願いいたします。
  For *inquiries* please call us at 03-1234-5678. / Please call 03-1234-5678 for *information*.

|||解説|||
例の further inquiries / for inquiries のように、漠然と複数個の問い合わせがあることを想定して複数形を用いることがある。

問い合わせる　inquire　(⇨問い合わせ)

例
- 貴社の輸入業務についてお問い合わせいたします。
  I am writing to *inquire about* your import business.
- 当社のプリンターに関してお問い合わせいただいた4月20日付のメールをありがとうございました。
  Thank you for your email of April 20 *inquiring about* our printers.
- 私どもはABC社から貴社に問い合わせるように言われました。
  We *were referred to* you by ABC.

解説
「A(人・会社)にB(あること)を問い合わせる」の場合はinquire of A about Bとする。refer to ～は主として「(信用状態について当該会社に)問い合わせる」こと。同義のaskは語感がやや弱い。

どう　(⇨どのような／どのように)

同意(する)　agreement / agree　(⇨賛成する)

例
- 契約の変更点に同意することをお知らせします。
  We would like to inform you of our *agreement to* the revisions of the contract.
- この提案に同意していただければ、ありがたく存じます。
  We would appreciate it if you could *agree to* this proposal.
- これがあなたの同意(承認)を得られることを願っております。
  I hope that this meets with your *approval*.

解説
「同意」はagreementが一般的で、類義のapprovalは決定権のある機関、上位者による「承認、認可」というニュアンスがある。

決まり文句
…について同意いたします
① **We agree with you on...**
② **We agree to...**
③ **We are in agreement with...**

例
- この件につきましては、残念ながら同意できません。
  Unfortunately, *we* cannot *agree with you on* this matter.
- 2000以上の注文をされた場合は価格を下げる、ということで同意します。
  We agree to lower our prices if you can place orders of over 2,000 units.
- 貴社が提起された諸点について、当社は完全に同意いたします。
  We are in full *agreement with* each of the points raised by you.

同一 (⇨同じ)

どうか (⇨どうぞ)

(…か)どうか　if / whether

(例)
- 可能かどうか検討してみます。
  I will check to see *if* it is possible.
- 当方の条件を承諾していただけるかどうか、お知らせください。
  Please let us know *whether* you accept our conditions.

解説

if か whether に節を続けて「…かどうか」の意味を表す。

同感 (⇨同意)

討議(する)　discussion / discuss　(⇨話し合い)

(例)
- さらに討議を必要とする点がいくつかあると思います。
  I think we have several points that require further *discussion*.
- 次回の会議では貴社製品の販売促進について討議をしたいと思います。
  We would like to *discuss* sales promotion of your products at the next meeting.

解説

「討議する」は discuss。他動詞なので discuss on ～ / discuss about ～などとするのは誤り。

動向　tendency　(⇨傾向)

(例)
- 市場の動向に関するジャパン・タイムズの切り抜きを同封いたします。
  We are enclosing a clipping from The Japan Times regarding the *tendency* of the market.
- 我々は消費者動向の変化に対応していかなければなりません。
  We should adapt ourselves to the change of consumer *behavior*.

解説

the tendency of the market は「市場の動向」。「動向」に対応する英語はこれ以外に trend / inclination などがある。「～への性向、傾向」の意味では tendency to [toward] ～となる。第 2 例の consumer behavior は「消費者行動」のこと。

同行する　accompany / come with

(例)
- あなたがその日に彼と同行してくださることを願っています。
  We hope that you will be able to *accompany* him on that day.
- どなたかが東京へ同行されるようでしたら、その方もご招待いたしたく存じます。
  If someone else is *coming* to Tokyo *with* you, please extend our invitation to that person as well.
- 今回は妻を同行する予定です。
  I am planning to *take* my wife *with* me at this time.

|||解説|||
第 1 例にある accompany him の場合、主体は him であって「あなたが彼について行く」ということ。第 3 例の take ～ with me は「私が～を連れて行く」の例。なお、第 2 例では相手が自分の方へ行く（来る）ので go ではなく come を用いる。

倒産（する）　bankruptcy / go bankrupt

(例)
- 残念ながら ABC 社は昨年 12 月に倒産しましたことをお知らせします。
  We are sorry to inform you that ABC *went bankrupt* last December.
- 最近は、金融界での倒産が多いようです。
  There seems to be many more *bankruptcies* in the financial industry recently.

|||解説|||
「倒産する」は go bankrupt または go into bankruptcy。

投資　investment

(例)
- 日本への貴社の投資が、今後とも成功し、発展することを切に願っております。
  I do hope that your *investment* in Japan continues to prosper and develop.
- 採用される候補者は、特定の日本人投資家に投資対象地としてカナダを検討させるようにする戦略を立てる能力がなければなりません。
  The successful candidate will be capable of establishing strategies to encourage specific Japanese *investors* to consider Canada as an *investment* location.

|||解説|||
「投資」は investment。「～に投資する」は make an investment in ～ / invest (money) in ～。「投資家」は investor。

同時に　while / simultaneously / on the other hand

（例）
- ご依頼をありがとうございます。ただ、今週は3つのプロジェクトを進めながら、同時に17ものアポイントをこなさなくてはいけないという忙しさなのです。

  Thank you for your request; however, I am extremely busy this week juggling three projects *while* seeing 17 appointments.

- 現在のプロジェクトが大事なことは理解していますが、同時に、長期の効果を調査することも同様に大切です。

  We do recognize that the current project is important. *On the other hand*, it is equally important for us to examine the long-term effects.

- お申し出をお受けしたいのですが、開店準備と同時に複数のプロジェクトの検討で忙しいのです。

  We wish we could accept your offer, but we are busy preparing for our new opening and *simultaneously* balancing multiple projects.

解説

while より simultaneously のほうが、時間的な正確さを表す。while at the same time もよく使う表現。

どうして　how / why

（例）
- どうしてこのようなことが起こったのかは分かりませんが、状況を改善するために至急対策を講じます。

  We don't know *how* this happened, but we will immediately take steps to amend the situation.

- 私どもは、当社が ABC 社製品を供給するのにどうして3か月もかかるのかを、顧客にうまく説明できません。

  We can't explain to our customers *why* it takes us three months to supply them with ABC products.

- ここ6か月の間、貴社からご注文をいただいておりませんが、どうしてでしょうか。

  We are wondering *why* we have not received your orders for the past six months.

当初　originally / initially

（例）
- 必要な情報の収集に、当初予想していたよりも多少長く時間がかかりました。

  It took us a little longer than we *originally* expected to collect the necessary information.

- 私どもは当初指定した要件を放棄することはできません。

We can't waive the requirements we *initially* specified.
- 当初経費は5万ドルと見積もっております。
  We estimate the *initial* cost at $50,000.

■解説■
第1・2例の originally / initially は「当初（から）」の意味。「当初の」は original / initial（第3例）。

当然　naturally　（⇨もちろん）

例
- お送りいただくいかなる情報も、当然極秘に取り扱います。
  Any information you may give us will *naturally* be treated strictly in confidence.
- 当然のこととして、ABC 社は賠償請求をするでしょう。
  As a matter of course, ABC will file a claim for compensation.
- あなたがおっしゃったことからすると、当然ベーカー氏はその職に十分適格であるということになります。
  It follows, from what you have said, *that* Mr. Baker is highly qualified for the job.

■解説■
「当然のこととして」は第2例のように as a matter of course がよく用いられる。第3例の It follows (from 〜) that... は「（〜から判断して）当然…ということになる」ということ。

どうぞ　please

例
- 私どもはできることを何でもいたしますので、どうぞご安心ください。
  Please rest assured that we will do everything we can.
- 今後、お仕事をご一緒できることを願っていることをどうぞご理解ください。
  Please understand that we still have a desire to work with you in the future.
- どうぞ当方の取引条件におけるこれらの変更をご承認ください。
  We would appreciate it if you could give us your approval of these modifications in the terms and conditions.

■解説■
依頼するときなどに please は欠かせない。Could [Would] you please...? とすると、より丁寧さが増す。

到着（する）　arrival / arrive / reach　（⇨届く）

例
- 積み荷は契約どおり本日無事到着しましたので、お知らせします。

We are pleased to inform you that your shipment has *reached* us today safely as contracted.
- 彼は6月28日にニューヨークに到着する予定です。
  He is due to *arrive in* New York on June 28.
- こちらへ到着される日時がお決まりかどうか、お知らせください。
  Please let us know if you have decided the date and hour of your *arrival*.
- ボストンに到着次第あなたに連絡を取るよう、私は彼に勧めました。
  I advised him to contact you upon his *arrival* in Boston.
- ご到着予定日前に予約を取り消される場合、この前払い金はお返しします。
  This deposit will be paid back to you if you cancel the reservation before the date of your *arrival*.

||| 解説 |||
「～に到着する」に arrive を用いると arrive in [at] ～で、in / at が必要。これに対し reach は他動詞なので前置詞 in / at は不要。

導入　introduce / start using

（例）
- 外資の導入は、ハイテク産業の発展を促しました。
  The *introduction* of foreign capital helped promote hi-tech industries.
- 当社は、来月から新しいセキュリティーシステムを導入する予定です。
  We're planning to *start using* a new security system from next month.

||| 解説 |||
get、buy、obtain など、文脈によって様々な単語を使い分けたい。

同伴（する）　（⇨同行する）

同封（する）　enclosure / enclose

（例）
- 同封しました返信用はがきにご記入のうえ、ご返送ください。
  Please fill out the *enclosed* reply card and return it to us.
- 9月3日付の貴簡および同封物を受領し、いずれも十分検討させていただきました。
  We have received your letter of September 3 with *enclosures*, all of which have had our most careful attention.

（決まり文句）　…を同封いたします
① **We have enclosed...**
② **We are enclosing...**
③ **Enclosed is [are]...**

例
- 切手を貼った郵便はがきを返信用に同封いたします。
  I have enclosed a stamped postcard for your reply.
- 貴社の送り状第 100 号に対する決済として、5000 ドルの小切手を同封いたします。
  We are enclosing a check for $5,000 in settlement of your invoice No. 100.
- 4月8日の貴社のご照会にお答えして、同社に関する情報（信用調書）を同封いたします。
  In reply to your inquiry of April 8, *we are pleased to enclose* our (credit) information on this company.
- 当社の業務全般に関するパンフレットを1部同封いたします。
  Enclosed is a copy of our general services brochure.

||| 解説 |||
①〜③の決まり文句のほかに第3例の表現もできる。③の Enclosed is [are]... は最近ではあまり使われない。

当分　for the time being / for the present

例
- 当社は当分の間、国内業務に重点を置かなければなりません。
  We have to concentrate on domestic services *for the time being*.
- ABC 社では当分の間、生産を中止しております。
  ABC has stopped production *for the present*.

||| 解説 |||
for the time being / for the present のどちらも文頭、文末に用いることが多い。

当面（の）　immediate / pertinent　（⇨直面する）

例
- 当社にはカナダに販路を開拓するという当面の目標がございます。
  We have an *immediate* objective of opening a new market in Canada.
- あなたと当面の問題について話し合いを持ちたいと思います。
  I would like to have a discussion with you on *pertinent* matters.
- 私どもは当面の（直面している）問題をまず解決しなければなりません。
  First of all, we have to solve the problem we *face*.

||| 解説 |||
「当面の〜」は〈immediate ＋名詞〉（第1例）や〈名詞＋ (which) we face〉（第3例）などを用いる。第2例の pertinent は「当面の事柄の核心に関する」という意味だが、時間的な意味はあまりなく「適切な」という意味で使われることが多い。

同様（の）　similar / same

例
- 将来同様の事態が発生しましたら、またご協力いただけますでしょ

か。
May I count on your cooperation when a *similar* situation arises in the future?
- 今後同様のミスを繰り返さないことをお約束いたします。
We can assure you that we will not repeat *the same type of* mistake in the future.
- 本件へのあなたの貢献に対して、多くの方々が私と同様に感謝していることと思います。
I know many people *share* my gratitude for your devotion to this matter.

||| 解説 |||
「同様の」の英語表現には same と similar の 2 つがある。same は「(種類・外観・数量などが)同じ」という意味。similar は「よく似た、類似の」ということ。第 3 例の share my gratitude は「私と同様の感謝の気持ちを共有する」こと。

同僚　associate / colleague

(例)
- 同僚ともども、心からお祝い申し上げます。
My *associates* join me in extending our sincere congratulations.
- ご遺族、貴殿および同僚の方々に対し、心からお悔やみ申し上げます。
We wish to express our sincerest sympathy to the members of his family and to you and your *colleagues*.

…とおり　as / according to

(例)
- 当社のニューヨークにおける連絡先は以下のとおりです。
Our contacts in New York are *as follows*:
- いつものとおり、送金お受け取りのご連絡をお願いいたします。
Please acknowledge receipt of the remittance *as usual*.
- ご指示どおり本件に対処いたします。
We will attend to this matter *as* instructed. / This matter will be attended to *according to* your instructions.

||| 解説 |||
according to と同義の in accordance with は文語調で、法律文書などで多用される。

得意先　client　(⇨顧客)

(例)
- ABC 社は長年にわたって私どもの非常に大切なお得意先であります。
ABC Company has been one of our most valued *clients* for many years.

独占（の）　exclusive

（例）
- 貴社に ABC 社製品の独占販売権を与えることを前向きに検討いたします。
  We will positively consider granting you *exclusive* distributorship of ABC's products.
- 私どもは ABC 社を、当社製品の独占販売権を持つ代理店に指定しております。
  We have appointed ABC as an agent with an *exclusive* right to sell our products.

||| 解説 |||
「独占的な」は exclusive で、「非独占的」nonexclusive に対比される。exclusive distributor [agency] は「一手販売店」。

特徴　feature

（例）
- 当社新製品は様々な特徴を備えております。
  Our new product has various special *features*.
- 耐久性および使いやすさが当社製品の特徴です。
  Our line of products *feature* durability and user-friendliness.
- 当社の商品はユニークで斬新なデザインが特徴です。
  Our products *are characterized by* unique and innovative design.

||| 解説 |||
「～を特徴とする」は feature ～（第 2 例）または be characterized by ～（第 3 例）などと表す。

特定の　specific / particular

（例）
- 私どもは仕様書の中のある特定の要件を強調しております。
  Please note that we are emphasizing certain *specific* requirements in our specifications.
- それらがこの特定の市場に適しているかどうかについて話し合いました。
  We had a discussion on their suitability for this *particular* market.

特に　especially / particularly

（例）
- 私どもは、特に家電販売業務においては長年の蓄積がございます。

（冒頭）
||| 解説 |||
「得意先」は client（例えば医者、弁護士、コンサルタント会社の得意先）、customer（商品の一般消費者）に使い分ける。

We have many years of experience, *especially* in distributing household appliances.

- 特に私どもの外国業務部門をご利用いただきたくご案内申し上げます。
  We *particularly* call your attention to our International Business Department.
- 今回の注文第101号の出荷予定には、特に注意してください。
  We would like to ask you to pay *special* attention to the shipment schedule on this P/O No. 101.

特別（な）　special / specific

例
- 何か特別な事態が起きましたら、その旨お知らせください。
  If any *special* situations arise, please let us know.
- 2011年8月31日までのご注文につきましては、88ドルという今回限りの特別価格でオファーいたします。
  We are offering a one-time *special* price of $88.00 for orders received by August 31, 2011.
- 特別な手配につきましては追ってお知らせいたします。
  We will inform you of *specific* arrangements later.

ところで　in the meantime / incidentally

例
- ところで、2009年の貴社の年次報告書をお送りいただき、ありがとうございました。
  In the meantime, I would like to thank you for sending me your Annual Report for 2009.
- ところで、当社新製品のリーフレットを同封いたします。
  Incidentally, I am enclosing leaflets for our new products.

|||解説|||
前の文章を受けて次の文を導くための表現である。incidentallyは文頭に来て、「本来の話題ではないのですが、ついでながら」と一段トーンを下げる感じ。

…として　as / for

例
- 貴社の日本におけるメインバンクとして、お役に立てるよう最善を尽くしたいと存じます。
  As your main bankers in Japan, we will do our best to be of service to you.
- 先日貴社より購入しました商品の代金として、123ドルの小切手を同封します。
  We have enclosed a check for $123 *for* the products I bought from you

the other day.
- 私といたしましては、ABC社の利用を大いにお勧めします。
  As for me [For my part], I can highly recommend that you use ABC Company.

|||解説|||
第3例の As for me「私といたしましては」は、「他の人はいざ知らず私に限っては」という意味で応用範囲の広い表現である。これに続けて言おうとすることを述べる。

特許　patent

(例)
- 特許の無断使用に対しては、特許に認められている財産権を守るために必要な法的手段を取る所存です。
  In case of unauthorized use of our *patents*, we will take necessary legal steps to maintain the rights granted by our *patents*.
- 貴社には英国で特許申請書を提出することに対し、責任を負っていただきます。
  Your company is required to assume the responsibility for filing *patent* applications in the UK.
- 私は10%の特許権使用料が適当であろうと申し上げました。
  I indicated that a 10% *royalty* fee would seem to be most appropriate.

|||解説|||
「特許のある医薬品」は patent(ed) medicine、「特許出願」は patent application。「特許権使用料」は royalty (fee) という。

届く　reach　(⇨受け取る／到着)

(例)
- 当方の9月4日付の照会状はすでにそちらへ届いているでしょうか。
  Could you let us know if our letter of inquiry, dated September 4, has *reached* you yet?
- 問題を調査中ですが、結果は恐らく2、3日以内にはそちらへ届くと思います。
  We are looking into the matter and our findings should *reach* you within a couple of days.

(決まり文句)　…が届いていません
① ... has [have] not arrived.
② ... has [have] not reached us.
③ ... has [have] not been delivered to us.

(例)
- 商品は6月7日の時点で当方へ届いておりません。
  The merchandise *has not arrived* here as of June 7.

●5月8日に注文しました商品が、当方へまだ届いておりません。
The products we ordered on May 8 *have not been delivered to us* yet.

届ける　deliver　（⇨納入）

〈例〉
●5月31日までに代替品を貴社へお届けいたします。
We will *deliver* the replacements to your office by May 31. / The replacements should *reach* your office by May 31.
●ご注文をいただいてから2週間以内にお届けいたします。
Delivery will be made within two weeks after receipt of your order.
●すぐにお届けできるよう、今すぐご注文なさることをお勧めします。
We suggest that you place an order now to ensure immediate *delivery*.
●1週間以内にその商品をお届けください。
Please make sure the products *arrive* here within a week.

整う・整える　make arrangements / be ready / complete

〈例〉
●11月7日午後3時にホワイト氏と会見する手はずを整えました。
I have *made arrangements to* meet Mr. White at 3:00 on November 7.
●ご注文の品は、すでに発送準備が整っております。
Your order *is* now *ready for* shipment.
●訂正済みの送り状を同封しましたが、これですべて整うものと思います。
Enclosed is the revised invoice which will *complete* things.

||| 解説 |||
「〜する手はずを整える」は make arrangements to do。「〜の手はずが整った」状態をいうときは be ready for 〜。第3例の complete things は「すべてそろえて完全なものにする」こと。

どのような　any / what / how

〈いかなる・どんな〉

〈例〉
●あなたのどのようなご質問にも喜んでお答えいたします。
We are willing to respond to *any* inquiries you may have.
●どのような形でも、いつも貴社のお役に立ちたいと思っております。
We are always pleased to serve you in *any* way we can.

||| 解説 |||
「いかなる、どんな」を表すには any を使う。

〈何・いかに〉

〈例〉
●どのようなことを話し合いたいと思っておられるのか、お知らせください。

Could you tell us *what* you would like to discuss?
- この商品をお送りするのにどのような方法をご希望か、お知らせください。
  Please let us know *how* you would like us to send you the items.

どのように　how / what

例
- どのようにお礼を申し上げてよいか分かりません。
  I don't know *how* to express my thanks.
- 同社では勘定の決済をどのようにしていますか。
  What is their method for settling accounts?

解説
「どのように～してよいか分からない」は第1例のように I don't know how to do とする。

…ともども　and

例
- 家内ともども7月に米国を訪問したいと思っております。
  My wife *and* I hope to visit the United States in July.
- 田村ともども心よりお祝い申し上げます。
  Mr. Tamura *joins* me *in* extending our sincere congratulations.

解説
「(私が)Aともども～する」は、A and I do(第1例)とするか A joins me in doing (第2例)とする。なお、第1例の my wife は Mrs. ～と具体名で書く方法もある。

伴う　carry　(⇒同行する)

例
- この役職には社会的な地位は伴いますが、代表権はございません。
  This position *carries* status without representation power.
- 税制の改定に伴い、定価を変更いたします。
  We will adjust the list prices *according to* the revised taxation system.

解説
第1例の carry は「(属性・結果として)持っている、伴う」こと。

(…と)ともに　(together) with

例
- 保証金として200ドルの小切手とともに、申込書を同封いたします。
  I have enclosed my application, *together with* a check for $200 as a security deposit.
- 心からお祝い申し上げますとともに、今後のご成功をお祈りいたします。
  I would like to offer to you my sincerest congratulations *and* [*as well*

as] best wishes for your future success.

取り扱い　handling　（⇨取り扱う）

例
- 米国外への配送の場合は、郵送料および取り扱い手数料として40ドルを加えてください。
  For delivery outside the US, please add $40 for postage and *handling*.
- 貴社の貨物の取り扱い上の不始末に対し、深くお詫び申し上げます。
  Please accept our deepest apologies for the *mishandling* of your cargo.

■解説■
「取り扱い」は handling。したがって mishandling は「取り扱いミス」。

取り扱う　handle / carry / treat　（⇨扱う）

例
- 米国からの積送品を弊社に取り扱わせていただきますよう、ご配慮ください。
  We wish to ask for your kind consideration in letting us *handle* your shipments from the United States.
- お聞き及びのことと存じますが、当店は高級スポーツウェアを取り扱っております。
  You have probably heard that we *carry* quality sportswear.
- ご提供いただく情報は、いかなるものでも慎重に取り扱いますので、ご安心ください。
  You can be assured that any information which you may give us will be *handled* with discretion.
- 今回の注文は、緊急を要するものとしてお取り扱いください。
  Please *treat* this order as urgent.

■解説■
商品を「取り扱う」なら carry / handle / deal in のいずれも使える。

取り急ぎ　hasten

例
- 取り急ぎ、この度のご就任にお祝い申し上げます。
  I *hasten to* extend my hearty congratulations to you on this new appointment.
- レセプションは5月20日にABCホテルで行うことが最終決定されましたので、取り急ぎご連絡いたします。
  Just a brief note to confirm the final arrangements for our reception on May 20 at ABC Hotel.
- 取り急ぎ用件のみにて失礼いたします。

Pardon the *briefness* of this note.

||| 解説 |||
「取り急ぎ〜する」は hasten to do。「取り急ぎ一筆〜まで」なら (This is) Just a brief [short] note to do。

取り替える　exchange　(⇨交換)

(例)
- このコピー機を新しいものと取り替えていただけないでしょうか。
  Would you please *replace* this copier *with* a new one?
- 欠陥品は無料でお取り替えいたします。
  We will be happy to *replace* defective products free of charge.

||| 解説 |||
「A を B と取り替える」は replace A with B。

取り決め　(⇨協定／決定)

取り決める　(⇨決定／調整)

取り組む　work on / concentrate on

(例)
- 地域開発計画に引き続き取り組んでいきたいと思っております。
  I want to continue to *work on* regional development planning.
- 弊社の販売部門は、デパートや量販店との取引に重点的に取り組んでおります。
  Our Marketing Division *concentrates* heavily *on* the department store and mass merchandiser markets.

||| 解説 |||
concentrate on 〜 を使うと「〜に特に力を注ぐ」というニュアンスが出る。

取り消し　cancellation　(⇨取り消す)

(例)
- 貴社のご注文第 50 号の取り消しを依頼された 4 月 20 日のファクスを受け取りました。
  We received your fax of April 20 requesting *cancellation* of your order No. 50.
- この取り消しの確認書をいただければ、ありがたく存じます。
  We would appreciate it if you would confirm this *cancellation*.

取り消す　cancel　(⇨取り消し)

(例)
- たいへん申し訳ございませんが、お会いする約束を取り消さなければなりません。

I am very sorry, but I have to *cancel* my appointment.
- 予約を取り消してくださるよう、お願いいたします。
This message is to ask you to *cancel* my reservations.
- 貴社から1週間以内に商品が届かない場合は、本注文を取り消さざるを得ません。
We will be forced to *cancel* this order unless you can deliver the products within a week.

解説
取り消すことを伝える場合に、第1・3例のように「取り消さざるを得ない」という表現を使うことがよくある。丁寧な表現を心掛けたい。

取締役　director

(例)
- すべての取締役が再選され、C. ジョージ・スミス氏が取締役会に加わりました。
All *directors* were reelected and Mr. C. George Smith was added to *the Board*.

解説
「取締役」は Director だが、役職名として Director, Central Research Laboratories（中央研究所所長）のように研究部門などの長には Director を用いることが多い。「取締役会」は正式には the Board of Directors だが、the Board だけで取締役会を示すことは実務上よくある。

取り計らう　see (to it that...) / arrange

〈配慮する〉

(例)
- このようなミスが再び発生しないよう、お取り計らいください。
Please *see to it that* such a mistake never happens again.
- 至急お取り計らいください。
I hope you will *give* it your prompt *attention*.

〈手配する〉

(例)
- スミス氏にお会いできるようにお取り計らいください。
I hope that you will be able to *arrange for* a meeting with Mr. Smith.

解説
「配慮する」意の「取り計らう」には see to it that...（…するよう気をつける）を慣用的に使う。最後の例の arrange for ～ は「(～ができるように) 取り計らう」こと。

取引　business / dealings

(例)
- 今回が ABC 社との初めてのお取引です。

We have not *done business with* ABC previously.
- 貴社とお取引できますことを楽しみにしております。
  We look forward to an opportunity to *do business with* you.
- 私どもは貴社との取引に興味を持っております。
  We are interested in *doing business with* your company.
- ABC 社が卸売業者と取引をする可能性はないようです。
  There seems to be no possibility of ABC *dealing with* the wholesalers.
- このことはまた、貴社との取引を中止することを意味しております。
  This will also mean that we are terminating your *services*.

解説
「取引」は business を用いるのが一般的。「～と取引をする」は do business with ～ / deal with ～ など。

〈取引…〉

（例）
- 両社の良好な取引関係が、今後とも長く続いていくことを心から願っております。
  We sincerely hope that our strong *business relations* will continue for many years to come.
- 当社の取引条件は以下のとおりです。
  Our *terms and conditions* are as follows:
- 日本での取引銀行を決めていらっしゃらないようでしたら、ABC 銀行に口座をお開きになることをお勧めします。
  If you have not yet established a permanent *banking connection* in Japan, we recommend that you open an account at ABC Bank.
- 私どもの貴社との取引高は、この 5 年の間着実に増加してきました。
  Our *turnover* with you has been rising steadily over the last five years.

解説
「取引関係」business relations（dealings も同意）など、business と組み合わせて表現できるものも多い。「取引条件」は terms and conditions。「取引銀行」は通例 one's bank で表せる。「取引先」は customer（⇒顧客／得意先）。

努力　effort　（⇒努力する）

（例）
- 関係各位に十分ご満足いただけますように、業務遂行に当たっていかなる努力も惜しみません。
  We will spare no *effort* to handle the business to the satisfaction of all parties.
- お客様のニーズにお応えできるよう、常にあらゆる努力をしております。
  We will make every possible *effort* to meet your needs.

◉このような誤りが再び起こらないよう、あらゆる努力をすることをお約束します。

We assure you that every *effort* will be made to make sure that such a mistake never happens again.

解説

相手にこちらの誠意を示す場合などに用いるとよい表現。

努力する　endeavor / seek　(⇨努める)

(例)

◉ご満足いただけるサービスを提供できるよう、絶えず努力いたします。

We will always *endeavor* to offer you satisfactory services.

◉貴社のお役に立てるよう、ひたすら努力してまいります。

We shall *be* only *willing to* serve you.

◉ＡＢＣ社は新製品の開発に積極的に努力しています。

ABC is actively *seeking* to develop new products.

どんな　(⇨どのような)

な

ない　no / without

(例)

◉貴社より異議が出されない限り、私どもは計画を進めてまいります。

We will proceed with the plan *unless* we hear that you have objections.

◉あなたのご親切な示唆がなかったら、私は米国での任務を果たせなかったと思います。

Without your kind suggestions, I do not think I could have carried out my duties in the United States.

◉同社が通常の約束を守らないということはないと思います。(信用調書で)

We know of *no reason why* the subject should not be found responsible for ordinary commitments.

解説

「ない」に対する英語表現は文脈により様々である。第１例の unless は「…しない限り (if ～ not...)」の意味となり、unless の節は形式的には肯定文になる。without ～は「～なしで」、「～がなければ」を表す (第２例)。第３例の no reason why... は「…という理由はない」の意。

内線　(⇨電話)

内密に　in confidence

（例）
- 上記の内密に提供する情報が、貴社のお役に立つよう願っております。（信用調書で）
  We hope that the above information, which is provided *in the usual confidence*, will be helpful to you.

|||解説|||
「内密に」は in confidence / confidentially。上の例の usual は「いつものような」の意。「極秘に」なら in strict confidence。

内容　content(s)

（例）
- 貴社の最も新しい製品の内容をお知らせください。
  Would you please inform us of the *contents* of your latest products?
- あなたが当方の計画に反対であるという内容（趣旨）の8月10日付のメールを受け取りました。
  We have received your message of August 10 *to the effect that* you object to our plan. / We have received your message of August 10 *informing* us *that* you object to our plan.
- 田中氏は貴社の業務内容をよくご存じです。
  Mr. Tanaka clearly understands your business.

|||解説|||
「…という内容のメール」は a message to the effect that... もしくは a message informing (someone) that... などと表す。

長年（ながねん）　for years

（例）
- 長年にわたり、ABC社とXYZ社は数多くのプロジェクトで緊密に協力して仕事をしてまいりました。
  ABC and XYZ have worked together closely on many projects *for years* [*over the years*].
- 私どもは長年の夢を実現いたしました。
  We have realized a *long-term* dream.

|||解説|||
year を複数形にすると「長い年月、とても長い間」という意味になる。「今後長年にわたって」は in the years ahead / for years to come などとなる。long-term は「長期にわたる」という意味の形容詞（⇨**長期**）。

亡くなる　pass away　（⇨逝去）

（例）
- ジェームズ・ホワイト氏が今週月曜日に亡くなられたことを、謹んでお知らせいたします。

なにか　269

I regret to inform you that Mr. James White *passed away* this past Monday.
- スミス氏が亡くなられたという知らせを受け、心を痛めております。
I was distressed to hear of the *passing* of Mr. Smith.

|||解説|||
「亡くなる」は pass away / depart from this life / be no longer with us など。名詞形は passing。日本語同様、通常は die や death を使わずに遠回しな表現を用いることが多い。

なぜ　(⇨どうして)

納得する　understand

(例)
- 私どもの立場を納得(理解)してくださるものと思います。
We are sure that you will *understand* our situation.
- 貴社の広告を拝見して、世界的企業の支援が得られるものと納得いたしました。
Your advertisements *convinced* me *of* the support of a worldwide corporation.
- 弊社へのいかなる販売委託品も、貴社に十分ご納得(満足)いただけるよう処理いたします。
We assure you that any consignment entrusted to us will be executed *to your* full *satisfaction*.

|||解説|||
第 2 例は「納得する」を「(物事が)(人に)…を納得させる」convince ～ of... で表したもの。英語ではこのような表現を使うことがある。第 3 例の to your satisfaction は「あなたの満足(納得)のいくように」の意。

何　what

(例)
- 何が起こったのかをご説明いたします。
Let me explain *what* has happened.
- 当方が次に何をすべきか、ご助言をいただければありがたく存じます。
We would appreciate your advice as to *what* step we should take next.

何か　any / anything

(例)
- 何かあなたのお役に立つことがありましたら、お知らせください。
Please let me know if I can be of *any* service to you.
- 何か重要なことが起きましたら、お知らせいたします。
We will let you know if *anything* important happens.

> **解説**
> if に導かれる節の中の「何か」は any / anything。

何とぞ　please

例
- 何とぞよろしく。
  With warm regards (and best wishes), / Best personal regards, / With kind personal regards,
- 東京にいらっしゃる際は、何とぞ当社にお越しください。
  I *do* hope you will come to our office when you visit Tokyo. / *Please* call on us when you visit Tokyo.

> **解説**
> 第1例の With warm regards, などはレター本文の末尾に置く決まり文句。

名前　name

例
- ABC 社より貴社のお名前を承りました。
  We have received your *name* from ABC. / ABC gave us your *name*.
- これまでのところ、当方にその方のお名前で予約はなされていません。
  No reservations have been made in their *names* with us so far.

悩(なや)む　be annoyed

例
- 私どもは、顧客の相変わらずの支払い遅延に悩んでおります。
  We *are annoyed with* our customers' continued delays in payment.

> **解説**
> 「〜に悩む、いらいらする」は be annoyed with 〜と受け身の形で表現する。

なるべく　preferably

例
- 9月の下旬、なるべくなら 28 日か 29 日に私どもと会っていただけるよう、お願いいたします。
  I hope that you will be able to meet with us in late September, *preferably* on the 28th or 29th.

> **解説**
> 一度事柄を述べた後で「なるべくならば、できれば」と希望を述べるときに、接続詞的に preferably を置き、これに続けて必要な語句を加える。

何(なん)と　how

例
- あなたのご努力に何とお礼を申し上げてよいか分かりません。
  I don't know *how* to express my appreciation for your efforts.
- 何とお詫び申し上げればよいのか分かりません。

Words fail us to express our deep regret to you.

|||解説|||
最大限の感謝あるいは謝罪の気持ちを表明する際の表現である。第 1 例の don't know how to express one's appreciation は、文字どおりには「感謝の気持ちをどのように表せばよいか分からない」。

何度　several times / many times

（例）
- ABC 社に何度かコンタクトを取ろうとしたことがあります。
  We have tried to get in touch with ABC *several times*.
- 私どものセミナーは何度も開かれ、いつも好評を得ております。
  Our seminars have been given *a number of times* and have always been well received.

|||解説|||
「何度」の「度（＝回数）」は例のように time である。「何度か」は several times / a few times / two or three times、「何度も」は many times / a number of times など。

何なりと　any

（例）
- 御社が必要と思われる助言や助力について、何なりとお申し付けください。
  We are pleased to be at your disposal for *any* advice or assistance that you may need.
- 私どもがこれまで以上に貴社のお役に立てますよう、何なりとご意見をお寄せください。
  We are looking forward to *any* suggestions you may offer so that we can serve you better.

|||解説|||
「何なりと」は any で表せる。第 1 例の be at your disposal は「あなたに言われたとおりにする」ということ。

何らかの　some

（例）
- 貴社が（私どものために）何らかの措置を取ってくださることを希望します。
  We hope that you will be kind enough to take *some* action for us.
- この状況を改善するために、何らかの措置が取られるべきだと思います。
  I think that *something* should be done to improve this situation.
- 本日、何らかの方法でご返事をいただければ幸いです。

We would appreciate hearing from you today *one way or the other*.

‖解説‖
「何らかの措置を取る」は take some action（第 1 例）。第 3 例の one way or the other は「何とかして」の意。

に

荷揚げ(する)　discharge

(例)
- 上記の貨物はシアトルで荷揚げせざるを得ませんでした。
  The above cargo was compelled to be *discharged* at Seattle.
- 荷揚げ港：サンフランシスコ
  Port of *Discharge*: San Francisco

‖解説‖
「荷揚げ」「荷揚げする」は discharge（船が船荷［乗客］を降ろすこと）。第 2 例は、荷印（shipping mark ＝商品梱包に目的港や原産地国などを表示したもの）の 1 項目であり、仕向け港がサンフランシスコであることを示す。

ニーズ　need(s)　（⇨要求）

(例)
- その製品は当社の顧客のニーズに最も合っていると思います。
  The product would prove to be most suitable for our customers' *needs*.
- この仕様書が貴社のニーズに最も合っていると思います。
  We believe that these specifications best meet your *needs*.

二重(の)　duplicate / double

(例)
- 二重請求問題に関する貴社の 11 月 7 日のお問い合わせにお答えいたします。
  We reply to your inquiry of November 7 concerning the *duplicate* billing problem.
- お誕生日および ABC 社勤続 30 周年記念日という二重の慶事、おめでとうございます。
  Congratulations on the *double* occasion of your birthday and the 30th anniversary of your service with ABC Company!

‖解説‖
「二重の」は duplicate / double が用いられる。a double-edged sword なら「諸刃の剣」。

日程　schedule / date　（⇨スケジュール／予定）

(例)
- 私の旅行日程がはっきりしましたらお知らせします。

I will inform you of the *dates* of my trip as they develop.

- 2011年には、私どもは（前年と）同じ行事を回数を増やして行うつもりですが、その日程はまだ決まっておりません。

    In 2011, we will have many of the same events but the *dates* have not been set yet.

- 日程が重なり、1月18日の歓迎会には出席することができません。

    Due to *schedule* conflicts, I will be unable to join you at the reception on January 18.

- 訪問の日程を立て直し、できるだけ早くご連絡を差し上げます。

    I will *reschedule* my visit and let you know in this regard as soon as possible.

- 日程的に若干問題があるため、その会議は延期する見込みです。

    Due to some *scheduling* problems, the meeting is being postponed.

|||解説|||

定められた日時と場所を示す「日程」には date もしくは schedule が使えるが、schedule の方が一般的。reschedule は「（訪問・会議・行事などの）日程を変更する」。

入院する　be in (the) hospital / be hospitalized

例
- あなたが入院されていると伺い、たいへん驚きました。

    I was very surprised to hear that you *were in the hospital*.

- 過日貴社にお電話したところ、あなたが急にご入院されたと聞き、たいへん驚きました。

    When I called your office the other day, I was so shocked to learn that you had *been* suddenly *hospitalized*.

|||解説|||

「入院する／入院している」は be hospitalized / be in (the) hospital（英国用法では無冠詞）など。

入荷する　arrive　（⇒届く）

例
- すぐ入荷するとおっしゃっていた品物がいつまでも届かなかったために、私どもはお客様を店で待たさなければなりませんでした。

    We had customers waiting in our store for the shipment that was always going to *arrive at* any time.

入金　（⇒支払い・支払う）

入札　tender / bid

例
- 同社のその工事への入札は成功しませんでした。

They were not successful in the *tender* for the construction.
- たとえ申し込みの要請を受けたとしても、当社は入札に応じるつもりはございません。
We would not respond to *bids* if we did receive such a request for a proposal.

入社する　join a company

例
- 青木氏は 2010 年 4 月 1 日に当社に入社しました。
Mr. Aoki *joined our company* on April 1, 2010.

解説
join の代わりに enter も使える。「(団体に)加入する」という意では join / enter の後には in や to を付けない。ただし、「(討議などに)参加する」などでは join in という自動詞の用法もある。

入手できる　available　(⇨手に入る)

例
- 私は貴社製品がオーストラリアで入手できるかどうかを確かめるため、当方の小売店と話し合いました。
I discussed your products with our retailers to see if they were *available* in Australia.

認可(する)　approval / sanction

例
- 政府から必要な認可をすべて受けるには、最低 1 か月はかかります。
We need at least a month to secure the necessary *approval* from the government.
- 当社は新製品 A を市場に出すための政府の認可を得ました。
We have obtained the government *sanction* for the marketing of our new product A.
- 同社は 2009 年 9 月 1 日に、ニューヨークの法律に基づいて設立が認可されました。
The subject was *chartered* under New York laws on September 1, 2009.

解説
sanction は通常公権力による法的な「認可」を指すが、伝統、慣行などによる「容認」の意味にもなる。第 3 例の charter は「設立認可(状)を与える」という意。

任務　duty / task / responsibility

例
- あなたのご協力のおかげで、私は米国での任務を遂行できました。
Thanks to your kind cooperation, I was able to fulfill my *duties* in the

United States.
- 私どもはその計画を完成させるため、ABC 社を支援する任務を課せられております。
  We have been *tasked* to assist ABC in bringing the plan into completion.
- 小島氏は 2010 年 4 月 1 日付で新しい任務に就きます。
  Mr. Kojima will assume the *responsibilities* of his new assignment on April 1, 2010.

|||解説|||
task は本来は「骨の折れる任務、職務」のことであるが、第 2 例のように、「(人に) 仕事を課す」という動詞でも用いられる。responsibility は「責任を伴う職務、職責」。

任命（する）　appointment / appoint　（⇨就任）

- 山田は来月 1 日付で、ABC 社の販売部長に任命されます。
  Mr. Yamada will *be appointed as* Sales Manager of ABC, effective the first of next month.
- 貴殿が ABC 社の社長に任命されたことをお伺いし、たいへんうれしく存じます。
  I was very pleased to learn of your *appointment as* President of ABC Company.

|||解説|||
「A(人) を B(役職) に任命する」は appoint A as [to be] B となる。この場合、B の役職（president など）が唯一のもののときは通例無冠詞とし、語頭は小文字にしてもよい。assign A to serve [perform a duty] as B としても同義。

ね

値上げ（する）　price increase

- その値上げを 6 か月は延期なさってはいかがでしょうか。
  We suggest that you delay the *price increase* for at least six months.
- 原材料の値上がりにより、当社は A（製品）の値上げを余儀なくされています。
  We are forced to *raise the price of* A due to material cost increases.
- 値上げ幅は貴社がご満足いただけるものではないかもしれませんが、貴社との取引に対する当方の誠意をおくみ取りください。
  These *price increases* may not meet with your satisfaction, but please understand that we are trying to show our sincere desire to work with

you.

▌解説▌

「値上げ」は price increase [raise]。「～を値上げする」は increase [raise] the price of ～など。

願い　request　(⇨要請／要望)

（例）
- このようなお願いをいたしますが、どうかお聞き入れいただきたいと思います。
  I sincerely hope you will forgive me for making such a *request*.
- 本状は、先日あなたにご連絡しました問題について追跡調査してくださるよう、お願いするものです。
  We are writing to ask you to follow up on the problem we told you about the other day.
- お願いしたいことがございます。
  May I *ask* a favor of you?

▌解説▌

「願い」には通例 request を用いる。request を使っても相手に対し無作法にはならない。「お願いをする」は ask など。（⇨願う）

願う　(願望)hope／(依頼)ask／request

(決まり文句)　…を願っております
① **We hope that...**
② **We hope to (do)...**
③ **We are anxious to (do)...**

（例）
- 田中が貴殿をお訪ねしましたら、どうか温かくお迎えいただきますよう、心から願っております。
  I earnestly *hope that* you will extend your hospitality to Mr. Tanaka when he visits you.
- この提案にご賛同いただけますことを願っております。
  I hope the proposal meets with your approval.
- この点に関してできるだけ早く合意に達したいと願っております。
  We hope to reach an agreement on this point as soon as possible.
- お近づきになる機会をぜひ持ちたいと願っております。
  I am most *anxious to* have the opportunity to make your acquaintance.

▌解説▌

①、②の表現はよく用いる。hope の前に副詞を置いて願う気持ちの程度を示すことができる（第1例の earnestly（熱心に）や sincerely（心から）など）。hope は「可能と信じて望む」の意で、wish（可能と思わないが願う）と対比される。③の

〈決まり文句〉 …をお願いいたします
① **We would like to request that...**
② **We would like you to (do)...**
③ **... will [would] be appreciated. / Thank you for...**
④ **Please...**

〈例〉
- そのような取引（の機会）を私どもに提供していただけるようお願いいたします。
  We would like to request that you entrust such business to us.
- この件をご検討くださることをお願いいたします。
  We would like you to consider this matter.
- 会合にご出席くださるようお願いいたします。
  We would like to request that you attend the meeting.
- これらの問題についてご助力くださるようお願いいたします（ご助力くだされればありがたい）。
  Your help on these matters *would be* greatly *appreciated*.
- ご協力くださいますよう、前もってお願い申し上げます。
  Thank you in advance *for* your kind cooperation.
- 弊社の事情をご理解くださるようお願いいたします。
  Please understand our situation.

‖解説‖
依頼を示す基本的な文章は〈Please ＋動詞 ...〉であるが、（丁寧さが要求される場合は）口語的過ぎる感じも否めず、前記の各種表現が使われる。決まり文句①は would like to request that... として that 以下のことを依頼するという意。would like to ask you to do... としてもよい。②の would like you to do は「あなたに～してもらいたい」。なお、手紙の結びとして With renewed assurance of our desire to do...（…することを繰り返しお願いして）のような表現があるが、本文の中に書き込む方が望ましい。

値下げする　bring the price down / reduce the price　(⇨値引き)

〈例〉
- もう少し値下げしていただけないでしょうか。
  Could you possibly *bring the price down* a little more?
- 貴社の値下げした価格は、まだ少々高過ぎるようです。
  It seems that your *reduced price* is still a bit too high.

値段　price　(⇨価格)

〈例〉
- 4月20日から値段が5%上がりました。
  The *price* has increased by 5% since April 20.

- 貴社の値段は他社の付け値に比べて高いようです。
  Your *prices* seem higher than those quoted by other suppliers.

値引き（する）　discount / reduce the price　（⇨割引）

(例)
- 妥当な値引きをしてくださいますようお願いいたします。
  We hope you will allow us a reasonable *discount*.
- 大口のご注文には、5% の値引きをいたします。
  We can give you a 5% *discount* [*reduction*] for large orders.
- 現行価格から 5% の値引きをお願いいたします。
  We would like to request that you *reduce* the current *price* by 5%.
- 現金払いによる値引きをしていただけるでしょうか。
  Could you make some *allowance* for cash on a bill?

‖解説‖
「〜% 値引きする」は give (you) a 〜% discount / reduce the price by 〜%（第 2・3 例）。「現金払いによる割引」は allowance for cash / cash discount で表すことができる。

年次（の）　annual

(例)
- 年次株主総会は、5 月 30 日午前 10 時より ABC ホールにて開催されます。
  The *annual* stockholders' meeting will be held at ABC Hall on May 30 from 10:00.
- 同封しました ABC 社の 2009 会計年度の年次報告書に、興味を持たれることと思います。
  I think you will find the enclosed ABC *Annual* Report for fiscal 2009 to be of some interest.

‖解説‖
「年次」は「毎年定期的な」の意で annual を用いる。「年次総会」は annual general meeting、「年次監査」は annual audit。

念頭　in mind

(例)
- これらを念頭に置いて、この計画の実行可能性を調査しております。
  With these points *in mind*, we are studying the feasibility of the project.

‖解説‖
「〜を念頭に置いて」は with 〜 in mind。keep (it) in mind that... は「…ということを念頭に置く」という意味。

のうにゅう　279

年末　year-end

例
- 金曜日までに、年末の報告書をお送りできると思います。
  We will be able to send you a *year-end* report by Friday.
- 年末にあたり、これまでのご愛顧に感謝申し上げますとともに、ご挨拶を申し上げます。
  As the year draws to a close, we would like to thank you for your past patronage and send our wishes for a joyful holiday season.

解説
「年末にあたり」は季節の挨拶状の定番表現で、例の as the year draws to a close がよく使われる。「年末」は the year-end / the end of the year。反対に「年頭にあたり」は as the new year begins などという（⇨**新年**）。

の

納期　delivery (date)

例
- 納期は厳守してください。
  The *delivery date* should be strictly observed.
- 納期を6月30日まで延期することに ABC 社が同意したことをお知らせいたします。
  We would like to inform you that ABC has agreed to the extension of the *delivery date* to June 30.
- 納期どおりに出荷できるよう、最善を尽くします。
  We will try our best to insure *timely shipment*.

解説
「納期の延期」は the extension of the delivery date。第3例の insure timely shipment は「納期どおりの出荷を守る」こと。（⇨**期日**）

納入（する）　delivery / deliver　（⇨**納品／支払い・支払う**）

例
- すぐに納入していただけるよう、必要な手配をしてください。
  We request that you make the necessary arrangements for immediate *delivery*.
- 7月1日以前に商品が納入されない場合は、注文をキャンセルせざるを得ません。
  If the products are not *delivered* before July 1, we will have to cancel the order.
- 商品がクリスマスセールに間に合うように納入されなければならないことは承知しております。
  We understand that the products need to be *delivered* in time for the

Christmas sale.

‖解説‖
「（物品の）納入、（手紙の）配達」は delivery。「納入する」は deliver / make a delivery。take delivery of ～は「～を受け取る」。「（金銭の）納入、納付」は payment(⇨支払い・支払う)。

納品　delivery　(⇨納入)

（例）
- 納品を少し早めていただけないでしょうか。
  Could you *make the delivery* a little sooner?
- 同社は 123 点の納品の義務を怠っています。
  They are delinquent in *delivery* of 123 units.

能力　capability / ability　(⇨できない／できる)

（例）
- ABC アメリカ支社の経営陣には、同社をうまく運営していく能力がないということを、私どもは感じております。
  We feel that the management in the US branch of ABC does not have the *capability* to direct the company successfully.
- 同社は自己の履行能力を超えた約束はしないと思います。（信用調書で）
  We don't think they would commit themselves beyond their *ability*.
- スチュアート・グッドマン氏は個人としてかなりの債務支払い能力を持っております。
  Mr. Stuart Goodman personally has considerable financial *responsibility*.
- 同社が荷為替信用状の荷送り人として 10 万ドルの支払い能力があるかどうかについて、ご意見をお聞かせください。
  Please advise us whether the company *is considered good for* $100,000 as shippers under documentary credits.

‖解説‖
「～する（潜在）能力がある」は have a capability of doing [to do] / be capable of doing。ability も同義であるが「（実際に物事を処理する）能力」のこと。「支払い能力がある」は have financial responsibility（第 3 例）/（ある金額の）be (considered) good for ～（第 4 例）。

残す　leave

（例）
- 先日のシカゴ訪問は、私に数々の楽しい思い出を残してくれました。
  The recent visit to Chicago has *left* me *with* many pleasant memories.
- 署名捺印済みの文書を 1 部同封し、あとの 1 部を当社の控えとして残します。

I am enclosing one executed copy and *keeping* one for our records.

|||解説|||
「(物事が)A(人)にB(あること)を残す」は leave A with B(「あることを任せる」という意もある)。第2例の keep は「手元に持っておく」こと。

残り　the rest

(例)
- 30セットを航空便で、残りは船便でお送りください。
  Please send 30 sets by air and *the rest* by sea.
- 貴社側にさらに遅れが生じる場合は、残りの注文をすべて取り消さざるを得ません。
  If further delays occur on your part, we will have to cancel all *remaining* orders.

|||解説|||
「(物事・時間などの)残り」は the rest (of ～)。「残りの注文」は the rest of orders / remaining orders。「残金」は balance(⇨残額)。

残る　remain

(例)
- 差し当たって資金が残っていらっしゃるようでしたら、御社の付利口座にその金額をお預け入れなさることをお勧めします。
  We suggest that you place the balance in your interest-bearing accounts if any funds *remains* for the present.
- 私は去る3月にABC社の会長職から正式に退き、名誉会長として会社に残ることになりました。
  I officially retired as Chairman of ABC last March, and I will *continue to* work with the company as Chairman Emeritus.

|||解説|||
「(物事が)(～に)残っている、残されている」は remain または be left。定年延長、再雇用などで「会社に残る」ことは continue to work with a company。

(…を)除いて　except for　(⇨…以外)

(例)
- モデルA50ユニットを除いて、貴社の買い付け注文品は9月20日までに出荷できることをお知らせいたします。
  We are glad to inform you that your Purchase Order will be ready for shipment by September 20, *except for* 50 Model A units.
- 輸送中に不慮の事故が起きた場合を除いて、それらはやがて貴社に到着するはずです。
  We think that they should have reached you in due course *unless* there was an unexpected accident in transit.

望ましい desirable / advisable

(例)
- 私どもがこの分野で提携することはたいへん望ましいことです。
  It is very *desirable* for us to develop a cooperative relationship in this field.
- 前記の問題を貴社にお知らせするのが望ましいと思ったのです。
  We think that it is *advisable* to inform you of the above matter.

|||解説|||
「(～が)…することが望ましい」は it is desirable [advisable] (for ～) to do のほかに it is desired [desirable / advisable] that... (that 節中の動詞は仮定法現在で原形と同じ形) でも表せる。

望む hope / wish

(決まり文句) …を望んでいます
① **We hope that...**
② **We would like (to do)...**
③ **It is our desire to (do)...**

(例)
- この情報があなたのお役に立ちますよう、心から望んでいます。
  We sincerely *hope that* this information will be helpful to you.
- その計画についてもう少し情報をいただけることを望んでいます。
  We would like (*to have*) a little more information about the plan.
- それらの製品分野で、ABC 社との密接な協力関係を維持することを私どもは望んでおります。
  It is our desire to maintain close working relations with ABC in those product areas.
- 彼は輸入業務に関する仕事に就きたいと強く望んでおります。
  He *has a* strong *desire to* find a new job involved in importing.

|||解説|||
「…(すること)を望む」は、日常的には hope that... / hope to do / would like to do を用いる。I hope と言った場合、その望みの実現可能性はかなり高いことが示される。決まり文句③は、望みを強調する言い方。

(決まり文句) (…を)お望みであれば
① **if you wish to (do)...**
② **if you prefer to (do)...**
③ **if you desire**

のびる 283

（例） ●私どもに何かお望みのことがございましたら、ご遠慮なくおっしゃってください。
If you wish us *to* do anything further, please do not hesitate to call on us.
●旅行代理店を通して手配なさることをお望みであれば、そのようにされても結構です。
If you prefer to complete your arrangements through your travel agent, that would be no problem.
●お望みであれば、ファクスで日取りを手配することができます。
We can handle the arrangements by fax, *if you desire*.

ⅠⅠ解説ⅠⅠ
決まり文句②の if you prefer to do は「ほかのことではなく、むしろ…することをお望みなら」の意。

…ので　because (of) / since　（⇨ために）

（例） ●品質が不良でしたので、貴社からお届けいただいた商品は受け入れることができません。
We can't accept the products you delivered to us *because of* their inferior quality.
●代金をお支払いいただいておりませんので、ご注文第 50 号を取り消さざるを得ません。
Since we have not received payment, we are forced to cancel your order No. 50.

伸ばす　increase

（例） ●当社の新製品は、貴社の売り上げをさらに伸ばすのに必ず役立つものと思います。
I am sure that our new product will help *increase* [*boost*] your sales even further.
●当社の見積もりでは、売上高をさらに 30% 伸ばすことが可能です。
We estimate that the sales volume can *be increased* by another 30%.

ⅠⅠ解説ⅠⅠ
「(利益・売り上げなどを) 伸ばす」には通例 increase を用いる。

延ばす　（⇨延期／延長）

伸びる　increase / be up

（例） ●当社の ABC 社との取引は約 20% 伸びております。

Our business with ABC *is up* about 20%.
- 2008〜09年度の在籍者数は1000名になるものと推定されますが、これは昨年度と比べて約10%伸びています。
  In 2008-09, enrollment is estimated to be 1,000, an *increase* of about 10% over last year.

||| 解説 |||
増加する意の「伸びる」は be up / increase などを用いる。increase は例えば the net income increased by 5%（純収入は5%伸びた）のように使う。「下がる」は be down / decrease など。

述べる　　mention / tell　　（⇨申し上げる）

（例）
- 以前に述べたとおり、当社は海外でも活動する予定です。
  As *mentioned* earlier, we also intend to work overseas. / As I *told* you before, we also intend to work overseas.
- 上に述べたように、当地の景気は落ち込んでいます。
  As *stated* above, business is declining here.

||| 解説 |||
「述べる」は mention (that...) / tell (someone) about [of] (something) / express (one's opinion) など。「上述のように」は As stated above として文頭に来ることが多い。

乗り切る　　survive / ride out / get through

（例）
- 現在の不況は利益に多大な影響を与えました。全社一丸となって売り上げ増に向け最善を尽くし、現状を乗り切ってほしいと思います。
  The current recession is having a strong impact on profits, so we would like all of our staff to help us *survive* the current situation by doing their best to increase sales.
- 当社の戦略が、御社にとって現在の落ち込みを乗り越える助けになるかもしれません。
  We believe we may have some strategies that will help your company in *riding* the current slump *out*.
- 我々が現在陥っているひどく困難な状況を乗り越えるために、ご協力をお願いしたく思います。
  We want to ask for your cooperation in *getting through* the painfully difficult circumstances we have been placed in.

||| 解説 |||
survive は「生き残る」という意味で、「企業の生き残り」といった場合にも使われる。ride out は辛い一時期を耐えること、get through は前を進んで辛くないとこ

ろまで行くというニュアンス。

は

場合　case / time

例
- その場合には、8月30日にABC社にあなたをお迎えすることを楽しみにしております。

　In that case, I will look forward to entertaining you at ABC on August 30.

- 本件につきまして早急にご配慮いただければ、このような場合にたいへん助かります。

　Your prompt attention to this matter would be of great help *at this time*.

||| 解説 |||

「その[この]場合には」は、通例文頭に in that [this] case を置き、前文を受ける。in this respect / in this connection もこの意味で使える。(at) this time は普通文尾に置き「(他の場合は別として)今回は」の意。

決まり文句
…の場合は
① **If...**
② **In case...**
③ **In case of...**
④ **Unless...**（…ない場合は）

例
- それが貴社のやり方に適合しない場合は、その旨お知らせください。

　If it does not conform to your method of operation, please let us know.

- 当地の私の事務所に連絡が取れない場合は、シカゴのABCホテルにお電話ください。

　In case you are unable to reach me at my office here, please call me at ABC Hotel in Chicago.

- 発送が遅れそうな場合は、前もってお知らせください。

　Please let us know in advance *in case of* a late shipment.

- 期限に間に合わない場合は、当方は注文を取り消さざるを得ません。

　Unless you can meet the deadline, we will have to cancel our order.

||| 解説 |||

「…の場合は(もし…ならば)」は if / in case の後に節を続ける。in case of の後に句を付けてもこの意味で使える。第2例の In case you are unable to reach me at my office の含意は「私の事務所に返事ができないと困ると思いますので」ということ。unless は if ～ not... と同じで「もし…でなければ、…する場合を除いて、…しない限り」。

(決まり文句) 万が一…の場合は
① **by any chance**
② **in the remote chance**

(例) ●万が一この先数週間の間にこの辺りにいらっしゃることがあれば、当社にぜひお立ち寄りいただければと思います。
If you will, *by any chance*, be in the area during the next few weeks, we would appreciate it if you could come by our office.
●万が一注文と異なるようなことがあれば、私に直接連絡ください。
Please do not hesitate to contact me directly *in the remote chance* that there is a discrepancy with your order.

拝啓　Ladies and gentlemen

(例) ●拝啓
Dear Mr. Johnson: / Dear Mr. Blair, / Ladies and gentlemen:（など）

|||解説||| 最近は「,」が一般的だが、フォーマルな手紙や、初めてメールを送る相手の場合には、「:」を使うとよい。⇨ p. 399、404

拝見する　read / see

(例) ●貴社の最新の年次報告書を興味深く拝見（拝読）いたしました。
I have *read* with interest your recent Annual Report.
●スミス氏ご逝去の報を今朝の新聞で拝見し、心を痛めております。
I was deeply distressed to *see* the notice of the passing of Mr. Smith in this morning's paper.
●2010年2月15日付のメールを拝見（拝受）いたしました。
We have *received* your message of February 15, 2010.

配送　（⇨配達）

配達（する）　delivery / deliver　（⇨納入／納品）

(例) ●ご注文をお受けしてから2週間以内に商品を配達することができます。
We can *make the delivery* of these products within two weeks after receipt of your order.
●5月31日までに、商品を配達していただきたいのです。
We would like to ask you to *deliver* the items by May 31.
●送ってくださった小包は配達が遅れてしまったようで、たった今受け取ったばかりです。
The package you sent seemed to have been delayed, and so I have just

はいりょ　287

received it.

解説
「(物品の)配送、(手紙の)配達」には delivery(名詞)、deliver(動詞)を用いる。

配当（金）　dividend

例
- 昨日決定した配当金は、2月28日現在登録されている株主に対し、3月15日に支払われます。
  Dividends voted yesterday are payable on March 15 to stockholders of record on February 28.
- 経営者側は四半期ごとの配当金として100ドルを支払っています。
  The management pays $100 in *dividends* on a quarterly basis.

解説
「(株の)配当(金)」は dividend。「配当として〜を支払う」は pay 〜 in dividends（数えられる名詞としての複数形使用可）。「配当利回り」は dividend yield という。

売約書（ばいやくしょ）　sales confirmation

例
- 11月5日までの発送となっている上記注文の売約書第500号を同封いたします。
  We are enclosing our *Sales Confirmation* No. 500 covering your above order for shipment by November 5.

解説
「売約書」は売り手が買い手に送付する注文書のこと。sales confirmation / confirmation of order / sales note などという。

配慮（はいりょ）　thoughtfulness / consideration / attention

例
- この件についてご通知いただいたご配慮に感謝いたします。
  Thank you for your *thoughtfulness in* informing us of this matter.
- 貴社製品を当社に取り扱わせてくださるよう、ご配慮いただきますことをお願いします。
  We would like to ask for your kind *consideration in* letting us handle your products.
- 本件につき至急ご配慮いただければ、誠にありがたく存じます。
  Your prompt *attention to* this matter would be greatly appreciated.

解説
「(〜への)配慮」は、例のように thoughtfulness (in doing) / consideration (to something [in doing]) / attention (to something) などを用いる。

派遣する　send

（例）
- できるだけ早く、当社の技術者を貴社へ派遣いたします。
  We will *send* one of our technicians *to* you as soon as possible.
- 5月の末ごろに田村氏をニューヨークへ派遣したいと思います。
  We would like to *have* Mr. Tamura *visit* New York sometime at the end of May.

|||解説|||
「（人を）〜に派遣する」は単純に send (someone) to 〜がよく使われる。第2例の have (someone) visit 〜も可。

破産　（⇨倒産）

初めて　first　（⇨初…）

（例）
- 貴社に初めてメールを差し上げます。
  This is our *first* message to you.
- 私がそのようなことを耳にするのは初めてです。
  It is *the first time* I have heard such a thing.
- 彼はそちらを訪れるのがまったく初めてですので、貴殿のご援助とご協力を賜われば、誠にありがたく存じます。
  Because this is his *first* visit to your area, any assistance and cooperation you may kindly extend to him would be greatly appreciated.

|||解説|||
「…するのは初めてだ」は第2例のように it is the first time (that)... などと表し、節の動詞は通例完了形を用いる。

始める　open / initiate

（例）
- ABC社は貴社と取引を始めたいということです。
  I hear that ABC would like to *open* an account with you.
- 私どもの合弁会社である ABC社について意見交換を始めるために、本状をしたためております。
  I am writing to *initiate* an exchange of views about our joint venture company, ABC.

はず　should

（例）
- 現在再発送を準備しておりますので、10日以内にはそちらに届くはずです。
  We are now preparing a second shipment which *should* reach you

within ten days.
- 両社は友好的な関係にありますので、双方の利益となるような取引をできないはずはありません。
  They are good friends, and *there is no reason why* they can't do some business to their mutual benefit.

破損（する） breakage / be broken （⇨損傷）

例
- 輸送中に破損したことは、ほとんど疑いの余地がありません。
  There is little doubt that the *breakage* happened in transit.
- 積送品を開梱しましたところ、10個破損していました。
  Upon opening the shipment, we found that ten units *were broken*.
- 遺憾ながら、梱包不良のためにケース第5号は破損していることをお知らせします。
  We have to inform you that case No. 5 *is broken* due to faulty packaging.

||| 解説 |||
「破損する」は be broken。「破損」は breakage で、「破損品」の意味では、通例複数形で用いる。

初… initial / first （⇨初めて）

例
- 近い将来、御社より初注文がいただけることを楽しみにしております。
  We look forward to receiving your *initial* [*first*] order in the near future.
- 貴社と初契約を結ぶことができ、うれしく思います。
  We are pleased to have concluded our *initial* contract with you.

はっきり clear / definite

例
- ABC社が基礎のしっかりした企業であることは、まったくはっきりしていると思われます。
  It seems quite *clear* that ABC is a well-established corporation.
- はっきりとしたご返事を至急いただきたいのです。
  I would like to ask you to give us your *definite* reply immediately.
- その件については、はっきりとは分かりません。
  I don't know *for certain* [*sure*] about it.
- 以下の点をはっきり説明しておきたいと思います。
  I would like to *clarify* the following points:

||| 解説 |||
「はっきりと（は）」は、動詞の後に for certain / for sure を置いて表せる。第3例

のように否定語と用いると部分否定を表す。clear は「はっきりしている」状態、clarify は「はっきりさせる」こと。

発効（して）　effective / in effect

（例）
- 貴社の確認書を受領次第、本件が発効するものと考えさせていただきます。
  We will consider this *in effect* upon receipt of your confirmation.
- 当社は貴社との取引の中止を直ちに発効させることをお知らせします。
  This is to inform you that the termination of the use of your services is *effective* immediately.

|||解説|||
「発効」には、「（法律・規則などが）有効になる」という意味の effective もしくは in effect を用いる。「〜が 2011 年 4 月 1 日から有効になる」は、〜 become(s) effective [come(s) into effect] on April 1, 2011. となる。

発行（する）　issue

（例）
- 私どもの取引銀行が発行を承認し次第、番号をご連絡します。
  We will inform you of the number as soon as our bank confirms its *issue*.
- 輸入に関しましては、当社の信用状は ABC 銀行の外国為替部で発行されております。
  As to our import business, our letters of credit have been *issued* by the Foreign Exchange Department, ABC Bank.

発生する　occur / arise　（⇨起こる）

（例）
- それを調べて、どこでミスが発生したのかを見つけていただければ、たいへんありがたく存じます。
  We would very much appreciate your reviewing it and discovering where the mistake *occurred*.
- 将来同じような問題が発生した場合、ご協力いただけますでしょうか。
  May I count upon your cooperation if a similar situation *arises* in the future?

|||解説|||
「（物事が偶然に）発生する、生じる」場合には occur を用いる。arise も同義。

発送（する）　ship / send　（⇨出荷）

（例）
- ご注文の品は直ちに発送いたしますので、今週中にはそちらへ届くと思います。

Your order will be *shipped* at once and should reach you by the end of the week.
- ご注文の品は6月20日に発送の予定です。
  The products you ordered are scheduled to be *sent* on June 20.
- できるだけ早くそれを発送してください。
  Please *forward* them as soon as possible.
- それらはすでに発送準備が整っております。
  They are already ready for *dispatch*.

||| 解説 |||

「発送する」には send / ship / forward / dispatch などが使える。ship は「商品を船・トラック・鉄道・航空機などで出荷する」場合に使う。dispatch は「手紙・小包などの発送」。

発注　(⇨注文)

発展（する）　progress / grow

（例）
- 皆様のますますのご発展をお祈り申し上げます。
  We wish you *the best of luck*.
- ABC 社が今後とも成功を収め、発展されますことをお祈り申し上げます。
  Please accept our best wishes for the continued success and *progress* of ABC.
- あなたの立派なご指導のもとで、ABC 社が今後も発展し続けることを信じております。
  I believe ABC will continue to *grow* under your able leadership.
- ABC 社と XYZ 社との関係を維持し、発展させていくことが大切だと思います。
  I think it is important that we maintain and *expand* the relationship between ABC and XYZ.

発表（する）　presentation / announce / present

（例）
- 発表のための資料をそろえておきます。
  We will make arrangements to have the *presentation* material ready for you.
- 同封した発表文書は、あなたにとって興味深いものだと思います。
  The enclosed news *releases* may be interesting to you.
- 当社が ABC 社との合弁事業を引き受けたことを発表いたします。
  I am pleased to *announce* that we have undertaken a joint venture

with ABC.
- 当社が大会で発表しました装置に関する論文を 1 部同封いたします。
  I am enclosing a copy of a paper on the equipment which we *presented* at the convention.

  ▌▌▌解説▌▌▌
  「(論文・報告書などの)発表」は presentation(動詞は present、第 4 例)。第 2 例の release は「(情報などの)公表、発表」で、「新聞発表(文)」なら press release。「…ということを発表する」は announce that...(第 3 例)で、名詞形 announcement も「公表、発表」という意で普通に用いられる。

話　talk / subject　（⇨話し合い）

（例）
- この件について、当社の会計士と話をしました。
  I had a *talk* with our accountant about this issue.
- 時間があれば、会議の休憩時に話をしましょう。
  If you find time, let's *talk* during the break at the conference.
- 通常の場合でしたら、喜んで貴社とお話を進めていくところなのです。
  Under normal circumstances, we would be happy to pursue the *subject* with you.
- 話は変わりますが、興味を持っていただけそうな資料を何点か同封いたします。
  In the meantime, I am enclosing some materials which might be of interest to you.
- 顧客の話では、表計算ソフトが間違ってインストールされていたとのことです。
  The client *told* us *that* the spreadsheet had been installed incorrectly.

  ▌▌▌解説▌▌▌
  「話」に対応する英語表現は文脈、状況により多様である。「貴社との話を続ける」場合は pursue [proceed with] the subject with you と、subject(話題、主題)を用いる。talk は単なる「お話」の意。第 5 例の ～ tell us that... は「～の話では…ということだ」ということで、according to ～ , として、その後に that 以下のことを述べてもよい。

話し合い　discussion / conversation　（⇨討議／話し合う）

（例）
- 事情が許せば、話し合いを進めていきたいところなのです。
  As and when conditions permit, we would be eager to proceed with our *discussions*.
- このようなライセンス契約が実現可能かどうかを決定するため、必要な話し合いを進めたいと思っています。

はやい 293

　　　We would like to pursue necessary *discussions* to determine if such a licensing agreement is feasible.
● 合意に向けて話し合いを続けるために、お目にかかりたく存じます。
　　　I would like to meet with you to continue *discussions* toward a mutual agreement.
● あなたと行った最近の話し合いに従い、元の証書は当方に保管してあります。
　　　In accordance with our recent *conversation* with you, the original instrument is kept in our custody.

||| 解説 |||
「話し合い、討議、討論」は discussion(s) で、conversation(s) は意味が軽い。

話し合う　discuss / talk　（⇨討議／話し合い）

(例)　● 手はずが整い次第、東京駐在の貴社の方々とこれらの問題について、話し合いたいと思います。
　　　We would like to *discuss* such matters *with* your representatives in Tokyo as soon as this can be arranged.
● この件に関して、以前に何回か貴社の方々と話し合いました。
　　　We have *discussed* this matter *with* various members of your organization on previous occasions.
● 当社は締結の可能性のある提携協定について、ABC社とさらに話し合います。
　　　We will *talk* further *with* ABC about a possible teaming arrangement.

話す　tell / mention　（⇨おっしゃる／申し上げる）

(例)　● 以前にお話しした吉田氏をご紹介いたします。
　　　This is to introduce you to Mr. Yoshida about whom I have *told* you.
● あなたが昨年東京を訪れた際にお話ししましたとおり、当社はより便利な場所へ移転します。
　　　As we *mentioned* to you during your visit to Tokyo last year, we will move into more convenient quarters.

早い　early / soon / quick　（⇨至急／早急）

(例)　● できるだけ早くお知らせください。
　　　Please let us know *as soon as possible.* / Please let us know *at your earliest convenience.*
● プロジェクトを2週間早く完了していただく必要があります。
　　　We need to have the project completed two weeks *earlier*.

●早く快復されますことを願っております。
I hope that you make a *quick* recovery. / I hope that you have a *speedy* recovery.

払い戻し・払い戻す　refund / pay back / withdraw

例
●目的に合わないソフトウエアはご返送いただければ、払い戻しの手配をいたします。
If you would care to return the unsuitable software programs, we will arrange a *refund* for you.
●添付しました払い戻し伝票で、預金の更新または払い戻しのいずれも行うことができます。
You may renew or *withdraw* the deposit by the attached *withdrawal* forms.
●残念ながら、一度送金された資金は、外貨で払い戻すことはできません。
I am sorry, but the funds, once remitted, may not be *paid back* in foreign currency.
●同額を貴行の当行勘定に払い戻してください。
Please *refund* the same amount to our account with your bank.

||| 解説 |||
預金の「払い戻し／払い戻す（引き出す）」には withdrawal / withdraw を用いる。
「払い戻し伝票」は withdrawal form [slip]。

払う　（⇨支払い・支払う）

範囲　limit

例
●当方がお願いした指し値の範囲内で商品を調達していただけるものと確信しております。
We are sure that you will supply us with the products *within* the price *limit* we gave you.
●資金は、我が国政府が許可する円貨相当額の範囲内でなければなりません。
The funds should be *within* the yen equivalent allowed by our government.
●このような故障は保証の対象範囲外です。
Such breakdowns *are* not *covered by* the warranty.

||| 解説 |||
第 1 例の within the limit (of ～) は「（～の）範囲内で」、第 2 例の within the yen equivalent allowed by ～は「～が認める円貨相当額の範囲内」、第 3 例の be

covered by ～は「～の対象範囲内に含まれる」ということ。

繁栄 prosperity

例
- 貴殿のご健康と御社のご繁栄をお祈りいたします。
  I send you my best wishes for your good health and the *prosperity* of your company.
- 2011 年が貴社にとって繁栄の年となりますようお祈りいたします。
  We hope that 2011 will be a *prosperous* year for your company.

反映する reflect

例
- 購入価格は当社の ABC 社への信頼度を反映しています。
  The purchase price *reflects* our confidence in ABC.
- その新技術は当社がお届けする装置に反映されてきました。
  The new technology has been *reflected* in equipment we are delivering.

解説
「A が B を反映する」は A reflect(s) B。

反響 feedback / response

例
- 当社主催のセミナーに対する反響は上々でした。
  The *feedback from* our seminar was excellent.
- 展示会における当社製品への熱烈な反響（反応）を見て、私どもは意を強くいたしました。
  The enthusiastic *response to* our product at the show has confirmed our belief.

解説
「～に対する反響」は response to ～ / feedback from ～。

万全（の） utmost

例
- このようなミスが二度と起こらないよう、万全の注意を心掛けてまいります。
  We will take *utmost care* to make sure that such a mistake never happens again. / We will *do all we can* to make sure that such a mistake never happens again.

解説
「…ように万全の注意を払う（措置を取る）」は take utmost care to make sure that... / do all one can to make sure that... などと表す。

反対する　object to　（⇨異議／賛成する／同意）

〈例〉
- （残念ですが）あなたの提案に反対いたします。
  I am sorry to say I *object to* your proposal.

判断（する）　judgment / determine

〈例〉
- よりよい判断ができるように、私どもはさらに詳細な情報を必要としております。
  We need more details so that we can *make a* better *judgment*.
- 調査の結果、問題は私どもに起因していると判断いたしました。
  We have looked into the matter and *determined* that the problem was caused by us.
- ご判断に応じて、ご遠慮なく助言をお申し出ください。
  Please feel free to offer your advice *as you see fit*.

‖解説‖
「判断する」は make a judgment / determine などを用いる。「あなたの判断に応じて」は as you see (it is) fit [suitable / appropriate]（第3例）。

反応　reaction / response

〈例〉
- 当社が最近、調査した顧客からの最初の反応はきわめてよいものでした。
  The initial *reaction* from the clients who took our recent survey was extremely positive.
- 1週間以内に、顧客からの反応が得られるはずです。
  We should get a *response* within one week from our client.

‖解説‖
どちらかといえば、reaction は、無意識に起こる反応、自然に起こる反応のことで、response はよく考えての反応。

販売（する）　sale/sell/market　（⇨販売権／販売（代理）店／販売担当／販売元）

〈例〉
- 当社の大事な取引先が貴社商品の日本での販売を検討しています。
  One of our good clients is studying the *sale* of your products in Japan.
- 私どもは家電製品を販売する通信販売会社です。
  We are a mail-order company that *sells* home appliances.
- 貴社の地域で、当社の新しい電子製品を販売できるかどうかを、現在検討しています。
  We are studying the possibility of *marketing* our new line of electronic products in your area.

〈販売…〉

はんばいたんとう 297

- 8% 値引きすれば、販売量を2倍にできます。(⇨売り上げ)
  If there is an 8% discount, we can double our *sales volume*.
- 私どもは主要テレビネットワークのコマーシャルで、新製品の販売促進をします。
  We will *promote* our new product through commercials on major TV networks.
- 当社は日本全国にしっかりした販売網を持っています。
  We have a well-established *marketing network* throughout Japan.
- 当社は貴社の日本への輸出品の販売ルートをよく存じ上げております。
  We are quite familiar with the *sales channels* for the products you export to Japan.
- 貴社がどのような販売ルートをお持ちか、知りたいのですが。
  I would like to know what kinds of *distribution channels* you have.

||| 解説 |||
promote は「(新製品などを、宣伝して) 販売促進する」という使い方がある。「販売促進」は (sales) promotion。「販売網」は marketing [sales] network、「販売ルート」は sales [distribution] channels。

販売権　distributorship

- 当社は ABC 社に当社製品の独占販売権を与えております。
  We have granted ABC exclusive *distributorship* of our products.
- 貴社製品の一部に対する一手販売権を私どもに与えてくださるかどうかを、お知らせいただきたいと存じます。
  I am anxious to know whether you would be agreeable to giving us sole *distributorship* for some of your products.

||| 解説 |||
「独占販売権、一手販売権」は exclusive [sole] distributorship で、費用とリスクを販売権被許諾者が負担する代わりに、販売による利益はすべてその被許諾者のものとする契約。「販売代理店 (契約)」sales agent は、費用、リスクは許諾者側が負担し、被許諾者は一定の報酬を受けるだけのもの。

販売担当　sales force / sales executive

- この情報により、当社の販売担当者は、顧客からの大抵の質問に答えられるようになるでしょう。
  This information will allow our *sales force* to answer most questions from our customers.
- 当社の販売担当者の訪問を希望される場合はお知らせください。
  Please let us know if you would like one of our *sales executives* to

visit you.

解説

「販売担当(者)」を第2例のように sales executive と表現すると、かなり職位の高い人を連想させるので、相手側の歓心を得ることができるだろう。

販売(代理)店　distributor / sales agent

(例)
- 当社を貴社の販売代理店としてご利用くださいますよう、お願い申し上げます。
 We hope you will consider our services as *sales agents*.
- このような商品を扱うカナダの卸売業者か販売店をお知らせいただけませんでしょうか。
 Could you inform us of any wholesalers or *distributors* handling such merchandise in Canada?
- 貴社が ABC 社と販売代理店契約を結ぶよう、お願い申し上げます。
 We would request that you enter into a *sales agent* agreement with ABC.

解説

「販売代理店」は sales agent。(⇨販売権)

販売元　(sales) outlet

(例)
- 米国における当社の販売元は限られております。
 Our *distribution outlets* in the United States are limited.
- 私どもは、日本における貴社製品の販売元が拡大されるよう、全力を尽くす所存です。
 We are prepared to do our best to help enlarge *outlets* of your products in Japan.

解説

「販売元」は sales [distribution] outlet で、「販売代理店」の意味にも使える。「小売り窓口」は retail outlet という。

パンフレット　brochure / pamphlet

(例)
- そのシステムを詳しく説明した製品パンフレットを同封いたしました。
 We have enclosed our product *brochure* which gives you further explanation of the system.
- 同封いたしました当行の業務案内パンフレットをご一読ください。
 Please look over the enclosed *pamphlet* on our banking services.
- ご要望のパンフレットと価格表は、近日中にお送りいたします。
 The *brochure* and price list you requested will be mailed shortly.

判明する　be found　（⇨分かる）

例
- 調査しましたところ、問題は当方の事務的なミスによるものということが判明しました。

  Upon investigation, we *found* that the problem was caused by a clerical error on our part.
- 問題は、出荷票が誤って付けられたことが原因で生じたものと判明しました。

  We *determined* that the problem occurred as a result of a misplaced shipping label.

|||解説|||

「…ということが判明する」は find [determine] that...（…を発見する、突き止める）を用いて表せる。it is found that... としても同義で、この方が客観的な記述である感じがする。

ひ

控え　copy

例
- 署名捺印済みの文書を1部同封し、残りの1部を当社の控えとして残します。

  I am enclosing one executed copy and retaining *one for our records*.

|||解説|||

「（記録用に保管する）控え」は a copy for one's records である。通常、契約文書は正副2通に両当事者が署名し、そのうちの1通を控えとする。例の retaining one for our records の one (= a copy) がそれ。ちなみに「正副2通に署名して」は executed in duplicate となる。

控える　refrain

例
- このような事情ですので、少なくともこの契約が失効するまでは貴社との取引を控えざるを得ません。

  Under the circumstances, we are obliged to *refrain from* doing business with you at least until the contract expires.

|||解説|||

「～するのを控える」は refrain from (doing)（from の後は名詞も可）。Passengers are requested to refrain from smoking. は「車内でのおたばこはご遠慮くださ

い」。

比較する　compare

（例）
- 確認状の本文とメールの記載条件とを慎重に比較してください。
  Please *compare* carefully the text of the certificate *with* the terms which were set forth in our email.
- ABC 社のものと比較しますと、当社製品は、価格はいくぶん高いですが、品質はずっと優れております。
  Compared to ABC's, the prices of our products are a little higher, but the quality is far superior.

解説
「A と B を比較する」は compare A with B。「〜と比較すれば」は (as) compared to [with] 〜 で、to を用いるのは主に米国表現。

引き合い　inquiry　（⇒照会／問い合わせ）

（例）
- 当社はこれらの商品に多くの引き合いを受けております。
  We have received many *inquiries* for these products.

引き上げる　increase　（⇒値上げ）

（例）
- 特に大量のご注文であれば、割引率を引き上げる用意があります。
  If an order is exceptionally large, we are prepared to *increase* our rate of discount.

引き受ける　accept　（⇒受ける）

（例）
- 残念ながら、支払いのために提示なされた書類を引き受けることができません。
  We are sorry that we are unable to *accept* your documents presented to us for payment.
- 当方のオファーをお引き受けいただけない場合は、貴社が最も妥当とされる価格をお知らせください。
  If our offer is not *acceptable*, please inform us of your most reasonable prices.
- 今回は手形を引き受け、商品を受け取ることにいたします。
  We will *honor* the draft and take delivery of the products this time.

解説
「引き受ける」は accept（内容を納得したうえで受け取ることで、receive ではない）。「手形を引き受ける」は honor a draft（第 3 例）。

引き下げる　reduce / lower / bring down　（⇨値下げする／値引き）

例
- 同じく 3 か月間、数量がひと月 120 個の場合は、当社は 1 ダース当たりの価格を 60 ドルまで引き下げます。
  In quantities of 120 units per month for the same three months' period, we can *reduce* this price to $60.00 per dozen.
- 現行価格が ABC 社の要求どおりに引き下げられれば、受注成約の可能性が十分あります。
  There is a good chance of finalizing an order with ABC if the present price can be *lowered* to meet their requirement.
- 価格を 75 ドルに引き下げてくださればば、大口注文をすることができます。
  If you can *bring* the price *down* to $75, we will be able to place large orders.
- 集積回路の価格をもう少し引き下げていただければ、より大きな取引も可能です。
  With *better pricing* on integrated circuits, we can do more business.

引き立て　favor / patronage　（⇨愛顧）

例
- 今後ともお引き立ていただきますよう、お願い申し上げます。
  We hope we may receive your further *favor*.
- 旧年中はお引き立ていただき、誠にありがとうございました。
  Thank you very much for your *patronage* this past year.

引き継ぐ　take over

例
- この度私が吉田の業務を引き継ぎましたので、ご通知申し上げます。
  This is to inform you that I have *taken over* the work of Mr. Yoshida.
- 青木が英国に駐在し、ロンドン支社長として武藤の仕事を引き継ぎます。
  Mr. Aoki will undertake residence in Britain and *succeed* Mr. Muto in our operations as Manager of the London office.

‖解説‖
「～を引き継ぐ」は take over ～（任務など）/ succeed ～（人）。名詞形の takeover は「（管理・支配権の）奪取、（会社の）乗っ取り」の意味。

引き続き　continued

例
- 私どもを引き続きご支援くださいますよう、お願いいたします。
  We kindly ask that you *continue to* render assistance to us.
- 引き続きご協力、ご厚誼を賜りますよう、お願いいたします。

We hope we can count on your *continued* cooperation and friendship.
- その活動に引き続き興味を持っておりますので、いつでもお便りをいただければ幸いです。
  I am *still* interested in the activities and will be happy to hear from you at any time.

▌▌解説▐▌

「引き続き〜する」（動作、習慣などを続ける）は continue to do もしくは continue doing（または名詞）。「依然として」という意味では still が使える（⇨依然）。

引き取る　take delivery of / take back

（例）
- 10月31日までに商品をお引き取りいただける（可能性はある）でしょうか。
  Is there any possibility that you will *take delivery of* the products by October 31?
- 以前に契約したとおり、これらの欠陥商品を引き取っていただきたいと思います。
  We would like you to *take back* these defective articles as previously contracted.

▌▌解説▐▌

納入したものを「引き取る」のは take delivery of 〜、返品を「引き取る」のは take back 〜 と、使い分けるとよい。

引き渡し　delivery　（⇨納入）

（例）
- 1か月以内に引き渡しをしていただければ、ありがたく存じます。
  We would appreciate it if you could *make the delivery* within a month.
- 引き渡しの確認をいただけるよう、お待ちしております。
  We are looking forward to your *delivery* confirmation.
- 引き渡し期日の調整をしていただけないでしょうか。
  Would you adjust the *delivery* schedule?

必要（な）　necessary

（例）
- 本件を解決するために必要な措置を取っていただけませんでしょうか。
  Would you take the *necessary* steps to settle this matter?
- 延長に必要な金利をお支払いいただくよう、お願いいたします。
  We would like to ask you to pay the interest *necessary for* the extension.

● お支払いいただけるようでしたら、必要額は下記のとおりです。
　　If you make the payment, the amount *required* is as follows:

|||解説|||
「必要な」は文例の the necessary steps（必要な措置）のように修飾する語の前に置く場合と、the interest (which is) necessary for ～（～に必要な金利）のように後ろに置く語順にする場合がある。第3例の the amount required は後者の例。

【決まり文句】　…（すること）が必要です
① **We need... / We need to (do)...**
② **... is [are] required.**
③ **It is necessary (for ～) to (do)...**

【例】● 原材料が不足しているため、モデル A の生産を終えるにはあと10日必要です。
　　Because of a material shortage, *we need* another ten days to complete production of Model A.
● 9月20日までに商品を納入していただく必要があります。
　　We will *need to* have the products delivered by September 20.
● 親会社からの（保証状に代わる）取引支援の手紙が必要です。
　　A letter of support from the parent company *is required* (instead of a letter of guarantee).

|||解説|||
決まり文句②は、必要な物事、人を主語にして、これが必要とされる（be required）とする。③の it is necessary for ～ to do では、～が意味上の主語になる。

【決まり文句】　…が必要でしたら
① **if you need [require]...**
② **if ... is [are] needed [required]**

【例】● 詳しい情報が必要でしたら、ご連絡ください。
　　Please let us know *if you require* any further information.
● 代案が必要でしたら、いつでもメールしてください。
　　If alternatives *are required*, please email us any time.

一言（ひとこと） note

【例】● 先ごろシカゴを訪問しました折に、ご親切なおもてなしをいただき、一言お礼申し上げます。
　　Just a brief note to thank you for your thoughtful hospitality on my recent visit to Chicago.
● 見積もりについて一言申し上げたいのは、保守に対して貴社が高額の割増金を課していることです。

The *only comment* I would like to make on the quotation is about the large premium you are charging for maintenance.

解説
「～を取りあえず連絡したい」ということを just a brief note to do で表す。note は短い手紙のこと。「言いたいただ一つのこと」は the only comment I would like to make（第2例）などとなる。

費用　cost / charge / expense

例
- 当方が負担する費用がいくらになるのかをお知らせください。
  Please inform us of the *cost* to be borne by us.
- この価格改定は、燃料費、人件費その他関連費用の高騰によるものです。
  These price changes were due to multiple increases in fuel *charges*, labor *costs*, and other related *expenses*.
- 積み荷が1週間以内に到着しない場合、貴社の費用（負担）で10セットを国際宅配便でお送り願えますか。
  If the shipment does not reach us within a week, would you send us 10 sets by international courier service *at your expense*?

解説
「費用」に対しては cost(s)（原価）/ charge(s)（諸雑費）/ expense(s)（複数形では～費というときに用いる）。第3例の at your expense は「貴社の費用負担で」の意。

評価（する）　evaluation / assess

例
- 貴社に評価していただくため、サンプルをお送りいたします。
  We will be happy to send our samples to you for your *evaluation*.
- あなたが同商品の販売可能性をどう評価なさるのかを、お知らせいただきたく存じます。
  I would like to know how you *assess* their salability.
- 私は ABC 社の業績を高く評価してきました。
  I have *valued* the achievements of ABC Company.

解説
第2例の assess は「～の価値を（…と）評価する」こと。「～を高く評価する」は value ~（第3例）/ think highly of ~。

病気（の）　illness / ill / sick

例
- 突然ご病気になられたと伺い、驚いております。
  I am surprised to hear that you *fell ill* suddenly.
- 秘書の方からご病気は重いものではないと承り、安心しております。
  Your secretary assured me that your *illness* has not proved serious,

and I am relieved at that.
- 安田は長期病気休暇中ですが、引き続き副社長職にとどまっています。
  Mr. Yasuda remains a Vice President *on* extended *sick leave*.

||解説||
「病気になる」は fall [become / get] ill。第3例の extended sick leave は「長期病気休暇」。He is on leave. なら「彼は休暇中だ」の意。

標準　standard　(⇨基準)

(例)
- それらは標準に達していないようです。
  I am afraid that they are not up to the *standard*.
- 彼は会話では標準以上の能力を持っています。
  I know he is above the *average* in point of conversation.

評判　reputation

(例)
- ABC 銀行は創業 60 年で、日本の一流銀行の一つとして高い評判を得ております。
  ABC Bank was founded 60 years ago and enjoys a high *reputation* as one of the leading banks in Japan.
- ABC 社はカナダ最大の農機具メーカーであるとの評判です。
  ABC *is reputed to* be the largest Canadian manufacturer of farm machinery.

||解説||
「～として（よい）評判を得る」は enjoy a high reputation as ～ / be reputed as [to be] ～ / be acclaimed as ～ など。

表明する　(⇨発表)

開く　(⇨開催する)

品質　quality

(例)
- 貴社製品の品質がよければ、この種の取引は必ず両社間の取引拡大につながっていくでしょう。
  If the *quality* of your products is high enough, this type of transaction will lead to an increase in business between us.
- 品質不良のため、貴社が納入された商品は引き取れません。
  We cannot accept the products you delivered because of their inferior *quality*.

品目　item

（例）
- メーカーより依頼された最低注文量は1品目につき月間200個です。
  The minimum order quantity requested by the manufacturer is 200 units for each *item* per month.
- オファー可能な全品目の価格表とカタログを同封いたします。
  We have enclosed the price list and catalog covering all available *items*.

|||解説|||
「カタログに載っている品目」なら items in a catalog。

ふ

…部　copy

（例）
- ABC社の2009年度年次報告書を1部同封いたします。お役に立てば幸いです。
  I am enclosing a *copy* of ABC's 2009 Annual Report, which I hope you will find of some interest.
- 9月10日付の貴社の署名済み送り状第100号を、あと2部お送りください。
  Please send us two additional *copies* of your signed invoice No. 100 of September 10.

|||解説|||
「～を1部同封する」は enclose a copy of ～。2部なら two copies of ～。

ファクス　fax

（例）
- 折り返しファクスでご返事をお願いします。
  I hope to have your reply by return *fax*.
- 上記内容をファクスで確認していただければ、ありがたく存じます。
  Your *fax* confirmation of the above would be greatly appreciated.
- 0120-123-456にファクスでご注文いただくこともできます。
  You may also *fax* your order to 0120-123-456.

|||解説|||
fax は facsimile の省略形だが、より普通に用いられる。fax は「ファクスで送る」という意の動詞としても用いる。「折り返しファクスで」は by return fax。

不一致　discrepancy　（⇨食い違い／違い）

（例）
- 受領した商品と原注文書との間に不一致がありました。
  We found *discrepancies* between the products received and the

original order.

不可欠な　essential

例
- 早急に出荷していただくことが不可欠です。
  Your prompt shipment is *essential*.
- 貴社がこのような措置を取られるのは、不可欠とも必然的とも考えられません。
  It is neither *essential* nor logical for you to take such measures.

||解説||
「不可欠な」は essential を用い、necessary よりも意味が強い。It is essential for you to take... は、It is essential that you (should) take... とも表せる。

不可能な　impossible　(⇨できない)

例
- あいにく、当方が6月30日までにそれらを出荷することは不可能です。
  Unfortunately, it will be *impossible* for us to ship them by June 30.

含む　include

例
- 価格には消費税が含まれておりません。
  The price does not *include* consumption tax.
- 積み出し費用と取り扱い手数料は、すべて下記の見積もり価格に含まれております。
  All shipping and handling costs are *included* in our prices quoted below.
- 航空便料金を含んだ代金をお知らせいただけませんでしょうか。
  Would you please let me know the amount to be paid to you, *including* the postage incurred for airmail?

||解説||
「～を含んで」は第3例のように including ～とする（included ～ではない）。

不幸　bereavement / loss

例
- この度のご不幸を悼み、貴殿とご遺族の皆様に心よりお悔やみ申し上げます。
  My heartfelt sympathy goes to you and your family in your great *bereavement*.
- この度のご不幸を悼み、心からお悔やみ申し上げます。
  You have my deepest sympathy in this time of *loss*.

||解説||
訃報に接したときに出す悔やみ状に用いる典型的な表現である。sympathy は「同

情」というよりは「悔やみ」のこと。

負債　debt / obligation(s)

（例）
- 長期負債とその他の買掛金の合計は 5670 万ドルで、株主持ち分は 7890 万ドルでした。
  Long-term *debt* and other credits totaled $56,700,000 and stockholders' equity was $78,900,000.
- 負債額のお支払いに当たっては、当方はあなたに無理のないように努めてまいりました。
  We try to be reasonable in helping you meet your *obligations*.

|||解説|||
第 2 例の meet your obligations は「負債[借金]を払う」こと（「義務[責任]を果たす」という意味もある）。「負債を返済する」には pay (off) a debt / settle a debt などの表現がある。

不在　absence　(⇨留守)

（例）
- 私の不在中にさらに情報が必要な場合は、当社輸入部長の本田までご連絡ください。
  Please contact Mr. Honda, Import Manager of our company, if you need any further information *during my absence*.
- 先日お電話をいただいた際に不在で失礼いたしました。
  I am sorry I *missed* your telephone call the other day.
- 当社の社長は 8 月 25 日まで不在です。
  Our president will *be out of the office* until August 25.

|||解説|||
「(～の)不在中」は during one's absence（第 1 例）。「会社にいない」というときは be out of one's [the] office（第 3 例）。

無沙汰　silence

（例）
- 前回お目にかかって以来、長らくご無沙汰いたしました。
  It is quite *a long time* since I met you last.
- すっかりご無沙汰して申し訳ございません。
  I must apologize to you for my long *silence*. / I am very sorry I *have not written to you* for a long time.

ふさわしい　right　(⇨適任)

（例）
- 彼はこの仕事にふさわしい人物であると確信しております。
  I am sure that he will be the *right* person to do the job.

- 貴殿がこの度 ABC 社社長に就任されたことに対し、心からお祝い申し上げます。この栄誉は貴殿にふさわしいものと存じます。
  Please accept my sincerest congratulations on your appointment as President of ABC, an honor which you richly *deserve*.

解説

「(仕事などに)ふさわしい人、適材適所」は the right person to (do) ～ や the right person for ～。第 2 例の deserve は「(人・行動などが)(賞罰・注目・感謝などに)値する」ことで、「～して当然だ、～にふさわしい」の意になる。

無事　safely

例
- 3 月 20 日、島田ともども無事日本に到着しました。
  Mr. Shimada and I returned to Japan *safely* on March 20.
- 無事に帰国なされますよう、祈っております。
  Have a *safe* trip back [home].
- 商品が無事にそちらへ届くよう、願っております。
  I hope the products will reach you *in good condition*.

解説

第 2 例の Have a safe trip back [home]. は、人を見送るときに道中の平安を祈る常套表現。

不十分な　insufficient / unsatisfactory

例
- この問題に対する貴社の対策は不十分であるように思われます。
  I am afraid that your countermeasures against the problem have been *insufficient*.
- 損傷の原因は不十分な包装にあったことが分かりました。
  We have found that the damage was caused by *unsatisfactory* packing.

解説

「不十分な」は insufficient を用いて程度、数量などが不足していること (= not enough) を表す。unsatisfactory は「不十分な、問題になる」の意。unsatisfying も同義。

不足する　be short / run short

例
- 配送された商品は 10 個不足しています(ことをご注意申し上げます)。
  Please note that the delivered products *are short* by 10 units.
- その型は在庫が不足してきております。
  We have *run short of* stock in that model.
- 荷を開きましたら、いくつかの品目が不足していることが分かりまし

た。
　Upon unpacking, we found that some of the items *were missing*.

解説
「(ある数量分) 不足している」ことは be short by ～で示す。この by は程度、差異を示し、「～だけ、～の差異で」の意。short of ～は「～が不足している」こと。第3例の missing は「欠けている、紛失した」の意(⇨紛失する)。

負担(する)　burden / obligation / bear

例
● 引受手数料は、ABC 社が負担するものと思っておりました。
　We understood that the acceptance commission should have been *borne* by ABC.

● その在庫の管理費は、当社の財政にとって大きな負担になっています。
　The carrying costs of the inventories have placed a heavy *burden* on our finances.

● ABC 社は、私どもの要請に応じて貴社に連絡を取り、何のご負担もお掛けせずにご質問にお答えいたします。(⇨費用)
　ABC will contact you at our request and answer your questions, *without obligation*.

解説
「(費用・責任などを) 負担する」には bear を用いる。ビジネス英語では露骨さを避けるため、第1例のように物を主語にすることも多い。「何の経済的、その他の負担もなしに」は without (any) obligation を用いる。obligation は「義務、責務」のこと。

普通　ordinary　(⇨通常)

例
● 長い間お使いいただいておりましたお客様の普通預金口座は、残念ながら、最近はご利用いただいていないようです。
　We regret to note that your *savings account* with us, which was long utilized by you, has recently become inactive.

解説
「普通預金口座」は savings account (米国式)。英国では ordinary deposit を使う。

船積み(する)　shipment / ship　(⇨出荷／発送)

例
● 貴社のご注文第123号の船積みを8月末まで延期するように要請された6月21日付のメールを受け取りました。
　We received your message of June 21 in which you have requested us to postpone the *shipment* of your order No. 123 until the end of August.

ふほんい　311

●貴社のご注文第 55 号を 3 月 5 日横浜出航のいろは丸に船積みいたしました。
We *shipped* your order No. 55 on board Iroha Maru sailing from Yokohama on March 5.

■解説■
「船積み（出荷）、積み込み（船舶への積み込みとは限らない）、発送」には shipment を用いる。ship は「（商品を）発送［出荷］する」こと。

船便　surface mail

（例）
●残りのご注文品は 8 月 30 日に船便で発送いたします。
The rest of your order will be shipped *by sea* on August 30.
●上記の見本は別途船便でお送りいたします。
We are pleased to send you the above samples separately *by surface mail*.

■解説■
「船便で」は by sea または by surface mail（航空便に対して「船便で」ということを示す）。

不便　inconvenience　（⇨迷惑）

（例）
●今回の遅延のためにご不便をお掛けしましたことを、心からお詫び申し上げます。
Please accept our deepest apologies for the *inconvenience* this delay caused you.
●今回の誤解のために、あなたにご不便をお掛けしなかったかと心配でなりません。
I am greatly worried that this misunderstanding might have *inconvenienced* you.

■解説■
「あなたに不便を掛ける」は cause you inconvenience / inconvenience you いずれも使用できる。例は、苦情に対する返事の手紙などで用いる表現。

不本意　reluctance

（例）
●不本意ながら予定を延期せざるを得ないとあなたにお伝えするように、彼から頼まれました。
He asked me to tell you that he has to postpone the schedule, much *against his will*.
●したがって、不本意ながら当方の注文を取り消すことになりました。
Therefore, we have *reluctantly* decided to cancel our order.

解説
弁解の際によく使われる表現で、「不本意ながら」は副詞（句）として用いられる。第1例の against one's will は「意志に反して」、第2例の reluctantly は「不承不承、いやいやながら」の意。

不満（な）　dissatisfaction　（⇨満足）

例
- 私は本注文の取り扱われ方にかなり不満があります。
  I *am* quite *dissatisfied with* the manner in which this order has been handled.
- 当行の取り扱いにご不満な点がございましたら、ご指摘いただければ私自身が調査いたします。
  If you *are not satisfied with* our bank's services, let me personally investigate any matters you wish to bring to our attention.
- 当方のお客様の中には、ABC 社製品に対して不満を漏らす方がいらっしゃいました。
  Some of our customers expressed *dissatisfaction with* ABC's products.

解説
「〜に不満［不快］である」は be dissatisfied with 〜 / be not satisfied with 〜（第1・2例）。「〜に対する不平不満」は dissatisfaction with 〜（第3例）。

不満足　（⇨不満／満足）

不明　unclear / confusing

例
- 情報について不明な点があれば、いつでもご連絡ください。より詳細について喜んでご説明いたします。
  If any of the information is *unclear*, please contact us at any time and we will be happy to explain it in further detail.
- 先週の会議でお話ししたいくつかの不明点について質問があります。
  I have some questions regarding some *confusing* points we talked about at last week's conference.

解説
unclear より confusing のほうが不明の度合いが強い。This report is unclear. なら修正で済む程度の出来のレポート、This report is confusing. では、使い物にならないレポートということになる。

部門　department / section

例
- 当行にはよく整備された国際銀行部門がございます。

We have a fully integrated the International Banking *Department*.

- 彼は貴社の新設部門において、必ず成功するものと思います。
  I am sure he would do well in the newly established *section* of your company.

┃┃┃解説┃┃┃

「（組織の）部門名」は当該組織がそれぞれ独自に命名しているものなので、どの組織にも当てはまる標準的な英訳語はない。例では department が固有名詞として、section が普通名詞として示されているが、このほか division もよく用いられる。一般的に言って、上位レベルの組織から division → department → section の順で使われる。

増やす　increase

（例）
- 注文量を増やしていただけるようでしたら、さらに大幅な割引をいたします。
  We would like to offer a larger discount if you could *increase* the amount of your order.

振替　transfer　（⇒振り込む）

（例）
- お支払いは、商品を受領次第、銀行振替でいたします。
  Payment will be made by bank *transfer* upon receipt of the products.

振り込む　transfer

（例）
- その書類を受け取り次第、上記の貴社の口座に資金を振り込む手配をいたします。
  Upon receipt of the documents, we will arrange to *transfer* funds *to* your account noted above.
- 弊社の取引銀行より、貴社から弊社の口座に1200ドルをお振り込みいただいた旨の連絡を本日受けました。
  Our bank informed us today that your *transfer* of $1,200 was credited to our account.
- 利息はあなた名義の普通預金口座に振り込まれますので、ご承知おきください。
  Please note that interest will *be credited to* the ordinary deposit account opened in your name.

┃┃┃解説┃┃┃

「（金銭を）〜の口座に振り込む」は transfer (a certain amount of money) to someone's account。第2・3例の be credited to (someone's account) は「（だれかの口座）に入金する」ことから「振り込む」という意味にもなる。

不良（な）　inferior / faulty

（例）
- 品質不良のため、お送りいただいた商品は受け入れられません。
  We cannot accept the products you sent us because of their *inferior* quality.
- 弊社がお送りした商品が不良であったことを10月15日の貴社からのファクスで知り、申し訳なく存じます。
  We regret to learn from your fax of October 15 that the products we sent you are *defective*.
- 申し上げるまでもなく、弊社はこの不良品をお取り替えいたします。
  Needless to say, we are prepared to replace the *faulty* articles.
- 貴社の実績不良により、全契約を破棄する可能性について真剣に考えております。
  We are seriously thinking of the possibility of discontinuing the whole contract for *failure* of your performance.

‖解説‖
「（品質・製品・実績などの）不良」は、意味するところにより、文例のように各種の英語表現を用いる。

分割（の）　partial　（⇨分割払い）

（例）
- 分割積みは不可とします。
  Partial shipments are not allowed.

‖解説‖
「分割積み、分割発送」は partial shipment [delivery]。「代替発送」は substitute delivery という。

分割払い　installment

（例）
- 貴社の送り状に対する支払いを10回の分割払いにしていただければ、ありがたく存じます。
  We would be grateful if you would allow us to pay your invoice in ten *installments*.
- 残高不足のため、8月分の分割払い込み金を貴社の勘定より引き落とすことができませんでした。
  We could not charge your account for the August *installment* because the balance was insufficient.

‖解説‖
「分割払いで」は in [by] installments。なお、installment と instalment の2通りのつづりがあるが、後者は英国式。

紛失する　be missing　（⇨不足する）

例
- 当社の注文第 300 号に基づく商品が到着しましたが、ケース第 50 番から 3 つの付属品が紛失しておりました。
  The products on our order No. 300 have arrived, but we have found three accessories *missing* from Case No. 50.
- 送達状の記載にもかかわらず、重量明細書が紛失しているようです。
  We are afraid that the weight list *is missing* in spite of the statement in the transmitting letter.

文書　document

例
- このような金額は、文書による証明書で証明される必要があります。
  Such an amount will need to be certified by a voucher *in written form*.
- 貸出実行期間は、必要な文書作成が完了した日から 2010 年 12 月 31 日までです。
  The drawdown period will be from the date of the completion of necessary *documentation* to December 31, 2010.

‖‖解説‖‖
「文書による、文書の形で」は in written form。第 2 例の documentation は文書そのもののことではなく、「文書の作成、準備、提供、活用」のこと。

分野　field

例
- そのメーカーは、特にハイテク・エレクトロニクス製品の分野でよく知られています。
  The manufacturer is well known, especially in the *field* of high-tech electronic products.
- 私どもは、日本での研究とコンサルティングの分野で、長年の経験がございます。
  We have years of experience in the research and consulting *fields* in Japan.

‖‖解説‖‖
「～の分野で」は in the field [area] of ～、あるいは in the ～ field(s)。

平均　average

例
- 私どもはこれまでのところ、月平均 30 件ほどのお取引があります。
  Our experience shows the *average* number of transactions per month to be about 30.

● ABC 社の月間売上高は平均で 300 万ドルを上回っています。
　The monthly sales of ABC exceed 3,000,000 dollars *on average*.

|||解説|||

「～の平均件数」は、月平均であれば the average number of ～ per [a] month とする。年平均なら per [a] year となる。「平均で」は on (an [the]) average で、文頭、文中、文尾どこにでも置けるが、文中では前後にカンマを付けることが多い。

別　other

（例）
● 別の機会にあなたとスミス氏にお会いすることができないものかと、考えております。
　I wonder if it would be possible to find some *other* time for us to meet with you and Mr. Smith.
● A セットと B セットを別々に見積もり、さらに C セットの見積もりも出していただけませんでしょうか。
　Would you quote A and B sets *separately* as well as C set?

|||解説|||

「別々に」は separately。ちなみに、割り勘のときは "Bill separately." とウエーターに言えばよい。

別途　separately　（⇨別便）

（例）
● 当社のパンフレットを別途航空便にてお送りいたします。
　We will be glad to send you our brochures *separately* by airmail.
● 包装および納入のための費用は別途記載するものとします。
　Price for packing and delivery will be stated *separately* [*apart from this*].

|||解説|||

「（今書いている手紙とは）別途に～を送る」ときは、send ～ separately / send ～ by separate mail など。send ～ under separate cover (to someone) も同義。

別便　separate cover / separate mail　（⇨別途）

（例）
● 商品のサンプルを貴社宛に別便で発送いたしました。
　We have sent you a sample of the products *under separate cover*.
● 当社の業務概要を記載したパンフレットを、別便でお送りいたします。
　We will send you *by separate mail* a brochure which will give you the outline of our company.

別々　（⇨別）

減らす　reduce

例
- 当社が現在持っている製品Aの在庫を減らす予定です。
  We are planning to *reduce* our present stocks of Product A.

変化　change

例
- 情勢に変化はございません。
  There is no *change in* the situation. / The situation remains *unchanged*.
- 調査結果は過去3年間におけるユーザー層の変化を示しています。
  The results of the survey indicate *changes in* user patterns over the last three years.

|||解説|||
「～に変化がない」は no change in ～ または ～ remain unchanged（第1例）。「～の変化」の「の」に当たる英語は change in the weather のように通例 in を使う。ただし、change of pace / change of heart のような連語はこの限りではない。

便宜　convenience

例
- 便宜上、山田氏の6月30日付のメールに列挙された問題点を順番にご説明いたします。
  For convenience' sake, I will sequentially explain the issues listed in Mr. Yamada's June 30 message.
- 私どもの便宜供与が必要になりましたら、いつでもご連絡ください。
  Please let us know any time you may need to use our *facilities*.

|||解説|||
「(～の)便宜のために」は for convenience' sake / for one's convenience / for the convenience of (someone) などで、「お手数が掛からないように（あなたの便宜を図って）、切手を貼った返信用封筒を同封します」は A stamped, self-addressed envelope is enclosed for your convenience. となる。

返金　（⇨払い戻し・払い戻す）

変更　change　（⇨変更する）

例
- あなたが提案された同書類への変更にはすべて同意いたします。
  We agree with all of the *changes* to the document suggested by you.
- スケジュールの変更がございましたら、お知らせください。
  Please let us know if there is any *change* in your schedule.

変更する　change / amend

(例)
- これらの価格は、来月末に変更することもあり得ます。
  These prices are subject to *change* at the end of next month.
- ABC 社が販売店の初注文条件を 20 台に変更したと聞きました。
  I was informed that ABC had *changed* their initial dealer order requirements to 20 units.
- 折り返しファクスで、新しい発送計画をご確認ください。それに従って、当社の信用状を変更いたします。
  Please confirm the new shipping arrangement by return fax so that we can *amend* our L/C accordingly.

返済する　refund / pay back

(例)
- 3 か月のうちにご返済いたします。
  I will *refund* the amount in three months.
- 当方に 1000 ドル返済するよう、ABC 社へのご指示をお願いします。
  Please instruct ABC to *pay back* $1,000 *to* us.

返事　reply / response

(例)
- この価格は、9 月 30 日までに貴社のご返事がいただけることを条件にお出しするものです。
  The prices are good subject to your *reply* reaching us by September 30.
- 残念ですが、あなたのメールに対し、よいご返事を差し上げることができません。
  I am sorry that I can't give a favorable *reply* to your message.
- 私は岡部氏から、あなたのメールにご返事を差し上げるように依頼されました。
  Mr. Okabe asked me to *reply to* your message.

||| 解説 |||
ビジネスレターでよく用いられる「(色)よいご返事」は a favorable reply（第 2 例）。「〜に返事をする」は reply to 〜 / answer 〜 など。(⇨答える)

(決まり文句) …にご返事いたします
① **We (are pleased to) reply to...**
② **This letter is in response [reference] to...**

(例)
- 貴社の 7 月 7 日付のご照会にご返事いたします。
  We are pleased to reply to your inquiry of July 7.
- 発送日に関する貴社の 10 月 15 日付のお手紙にご返事いたします。
  This letter is in response to your letter of October 15 concerning the

dispatch date.

解説
メールや手紙の書き出しに用いる表現。

【決まり文句】 ご返事をいただければありがたい
① **We would appreciate your reply.**
② **Your reply would be appreciated.**

【例】
- 早急にご返事をいただければ、誠にありがたく存じます。
  We would greatly *appreciate your* prompt *reply*.
- 本件についてよいご返事がいただければ、誠にありがたく存じます。
  Your favorable *reply* on the matter *would be* highly *appreciated*.

【決まり文句】 ご返事をお待ちしています
① **We look forward to your reply.**
② **We are waiting for your reply.**
③ **We hope to hear from you.**

【例】
- よいご返事をお待ちしています。
  We look forward to your favorable *reply*.
- 当方の3月5日付のメールに対するご返事を引き続きお待ちしています。
  We are still *waiting for your reply* to our message of March 5.
- よいご返事を早くいただけることをお待ちしています（望みます）。
  We hope to hear favorably *from you* soon.

【決まり文句】 ご返事をください
① **Please let us have your answer...**
② **R.S.V.P. [RSVP]...**
③ **Please direct your reply to...**

【例】
- 至急ご返事をください。
  Please let us have your answer as soon as possible.
- 11月30日までにご返事をください。
  R.S.V.P. by November 30.
- 島田宛にご返事をくださるようお願いします。
  Please direct your reply to the attention of Mr. Shimada.

解説
②の R.S.V.P. は招待状（カード形式）の左下隅に印刷されている「ご返事をください」の常套語。フランス語の répondez s'il vous plaît（= please reply）に由来する。

【決まり文句】 …にご返事をいただきありがとうございました
① **Thank you for your reply to...**
② **We appreciate your reply to...**

へんじ

(例) ● 私どもの問い合わせに早速ご返事をいただき、ありがとうございました。
　　Thank you for your prompt *reply to* our inquiry. / *We appreciate your* prompt *reply to* our inquiry.

(決まり文句) (…に)ご返事をいただいていない
① **we have not received word from you**
② **we have had no reply to...**
③ **you have not answered...**

(例) ● これまでのところ、あなたから3月8日付のメールのご返事をいただいていないようです。
　　I am afraid that *we have not received word from you* thus far. / I am afraid that *we have had no reply to* our March 8 email.

● 当方の5月10日付の書状にまだご返事をいただいていないことを、お知らせいたします。
　　We are writing to remind you that *you have not answered* our letter of May 10.

‖‖解説‖‖
「(〜という)知らせ、便り、消息」という意味の word は、we have not received word from you のように、通例冠詞を付けない。

(決まり文句) ご返事がなければ…
① **If we do not hear from you...**
② **If no reply is received...**

(例) ● 11月30日までにご返事がなければ、ご出席されないものといたします。
　　If we do not hear from you by November 30, we will assume that you are not planning to attend.

● ご返事がなければ、条件をご承諾いただけないものと判断し、オファーを取り下げることとします。
　　If no reply is received, we will assume that the terms are not acceptable to you and withdraw the offer.

(決まり文句) (…に)ご返事が遅れ(申し訳ありません)
① **we are late in replying to...**
② **the delay in responding [replying] to...**
③ **not replying to ... sooner**

(例) ● 本件について十分に調査する必要がございましたので、ご返事が遅れて申し訳ありません。
　　We regret that *we are late in replying to* your email due to the necessity of completing a thorough investigation into this matter.

● 7月7日のお問い合わせに対するご返事が遅れ、申し訳ございません。

We apologize for *the delay in responding to* your inquiry of July 7.
- 終日、会議に出席していたため、すぐにメールの返信ができず、失礼しました。

  Please excuse me for *not replying to* your email *sooner* as I was in meetings all day.

||解説||

返事の遅れに対するお詫びの手紙の常套表現。be late in doing / the delay in doing / not doing sooner [earlier] は「~するのが遅れ(ている)」を表す。

返信　reply

(例)
- 切手を貼った郵便はがきを返信用に同封いたしました。

  We have enclosed a stamped postcard for your *reply*.
- お手数をお掛けしないようにと、封筒とともに返信用カードを同封いたしました。

  I have enclosed a *reply* card with envelope for your convenience.
- 次の金曜までにご返信いただけると幸いです。

  It would be appreciated if you could respond by email by this coming Friday.

返送する　send back / return

(例)
- 取り急ぎ、2010年5月20日付のブラウン氏に宛てたあなたのお手紙を返送いたします。

  We hasten to *send back* your letter of May 20, 2010 which was addressed to Mr. Brown.
- 同封の契約書にご署名のうえ、当方にご返送ください。

  Please sign the enclosed contract and *return* it *to* us.

||解説||

「A(人など)にB(物)を返送する」は return [send back] B to A。

返品する　return (goods)　(⇨返送する)

(例)
- 商品の品質が非常に悪いため、返品せざるを得ません。

  Because the products are of very inferior quality, we have to *return* them.
- 返品の手続きをお知らせください。

  Please let us know the procedure for *returning* the products.

返礼(する)　reciprocate　(⇨報いる)

(例)
- 貴殿より賜りましたご好意に心から返礼申し上げます。

We heartily *reciprocate* the good wishes conveyed by you.
- この返礼としまして、私どもは今後ともこの素晴らしい関係が継続するよう、あらゆる努力をいたします。
  We are willing *in return* to make every effort to continue this strong association in the future.

||| 解説 |||
reciprocate は「（提供された好意に対して）返礼する、報いる」こと。第2例の in return は「お返しとして、返礼として」の意で、in return を強調するには文頭に置くと効果的。

ほ

報 news （⇨知らせ）

- 昨日の夕方、貴殿が ABC 社社長に就任されたとの報に接しました。
  The *news* of your appointment as president of ABC came to us yesterday evening.
- ジョーンズ氏ご逝去の報に接し、悲しみに堪えません。
  I was saddened to *learn that* Mr. Jones had passed away.

||| 解説 |||
「…との報に接する」に対してよく用いられるのが learn that…（that 以下のことを聞く）や hear of ～ / learn of ～（of の後には句が続く）である。第1例の the news of ～ comes to us [reaches us] も同じ意味。

貿易 trade

- その商社は、中国と日本との貿易を促進するために設立されました。
  The company was founded to promote [develop] *trade* between China and Japan.
- このような取引を行うための最も容易な方法は、恐らく国際貿易商社を通すことでしょう。
  Perhaps the easiest way to conduct these transactions is through international *trading* companies.

方向 direction / course / aim

- 当社は、事業の方向を変更しています。この胸躍るような変化を我々と共有しましょう。
  Our company is changing the *direction* we are taking our business in, and we invite you to share in this exciting change with us.
- 現在の経済状況がどのような方向に進むのか我々には分からないため、

この時期、そのような危険を伴う企てに巨額な投資をすることはできません。

As we are not sure what *course* the current economic situation will take, we are unable to invest a large amount in such a risky endeavor at this time.

- 当社は現在、将来海外進出する方向で ABC 社との関係構築に動いています。

Our company is currently working to establish a relationship with ABC with the *aim* of long-term overseas expansion.

||解説||

direction が最も一般的で、大きく動く「向き」を表す。一方、course はどこに向かうというより、どの道を選んで進むかというニュアンスが強い。aim は、より具体的な方向。

報告（する）　report　（⇨知らせる／報告書）

- 今までのところ、これらの問題について何の報告も受けておりません。

As of yet, we have not had any *report on* these problems.

- 日程の変更のために貴社への訪問を取り消さざるを得ない旨、同氏より報告を受けました。

He *reported to* us *that* he had to cancel his visit to you owing to a change in his schedule.

- 商品が輸送中に損傷したという報告を受けました。

I *received word that* the products had been damaged in transit.

||解説||

「…ということを～に報告する」は report to ～ that... となる（第 2 例）。第 3 例の receive word that... は「…という報告を受ける（＝ have a report that...）」の意で、word が無冠詞であることに注意。

報告書　report

- 本件についての詳しい報告書をお送りください。

Please send us a complete *report on* the matter.

||解説||

「～に関する報告書」を report on ～と、on を使うとある事柄に関する詳細な分析報告というニュアンスになるが、of や about を用いると単なる事実の記述にとどまるやや略式の報告書になる。「年次報告書」は annual report。

方針　policy

- 当社の方針ではこのような販売活動が認められないため、貴社のご提案

を辞退せざるを得ません。
Since our *policy* does not allow such sales activities, we have to decline your proposal.

■解説■
「会社の方針」は company policy / our policy（当社の方針）、「政府の政策」なら government policy。類義語の strategy は「戦略」。

法的　legal

例
- 本件につき直ちに対策が講じられない場合は、当方としては法的措置を取らざるを得ないことをご承知おきください。
We advise you that we will be obliged to take *legal* action unless you immediately take care of this matter.
- 今週末までにご回答をいただけない場合には、この問題を裁判で法的に解決するしかなくなります。
If we do not receive a reply by the end of the week, we will be forced to try and resolve this matter *legally*.

■解説■
「法的措置（法律上の措置）を取る」は take legal action で「訴訟を起こす」こと。legal action には通例冠詞を付けない。

方法　way

例
- 残念ながら、（当方が）貴社の条件を満たせる方法はないと思います。
I am afraid that there is no *way* to meet your requirements.
- あなたが適切と思われる方法で、この問題を処理なさってください。
We would like you to handle the problem in any *way* you may see fit.
- この商品を返送するのにどのような方法を希望されるのか、お知らせください。
Please let us know *how* you would like us to send back the products.
- 貴社のご注文をお断りする以外に方法がございません。
We *have no alternative* [*choice*] *but to* decline your order.

■解説■
「方法、仕方」を表す way は通例単数形で、「～する方法」は the way to do [of doing]。第 1 例は no way we can meet... としてもよい。第 3 例のように how を用いても「方法」を表せる。第 4 例の have no alternative [choice] but to do は「～する以外に選択の余地がない」ということ。

訪問（する）　visit　（⇨伺う／訪ねる）

例
- 先ごろ貴社を訪問しました際には、温かくお迎えいただき、誠にありが

とうございました。
It was very kind of you to extend me a warm welcome during my recent *visit*.
- 6月に東京の私どもをご訪問くださり、誠にありがとうございました。
I am most grateful to you for *visiting* us here in Tokyo in June.
- 6月20日に貴社を訪問してもよろしいでしょうか。
Would you like me to *visit* your office on June 20?

ほか　other / else

(例)
- 当方としては、ほかに選択の余地がないと思われます。
We feel that we have no *other* choice.
- 何かほかの方法で貴社のお役に立てることがございましたら、ご遠慮なくお知らせください。
If we can be of assistance to you in some *other* way, please do not hesitate to let us know.
- ほかにどなたかが大阪へご一緒なさるようでしたら、その方も当社へご招待いたしたく存じます。
If someone *else* is coming to Osaka with you, we will also invite that person to our office.

||| 解説 |||
第1例の we have no other choice は we have no choice other than this の意味。第3例の someone else は「だれかほかの人」。somebody else とすると口語的な感じがする。

保管する　keep / store

(例)
- 1通を当社に戻し、もう1通は貴社の記録用に保管してください。
Please return to us one copy and *keep* the other copy for your records.
- 当社はその商品を有料倉庫に保管いたします。
We will *store* the products in a commercial warehouse.
- その文書は当方の顧問弁護士が保管しております。
The documents *are in the custody of* our corporation lawyer.

||| 解説 |||
「保管する」には keep（書類など）もしくは store（物品など）を用いるのが一般的。「記録用に～を保管する」は keep ～ for one's records（第1例）。第3例の be (placed) in the custody of ～は「（ある人）の保管に任されている」。

保険　insurance　（⇨保険証券／保険料）

(例)
- 貨物に保険を掛けるようにしてください。

> We would like to ask you to *take out insurance on* the cargo.

- 当方で上記の積送品に保険を掛けるのでしょうか。ご連絡ください。
  > Please let us know whether we should *insure* the above shipment.
- 下記に列記しました商品に保険を掛けてください。
  > Please *cover* for us the products listed below:

||| 解説 |||
「〜に保険を掛ける」は、上の例のように take out [buy] insurance on 〜 / insure 〜 / cover 〜。

保険証券　insurance policy

(例)
- この件にかかわる保険証券は、当方の信用状第50号に規定された下記の危険をカバーしておりません。
  > The *insurance policy* does not cover the following risks stipulated in our L/C No. 50:

保険料　(insurance) premium

(例)
- 同封の申込書にご記入のうえ、保険料とともにご返送ください。
  > Please complete the enclosed application and return it with your *premium*.
- 保険料をまだご送金いただいていないことを、5月10日付のメールでお知らせしたと思います。
  > We would like to remind you of our message dated May 10, informing you that your *premium* remittance had not been received.

||| 解説 |||
「保険金請求」は insurance claims、「保険料率」は insurance rates という。

誇り　pride

(例)
- この重要なプロジェクトに参加できますことを誇りに思っております。
  > I *take pride in* being privileged to share in this important project.

||| 解説 |||
「〜を誇りに思う」は be proud of 〜 / pride oneself on 〜（堅いやや表現）/ take [have] (a) pride in 〜。

保守　maintenance / support

(例)
- 当社の保守要員が貴社の機器を点検しましたところ、修理の必要があることが判明しました。
  > Our *maintenance* crew inspected your equipment and found that it needs to be repaired.

ほしょう 327

- 当社は、貴社システムの評価、開発、設置、保守点検に関する専門的知識を持っています。
  We have the technical expertise to evaluate, develop, install and *maintain* your system.
- ABC 社は、XYZ 社が持っているような保守点検網を日本に持っていません。
  ABC does not have the *support* network in Japan that XYZ enjoys.

募集する　look for / advertise

(例)
- 貴社海外事業部で、補助スタッフを若干名募集なさっていると伺っております。
  I understand that you are *looking for* a few subordinate staff members in your International Operations Department.
- 2 月 14 日付ジャパンタイムズで貴社が募集（広告）されていた販売員の職に応募します。
  I am writing to apply for the position of salesman, which you *advertised* in the February 14 issue of The Japan Times.

保証（する）　warranty　(⇨保証書[状]／保証人)

(例)
- 当社の電化製品はすべて 5 年間の保証付きです。
  All our electrical appliances carry a five-year *warranty*. / All our electrical appliances are *guaranteed* for five years.
- 保証期間中の修理は無料で行います。
  Repairs are free during the *warranty* period.
- 保証金として 200 ドルの小切手を同封いたします。
  I enclose a check for $200 as a *security* deposit.
- このような事故は保証の範囲外です。
  Such accidents are not covered by *warranty*.

|||解説|||
「（品質・商品などを）保証する」は guarantee。第 1 例の five-year warranty は「5 年間の保証」、第 3 例の security deposit は「保証金」。

(決まり文句) …を保証します　(⇨請け合う／約束する)
① **We assure you that...**
② **We trust that...**
③ **We guarantee...**

(例)
- この情報は極秘に扱うことを保証します。
  We assure you that the information will be treated in strict confidence.
- 同社のサービスは十分にご満足いただけるものであると保証します。

We trust that you will find their services highly satisfactory.
- ご注文をお受けしてから2週間以内の納品を保証します。
  We guarantee delivery within two weeks after receiving your order.

||| 解説 |||

決まり文句①、②は that 以下のことを「保証する、請け合う」という意。

補償（する）　compensation / compensate

（例）
- 当方の顧客が補償を請求してくることは避けられないかもしれません。
  It may be inevitable that our customers will claim *compensation*.
- 貴社の損害の一部を補償するため、当方のメーカーは1000ドルを返還することに同意いたしました。
  To *compensate* you *for* a part of your loss, our manufacturer agreed to pay back $1,000.
- 積み荷の損傷により当社が被った2万5000ドルの損失を補償するよう、貴社に要請せざるを得ません。
  We have to request you to *make up for* the loss of $25,000 which we have suffered by the damage to the cargo.

||| 解説 |||

「補償する」は compensate (someone) for (something) / make up for (a certain amount of money) などで表すことができる。「～の補償として」は in compensation for ～。

保証書［状］　guarantee / letter of guarantee

（例）
- 保証書用紙を同封しますので、ご署名のうえ、ご返送ください。
  We are enclosing a *guarantee* form, which you need to sign and then send back to us.
- 当方の保証状をご回収のうえ、できるだけ早く私どもへ返送してください。
  Please withdraw our *letter of guarantee* and return it to us as soon as possible.

保証人　surety / reference

（例）
- 当該船荷証券を呈示しなくても、当社が貴社製品の引き渡しを受けられるように、私どもの取引銀行が保証人になります。
  Our bank will stand *surety* for our taking delivery of your products without producing the corresponding bills of lading.
- 松田氏が私どもの保証人になってくださるでしょう。
  Mr. Matsuda will serve as our *reference*.

|||解説|||

(personal) reference は「身元保証人」の意。

保留する　hold / suspend

（例）
- ABC 製品と一緒に出荷できるまで、上記の積み荷の出荷を保留したいと思います。
  We would like to *hold* the above shipment until ABC products can be shipped together.
- ABC 社との日本における代理店契約の交渉は、2009 年後半から保留になっています。
  The negotiations with ABC for a possible distributorship in Japan have been *suspended* since late 2009.

|||解説|||

「（貨物の出荷を）保留する」には hold、「（事業活動・権利・法の効力などの実行を）保留する」には suspend を用いる。

本拠　base

（例）
- カナダに本拠を置く ABC 社にコンタクトされてはいかがでしょうか。
  We suggest that you contact ABC, *based in* Canada.
- 私は、大阪に本拠を置く米国資本の会社である ABC 社の国際部に、勤務しておりました。
  I have been working for the International Department of ABC, an *Osaka-based* American capital company.

|||解説|||

「（ある場所）に本拠を置く、本社が～にある」は (be) based in ～ / (be) headquartered in ～。第 2 例のように ～ -based の形で表すこともできる。

本件　this matter / the matter in question

（例）
- 詳細をすべて把握していないため、本件について明確な反応はしかねます。
  We are unable to provide a definite response regarding *this matter*, as we do not yet have all of the details.
- じっくり腰を据えて本件について話し合えますか。
  Would you be able sit down with us and discuss *the current matter in question*?

|||解説|||

文脈によっては this issue、this problem などとも言える。

本状　this letter　(⇨手紙)

(例)
- 本状は、貴社の7月7日の注文品に対するお支払い期限が過ぎていることをお知らせするものです。

  This (*letter*) is to remind you that the payment for your July 7 order is overdue.
- 本状は、支払いの遅れをご指摘いただいた9月10日付のあなたのお手紙に関するものです。

  This refers to your letter of September 10 informing us of the delay in our payment.

本当（に）　really

(例)
- 彼は本当にその職にふさわしい人物であると思います。

  I *really* think that he is the right person for the position.
- ABC社が貴社の代理店になりたいと考えているのは、まったく本当のことです。

  It is quite *true* that ABC wishes to be your agent.

||| 解説 |||
あることを「本当に」そうだと思うとか、「本当に」そのとおりであると強調する表現には、例の I really think that... / It is quite true that... などがある。

本人　principal

(例)
- あなたご本人とお会いできましたら、ありがたく存じます。

  I would appreciate the opportunity of meeting with you *personally* [*in person*].
- （送金）受取人がまだ支払いを受けていない旨、本人が通知してきました。

  We were informed by our *principal* that the payee has not yet received payment.

||| 解説 |||
「本人に」直接会って会話を交わすのは meet with you personally [in person] で、主語の人が「自分自身で」という意味（⇨**直接**）。第2例の principal は法律用語で「（代理人ではなく）本人」の意。

本来　originally

(例)
- モデルAは、本来輸出向けに作られたものです。

  Model A was *originally* designed for export.
- 本来ならば、もっと早くお手紙を差し上げなければならなかったのですが、最近いろいろなことがあってできなかったのです。

I *should have* written to you earlier, but recent events prevented me from doing so.

解説

返事が遅れたとき「本来ならもっと早く返事を出すべきでしたが」というお詫びの表現として使われるのが、第2例の should have written to you earlier。

ま

前に　before / earlier　(⇨以前)

例
- この問題は本状がそちらへ届く前に解決されていると思います。
  We believe that this problem will be solved *before* this letter reaches you.
- 利息満期日より前にローンが払い戻されると、違約金が課されます。
  A penalty will be charged when a loan is paid back *before* the end of an interest period.
- 前に述べたとおり、ABC社の最新のカタログをお送りいたします。
  As mentioned *earlier*, I am sending you the latest catalog of ABC.

解説

時間的に漠然と「(〜よりも)前に」を表すときは before を用いる(第1例の接続詞、第2例の前置詞のほか、副詞としても用いられる)。第3例の earlier は、「(ある時点を基準にして)それより前に[早く]」の意。

前払い(する)　prepayment / prepay

例
- ローンの前払いは、利息期間の満期日に違約金なしでできます。
  Prepayment of a loan will be allowed at the end of any interest period without penalty.
- すべてのご注文は前払いしていただかなければなりません。
  You are required to *pay* for all your orders *in advance*.
- 私どもは荷降ろしや輸送などの費用をお支払いするため、200ドルを前払いしました。
  We *prepaid* $200 to meet expenses such as unloading and transportation.

解説

「(〜を)前払いする」は prepay / pay (for) 〜 in advance。「前払い金」は (advance) deposit / advance payment。

前向きに　positively

例
- 当方のオファーを前向きにご検討され、よいご返事をいただければ、誠

にありがたく存じます。
Your *positive* consideration of our offer and a favorable reply will be greatly appreciated.
- 私どもはABC社との合弁事業を引き受けることについて、前向きに検討することを決定しました。
We have decided to *positively* consider undertaking a joint venture with ABC.

||| 解説 |||

「～を前向きに検討する、善処する」は日本語的表現であるが、例のように positive consideration of ～ / positively consider ～ などで表現できる。

前もって　beforehand / in advance　（⇨あらかじめ）

（例）
- こちらへいらっしゃる際には、前もってお知らせください。
Please let us know *beforehand* when you are going to come here.
- 寛大なるご支援に前もって感謝いたします（寛大なるご支援をよろしくお願いいたします）。
Thank you *in advance* for your generous support.

任せる　leave

（例）
- 日取りの決定はあなたにお任せいたします。
We will *leave* it *to* you to fix the date.
- ご指示があるまで、それらの取り扱いは貴社にお任せいたします。
We *place* them *at your disposal* until you give us instructions.

||| 解説 |||

「A（の判断）をB（人）に任せる」は leave A to B。第1例中の it は to fix the date を受ける。第2例の place ～ at someone's disposal は「～の処分をある人の自由にさせる」こと。

まず　first

（例）
- まず初めに、先ごろニューヨークを訪問した際に、素晴らしいおもてなしをいただきましたことにお礼申し上げたいと存じます。
First, I would like to thank you for the hospitality shown us during our recent visit to New York.
- まずはお願いまで。（⇨前もって）
Thanking you *in advance,*

||| 解説 |||

「まず初めに」には first of all / in the first place / to begin with といった表現もある。通例文頭に置く。

ますます　continued / continuing

(例)
- ますますのご健勝とご多幸をお祈りいたします。
  Best wishes for *continued* good health and happiness. / I offer my personal wishes for your *continuing* good health and happiness.

解説
「ますます(の)」は「引き続き〜する」の意味なので continue を用いることが多い。continued と continuing は意味上ほとんど区別なく用いられる。

(…も)また　too / as well (as)

(例)
- ホワイト氏が私どもの話し合いに参加する機会がなかったこともまた、残念なことでした。
  It was unfortunate, *too*, that Mr. White did not have the opportunity to participate in our discussions.
- あなた様もまた、こちらでのご滞在をお楽しみになられたことと思います。
  I hope you enjoyed your stay here *as well*.
- ディナーをご一緒させていただき、また、空港まで車でお送りくださり、誠にありがとうございました。
  We really appreciate the dinner we had together, *as well as* your driving us to the airport.

まだ　still / yet　(⇨依然)

(例)
- アメリカ滞在中に、あなたにお会いする機会がまだあることと思います。
  I hope I will *still* have the opportunity to see you during my stay in the United States.
- まだのようでしたら、お支払い金額をお送りください。
  We would like to ask you to send us your payment if (you have) not *yet* done so.

解説
「まだ」は肯定文では still を用い、「現在以降も依然として」の意を示す。否定文では yet を用い、第2例のように、書き言葉では否定語のすぐ後に置くことが多い。

間違い　mistake / error　(⇨誤り／ミス／間違いなく／間違った)

(例)
- このような間違いを犯し、誠に遺憾に存じます。
  We are deeply sorry for our *mistake*.
- この間違いをご指摘いただき、ありがとうございます。
  Thank you very much for letting us know about this *error*.

- 当方の送り状第 100 号の請求額に間違いはありません。
  The charge on our invoice No. 100 is *proper and correct*.

|||解説|||

「間違いがない」に対応する英語表現は proper and correct（第 3 例）で、日本語のように否定的な響きを持つ語は使わない。履歴書などの末尾の「上記のとおり相違ありません」I affirm the above to be proper and correct in every particular. にも用いる。

間違いなく　no doubt　（⇨違いない）

（例）
- 9 月 10 日までに間違いなく納品いたします。
  We will deliver the products to you by September 10 *without fail*.
- 当方のご返事が今まで遅れた事情を間違いなくご理解いただけるものと存じます。
  You will *no doubt* understand the circumstances which delayed our reply until now.

|||解説|||

「間違いなく（〜する）」には without fail（必ず）/ no doubt（きっと）などを用いる。

間違った　wrong / amiss

（例）
- 4 月 7 日付のメールで納入商品が間違っているとご連絡いただきましたが、誠に遺憾に存じます。
  We deeply regret to learn from your message of April 7 that the *wrong* products have been delivered to you.
- 間違っている点があると思われますが。
  We are wondering whether something is *amiss*.

|||解説|||

「（〜が）間違っている」という場合、第 1 例のように主語に wrong を付けて表すこともできる。

待つ　look forward to / await

（決まり文句）…をお待ちしています
① **We look forward to... / We are looking forward to...**
② **We are awaiting... / We are waiting for...**

（例）
- この点に関して早急にお知らせ願えることをお待ちしております。
  We are looking forward to your early news in this respect.
- ご注文をお待ちしています。
  We look forward to receiving your order.

- 折り返しファクスでのご返事をお待ちしております。
  We are awaiting your reply by return fax.

解説

look forward to ～は「～を期待して待つ」こと。to の後には名詞または動名詞がくる。await は他動詞で wait for と同義。

まったく　absolutely / no...whatsoever

（例）
- 倉庫には在庫がまったくないため、できるだけ早く次を出荷してくださるようお願いします。
  We will require the next shipment as soon as possible, as there is *absolutely* no remaining stock at our warehouse.
- 御社に何度もメールとファクスを送っておりますが、私の問い合わせに対してまったく返事をいただいておりません。
  I have sent repeated emails and faxes to your office, but have received no response *whatsoever* to any of my inquiries.

解説

どちらも強調だが、no...whatsoever の方が強く、しばしば書き手のいらだちの感情を含む。

末筆ながら　finally / in closing

（例）
- 末筆ながら、結構なお品をお贈りくださったことにお礼申し上げます。
  Finally [*In closing*], I would like to express my thanks for the lovely gift you kindly presented to me.
- 彼の意見は実に貴重でありましたことを、末筆ながら付け加えさせていただきます。
  Please allow me to add, *lastly*, that I found his comments very valuable.

解説

「末筆ながら」に関連して last but not [by no means] least が使われることがある。「大事なことを一つ言い残しましたが」という意味。

…まで　by / until

（例）
- ご要望どおり、(ご注文の品は)7月30日までにお届けします。
  You can count on delivery *by* July 30, as requested.
- 私は来月初旬に米国を訪れ、9月半ばまで滞在する予定です。
  I will be coming to the US early next month and staying *until* mid-September.
- 現時点までに、同氏がこちらに到着されたという連絡はありません。

As of now, we have not been informed of his arrival here.

||| 解説 |||
期間を表す「～から…まで」には from ～ to... や between ～ and... などの表現がある。「…まで」を表す by と until の違いは、by は「その時までには」と行為が完了する時点を示すのに対し、until は「その時までずっと」とある時点まで継続する状態の終点を示すことにある。

間に合う　be in time

(例)
- 当方のクリスマスセールに間に合うように注文品を出荷してください。
  We would like to ask you to ship our order so that it will be available *in time for* our Christmas sale.
- 十分間に合うようにご連絡を差し上げますのでご安心ください。
  You may be sure that we will let you know *in plenty of time*.

||| 解説 |||
「(～に) 間に合って」は in time (for ～)。「(～に) 十分間に合って」は in plenty of time / in good time (for ～)。on time は「時間どおりに、予定どおりに」ということ。

招く　(⇨招待)

万が一　(⇨場合)

満期　maturity

(例)
- 当該の手形の満期日をお知らせください。
  Please inform us of the *maturity* date of the relative bill.
- 利息は各利息期間の満期日に支払われます。
  Interest will be paid at the *end* of each interest period.
- お客様名義の定期預金は 2011 年 9 月 30 日に満期になります。
  The deposit in your name will *mature* on September 30, 2011. / The deposit in your name *is due* on September 30, 2011.

||| 解説 |||
第 3 例の due は「支払い時期の来た、満期の」の意味。「満期になる」の意味では mature も使える。

満足（する）　satisfaction

(例)
- ABC 社は、貴社がご満足いただけるように問題を処理するものと思います。
  We believe that ABC will handle the problem *to your satisfaction*.

- 同社のサービスは、十分ご満足のいくものだと思います。
    We are sure that you will find their services highly *satisfactory*.

    ▌▌▌解説▌▌▌
    「(ある人の)満足のいくように」は to someone's satisfaction。「満足のいく、申し分ない」は satisfactory、「不満足な」は unsatisfactory。

(決まり文句) …に満足しています
① **We are satisfied with...**
② **We are pleased with...**

(例)
- 現在のところ、この協定に満足しております。
    We are satisfied with the arrangements at present.
- メールの中にありましたご意見にとても満足しております。
    We are very *pleased with* the comments in your message.
- ABC 社は現在の代理店のこれまでの売上高に満足していないようです。(⇨不満)
    It seems that ABC *is not satisfied with* the volume of business the present agent has so far handled.

    ▌▌▌解説▌▌▌
    「~に満足している」は be satisfied [pleased] with ~。

(決まり文句) …に満足していただけると思います
① **We believe that you will be satisfied with...**
② **We think that you will be pleased [happy] with...**
③ **We hope that ... will meet with your satisfaction.**

(例)
- 今回のオファーに満足していただけると思います。
    We believe you will be satisfied with this offer.
- この提案に満足していただけると思います。
    We think that you will be happy with this proposal.
- 上記の手続きにご満足いただけるものと思います。
    We hope these arrangements *will meet with your satisfaction*.

満了　expiration / finish

(例)
- 我々が署名した取り決めは間もなく満了となりますが、その先の計画についてはまだ連絡をいただいておりません。
    The agreement that we signed with you will *expire* very shortly, and we have not heard from you yet regarding your future plans.
- ロビンソン氏の取締役の任期満了を祝い、感謝するための非公式なパーティーを 15 日に開きます。
    We will hold an informal party on the 15th to celebrate and thank Dr. Robinson for *finishing* his term as our director.

||| 解説 |||
expiration は免許やビザ、協定などの期限が切れる場合に使う。仕事の完了などの場合には finish. つまり、能動的に満了させるのが finish で、受動的に満了となるのが expire。

み

見受けられる　(⇨思われる)

見送る　see off

(例)
- 時間を割いてお見送りいただき、ありがとうございました。
  Thank you for sparing the time to come and *see* me *off*.
- 空港までお見送りいただいたご親切に、たいへん感謝しております。
  Thank you very much for your kindness in *seeing* me *off* at the airport.
- 残念ながら、貴殿の営業マネージャー職へのご応募を見送らざるを得ないことをお知らせします。
  We regret to inform you that we *are unable to accept* your application for the position of marketing executive.

||| 解説 |||
空港や駅などで「～を見送る」は see ～ off を用いるのが普通。相手の要求などを取り上げられないことを表す場合は、第3例の be unable to accept(受け入れられない)などを使う。

見落とし・見落とす　oversight / overlook

(例)
- 問題は指示の見落としによるものでした。
  The problem was due to an *oversight* in the instructions.
- その書類に必要な手続きが書かれていたのを、私どもが見落としていたことが分かりました。
  We have found that we *overlooked* the fact that the necessary procedure was written on the document.

見込み　chance / prospect　(⇨可能性)

(例)
- しかし、同社が貴社と取引を開始する見込みは十分にあります。
  However, there is a good *chance* that they will start doing business with you.
- 小売業者と取引する見込みはないようです。
  There seems to be no *prospect* of doing business with retailers.

●顧客や見込み客を前にして、このような大幅な遅れに私は困惑しております。
This long delay has embarrassed me in front of my clients and *prospective* clients.

|||解説|||
「(成功などの)見込み」には a good chance / prospects（通例複数形）/ a possibility などを使う。「見込み客」は a prospective client [customer]、あるいは a prospect でもよい。

ミス　mistake　（⇨間違い）

例
●この度のミスに対し、深くお詫び申し上げます。
Please accept our sincere apologies for the *mistake*.
●今後はこのような取り扱い上のミスが起こらないようにすることを、お約束いたします。
We assure you that such *mishandling* will not occur again.

満たす　meet

例
●お送りいただいた商品の品質は、当方の要求を満たしておりません。
The quality of the products you sent us does not *meet* our requirements.
●当社の新製品は、価格、品質、耐久性の点で、貴社のニーズを完全に満たしていると思います。
We believe that our new products are suited to *meet* your needs in terms of price, quality and durability.

|||解説|||
「(人の)要求を満たす」は meet [satisfy] someone's requirement(s)。

見積もり　quotation / estimate　（⇨見積もる）

例
●見積もりの有効期間は90日とします。
Validity of *quotation* shall be 90 days.
●製品A500個の見積もりをいただきたく存じます。
We would like to receive a *quotation for* 500 sets of Product A.
●モデルA100個の見積もりを出してください。
Please give us your *estimate on* 100 Model A sets.
●下記の商品について、最低の見積もり額で確定オファーしていただきたく存じます。
We would like to have your firm offer with your best *quotation on* the following:

‖解説‖
「〜の見積もり(額)」は quotation for [on] 〜 / estimate for [on] 〜。「見積書」という意味でも quotation / estimate を用いる。

見積もる　quote / estimate　(⇨見積もり)

(例)
- 下記のとおり、見積もらせていただきます。
  We are pleased to *quote* as follows:
- 今回は1回の発送につき、200個の荷口として見積もってください。
  Please *quote on* shipments of 200 sets per shipment this time.
- 手始めに、100個の荷口について値段を見積もってください。
  To start with, please *estimate* the cost *for* a shipment of 100 sets.
- 下記の商品をお見積もりいただき、CIF 横浜建ての価格をお知らせください。
  Please *quote* the items listed below and inform us of your prices based on CIF Yokohama, Japan.

見通し　prospect(s)

(例)
- 日本での貴社の事業見通しについて、私どもはそれほど楽観視しておりません。
  We are not so optimistic about your business *prospects* in Japan.
- 日本の景気回復の見通しが立ちません。
  There are no *prospects* of economic recovery in Japan.

‖解説‖
「見通し」には通例 prospect を複数形で用いる。「〜の見通しが立たない、見込みがない」ことは no prospect of 〜。(⇨見込み)

認める　admit / agree to / allow

(例)
- 本件において、当社が貴社のご注文に対して十分に注意を払わなかったことを認めます。
  We *admit* that your order did not receive our careful attention concerning this problem.

〈同意する〉

(例)
- ABC 社は、延長に必要な金利を支払うことを認めました。
  ABC *agreed to* paying the interest necessary for the extension.
- したがって、当社が6月30日まで、貴社のご注文第150号の出荷を延期することを認めていただきたいと思います。
  Therefore, please *give* your *approval* of our postponing the shipment of your order No. 150 until June 30.

みはらい 341

(例)
〈許可する〉
● 私どもは彼らが望むような延長を認めることはできません。
　We can't *allow* the extension desired by them.
● 代理の方の出席は認められません。
　Substitutes are not *permitted to* attend.

‖‖解説‖‖
「…ということを認める」は admit that... もしくは admit doing。「〜に同意する」ときは agree to 〜（名詞または動名詞が続く）。「〜に…することを許可する、認める」は permit [allow] 〜 to do。

見直す　review　（⇨再考する）

(例)
● ご要望に応じて、為替調整に用いる計算方式を見直しました。
　As you requested, we have *reviewed* the calculation for currency exchange adjustment.

‖‖解説‖‖
「見直す」は前後の文脈に応じ、review / reconsider / change などを用いる。

皆様　you

(例)
● 皆様のますますのご発展をお祈り申し上げます。
　We wish *you* all the best of luck.
● スミス氏のご遺族の皆様、ABC 社の皆様に、心からお悔やみ申し上げます。
　I extend our sincere condolences to the family of Mr. Smith, to you and to your associates at ABC Company.

‖‖解説‖‖
文脈にもよるが「皆様」は特に英語に訳す必要がない場合もあるので注意。

未払い(の)　unsettled / outstanding / overdue

(例)
● 9月分の勘定が未払いとなっておりますことをお知らせいたします。
　We are writing to remind you that your September account stands *unsettled*.
● 本状は、長期間未払いとなっている貴勘定の決済についての、10 月 20 日付の当方の手紙を思い起こしていただくためのものであります。
　This is to remind you of our letter of October 20 concerning the settlement of your account now long *overdue*.
● 未払いの送り状第 150 号に対してご送金くださり、ありがとうございました。
　Thank you for your remittance on the *outstanding* invoice No. 150.

||| 解説 |||
unsettled / outstanding は「(勘定などが)未払いの」という意味以外に、「(問題などが)未解決の」という意味でも用いられる。unpaid は「未支払いの」。第 2 例の overdue は「支払い期限を過ぎた」の意。

見本　sample

(例)
- 貴社のカタログから選んだ下記の品目について、それぞれ 1 個ずつ見本をお送りください。
Please send us a *sample* each of the following items we chose from your catalog:
- これらの品目の見本と見積もりをお送りいただければ、ありがたく存じます。
We would appreciate your sending us *samples* and quotation on these items.
- この商品は、お送りいただいた見本と一致していないようです。
We find that the products are not the same as the *sample* you sent us.

見舞い　inquiry

(例)
- あなたが胃かいようにかかっておられるとのこと、お見舞い申し上げます。
I am sorry to learn that you are suffering from a stomach ulcer.
- ご親切なお見舞い状をいただき、ありがとうございます。
Thank you for your kind letter of *inquiry*.

||| 解説 |||
病気の「見舞い」には inquiry を用いる。「見舞いに行く」は make a call of inquiry / visit (someone) in the hospital など。「見舞い」という言葉を直接文面に示さなくてもよい場合もある(第 1 例)。⇨ p. 444

見る　view　(⇨拝見する)

(例)
- 私どもが見るところでは、彼らの取った措置は妥当なものでした。
In our view, the measures they took were appropriate.
- 当社は御社との関係を非常に重く見ております。
We very highly *value* our relationship with you.

||| 解説 |||
「我々の見るところでは」として in our view / in our opinion / to our thinking などがあるが、第 1 例は We judge the measures they took to be appropriate. もしくは We judge that... としても同じ意味。第 2 例の value は「～を評価する」。

む

迎える　welcome / meet　(⇨歓迎)

(例)
- 東京にあなたをお迎えできる日を心待ちにしております。
  I look forward to the opportunity to *welcome* you to Tokyo.
- この8月にあなたをお迎えするのを楽しみにしております。
  It will be a pleasure to *have you with us* this August.
- 空港でお迎えいただきまして、誠にありがとうございました。
  It was very kind of you to *meet* me at the airport.

||| 解説 |||
「迎える」には welcome [receive / meet] (someone) in [at] (place) のほか、第2例の have you with [among] us といった表現もある。welcome を使えば、大いに歓迎するという意向が相手に伝わる。

報いる　reciprocate　(⇨返礼)

(例)
- 貴社のご親切に対し、いつでも喜んで報いることをお約束します。
  We assure you of our readiness to *reciprocate* your kindness at any time.
- 私どもにお示しくださいました素晴らしいご理解とご友情に、いくぶんかでも報いたいと存じます。
  We wish to *repay* in part the wonderful understanding and friendship you have shown us.

||| 解説 |||
「報いる」は通例 reciprocate を用いる。repay は本来「(ある行為に対して)(人に)恩返しをする」という意味。

(〜)向け　for / targeted at

(例)
- 私たちは、アメリカ市場向けの新モデルを1万個生産します。
  We will produce 10,000 units of the new model *for* the American market.
- 弊社は現在、10代向けの商品を製造しています。
  Our company currently produces commercials *targeted at* teens.

||| 解説 |||
最も多く使われるのは for。より戦略的な取り組みの場合には targeted at を使うことが多い。

無効な　void / invalid

(例)
- この場合には契約が無効になります。

This would make the agreement *void* [*invalid*].

● この生命保険証券は(期限切れで)無効になっています。
This life insurance policy has *lapsed* [*expired*].

‖‖解説‖‖
「(契約などが)無効の」は void。よく null and void(無効である)という形で用いられる。invalid も同義。

無視する　disregard / ignore

(例)
● 2010年2月3日付の当方のファクスを無視してください。正しい見積もり価格は以下のとおりです。
Please *disregard* our fax of February 3, 2010. Our correct quote is as follows:

● 貴社のお支払いがこのメールと行き違いになった場合は、本通知を無視して(当方の謝意をお受け)ください。
If your payment has crossed this message, please *ignore* this notice and accept our thanks.

‖‖解説‖‖
「無視する」は disregard もしくは ignore(ともに知りながら無視すること)。これに対し neglect は不注意により怠ること。

無条件で　without reserve

(例)
● 貴社のご指示に無条件で従います。
We will follow your instructions *without reserve*.

‖‖解説‖‖
「無条件で」は without reserve / unconditionally。「無条件降伏」なら unconditional surrender。

無駄　no point / useless / fruitless / wasteful

(例)
● 本件についてこれ以上話し合っても無駄のように思えます。
There seems [It seems that there is] *no point* in further discussions on this matter.

● 我々の取り組みに加わってくださるとの決断に感謝いたしますとともに、この試みが無駄に終わらないことを約束します。
We thank you for your decision to join us in our efforts, and we promise that they will not end up being *fruitless*.

● 支出削減のため、みなさんに事務用品の無駄使いをなくすようお願いしています。
In an attempt to cut down on expenses, we ask that everyone cut down

on *wasteful* use of office supplies

● 貴殿の寄付が無駄に使われることがないことを請け負います。最後の1円まで大義のために使われるでしょう。
We ensure you that your contribution will not be spent *uselessly*, but that every last penny will go to a good cause.

|||解説|||
there is no point... の point は単数形で使い、「効用、利益、意味」の意（no use としても同義）。I [We] do not see any point in... とも表現できる。

無理（な）　unable

（例）
● あなたのご参加を心より願っておりますが、ご無理（不可能）でしたら、どなたか代理の方にお越しいただきたいと存じます。
I do hope you will join us. However, if you *are unable to* attend, please send alternative delegates on your behalf.

● ご無理なさいませんように。
Do not *overstrain* yourself.

|||解説|||
「～するのが無理だ」は be unable to do がよく使われる。not という否定的な語を使わなくて済むので、be not able to do よりこの表現を好む人もいる。

無料で　free (of charge) / at no charge

（例）
● これらの定期刊行物のいずれかをご希望でしたら、無料であなたにお送りします。
If you wish to have any of these periodicals, they will be sent to you *free of charge*.

● 本サービスは無料で提供いたします。
We provide this service *at no charge*.

め

名義　name

（例）
● お客様名義の定期預金は 2009 年 8 月 31 日に満期になりました。
The fixed deposit account opened *in your name* matured on August 31, 2009.

● 円貨相当額は、送金者の名義または送金代理人の名義で保管いたします。
We will keep the yen equivalent either *in the name of* the remitter or *in the name of* the remitter's agent.

- 2月22日にご請求いただいたとおり、名義書き換えのために譲渡委任状をニューヨークへ送付します。

    The stock power will be forwarded to New York for *transfer* as requested on February 22.

    ‖解説‖

    「～の名義の[で]」は in ~'s name あるいは in the name of ~ を使う。株券などの「名義書き換え」は transfer。

明記する　specify / stipulate

例
- 当社注文書第100号に明記した電動工具を注文しました。

    We ordered the power tools *specified* in our order No. 100.
- 信用状には航空便で発送するよう明記されていましたが、積み荷は貨物船に船積みされました。

    The cargo was shipped on board a surface freighter although the letter of credit *stipulated* that it be dispatched by air.

    ‖解説‖

    specify は「明細に記す」こと。第2例の stipulate that... は、that 以下のことを「（契約条件などとして）明記[規定]する」ことで、that 節の中の動詞は原形（仮定法現在）になる。

明細　details / particulars　（⇨詳細／明細書）

例
- 4月30日付の貴社の入金勘定15万6780円の明細についてお答えします。

    We are pleased to inform you about the *details* of a credit of ¥156,780 to your account April 30.
- 信用状の明細を受益者へ伝達していただくため、本日御行宛に送りました。

    The *particulars* of the credit have been sent to you today for transmission to the beneficiary.

明細書　statement　（⇨計算）

例
- 貴社のご注文第50号に対する代金870ドルの明細書を1部同封します。

    We have enclosed a copy of the *statement* for $870 covering your order No. 50.
- 前月の全取引を記載した個別明細書を毎月中旬にお送りします。

    You will receive an itemized *statement* showing all transactions of the preceding month in the middle of every month.

命ずる　instruct / ask　（⇨指示）

（例）
- 貴社が契約書に規定されている手続きをお取りにならなかったことをお知らせするよう、命じられました。

    I have been *instructed to* inform you that you did not follow the procedures stipulated in the contract.
- 11月25日付のメールに太田に代わってご返事差し上げるよう、命じられました。

    Mr. Ohta has *asked* me *to* respond to your message of November 25.

||解説||

「…することを〜に命ずる」は instruct [ask / request] 〜 to do。instruct は「（細かく）指示する」こと。ask は「頼む、請う」ということで丁重な感じが出る。request は「（改まって）依頼する」こと。

名誉　privilege / honor　（⇨栄誉）

（例）
- 長年にわたって貴殿とお付き合いできたことは、私にとって名誉なことでした。

    It has been a *privilege* to have been associated with you over the past years.
- 貴社と一緒に仕事ができることは、私にとって名誉であり、喜びであります。

    It would be a great *honor* and a pleasure for me to work with you.

||解説||

例では「名誉（なこと）」を privilege や (great) honor で表しているが、改まった言い方で、大勢の前でのスピーチなどでよく使われる。

迷惑　trouble　（⇨不便／面倒）

（例）
- それほどご迷惑にならなかったことを願っております。

    We hope that it has not *caused* you too much *trouble*.
- このことでご迷惑をお掛けするかもしれませんが、よろしくお取り計らいください。

    I am afraid that this will *cause* you *inconvenience*, but I would ask for your kind consideration.

||解説||

「〜に迷惑を掛ける」は cause 〜 trouble / trouble 〜。丁寧な依頼文でも trouble を用いる。例えば、Could I trouble you to pass me the sugar? は「その砂糖を取っていただけませんか」。

(決まり文句)　ご迷惑をお掛けして申し訳ございません
① **We are sorry to have troubled [inconvenienced] you.**

② **We apologize for the inconvenience (we have caused you).**
③ **We are sorry that we have put you to so much trouble.**

(例)
- たいへんなご迷惑をお掛けして申し訳ございません。深くお詫びいたします。
  We are sorry to have troubled you so much. Please accept our profound apologies.
- 本件に関し、貴社にご迷惑をお掛けして誠に申し訳なく思っておりますが、今一度 ABC 社が私どもに機会を与えてくださることを願っています。
  We are very *sorry that we have put you to so much trouble* concerning this matter, but we are hoping that ABC will give us another chance.

|||解説|||
すべて、実際に相手に迷惑を掛けたときに用いる表現である。このような表現は、日本語の感覚で儀礼的に用いない方がよい。

(決まり文句) ご迷惑でなければ…
① **If it is not inconvenient for you,...**
② **If it is not any trouble to you,...**

(例)
- ご迷惑でなければ、今月末に貴社をお訪ねしたく存じます。
  If it is not inconvenient for you, I would like to visit you at the end of the month.
- ご迷惑でなければ、私どもがいつあなたとお会いできるかお知らせください。
  If it is not any trouble to you, please let us know when we can meet with you.

|||解説|||
丁寧な依頼のときに trouble や inconvenient を用いる例である。

メーカー　manufacturer

(例)
- ABC 社は農機具のメーカーです。
  ABC is a *manufacturer* of farm machinery. / ABC *produces* farm machinery.
- 当社はカナダのカーアクセサリーのメーカーを探しています。
  We are trying to locate a *manufacturer* of car accessories in Canada.

目指す　aim / with the aim to / be looking to

(例)
- 貴社が操業コスト削減を目指していることは理解しております。当社の新モデルがお役に立てるかもしれません。

I understand that your company is *aiming* to reduce operating costs, and our new model may be of help to you

● 私は英日の翻訳者を目指して講座を受けており、私のスキルを御社で生かせるものと考えております。

I am taking a course *with the aim to* become an English-to-Japanese translator, and I believe I can put my skills to use at your company.

● ご提案には感謝いたしますが、残念ながら当社は現在、その地域への進出は目指しておりません。

Thank you for your offer, but I am afraid that we *aren't currently looking to* expand into that area.

||| 解説 |||

第3例は、文脈によっては We aren't planning to expand into that area. のように、plan to を使うこともできる。

めど （⇨見込み）

面会　meeting （⇨会う）

例
● 10月20日にあなたと面会したいと思います。

I would like to arrange a *meeting* with you on October 20.

● あなたとの面会のお約束を取り消させていただきたいと思います。

I am writing to ask you to cancel our *appointment*.

||| 解説 |||

「面会の約束」は appointment。（⇨約束）

免除する　release / exempt

例
● （保証状の）発行後の経過日数を考慮して、荷送人の保証義務を免除してください。

Please *release* the shipper *from* the guarantee in consideration of the length of time since its issuance.

● その商品は税金を免除されています。

The products *are exempt from* taxes.

||| 解説 |||

「A(人)の B(義務など)を免除する」は release [exempt] A from B。第2例の be exempt from 〜 は「(義務など)を免除されている」という意。

面接　interview

例
● 同封の履歴書をご検討いただけますでしょうか。面接の機会を与えてくださいますよう、お願い申し上げます。

Would you kindly consider my enclosed resume? I would greatly appreciate the opportunity for an *interview* with you.

◉ご都合のよろしい時に面接にお伺いします。
I will be available for an *interview* at your convenience.

||| 解説 |||
採用試験などの「面接」は interview。動詞としても使われる（例えば、We have already interviewed 20 applicants for this position.「この職種への応募者20名をすでに面接しました」）。

面倒　trouble　（⇨迷惑）

(決まり文句)　ご面倒ですが…　（⇨手数）
① **We are sorry to trouble [bother] you, but...**
② **We hate to inconvenience you, but...**
③ **Please take a moment to (do)...**

(例)　◉ご面倒ですが、この件について詳しく説明していただけませんか。
We are sorry to trouble you, but could you explain this in detail?
◉ご面倒ですが、貴社の記録をもう一度調べてください。
We hate to inconvenience you, but please check your records once again.
◉ご面倒ですが、どのセミナーに参加なさるのかを同封の用紙にご記入のうえ、ご返送ください。
Please take a moment to indicate on the enclosed form which seminar you plan to attend and return it to us.

||| 解説 |||
「ご面倒ですが、しかし…」と続けて、丁寧な依頼を示す表現である。

も

もう一度　again

(例)　◉もう一度、本件における貴社の親切なご協力に、感謝の意を申し述べたいと存じます。
Again, we wish to express our appreciation for your kind cooperation in this matter.
◉あなたとチャップマン氏にもう一度お目にかかれる機会がありますことを願っています。
I hope that I will have *another* opportunity to meet with both you and Mr. Chapman.

申し上げる　say / tell / inform　（⇨言う／知らせる／述べる）

例
- 心よりお祝い申し上げます。
  I *extend* to you my sincere congratulations. / I *offer* you my hearty congratulations.
- 先約があるために、あなたのご招待をお受けできない旨申し上げなければならず、たいへん残念です。
  I am very sorry to have to *inform* you that a previous engagement prevents me from accepting your invitation.
- 私が申し上げようとしているのは、我々は早急にこの問題を解決する必要があるということです。
  What I am trying to *say* is that we need to resolve this problem as soon as possible.
- 8月25日付のメールで申し上げましたとおり、残念ですが、貴社の値引きのご要望に応じることができません。
  As we *told* you in our message of August 25, we regret that we are unable to meet your request for a price reduction.

解説
日本語の「申し上げる」に対応する英語表現には決まった表現はなく、文脈に合った最適の表現を選べばよい。

申し入れ　（⇨申し出）

申し越し　mention / request　（⇨要望）

例
- （同社は）お申し越しの金額なら大丈夫でしょう。（信用調査で）
  (The company) May be good for the amount *mentioned*.
- お申し越し（ご要望）どおり、3月7日にお会いします。
  We will be happy to meet with you on March 7, as you *requested*.

解説
「申し越し」には mention / request / refer to / suggest など、特定のことに言及、指摘する意味を持つ語を使う。

申し込み　application　（⇨申し込む／申し出）

例
- 貴殿の求職申し込み（応募）を慎重に審査いたしました。
  We have evaluated your job *application* carefully.

解説
「もう一度」には通例 again を用いる。another opportunity [chance] to do は「もう一度～する機会」のこと。

- 貴社のビジネスセミナーの申込用紙をお送りください。
  Please send me an *application for* your business seminar.

申し込む　apply for　(⇨応募)
(例)
- 私はABC学院への入学を申し込もうかと思っています。
  I am thinking of *applying for* admission to ABC Academy.

申し付ける　call on　(⇨命ずる)
(例)
- 施設やサービスについてお役に立てることがございましたら、支店長までお申し付けください。
  Please *call on* our Branch Manager *for* any assistance with our facilities and services.
- どのようなことでも私にお申し付けください。
  I would like to *place myself at your service*.

解説
call on A for B / call on A to do は「A(人など)に B(あること)／(〜すること)を依頼する」ことを示す。第2例の at someone's service は「(人の)役に立つように、用命のままに」ということ。

申し出　offer　(⇨オファー)
(例)
- 米国での当社代理店になられたいというお申し出に感謝します。
  Thank you for your *offer* to represent us in the US.
- しかし、残念ながらあなたのお申し出を受けることはできません。
  However, I am very sorry that I can't accept your *offer*.

申し分ない　(⇨満足)

申し訳ない　be sorry / regret
(決まり文句)
…を申し訳ありません　(⇨詫びる)
① **We are sorry for... [about... / that... / to (do)...]**
② **We apologize for...**
③ **We regret...**

(例)
- (メールへの)ご返事が遅れて申し訳ございません。
  We are sorry for not answering your message soon. / *We apologize for* the delay in answering your message.
- 貴社宛の計算書に誤りがありまして、誠に申し訳ございません。
  We are terribly *sorry about* the error which we made on your statement.

- あなたとのお約束を取り消さざるを得なくなり、誠に申し訳ありませんでした。
  I am very *sorry* indeed *that* I had to cancel our appointment.
- 貴社のご注文第123号の残りを履行するのが遅れまして、誠に申し訳ございません。
  We very much *regret* the delay in executing the rest of your order No. 123.

|||解説|||

一般的なお詫びの表現である。regret that... / regret doing / regret to do の形でも用いる。

(決まり文句) 申し訳ありませんが… （⇨残念だ）

① **We are sorry, but...**
② **We regret...**

(例)
- たいへん申し訳ございませんが、その件に関しては申し上げられません。
  I am very *sorry, but* I can't give you that information.
- お手数をお掛けして誠に申し訳ありませんが、このアンケートにご回答いただけることを願っております。
  We are very *sorry* to trouble you, *but* we hope you will be able to fill out this questionnaire.
- 申し訳ございませんが、徹底的な調査をお願いしなければなりません。
  We regret that we must ask you to conduct a thorough investigation.

目前　come up soon / close at hand / imminent

(例)
- 納期は目前に迫っており、我々には無駄にできる時間はありません。
  The deadline is *coming up soon*, so we don't have any time to waste.
- 会計年度末が目前のため、来週中にはすべての計算の収支を合わせなくてはいけません。
  With the end of the fiscal year *close at hand*, you need to have all of our accounts balanced within the next week.
- 昨日発見した潜在的な欠陥は重大ですが、納期は目前であり、再度検査を行う時間はありません。
  The potential defect we found yesterday is of great concern, but the deadline is *imminent* and we do not have the time to do further testing.

|||解説|||

imminent は主に何かよくないことが目前に迫っている場合に使う。The deadline is imminent. はいえるが、The party is imminent はいえない。

目的　purpose

（例）
- この手紙の目的は、貴殿が4月10日付のお手紙で取り上げられた問題について見解を申し上げることであります。
  The *purpose* of this letter is to make some comments about the issues you raised in your letter of April 10.
- 同氏は市場動向を調査する目的でそちらに参ります。
  He is traveling *for the purpose of* studying the market situation there.

|||解説|||
「～する目的で」は for the purpose of doing（第2例）で、with the aim of doing（to do を続けるのは不可）も同義。「経営上の目的で」なら for management purposes と表せる。

目標　objective / target

（例）
- ABC社の販売成績は目標を15%上回りました。
  ABC's sales results exceeded their *objectives* by 15%.
- 来年度の目標達成のため、貴社と協力していきたいと思っております。
  We would like to work with you to achieve our *target* for the coming year.

もし　（⇨場合）

もちろん　of course　（⇨当然）

（例）
- もちろん、これらの問題は最近の日本の景気後退によってもたらされたということは認識しています。
  Of course, we recognize that these problems were caused by the current recession in Japan.

|||解説|||
of course は通例文頭に置いて、文全体を修飾する。

最も　most

（例）
- 最も早い納入日をお知らせください。
  Would you please let us know the *earliest* possible delivery date?
- 松田氏はその任務を遂行するのに最もふさわしい人物だと思います。
  I believe that Mr. Matsuda is the *most* qualified person to carry out the task.
- 同社との関係を最も重要なものと考えており、あらゆる面で同社への援助を行っております。
  We regard our relationship as a *top priority*, and we will assist the

company in every possible way.

解説

「最も」には形容詞、副詞の最上級を用いる。第1例の possible は最上級を強調する。「できるだけ早く〜してほしい」という文では as soon as possible や at your earliest convenience を使う。第3例の top priority は「最優先事項」。

もっともな　reasonable / natural

例
- それは、至極もっともだと思います。
  That sounds very *reasonable* to me.
- あなたがそのようにおっしゃられるのも、誠にもっともなことです。
  It is quite *natural* for you to say so.

解説

reasonable は「道理にかなった、筋の通った」、natural は「(論理的に)当然の」という意。It is quite natural that... として、「…は至極当然である」と述べることもでき、第2例は It is quite natural that you should say so. としても同じ。

もてなし　hospitality

例
- 先ごろシカゴを訪問しました際に、素晴らしいおもてなしをいただきましたことに、お礼申し上げたいと存じます。
  I wish to thank you for the wonderful *hospitality* you extended to us on my recent visit to Chicago.
- あなたのお心遣いと温かいおもてなしに、重ねてお礼申し上げます。
  Thank you again for your consideration and warm *hospitality*.
- 6月10日に、ABC社で皆さんをおもてなしすることを楽しみにしております。
  I will look forward to *entertaining* you at ABC on June 10.

解説

「もてなし、厚遇、歓待」は hospitality。「〜のもてなしを受ける」は enjoy the hospitality of 〜。「〜をもてなす」は extend hospitality to 〜 (第1例) / entertain 〜 (第3例) など。

基づく　be based on

例
- 最初の支払いは、11月〜1月四半期の利益に基づき、2011年3月15日に行われる予定です。
  The first payment will be made on March 15, 2011, *based on* profits for the November-December-January quarter.
- 契約に基づいて、関連する貨物を納入することをお約束します。
  We assure you that the corresponding cargo will be delivered *under*

the contract.

- 当方の記録に基づき、その小切手を5月20日に受領しましたことを確認いたします。
  We confirm *from* our records that the check was received by us on May 20.

  ▐▌解説▐▌
  「(物事・意見など)に基礎を置く、基づく」は be based on 〜。「契約に基づいて」は under the contract [agreement]。第3例の We confirm from our records that... は Our records indicate [show] that... と言い換えられる。

求める　look for / request　（⇨要求／要請）

(例)
- それこそまさにあなたが求めていらっしゃるものです。
  That is exactly what you have been *looking [seeking] for*.
- 信用状は、船荷証券に運賃前払いの旨を明示するよう求めています。
  The letter of credit *calls for* the bills of lading to be marked "freight prepaid."
- 保証とアフターサービスに関してお求めの情報をお送りいたします。
  We are pleased to give you the information you *requested* regarding the warranty and after-sales service.

  ▐▌解説▐▌
  「(人が)〜を探す、求める」ときは look [seek / search] for 〜。「(物事が)〜を必要とする」ときは call for 〜。第3例の the information you requested は「あなたが要求した情報」。

戻る　come back

(例)
- 川口は5月10日以前には日本に戻りません。
  Mr. Kawaguchi will not *come back to* Japan before May 10.
- 生産高は通常の状態に戻りました。
  Production *is* now *back to* a normal state.

漏らす　reveal / divulge　（⇨極秘）

(例)
- この情報は貴行以外の方には漏らさないようにしてください。
  Please do not *reveal* this information *to* anyone outside your bank.
- 本状は、貴行のご要請に応じて、出所および内容を漏らさないという条件で書かれたものであります。(信用調査で)
  This letter is written in response to your request, on the understanding that its source and contents will not be *divulged* to anyone.

催す （⇨開催する）

問題　matter / problem / subject　（⇨問題ない）

例
- この問題について情報をお送りください。
  Please give us any information you have regarding this *matter*.
- 問題は、当方の事務的なミスによるものと判明しました。
  We determined that the *problem* was caused by a clerical error on our part.
- 彼らは日米貿易の問題について激しい討論をしました。
  They had a heated discussion on the *subject* of US-Japan trade.
- このことは問題外のようですが。
  I am afraid this is simply *out of the question*.
- 輸送中に、商品に何か問題があったに違いありません。
  Something must have *gone wrong* with the products in transit.

|||解説|||

「事柄」は matter、「解決を要する問題」は problem、「課題、話題」は subject。「問題外だ、論議の対象外だ」は be out of the question。「何か問題があるなら」は if there is something wrong。

問題ない　no problem / good

例
- 今後のご注文の品を期日どおりにお届けすることに、何も問題はありません。
  We will have *no problem* getting your future orders to you on time.
- （同社は）通常の取引にはまったく問題ないものと思われます。（信用調査書で）
  They are considered quite *good* for ordinary business engagements.
- 何も問題がなければ、正式な契約書を作成いたします。
  If everything is *satisfactory*, we can draw up a formal contract.

や

役　（⇨役に立つ）

役員　executive

例
- 貴社の役員ならびに社員の方々へ、長年のご協力に対する私どもの感謝の意をお伝えください。
  Please convey to your *executives* and your employees our appreciation for their cooperation over the past years.

- 当社の役員・社員一同、お客様にできる限りお役に立てるよう努めてまいります。
  The *officers* and the staff of our organization are eager to serve you in any way possible.

▌▌解説▌▌

「役員」は便宜的に取締役と監査役を総称する言葉として用いられている。これに対する英語は executive(s) であるが、正しくは「経営幹部」のこと。米国の年次報告書では director(取締役)と officer(業務執行幹部)にはっきり分けて表示している。

約束　appointment / commitment　（⇨先約／約束する）

(例)
- 折り返しファクスで、この（面会の）約束を確認してください。
  Please confirm our *appointment* by return fax.
- ご来社の際は、お約束の確認のために前もってお電話ください。
  We hope you will call us for a firm *appointment* before you visit us.
- 5月25日に予定しているあなたとのお約束を取り消していただくよう、お願いします。
  I am writing to ask you to cancel our *appointment* scheduled for May 25.
- 同社はABC社をできる限り支援するという約束を再確認しました。
  The company reaffirmed their *commitment* that they would assist ABC in any way possible.

▌▌解説▌▌

「面会の約束」は appointment で、promise(～するという約束)とは意味が異なるので混用はできない。

約束する　promise / assure

(決まり文句)　…をお約束します　（⇨請け合う／保証(する)）
① **We (can) assure you that... [of...]**
② **You can be assured that... [of...]**
③ **We promise that...**

(例)
- 今後このような誤りを繰り返さないことをお約束します。
  We assure you that we will not repeat such a mistake in the future.
- この機会を利用して、(貴社のご親切に)いつでもお報いすることをお約束したいと存じます。
  Taking this opportunity, *we* want to *assure you of* our readiness to reciprocate at any time.
- 代替品をできるだけ早く出荷することをお約束します。

We promise that the replacements will be shipped as soon as possible.

解説
「…を約束する」には「保証する、請け合う」という意の assure を用いることが多い。promise を使うときは不定詞を後に続けることもできる。

(決まり文句) 約束しましたとおり
① **as promised**
② **as we promised you**

(例) ●お約束しましたとおり、ABC 社の 2009 年度年次報告書を一部同封いたします。
As promised, I am enclosing a copy of ABC's 2009 Annual Report.
●ご注文品をお約束どおりにお届けできず、誠に申し訳ございません。
We are very sorry that we were unable to ship your order *as promised*.

役に立つ　helpful　(⇨有益な)

(例) ●この情報があなたのお役に立つことを願っております。
We hope this information will be *helpful to* you.
●ご質問に対する当方の回答が多少なりともお役に立つことと思います。
We believe that our answers to your questions will be *of* some *help to* you.

解説
「(人)に役に立つ」は be helpful [of help] to (someone)。helpful の代わりに useful を使うことができるが「使い勝手がよい」というニュアンスになる。「いささか役に立つ」のなら be of some help [assistance] を用いる(第 2 例)。some を付けるのは「自分(のしたこと)が少しはお役に立てば」という謙虚な気持ちの表れである。

(決まり文句) …のお役に立ちたいと思います
① **We are pleased to serve...**
② **We hope to serve...**
③ **We assure you of our desire to be of service to...**

(例) ●私どもはいつでも貴社のお客様のお役に立ちたいと思います。
We are always *pleased to serve* your clients.
●オーストラリアの多くの重要な企業のお役に立ちたいと願っています。
We hope to serve a number of important companies in Australia.
●今後とも貴社のお役に立ちたいと思います。
We assure you of our desire to be of service to you in the future.

解説
相手の役に立ちたいという気持ちを伝えるための表現である。to serve (someone) / to be of service to (someone) という語句がよく使われる。

お役に立てることがございましたら

決まり文句
① **if we can be of service to you**
② **if we can help [assist] you**
③ **if there is anything we can do for you**

例
- 私どもで何かお役に立てることがございましたら、ご連絡ください。
  Please contact us *if we can be of service to you* in any way.
- ホテルのご予約、その他でお役に立てることがございましたら、お気軽にお尋ねください。
  If there is anything we could do for you in the way of hotel reservations, etc., please feel free to ask us.

解説
決まり文句③の do for you は「あなたにサービスを提供する」という意味。

お役に立てる機会

決まり文句
① **the opportunity to be of service to you**
② **the opportunity of serving you**

例
- お役に立てる機会をいただき、ありがとうございました。
  Thank you for (giving us) *the opportunity to be of service to you.*
- 今後とも貴社のお役に立てる機会を心待ちにしております。
  We are looking forward to *the opportunity of serving you* in the future.

解説
第1例と同内容の「お役に立ててうれしく存じます」It was a pleasure serving you. という表現もある。「～できる機会」は the opportunity to do / the opportunity of doing のいずれも可。

役割　role

例
- ABC（銀行）は、当社の主力銀行という重要な役割を担っています。
  ABC assumes the very important *role* of our main banker.
- あなたご自身、そして一企業として ABC 社は、これらの専門家協議会を組織するに当たって重要な役割を果たしました。
  You personally, and ABC as a company, played a key *role* in organizing these specialized conferences.

安い　competitive

例
- 将来の為替の変動をカバーするため、私どもは安い費用で為替契約を締結いたします。
  We will be glad to conclude exchange contracts at a *small* cost, covering any future fluctuations in exchange.

- 当社はたまたま他の業者から、同じ商品に対して貴社より安い値段で見積もりを受けました。
  We happen to have other suppliers *underquoting* you on the same items.
- 同業他社の料金と比較して、当社の料金はまだ安い（競争していける）ものと思います。
  We believe that our rates are still *competitive* in this business field as compared to our competitors'.

休む　（⇨休暇）

やむを得ない　unavoidable　（⇨…ざるを得ない）

例
- やむを得ない急な出張のため、私は会社を留守にしておりました。
  I was away from the office due to a sudden *unavoidable* business trip.
- やむを得ない事情がございまして遅れてしまい、申し訳ございません。
  I am sorry that *unavoidable* circumstances have caused the delay.

||| 解説 |||
「やむを得ない」は「避けられない」という意味の unavoidable をよく用いる。
（⇨…ざるを得ない）

辞める　（⇨辞任する／退職／退任）

やり方　（⇨方法）

やり直す　start over / redo

例
- この仕事を成功させる方法が見つけられないのであれば、再びすべてをやり直すことを考えなくてはなりません。
  If you cannot find a way to make this work, we will have to consider *starting* the whole thing *over* again.
- すでに終わった作業をやり直す時間の無駄を防ぐため、全社員は日常的にデータのバックアップを行う責任があります。
  All staff members are responsible for backing up their data on a regular basis in order to prevent wasting time *redoing* previously completed work.

||| 解説 |||
restart from scratch（ゼロからやり直す）という表現もある。

ゆ

優位　strong position / competitive edge　（⇨有利）

（例）
- ABC 社は日本のファクス市場において、比較的優位な地位を維持しています。
  ABC maintains a relatively *strong position* in the Japanese facsimile market.
- このことは貴社に業界での競争的優位をもたらすことになるでしょう。
  This would give you a *competitive edge* in your industry.

‖‖解説‖‖
「優位な」を表すのに competitive（競争力のある）をよく用いる。「競争優位」なら competitive advantage。強弱を比較して優位なときは strong / stronger を使う。

有益な　useful / profitable / instructive　（⇨役に立つ）

（例）
- 私の研究課題にとって有益な情報をいただき、感謝しております。
  Thank you for the *useful* information regarding my research topic.
- 本件が貴社との長期にわたる相互に有益な関係の第一歩となりますことを、強く願っております。
  I do hope that this will be the beginning of a long and mutually *profitable* relationship between our companies.
- ご提供いただいた資料はどれも、たいへん有益なものでした。
  We found all the materials you provided us with to be most *instructive* to us.

‖‖解説‖‖
「有益な」には useful（利用価値が高い）/ profitable（利益をもたらす）/ instructive（ためになる、教育的な）などを使う。

有効な　effective / valid　（⇨発効）

（例）
- このオファーは 7 月 31 日まで有効です。
  This offer remains *effective* until July 31. / We will keep this offer *open* until July 31.
- 価格は 2011 年 3 月まで有効であることにご注意ください。
  Please note that the prices are *valid* until March 2011.
- 信用状第 123 号の船積み期日と有効期限を 10 日間延長してください。
  Please extend the shipping date and the *validity* of the L/C No. 123 by ten days.

‖‖解説‖‖
「（契約・書類などが）有効な」は effective [in effect]。valid も同義。validity は「法

的有効性」あるいは「有効期間」のこと。

融資(ゆうし)　loan / financing

(例)
- その建設工事は、主に融資によって資金調達されています。
  Its construction is mainly financed by *loan*.
- 融資についての重要な条件は、2009年12月5日付のメールに記載されています。
  Major terms of *financing* are described in our message of December 5, 2009.
- 私どもはかなりの金額の商業手形を割り引くだけでなく、貸し付けの形でのご融資を貴社に供与する用意がございます。
  We are ready to extend to you *accommodations* in the form of loans as well as discount of commercial bills for amounts of considerable size.

優先　priority

(例)
- ABC社の中に、本件の持つ優先順位の高さを理解していない者がいるように思われます。
  It seems that someone within ABC does not understand the high *priority* placed on this item.
- これらは他のすべてに優先して選ばれました。
  These were chosen *in preference to* all others.

|||解説|||
「優先順位が高いこと」は high priority、「最優先」であれば top priority を使える。第2例の in preference to ～は「～よりも優先して」の意。(⇨最も)

郵送(する)　mailing / mail　(⇨郵便料金)

(例)
- その小切手は郵送の途中で紛失してしまったようです。
  It seems that the check had gone astray in the course of *mailing*.
- 貴社名を当方の郵送先一覧(メーリングリスト)に加えさせていただきます。
  We are pleased to have this opportunity to add your company's name to our *mailing list*.
- 貴社の郵送宛先の変更をお知らせいただき、ありがとうございます。
  Thank you for informing us of the change in your *mailing address*.
- 申込書は7月20日までにあなた宛に郵送されます。
  The application forms will be *mailed* to you by July 20.

有能な　able / capable / competent

例
- 若くて有能な大学院生の支援を得ることに関心を持っております。
  We are interested in securing the assistance of *able* [*capable*] young postgraduates.
- 有能な秘書としてだけでなく、真の役員補佐として、彼女を強く推薦いたします。
  I can highly recommend her not only as a *competent* secretary, but as a true executive assistant.

解説
「有能な人」は an able person (= a person of ability)。capable は永続的能力をいう。competent は「(～するのに)適格な、(～に)適任である」の意味が強い。なお、経営幹部(executives)の秘書は executive secretary と呼ばれる。

郵便料金　postage　(⇨郵送)

例
- 国外へお届けの場合には、郵便料金および取り扱い手数料として、上記の価格に 30 ドルを加えてください。
  For delivery outside the country, please add $30 for *postage* and handling charges to the above price.
- 100 ドルを超える注文につきましては、郵便料金および梱包料無料で郵送いたします。
  Orders more than $100 may be mailed free of *postage* and packing fees.
- 質問票は同封の郵便料金受取人払いの封筒にてご返送ください。
  Please return the questionnaire to us in the enclosed *postpaid* envelope.

解説
通信販売のカタログや、アンケート調査の質問票などによく見られる文章である。

猶予　grace　(⇨延期)

例
- その代金の支払いを 20 日間猶予してくださいませんでしょうか。
  Could you allow us 20 days' *grace* to pay the money?
- 今月末までになにとぞご猶予ください。
  I only beg your *patience* until the end of this month.

解説
遅延、義務などに対する「猶予」や「支払い猶予」には grace を用いる。grace period は「猶予期間」。

有利（な）　advantage / advantageous

（例）
- 増額なされば、あなたにとってなおさら有利になるでしょう。
  I believe an increased amount will be all the more *advantageous to* you.
- 双方に有利な取引を行うために円満妥結することができると思います。
  We will be able to reach an amicable agreement to do business to our mutual *benefit*.
- 預金を解約なさるよりも継続なさる方が、ずっと有利なことがお分かりいただけると思います。
  You will find that continuing the deposit assures you much more *profit* than canceling it.

|||解説|||
「〜にとって有利である」は be advantageous to 〜。give (someone) an advantage over (the other) は「（人を）（もう一人より）有利に扱う」。

輸出　export

（例）
- 当社のシンガポールの輸出代理店は ABC 社です。
  We are represented for *export* by ABC in Singapore.
- 私どもは現在、当社製品のカナダへの輸出に興味を持っております。
  We are now interested in *exporting* our products to Canada.
- 貴社がスポーツシューズを扱う信頼できる輸出業者を探していらっしゃると伺っております。
  We understand you are looking for a reliable *exporter* handling athletic shoes.

輸送　transportation / transit

（例）
- 輸送費用は ABC 社が負担するべきです。
  The cost of *transportation* should be borne by ABC.
- 商品が輸送中に損傷したとお伺いし、申し訳なく思っています。
  We are sorry to learn that the products were damaged *in transit*.

輸入　import

（例）
- 以下の各社が貴社製品の輸入に関心を示すのではないかと思いましたので、お知らせいたします。
  We would like to inform you that the following companies might be interested in *importing* your products:
- ABC 社は当社の輸入製品を取り扱っています。
  ABC handles our *imported* products.

- ABC社は高級スポーツウェアのトップクラスの輸入業者です。
  ABC is a leading *importer* of quality sportswear.

許す　excuse / forgive　（⇨許可／詫びる）

〔決まり文句〕

…をお許しください
① **Please excuse us for...**
② **Please forgive us for...**
③ **Please accept our apologies for...**

〔例〕
- お手紙を差し上げるのがこのように遅れましたことをお許しください。
  Please excuse us for this delay in writing to you.
- このようなことをお願い申し上げましたが、どうぞお許しください。
  Please forgive me for asking such a favor.
- 出荷に際しての手違いをお許しください。
  Please accept our apologies for our error in the shipment.

‖解説‖
お詫びを述べるときの表現である。excuse [forgive] us for ～は「～を許してほしい」という意。

よ

よい　good / favorable / right

〈好ましい〉

〔例〕
- 本件につきましてよいご返事がいただけることを心待ちにしております。
  We look forward to your *favorable* reply on the matter.
- ほかの会社に当たられる方がよいでしょう。
  It is *preferable* that you contact other companies.
- この件については、ABC社とお仕事なさるのがよいと思います。
  I think you *should* work with ABC Company on this matter.
- ABC社は、私どもとは引き続きよい関係にあります。
  ABC continues to maintain its *good* relationship with us.

〈健康な〉

〔例〕
- あなたが早くよくなることを願っています。
  I hope you will get *well* soon.

〈問題ない〉

〔例〕
- ABC社が本件を取り上げていただけると考えてよいでしょうか。
  Are we *right* in assuming that ABC is taking up the matter?
- これでよいでしょうか。

よい 367

Is this *OK* [*all right*] with you?
〈許可〉

例) ●モデル B を除いて、買い付け注文第 100 号を 4 月 10 日に分割積みしてもよいでしょうか。
Can we make a partial shipment of P/O No. 100, except for Model B, on April 10?

||| 解説 |||
「よい」は日常的に使われる表現で、その意味も例のように多様である。第 2 例の It is preferable that... は I would suggest that... と言い換えてもよい。第 3 例の you should work の should は「〜すべきである」という意味であるが、must や ought to (do) より意味が弱い。ただし、契約書の文言中では義務を示す。第 6 例の Are we right [correct] in doing...? は相手の同意を期待する質問である。「〜してよい」という許可を示すときは may や can が使える。「よい」を使った安否や賛否を尋ねる慣用的な表現は覚えておくとよい。

…よう　(⇨…ように)

用意（する）　prepare　(⇨準備)

例) ●貴社の用意が整い次第、船積みを始めてください。
Please proceed with the shipment whenever you *are ready*.
●基本的なご要望の要点をお知らせくだされば、当方はあなたのために喜んで必要な資料をご用意いたします。
If you outline your basic needs to us, we will be happy to *prepare* the necessary material for you.
●当社はいつでも貴社のお役に立つ用意がございますのでご安心ください。
We assure you of our *readiness* to serve you at any time.

||| 解説 |||
be ready は「用意ができている」、prepare は「用意する」。

(決まり文句)　…する用意があります
① **We are prepared to (do)...**
② **We are ready to (do)...**
③ **We would be willing to (do)...**

例) ●一手代理店業務を貴社に委任することを検討する用意が十分にございます。
We are fully *prepared to* consider entrusting you with our exclusive agency.
●ABC 社に対しては、当方の財政的な援助が必要になりましたら、いつ

でも支援する用意があります。
We are always *ready to* support ABC if they need our financial assistance.
- 貴社がさらに割り引きされるなら、当社の仕様を簡素化する用意があります。
We would be willing to simplify our specifications if you would offer a greater discount.

||| 解説 |||

③の be willing to do を使えば「喜んで〜する」という感じが強調される。

容易（な） easy

（例）
- 同封したリストによって、ご意見をまとめることが容易になるだろうと思います。
I hope the enclosed list will make it *easier* for you to focus your thoughts.
- また、当社の便利なフリーダイヤル 0120-123456 へ電話することにより、カード引き落としのご指示を容易にすることができます。
You can also *facilitate* your charge order by calling our convenient toll-free number at 0120-123456.

||| 解説 |||

第 2 例の facilitate は「（物事を）容易にする、促進する」こと。

要求（する） demand / requirement / require （⇨要請／要望）

（例）
- 残念ながら、貴社の要求を満たすことができません。
We regret that we are unable to meet your *demand*.
- 次の説明で貴社の要求が満たされるものと思います。
We believe that the following explanation will satisfy your *requirements*:
- 当方の要求に対処していただくよう、貴社の代理店に指示してください。
We would like to ask you to instruct your agents to adjust our *claim*.
- 研究開発のための追加予算を要求いたします。
We are writing to *request* an additional budget for research and development.
- 彼らはその商品について 8% の値引きを要求しました。
They *claimed* an allowance of 8% on the products.
- ABC 社は、よりよいサービスと保守を提供できるように、販売店に製品に関する研修を行うよう要求しています。

ABC *demands* that their dealers be trained in their products for better service and support.

解説

「要求」にはほかに request も使われる。第3例の claim は「(金銭などの)支払い要求」に使われることが多い。動詞の request や demand に続く that 節中の動詞は仮定法現在(原形と同じ形)。

用件　business

(例)
● 急な用件のため、残念ですがご一緒することができません。
I am sorry to say that urgent *business* prevents me from joining you.

解説

例は、約束事を後になって断るときの理由として「急な用件」を挙げる文章で、urgent business を主語にして自分が No と言うのを避けている。

要請(する)　request　(⇨要求/要望)

(例)
● 私どもの要請は、貴社によってかなえられるものと信じます。
We trust that our *request* will be met by your company.
● 当方の要請に応じてくださり、誠にありがとうございます。
Thank you most sincerely for complying with our *request*.
● 吉沢氏の要請を受け、私はあなたに同封の情報をお送りします。
I was *requested* [*asked*] by Mr. Yoshizawa to send the enclosed information to you.

(決まり文句) …を要請いたします　(⇨願う)

① **We request [ask] you to (do)...**
② **We request that...**

(例)
● 今後の当社の注文には、最善の注意を払って履行していただけるよう要請いたします。
We request you to handle our future orders with the utmost care.
● この件を直ちに調査していただくことを要請いたします。
We request that you investigate the matter promptly.

解説

request に続く that 節中の動詞は仮定法現在(原形と同じ形)を使う。

要点　point

(例)
● 会議では要点はどう述べますか。
How will you present your *points* in the meeting?
● 以下にこの訪問の目的の要点を述べたいと思います。
I would like to *outline* my objectives for this visit below.

解説
point には、通例 the もしくは人称代名詞所有格（my / your など）が前に付く。第 2 例の outline は「〜の要点を述べる」こと。(⇨概要・概略)

用途　application
（例）
- 当社の製品 A には次のような用途がございます。
  Please note that our Product A has the following *applications*:

…ように　as
〈様子〉
（例）
- ご存じのように、東京展示会は 7 月 22 日から 24 日まで開催されます。
  As you know, the Tokyo Show will be held from July 22 to 24.
- この度あなたが計画された方法は、うまくいくように思われます。
  It seems that the way you have it scheduled now will work fine.

〈目的〉
（例）
- 当方のオファーを ABC 社の予算内に収められるように、私どもは最近値下げをいたしました。
  We have recently reduced the prices *to* enable our offer to fit within ABC's budget.
- 修理後にこれらの試験装置の目盛りを再調整できるように、点検情報をお送りください。
  Would you please send us service information *so that* we can recalibrate these test units after repair?
- 皆様の東京ご滞在が、快適で実り多いものとなるように意を用います。
  We will *see to it that* your stay in Tokyo is both comfortable and fruitful.

解説
「…ように」は文脈により使用する表現を変えなければならない。第 2 例の It seems that... は断定を避ける言い方（⇨思われる）。目的を表すには (in order) to do / in order that... / so that... などを用いる。最後の例の see to it that... は「…するように気を付ける」の意で、that 節中には未来を示す助動詞を用いないのが原則だが、使うことも多い。

要望（する）　request / requirement　（⇨要求／要請）
（例）
- 申し訳ございませんが、今回はご要望に応じられません。
  We are sorry that it is impossible for us to meet your *request* this time.
- 貴社のご要望について詳しくお知らせください。
  Please inform us in detail about your *requirements*.

- 9月10日付のメールのご要望どおり、当社の見積もりをお送りします。
  As requested in your message of September 10, we are pleased to send you our quotation.
- ご要望があれば、詳細な情報と書類一式をご提供します。
  A detailed information and documentation package will be furnished to you *upon request*.

‖解説‖
「要望どおりに」は as (you) requested / according to your request (of ～) など。upon [on] request は「要望があれば、請求あり次第」を表す。

要約(する)　summary / summarize

例
- あなたの論点と結論の詳しい要約をお送りいただければ幸いです。
  We would appreciate your sending us a detailed *summary* of your major points and conclusions.
- 同社の抱える問題は以下のように要約できます。
  Their difficulties can be *summarized* as follows:
- この件を簡潔に要約すると、私どもは計画の根本的な見直しが必要だということです。
  To *sum up* the matter briefly, we need a thorough review of the plan.

‖解説‖
「要約する」は summarize / sum up。単に to sum up としても「要約すると」の意になる。

予期する　expect　(⇨予想する)

例
- 商品の発送がさらに遅れることは予期していませんでした。
  We did not *expect* further delays in the shipment of the products.
- 残念ですが、予期せぬ事情でニューヨークへの旅行計画をキャンセルせざるを得ません。
  Regrettably, *unforeseen* circumstances force me to cancel my planned trip to New York.

‖解説‖
expect (someone) to do とすれば「(人が)～するのを予期する」こと。「予期せぬ事情」は unforeseen [unexpected] circumstances。

余儀なく　(⇨…ざるを得ない)

預金　deposit　(⇨口座)

例
- お客様名義の預金は2010年3月31日に満期になりました。

The *deposit* in your name matured on March 31, 2010.
- お客様の預金を当行に継続して預けていただければ、誠にありがたく存じます。
  It would be greatly appreciated if you would kindly maintain your *deposit* with us.

予算　budget

例
- 当社は研究開発に多くの予算を充てています。
  We set aside a large portion of our *budget* for research and development.
- 以下のように予算の増額を要請いたします。
  This message is to request a *budget* increase, as follows:

解説
budget は「予算案」「可決された予算」の両方に使う。balanced budget は「均衡予算」、budget deficit は「財政赤字」。形容詞形は budgetary で budgetary control [discipline] は「予算統制 [抑制]」。

予想する　expect / anticipate　（⇨予期する）

例
- 弱い市況は今年いっぱい続くことが予想されます。
  It is *expected* that the bearish market conditions will continue throughout the year.
- 開発には、私どもが予想していたよりかなり長い時間がかかりました。
  The development took much longer than we had *anticipated*.
- 最近発表された数字は我々の当初の予想を上回りました。
  The recently released figures exceeded our initial *expectations*.

解説
「…ということが予想される」は it is expected that... / we expect that... で表せる。anticipate は expect とほぼ同義であるが、expect がネガティブなことについても使われるのに対し、anticipate は、どちらかというとポジティブなことについて使われることが多い。

余地　room

例
- この問題にはまだ議論の余地があります。
  This matter leaves *room for* discussion.
- 遺憾ながら、これ以上価格を引き下げる余地はございません。
  We are sorry that there is no *room to* reduce the prices.

解説
「～の [～する] 余地」は room for ～ / room to do。

予定（する）　plan / schedule　（⇨スケジュール／日程）

例
- 私の予定がはっきりしましたら、すぐに再度ご連絡します。
  I will get back to you as soon as my *plans* become clearer.
- 私どもは現在のところ、事業を拡大する予定はございません。
  We have no *plans* to expand our business for the present.
- 残念ながら、貴社の本社を訪問することはできないと思います。今回は当方の予定がぎっしり詰まっており、都合がつきません。
  I am sorry that we will not be able to visit your headquarters. Our *schedule* is too tight to fit it in this time.
- 時間が逼迫したため、若干の予定変更がありました。変更内容をご確認ください。
  Due to time constraints, there were some minor alterations made to the *schedule*, so please be aware of the changes applicable to you.
- 来月末に出荷予定の商品は以下のとおりです。
  The products *due to* be shipped at the end of next month are as follows:
- 貨物の到着予定日をお知らせください。
  Please let us know the *expected* arrival date of the products.
- しかし、8月18日水曜、または8月20日金曜の昼食は、まだ予定がございません。
  However, I am still *free* for lunch on Wednesday, August 18 or Friday, August 20.

解説
「日程」の意味なら schedule を使う。「予定の重複」は conflicting schedules。「～する予定がない」は have no plans to do / do not plan to do。第5例の due to do は「～するはずになっている」の意。

決まり文句　…を予定しています
① **We are scheduling...**
② **We have scheduled...**
③ **We are planning...**

例
- 会合は9月11日午前10時に予定しております。
  We are scheduling the meeting for September 11 at 10:00.
- 発送は4月20日に予定しております。
  We have scheduled the shipment for April 20.
- しかし、来年はシカゴ訪問を予定しています。
  However, *I am planning* a visit to Chicago next year.

解説
第2例は The shipment is scheduled for April 20. としても同意。

～は…する予定です

(決まり文句)
① ～ **is [are] scheduled to (do)…**
② ～ **plan to (do)…**
③ ～ **is [am / are] planning to (do)…**
④ ～ **will (do)…**

(例)
- 藤沢は橋本とともに、7月18日にニューヨークに向けて出発する予定です。
  Mr. Fujisawa, accompanied by Mr. Hashimoto, *is scheduled to* leave for New York on July 18.
- 同市で1週間ほど過ごす予定ですので、その間に貴社を訪問したいと考えております。
  I *plan to* spend a week in that city and hope to visit your office at that time.
- 両社間の技術援助契約の改定に関連する問題を話し合う予定です。
  We *will* discuss the problems related to revising the technological assistance agreement between us.

||| 解説 |||

「～が…（ある時）に予定されている」という場合は、The meeting is scheduled for May 10.（会議は5月10日に予定されています）のように、～ is [are] scheduled for... で表すことができる。

予定どおり

(決まり文句)
① **as scheduled**
② **as planned**
③ **according to schedule [plan]**

(例)
- 昨年12月に注文した商品を、予定どおり出荷していただけるかどうか、お知らせください。
  Please let us know if you are able to ship the products we ordered last December *as scheduled*.
- 私たちは予定どおり、明朝シカゴを発ちます。
  We will be leaving Chicago tomorrow morning *as planned*.
- 計画は予定どおりに進んでいます。
  The plan is proceeding *according to schedule*.

||| 解説 |||

according to の後には the もしくは人称代名詞の所有格を付けることがある。

予約(する)　reservation / reserve

(例)
- 私は5月9日から14日まで、シカゴのABCホテルに（部屋を）予約してあります。

I have *reservations* at ABC Hotel in Chicago from May 9 through 14.

- 当方がホテルの予約手配をすることをご希望であれば、どうぞお知らせください。

    If you want us to make a hotel *reservation*, please let us know.

- 7月10日の、サンディエゴ行きの午後の便の座席を2つ予約してください。

    Please *reserve* for us two seats on an afternoon flight for San Diego on July 10.

- サンフランシスコの ABC ホテルの予約をキャンセルしてください。

    Please cancel my *reservations* at ABC Hotel, San Francisco.

解説

「(ホテルなど)に予約がある」は have reservations at ～。「予約をする」は make a reservation / reserve。「ホテルを予約する」という場合は reserve a hotel とはせず、reserve a room at a hotel などとする。

(…に)よれば　according to

例
- 当方の情報によれば、同社は輸出業務を行っていません。

    According to our information, the company does not carry on exporting operations.

- これらの調査データによれば、この製品はその市場で十分競争力があると言えます。

    Based on these survey data, we can say that this line of products is competitive enough in the market.

解説

「当方の記録によれば…」というときは、According to our records,... よりも Our records show [indicate] that... とする方が簡潔。第2例の based on ～は「～に基づけば」ということ。

喜び　pleasure　(⇨喜ぶ)

決まり文句　…は喜びです

① **It is a pleasure to (do)...**

② **It gives us great pleasure to (do)...**

例
- 貴社と一緒に仕事をする機会をいただけたことは喜びです。

    It is a pleasure for us *to* have had the opportunity of working with you.

- あなたとお会いしてこの問題について話し合うことは、私にとって大きな喜びとなります。

    It will *give me great pleasure to* meet with you and discuss the

よろこぶ

matter.

解説
感謝の気持ちを少し改まった口調で述べる表現。

喜ぶ　be delighted / be pleased

(決まり文句) …して喜んでおります
① **We were delighted to (do)...**
② **We were pleased to (do)...**

(例) ●貴殿が ABC 社社長に選任されたとお伺いし、喜んでおります。
We were delighted to learn that you have been selected as president of ABC Company.
●貴殿が輸入部長に昇進されたとお伺いし、喜んでおります。
I was pleased to hear of your promotion to Import Manager.

(決まり文句) 喜んで…いたします
① **We are happy [glad] to (do)...**
② **We are pleased to (do)...**
③ **We are delighted to (do)...**

(例) ●喜んでご招待をお受けいたします。
I am very *happy to* accept your kind invitation.
●いつでも喜んで、御社と御社のお得意先のお役に立ちたいと存じます。
We are always *pleased to* serve you and your customers.
●あなたをこちらに喜んでお迎えいたします。
We will be delighted to welcome you here.
●本来ならば、喜んで貴社の申し入れを受け入れるところなのですが。
Under normal circumstances, *we would be happy to* accept your offer.

解説
積極的な態度を相手に知らせる表現で、ビジネス文に限らず日常的にも使われている。第3例のように未来時制で用いることも多い。第4例は仮定法。

よろしい　(⇨よい)

よろしく　regards　(⇨願う)

(例) ●ブラウン氏によろしくお伝えください。
Please give my (best) *regards* to Mr. Brown.
●ワトソン氏、その他スタッフの方々によろしくお伝えください。
Please extend my best *regards* to Mr. Watson and to the rest of your staff.
●本件を至急ご調査くださるよう、よろしくお願い申し上げます。

You are *kindly* requested to look into this matter immediately.

||| 解説 |||
手紙の結びの文章として多用される表現である。Please (kindly) remember me to ~ .（~様によろしくお伝えください）/ My wife joins me in sending our very best wishes to ~ .（家内ともども、~様によろしくお伝えください）なども類似の表現。最後の例の You are kindly [cordially] requested to do... は丁重な依頼文。

ら

来社する　come to one's office　（⇨お越し／訪ねる）

(例)
- 午前10時に、ご来社いただけませんでしょうか。
  Would you please *come to our office* at 10:00 on that morning?
- 当日私が留守にしているといけませんので、ご来社の際はお約束の確認のため、前もってご連絡ください。
  Please contact us for an appointment before you *visit us*, otherwise, I might be out of office on that day.

||| 解説 |||
「来社する」は come to one's office。自分が相手の会社に行くときは相手を中心として考え、I will come to your office... などと表現する。

ライセンス　license

(例)
- 同氏はこのようなライセンス契約が実現可能かどうかを決定するため、必要な話し合いを進めたいと思っています。
  He would like to pursue necessary discussions to determine if such a *licensing* agreement is feasible.
- ABC技術のライセンスに関する話し合いは、何らかの秘密保持契約を双方が承認するまでは始まらないものと理解しています。
  We understand that discussions related to *licensing* of ABC technology can't begin until a non-disclosure agreement is mutually approved.

||| 解説 |||
「ライセンス」とは、特許権者が自己の特許権などに基づき、第三者に対象機器などを製造、販売する権利を許諾する（license）ことで、その取り決めがライセンス契約（license [licensing] agreement）。実施権者は licensor、被実施権者は licensee。「~にライセンスを許諾する」は grant a license to ~ など。

落胆する　be disappointed

(例)
- 御社が我々のサービスを利用されない決断をされたと聞き、落胆してお

ります。
We *are disappointed to* hear that you have decided not to use our services.
- その広告キャンペーンの結果には落胆しました。
We *were disappointed with* the results of the advertising campaign.

||解説||
be disappointed の後には、with、at、that、to hear that などがくる。

り

利益　profit　(⇨利益になる)

(例)
- これによって、当社の今後の投資に少しばかりの利益が出るでしょう。
This would provide a small *profit* on our anticipated investment.
- 貴社の地域で当社製品を販売することにより、貴社は利益を上げられると思います。
We believe you could make a *profit* from marketing our products in your area.
- 私どもの業務は、昨年同時期に比べますと、非常に利益が上がっています。
Our business is quite *profitable*, compared to the same period last year.
- 当社の価格では、ごくわずかの利益(利ざや)しか得られません。
Our prices leave us very small *margins*.

||解説||
profitable は「(業務・投資・努力などが)利益をもたらす」ことで、「有益な」という意味でも使う。最後の例の margin は「利ざや、マージン」のこと。

利益になる　be of benefit　(⇨有益な)

(例)
- A社、B社双方の利益になると思われるこのプロジェクトに関して、いくつか提案がございます。
I would like to offer some suggestions concerning the project which could *be of benefit to* both A and B.
- このような支援の強化は、ABC社の最大の利益になるものと信じています。
I believe such enhanced support will *be in the* best *interests of* ABC.
- 本件を再考なさることは、貴社の利益になることがお分かりいただけると存じます。
I'm sure you will find it *to your advantage* to reconsider this matter.

- 我々は友好的な関係にありますので、双方の利益になるような取引ができるはずです。

  We have friendly relations, and I'm sure we can form a deal of mutual *benefit*.

  ||解説||

  「〜の利益になる」は be of benefit to 〜 / be to 〜's benefit / be in the interest(s) of 〜 など。「公共の利益になる」なら be in the interest of the public。「貴社の利益のために」は to your advantage（第 3 例）、「（貴社と当社の）両社の利益になる取り引き」は a deal of mutual benefit（第 4 例）。

理解　understanding　（⇨理解する）

(例)
- 寛大なご理解とご協力を賜り、誠にありがとうございます。

  Thank you very much for your generous *understanding* and cooperation.

- 相互理解を深めたいという私の願いを、あなたにも共有していただきたいと思います。

  I hope that you also share my desire to develop a mutual *understanding*.

- 米国におけるハイテク産業の理解をさらに深める機会をいただき、感謝しております。

  Thank you for giving me an opportunity to gain a deeper *appreciation* of high-tech industries in the US.

  ||解説||

  第 3 例の appreciation は「正しく理解（認識）すること」。

利害　interest

(例)
- 私どもは利害の衝突のために、彼らの提案を断らざるを得ませんでした。

  We had to reject their proposal because of conflicts of *interest*.

- この問題は、日本における貴社事業の利害関係に影響を与えるでしょう。

  This problem would affect your business *interests* in Japan.

理解する　understand　（⇨理解／分かる）

(例)
- ご返事が遅れた事情をご理解ください。

  Please *understand* the circumstances which delayed our reply.

- 本件を十分にご理解いただければ、たいへんありがたく存じます。

  Your full *understanding* of the matter would be greatly appreciated.

- ABC 社がどうしてこのような思い切った行動を取ったのか、理解に苦しみます。
  It is difficult for me to *understand* how ABC could take such a drastic step.
- 貴社の顧客はその違いがいかに重要であるかを理解できると思います。
  Your clients can *see* how important the difference is.
- 貴社が ABC 社に対してさらに値引きを要請なさるのは理解できます。
  Your request to ABC for further discount is *understandable*.

||| 解説 |||
「理解する」は単純に understand を用いることが多い。第 4 例の can see how... は how 以下のことが「分かる」の意。

〈決まり文句〉 …と理解しています
① **We understand that...**
② **We are given to understand that...**
③ **It is our understanding that...**

〈例〉
- モデル A は、米国では貴社が製造販売なさっていると理解しています。
  We understand that Model A is manufactured and sold by your company in the U.S.
- その商品は航空便で発送されるものと理解しています。
  It is our understanding that the products will be shipped by air.

||| 解説 |||
that 以下のことを「理解している」という表現。なお understand that... は「(that 以下のことを)聞き及んでいる」とも解釈できる。we hear... よりも丁寧な言い方である。(⇨伺う)

〈決まり文句〉 …をご理解いただけると思います
① **We feel certain that you will understand...**
② **You will understand...**
③ **You will appreciate...**

〈例〉
- この点での私どもの立場をご理解いただけると思います。
  We feel certain that you will understand our position in this connection.
- こうした状況は、当社としてはいかんともしがたいことをご理解いただけると思います。
  You will understand that these circumstances are beyond our control.

履行する　fulfill / carry out

〈例〉
- ABC 社は履行できない契約は締結しないでしょう。(信用調査で)
  ABC will not enter into business engagements they can't *fulfill*.

- 両社が締結した販売契約に添って、貴社は契約を履行しなければなりません。

    You need to *execute* the contract according to the sales agreement concluded between us.
- 貴社は上記の支払い指図を履行されていないようです。

    It seems that you have not *carried out* the above payment order.

    ‖‖解説‖‖
    fulfill は「(義務などを)果たす」、execute は「(契約上の義務を)遂行する」、carry out は日常的に使われる語で、「(計画・約束・要請などを)遂行する」こと。

利ざや　(⇨利益)

利子　(⇨利息)

リストラ　restructuring / let go of / downsize

(例)
- ABC 社は、大規模なリストラによって、事業の効率化を上げることに成功しました。

    ABC succeeded in improving their operation efficiency by undergoing a major *restructuring*.
- ABC 社は、過去3年間で20人以上の技術者をリストラしました。

    ABC has *let go of* more than 20 engineers in the last three years.
- 将来のリストラ(企業再編)についてどのように見込んでいらっしゃるのかお聞きしたい。

    We wish to ask about what kind of expectations you have in regards to future *corporate restructuring*.
- 他の選択肢は倒産しかありませんから、リストラ(人員整理)を行うことは避けられません。

    As the only other alternative is bankruptcy, we will be forced to perform some *downsizing*.

    ‖‖解説‖‖
    第3例のように、日本語の「リストラ」は、「人員整理」や「解雇」と同義語として使われるケースが多いが、もともとは restructuring(再構築、再編成)の略。

利息　interest

(例)
- この預金は年利2%の利率で利息がつき、2010年9月30日に満期になります。(⇨満期)

    This deposit bears *interest* at the rate of 2.00% per annum and will mature on September 30, 2010.

- 普通預金の場合、年利 1.5% で利息が計算されます。
    For savings deposits, *interest* is calculated at 1.50% per year.

|||解説|||
「利息」の意味の interest は通常複数形にしない。interest for delay / delayed interest は「延滞利息」、interest rate は「利率」、lawful [legal] interest は「法定利息」。第 2 例の per year（1 年につき）は per annum ともいう。

利点　advantage　（⇨有利）

(例)
- 当社製品は他社製品に比べ、価格面のみならず、多くの利点がございます。
    Compared to the products of our competitors, our products have many *advantages*, in addition to price advantages.
- この製品には多機能という別の利点もございます。
    This product has the added *advantage* of being versatile.

理由　reason　（⇨ために／…ので）

(例)
- 何らかの理由で彼女が当社に就職できない場合は、彼女がよい職を見つけられるように私がお手伝いいたします。
    I can help her find a good position if *for some reason* she can't join us.
- 私どもがこの要求に応じなければならない理由はまったくありません。
    We can see no *reason why* we should satisfy these requirements.
- 貴社がその製品を納入なさるのに、6 か月もかかる理由を説明していただけませんでしょうか。
    Could you explain *why* it takes you six months to ship the products to us?

|||解説|||
「…という理由」は (the reason) why... となり、why 以下で理由の内容を示す（第 2・3 例）。第 1 例の for some reason は「何らかの理由で」で、理由を明示したい場合は for reasons of ～ / because of ～ などとする。for whatever reason は「理由のいかんを問わず」という、理由を口実にさせない強い表現。

留意する　note　（⇨注意）

(例)
- 以下の詳細にご留意ください。
    Please *note* the following details:

留保（する）　reserve

(例)
- 損傷に対し、貴社に損害賠償を請求する権利を留保いたします。

We *reserve* the right to claim compensation from you for any damage.
- 書類には次のような不備な点がありますので、提示された為替手形は留保条件付きで引き受けました。
  We have honored the drafts presented *under reserve* because the documents show irregularities as follows:

||| 解説 |||
「～する権利を留保する」は reserve the right to do。

了解　understanding　（⇨承知する／理解）

例
- 私どもは、納品が 9 月 30 日までに行われるという了解のもとに、商品を発注いたしました。
  We ordered the products on the *understanding* that the delivery would be made by September 30.

||| 解説 |||
「…という了解のもとに」は on the understanding that... / by an understanding that... と表す。「こういう了解［条件］のもとで」は on this understanding。

料金　charge　（⇨代金／郵便料金）

例
- ABC ホテルに 7 月 5 日から 7 日まで、税・サービス料込みで 1 泊 175 ドルの料金で、あなたのお部屋を予約しました。
  A room has been reserved for you at ABC Hotel for July 5 through 7 at the *rate* of $175 a night, including tax and service *charges*.
- 予約金として 1 泊分の料金を支払わなければなりません。
  You are required to pay one day's *charges* as a deposit.
- ご到着予定日の 1 週間前以降にご予約をキャンセルなさる場合は、宿泊料金全額をお支払いいただきます。
  Full *penalty* will be charged if you should cancel your reservation less than eight days before the date of your arrival.
- この輸送には追加料金はかかりません。
  There is no additional *charge* for this transportation.
- 上記のサンプルを（運送）料金着払いで、代金の請求書とともに航空便でお送りください。
  Please send us the above samples by air, *freight collect*, together with your invoice for the cost of the samples.

||| 解説 |||
「料金」は、ホテル、電話、運賃などには rate を用いることが多いが、the hotel charges（通常複数形）のように charge を使うこともある。これは charge(s) は一般的に諸経費、利用料、手数料など、幅広い意味を持つからである。「（料金）着

払い」には collect を使う（最後の例）。collect call は「料金受信人払いでかける電話」のこと。第 3 例の penalty は「違約金」。

良好な　good　（⇨よい）

（例）
- 同社の資産状態は良好です。
  Their assets position is *in good shape*.

領収書　receipt

（例）
- 注文品への領収書をいただいておりません。至急お送りいただけますでしょうか。
  I didn't receive a *receipt* with my order, so could you please send one as soon as possible?
- 紙の消費を減らすため、消費者から直接依頼があった場合にのみ領収書を発行します。
  In an effort to reduce paper consumption, we will only issue *receipts* upon the direct request of a customer.

了承する　accept / understand　（⇨承諾／同意）

（例）
- ご了承ください。
  Please *accept* our regrets. / Please *accept* our apologies.
- 私の提案をご了承いただけるようでしたら、詳しい情報をお送りいたします。
  If you are inclined to *accept* my proposal, I will be happy to send you further information.
- 我々にはコントロール不可能ないくつかの要因によって遅延したことをご了承ください。
  Please *understand* that there are some factors that we cannot control and which may result in delays.

利用する　use / make use of　（⇨使う）

（例）
- オーストラリアでの売り上げ拡大のためにこの機会を利用したいと思います。
  We hope to *use* this opportunity to expand our sales in Australia.
- この特別オファーをご利用なさることをお勧めします。
  I suggest that you *take advantage of* this special offer.
- 機会がありましたら、これらのサービスをご利用いただきたいと存じます。
  We hope you will *make use of* these facilities as the occasion arises.

- ご利用いただきましてありがとうございます（お役に立てる機会をいただき、ありがとうございます）。
  Thank you for giving us the opportunity to be of service to you.
- ABC 社に、画像ソフトが利用できるかどうか、問い合わせました。
  I asked ABC about the *availability* of graphics software.

|||解説|||

「〜を利用する」は use を用いるのが一番簡単であるが、take advantage of 〜 / make (the best) use of 〜などもよく使われる。

旅行　trip

例
- あなたの旅行の日程をメールでお知らせください。
  Please let us know your *trip* schedule by email.
- 旅行計画を組み直し、この件についてはできるだけ早くご連絡差し上げたいと思います。
  I hope to reschedule the *trip* and contact you in this regard as soon as possible.
- 8月のロサンゼルス訪問では、旅行日程を組むに当たってお手伝いいただき、ありがとうございました。
  Thank you for your generous help in arranging our *visit* to Los Angeles in August.

|||解説|||

「旅行」には trip / travel / tour / journey / voyage などがある。trip は短い旅行、travel は長期の旅行と使い分けることもある。tour はパック旅行のような場合によく使われる。journey はやや文学的な語。voyage は宇宙空間の探査飛行などによく使う。「旅行日程、旅程」は itinerary ともいう。

利率　interest rate　（⇨利息）

例
- 各種預金口座に適用される利率は次のとおりです。
  The *interest rates* to be offered on various deposit accounts are as follows:

履歴書　resume

例
- 翻訳者の職に応募したいと思いますので、ご検討いただくために私の履歴書を同封いたします。
  This letter is to apply for the position of translator. I am enclosing my *resume* for your review.
- 職務経歴その他の詳細を記した柴田氏の履歴書を同封いたします。
  I have enclosed the *resume* of Mr. Shibata showing his business

background and other details.

- 貴殿の履歴書を当方のファイルに保存し、ほかに空きができましたらご連絡差し上げます。
 We will keep your *resume* in our active file so that we can contact you when another vacancy becomes available.

解説
「履歴書」を表す語句には、ほかに curriculum vitae（主として英国用法）/ personal history がある。

る

類似（の）　similar　（⇨同様）

- 当社のカタログに図解されている新製品見本をご覧くだされば、類似の他社製品が旧式に見えることと思います。
 I am sure the new models illustrated in our catalog will make other *similar* products outmoded.
- 他の類似品との比較の結果、貴社製品ははるかに優れていることが分かりました。
 After comparing them with *similar* makes, we find that your products are far superior.

解説
「類似の」は similar を使う。別々のものが、外観、特質、性能、用途などの点で似ているという意味で、same（同一の）とは異なる。「類似品」は similar make [item]。

留守　absence　（⇨不在）

- 私が留守の時は、加藤までお問い合わせください。
 In my absence, please direct any inquiries to Mr. Kato.
- 私が日本を留守にしている間は、当社輸入部長の山崎にご連絡ください。
 Please contact Mr. Yamazaki, Import Manager of our company, while I *am away* from Japan.

解説
「留守にしている」は be away from Japan [my office / my home] など。同義で be out / be not in も可。in ～'s absence / in the absence of ～は「～がいない時には」。

れ

礼 thanks / appreciation （⇨ありがとう／感謝する）

例
- 心からお礼申し上げます。
  Please accept my sincerest *thanks*.
- 中田氏と私が貴社を訪問しました際にお世話になり、一言お礼申し上げます。
  Just a brief note to *thank you for* the kindness which you showed Mr. Nakata and me on our visit to your office.
- どのようにお礼を申し上げてよいか分かりません。
  I don't know how to express my *appreciation*.
- 先日のロンドン訪問の際に賜りましたご親切に、お礼を申し上げるのが遅れまして、申し訳ございません。
  I am sorry for the delay in writing you to express my *appreciation* for your kindness during my recent visit to London.

‖解説‖
第2例の a brief note to thank you は「一言お礼申し上げるための書状」という意。最後の例の appreciation は「感謝の気持ち」。

決まり文句 …にお礼申し上げます
① **Thank you (very much) for...**
② **We wish to thank you for...**
③ **Many thanks for...**
④ **We wish to express [extend] our appreciation to you for...**

例
- ご協力に心からお礼申し上げます。
  We wish to thank you most sincerely *for* your cooperation.
- メールで、当方の提案を前向きにご検討くださることをお知らせいただき、お礼申し上げます。
  Many thanks for your message informing us that you have decided to positively consider our proposal.
- 父の死去に際し、ご夫妻よりお悔やみのお言葉をいただき、家族一同心からお礼申し上げます。
  My family and I *wish to extend our* sincere *appreciation to* you and your wife *for* your kind words of sympathy on the death of my father.

‖解説‖
感謝を表す表現。決まり文句②、④の wish to... はやや改まった丁寧な表現であるのに対し、①の Thank you for... は日常的な表現であるだけに親しみを感じさせる。⇨ p. 428、430

例 example / sample

- これは貴社のために提供できるサービス分野のほんの一例です。
  This is only one *example* of the areas in which we can be of service to you.
- 記載事項を修正する際のご参考までに、記入例および注釈を同封しました。
  In order to help you revise your listing, we have enclosed a *sample* entry and explanatory notes.

例外 exception

- しかしながら、それらの試みは今までのところ、2、3の例外を除いて日本では成功しておりません。
  However, those attempts, with a few *exceptions*, have not been successful as yet in Japan.
- 私どもは例外的な措置として、同社にそうするように要請しました。
  We asked them to do so as an *exceptional* measure.

||| 解説 |||
「2、3の例外を除いて」は with a few exceptions で、「例外なく」は without exception。「(〜も)例外ではない」は be no exception(s)。

連続の consecutive

- 今年でこの会社の株は3年連続の減配です。
  This is the third *consecutive* year dividends have decreased on this company's stock.

||| 解説 |||
「引き続いた3年目」は the third consecutive year。「連続3年間」ならば for the consecutive three years。

連絡 contact / correspondence (⇨連絡する／連絡先／知らせる)

- 今までのところ、本件に関して貴社からご連絡をいただいておりません。
  We have not *heard from* you in this regard so far.
- ご連絡は西田までお願いいたします。
  Please address your *correspondence* to (the attention of) Mr. Nishida.

||| 解説 |||
「連絡を受ける」には hear を使える。hear from 〜は「〜から連絡を受ける」で、「〜からの連絡を待つ」は look forward to hearing from 〜。

れんらくする　389

連絡先　contact

例
- 当社の東京における連絡先は以下のとおりです。
  Our *contacts* in Tokyo are as follows:
- 連絡先の電話番号を教えていただけませんでしょうか。
  Could I have a telephone number *where you can be reached*?

‖解説‖
「(あなたの)連絡先の電話番号」は簡単に your telephone number でもよいし、第2例のように a telephone number where you can be reached としてもよい。「連絡先の住所」は contact address という。

連絡する　contact　(⇨知らせる)

例
- 私の不在中、さらに情報が必要な場合は、当社の小野にご連絡ください。
  Please *contact* Mr. Ono in our office if you need any further information during my absence.
- 本件については今後とも十分にご連絡申し上げます。
  We will *keep* you fully *posted on* [*informed of*] this matter.
- 今後は当方ともっと密に連絡を取るよう、お願いいたします。
  We would like to ask you to *keep in* closer *touch with* us.
- 私どもは貴社と連絡を取るように、ABC 社から勧められました。
  ABC advised us to *get in touch with* you.
- 近いうちにまた、あなたにご連絡します。
  I will *get back to* you soon.
- 直ちに ABC 社と連絡を取りましたところ、問題は当方の事務上の手違いに起因していたことが分かりました。
  Through our immediate *contact with* ABC, we found that the problem was caused by a clerical error on our part.

‖解説‖
「連絡する、連絡を取る」は文脈により各種表現が可能である。contact は「～に連絡する」(E メール、手紙、電話などの手段を問わない)。「A(人)に～について常に知らせておく」は keep A posted on [informed of] ～。「～と連絡を保つ」は keep in touch with ～、「～と連絡を取る」は get in touch with ～。

決まり文句　(…を当方に)ご連絡ください
① **Please let us know...**
② **Please contact us...**
③ **We (would like to) ask you to contact us...**

例
- 今後、出荷が遅れそうな場合には、前もってご連絡ください。
  In the future, *please let us know* in advance in case of a possible delay in shipment.

- 当社および当社商品に関してご質問がございましたら、直接私にご連絡ください。
  Please contact me directly if you have any questions about our company or our merchandise.
- さらに情報が必要な場合はご連絡ください。
  We would like to ask you to contact us if you need further information.

ろ

労働　labor / work

（例）
- この法律事務所は、労働問題の取り扱い実績があります。
  This law firm is experienced in dealing with *labor* issues.
- 当社のこうしたシステムは、様々な労働形態を可能にします。
  Our system allows for various *work* styles.
- 社員の間には、労働環境悪化への不満がくすぶっています。
  Our employees are becoming more and more dissatisfied with the poor *labor* conditions.
- ご要望に添いたいのですが、最近の人員削減による労働力不足の状況では、これ以上迅速に進めることは率直に申し上げて無理です。
  I would like to meet your request, but with the shortage of *workers* due to recent personnel cuts, there is simply no way we can go any faster.

||| 解説 |||
「労働環境」という場合、labor conditions は経済全体、work conditions は、その会社の話をする場合に使う傾向にある。

労働者　laborer / worker

（例）
- 繊維産業の労働者数は着実に減少しています。
  The number of laborers in the textile industry is in steady decline.
- 次の拡張工事のために新規に労働者を雇用し始めるよう、埼玉工場の責任者に伝えていただけませんか。
  Could you please tell the supervisor at our plant in Saitama to begin hiring new *workers* for the upcoming expansion?

||| 解説 |||
labor も worker も経済を語る際の単語として使えるが、どちらかといえば、labor は肉体労働者のニュアンスを含む場合が多く、worker のほうが広範に使われる。

わかる 391

ローン (⇨融資)

わ

分かる understand / see (⇨理解／理解する)

(例)
- あなたがその問題を心配されているのは分かります。
  I *understand* your concern over the matter.
- 同封のパンフレットでお分かりのとおり、当社は米国で数社の代理店となっております。
  As you can *see* from the enclosed brochure, we represent several companies in the US.
- 残念ですが、この件についてはよく分かりません（知りません）。
  I am very sorry, but I don't *know* much about this matter.
- お考えになられていることがよく分かりません。
  It's not quite *clear* to us just what you have in mind.

‖‖解説‖‖
「〜からお分かりのように」は as you can see from 〜（第2例）。「よく分からない」は it's not quite clear / I don't know / I can't follow you などを、文脈に応じて用いる。

(決まり文句) …が分かりました （⇨判明する）
① **We find [(have) found] that...**
② **We understand that...**

(例)
- この件を調査しましたところ、問題は ABC 社に起因していることが分かりました。
  After checking into the matter, *we found that* the problem was caused by ABC.
- あなたの6月30日付のメールから、支払い条件にご不満であることが分かりました。
  We understand from your message of June 30 *that* you are dissatisfied with the terms of payment.

(決まり文句) …がお分かりいただけると思います
① **You will find...**
② **You will see...**
③ **〜 will show [explain]...**

(例)
- 当社製品が同業者の製品より優れていることがお分かりいただけると思います。
  You will find that our products are superior to those of our competitors.

- 当社の提案は貴社に有利なものであると、きっとお分かりいただけると思います。
  I am sure *you will see* the benefit to you in our proposal.
- 貴社の要請に応じられないことが、このような事実からお分かりいただけると思います。
  These facts *will explain* why we can't meet your requirements.

|||解説|||
第1・2例は you を主語にして、相手の立場を立てる気持ちが表れた文章である。また、第3例のように事柄を主語にすれば、客観的な叙述になる。

別れ　farewell

(例)
- 直接お会いして、お別れのご挨拶を申し上げられなかったことを残念に思います。
  I'm sorry that I didn't have an opportunity to say *farewell* to you in person.
- 悲しいお別れを悼み、あなたとご家族の皆様に心からお悔やみ申し上げます。
  I sympathize with you and your family at this sad time.

|||解説|||
「別れの挨拶」は farewell。「さようなら」「ご機嫌よう」といった意味になるが、やや古風なニュアンスで、日常的には good-by(e) を用いる。farewell [good-by(e)] party は「歓送会」。

わざわざ　trouble

(例)
- 私のこの度の就任に際し、わざわざお祝いのお言葉を賜り、感謝しております。
  Thank you for *taking the time to* send me congratulations on my recent appointment.
- わざわざご返事をくださるには及びません。
  You don't need to *take the trouble to* send an answer.

|||解説|||
「わざわざ〜する」という表現を使って丁寧さを示すことができる。take the time to do / take the trouble of doing [to do] などを用いる。

忘れる　forget

(例)
- あなたのご親切は決して忘れません。
  I will *never forget* your kindness. / I will always *remember* your kindness.

（…に）わたって　over　（⇨長年）

（例）
- 長年にわたって、あなたとご一緒に仕事ができたことは、大きな喜びでした。
  I very much enjoyed working with you *over* the past years.
- 長い将来にわたって、両社の取引が続いていくことを切に願っております。
  I sincerely hope that our two companies will continue to do business together *for many years to come*.

詫び　apologies　（⇨詫びる）

（例）
- 私がニューヨークを訪問できなかったことに対し、心からのお詫びと失望の気持ちをお伝えいたします。
  I must express my sincere *apologies* and disappointment for not being able to visit New York.

||| 解説 |||
「詫び（の言葉）」は apologies（複数形）。「A（人）に対して B（あること）について詫びを入れる」なら make one's apologies to A for B。

詫びる　apologize　（⇨すみません／申し訳ない）

（決まり文句）…をお詫び申し上げます
① **We apologize (to you) for...**
② **Please accept our apologies for...**
③ **We would like to extend [offer] our apologies for...**

（例）
- 当方のミスにより貴社にご迷惑をお掛けし、お詫び申し上げます。
  We apologize (to you) for any inconvenience our mistake might have caused you.
- メールの返信が遅れてしまいましたことをお詫び申し上げます。
  I apologize for not responding to your message sooner.
- 貴社のご注文品の発送が遅れましたことを深くお詫び申し上げます。
  Please accept our deepest *apologies for* the delay in shipping your order.
- この問題について個人的にお詫び申し上げたく存じます。
  I would like to extend my personal *apologies for* the problem.

||| 解説 |||
apologize を使って「A（人）に B（あること）を詫びる」という場合は apologize to

A for B となる。「残念に思う」の regret とは異なるので、区別して使うようにする。

割引（する）　discount　（⇨割引率／値引き）

〈例〉
- この商品を 3% 割引していただけないでしょうか。
  Could you give us a 3% *discount for* these products?
- 7 日以内にお支払いいただける場合は、定価から 2% 割引しております。
  If you pay within seven days, we will allow a 2% *discount off* the list price.
- 昨年のモデルは 20% の特別割引をしております。
  We are offering a special *discount of* 20% *on* last year's models.
- この商品を最高 10% までの数量割引付きでオファーいたします。
  We offer you these products with a *quantity discount* of up to 10%.

‖解説‖
大量購入に対する「数量割引」は quantity discount、「現金割引」は cash discount。「割引する」は give [offer / allow] a discount など。

割引率　discount (rate)

〈例〉
- 貴社が注文量を増やしていただけるなら、私どもは割引率を上げようと思います。
  We would be willing to offer a greater *discount* if you increase the size of your order.
- 当社は割引率を 10% に引き上げる用意がございます。
  We are prepared to increase our *rate of discount* to 10%.

第2部

英文ビジネスレターの書き方

英文ビジネスレターには、主にEメール、郵送する手紙、ファクスレターの3つがあります。ここでは、まずすべてに共通する本文の書き方の基本ルールについて解説し、その後にそれぞれのレターで注意すべき事項を取り上げます。

本文の書き方のルール

1) 1通に1案件が原則
　1通のレターに1つの案件（one letter, one subject）が原則です。そして、簡潔に書くことが求められます。これは、忙しい相手に対する思いやりであり、相手に短時間で趣旨を理解してもらうためのコツとも言えます。

2) 季節の時候は不要
　日本語と英語の手紙では、形式上で決定的な相違があります。日本語の手紙では冒頭に時候の挨拶（「薫風の候」など）、安否の気遣い（「貴社ますますご清祥のことと……」など）を入れ、本文末尾に本文の内容と無関係の記述（「乱文乱筆ご容赦ください」「略儀ながら書中をもちまして……」など）を加えますが、英語では、紙であってもEメールであってもこれらは一切不要です。逆に、ここに例示した日本語をそのまま英文にすれば、相手に違和感を与えます。

3) 相手への尊敬を忘れない
　ビジネスといっても所詮は人が行うもの。世界各国の人々が徳目と考えていること（例えば、約束を守ることは世界のどの国でも大切と考えられています）を英文に導入する必要があります。相手に対する「尊敬」「思いやり」「丁寧さ」などはこの範疇に入ります。
　相手に対する尊敬は、相手を立てる文章につながります。よく you-attitude と言われますが、これはつまり、We assure you that... とせずに You can be assured that... とするということです。米国企業のアニュアルレポートで自社のことを Your Corporation と表すのも株主に対する意識の表れであると言えます。思いやりについても、例えば I know you are busy という語句に続けて催促をすれば、取引先の気持ちも和むはずです。また、I haven't received it yet よりは It appears that I haven't received it yet とする方が、当たりが柔らかく丁寧です。

4) 「Cの効用」を頭に入れて
　ビジネスレターの効用を極大化する要件として伝統的に言われているのが「Cの効用」です。3つのC、5つのC、さらには7つのCを挙げる論がありますが、これは次のとおりです。

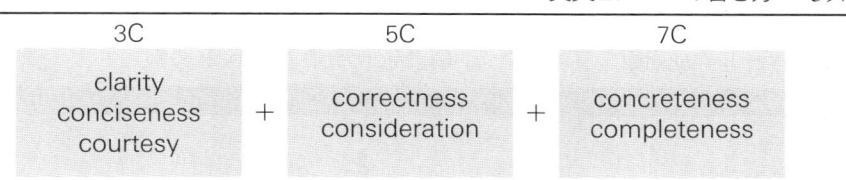

3C	5C	7C
clarity conciseness courtesy	correctness consideration	concreteness completeness

　この「C」のすべて、あるいはいくつかをクリアしていれば、望ましいビジネスレターと言えますが、一番重要なのは clarity（明瞭さ）です。ほかの「C」は大なり小なり、clarity の実現のために役立つ要素となっています。具体的に（concreteness）、すべての事象を順序正しく（completeness）、簡潔に（conciseness）、正確に（correctness）、レターを書くことが clarity につながります。

　論理的な発想、適切な用語の選択、文意の強弱のリズムなども clarity につながってきます。逆に、曖昧な表現、不十分な言及、平凡な語彙、陳腐化した表現は clarity を損なうことになりかねません。以下に具体例を若干挙げておきましょう。

望ましくない表現	望ましい表現
I wish to thank you	I thank you / Thank you
at the present time / at this time / at this writing	now / at present
because of the fact that	because
in the amount of	for
in the case that	if / in case
at an early date	（特定の日付を書く）
I beg to acknowledge receipt of	I have received

英文Eメールの書き方

　インターネットの普及により、Eメール（email）はまたたく間にビジネスコミュニケーションの中心を担うツールとなりました。

　一般的なEメールでは、紙のレターに比べ、その書式はよりカジュアルで省略も多く、文章には、さらなる簡潔さが求められます。ただ、ビジネス上のやり取りである以上、礼儀正しく、正確であることが要求されるのは当然のこと。通常の英文レター同様、文字によるコミュニケーションでは、書き手の表情が伝わりにくく、思わぬところで誤解を招くこともあります。国際ビジネスの世界ではちょっとした誤解によって大損害を生じることもありますので、十分な注意が必要です。

Eメール作成画面のフォーマット例（Microsoft Outlook の例）

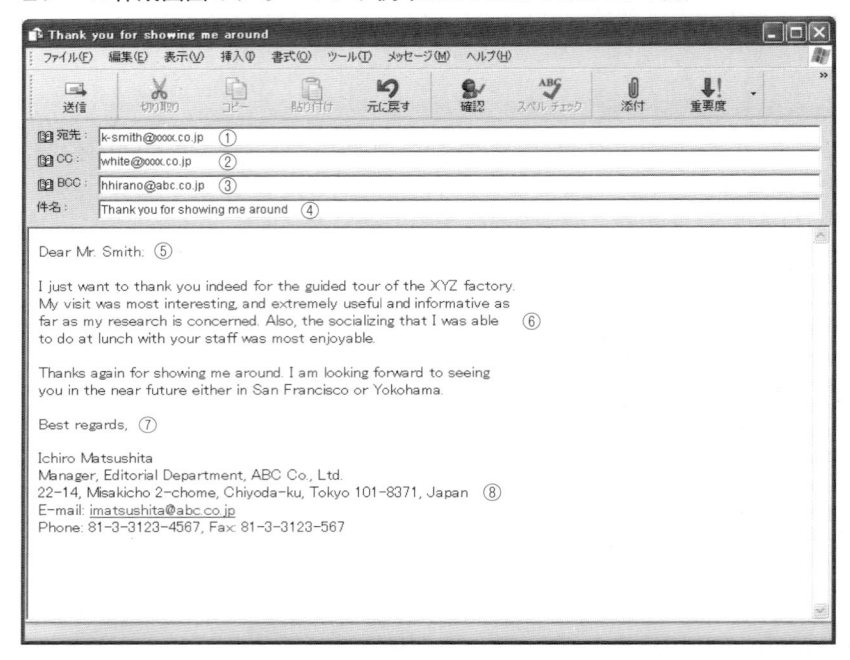

```
┌─ Thank you for showing me around ─────────────────── □ × ─┐
│ ファイル(F) 編集(E) 表示(V) 挿入(I) 書式(O) ツール(T) メッセージ(M) ヘルプ(H)      │
│  ┌──┐ ┌──┐ ┌──┐ ┌──┐ ┌──┐ ┌──┐ ┌──┐ ┌──┐ ┌──┐              │
│  │送信│ │切取│ │コピー│ │貼付│ │元に戻す│ │確認│ │スペルチェック│ │添付│ │重要度│         │
│  └──┘ └──┘ └──┘ └──┘ └──┘ └──┘ └──┘ └──┘ └──┘              │
│ 宛先 :  [k-smith@xxxx.co.jp]  ①                            │
│ CC :    [white@xxxx.co.jp]    ②                            │
│ BCC :   [hhirano@abc.co.jp]   ③                            │
│ 件名 :  [Thank you for showing me around] ④                │
├──────────────────────────────────────────────────────────┤
│ Dear Mr. Smith: ⑤                                         │
│                                                          │
│ I just want to thank you indeed for the guided tour of the XYZ factory. │
│ My visit was most interesting, and extremely useful and informative as  │
│ far as my research is concerned. Also, the socializing that I was able  ⑥
│ to do at lunch with your staff was most enjoyable.                      │
│                                                          │
│ Thanks again for showing me around. I am looking forward to seeing      │
│ you in the near future either in San Francisco or Yokohama.             │
│                                                          │
│ Best regards, ⑦                                           │
│                                                          │
│ Ichiro Matsushita                                         │
│ Manager, Editorial Department, ABC Co., Ltd.              │
│ 22-14, Misakicho 2-chome, Chiyoda-ku, Tokyo 101-8371, Japan  ⑧
│ E-mail: imatsushita@abc.co.jp                             │
│ Phone: 81-3-3123-4567, Fax: 81-3-3123-567                 │
└──────────────────────────────────────────────────────────┘
```

① 宛先　② 写し送付先(CC)　③ 隠し写し送付先(BCC)　④ 件名(subject)
⑤ 敬辞(salutation)　⑥ 本文(body)　⑦ 結辞(complimentary close)
⑧ 署名(signature and address)　※①〜④はヘッダー(header)と言います。

英文Eメールの構成要素

① 宛先
相手（受信者）のメールアドレスを入れます。

② 写し送付先(CC)
受信者以外に同じメールを送る場合に使います。CC は carbon copy の略で、「同一文書の写し」のこと。

③ 隠し写し送付先(BCC)
blind carbon copy の略で、①や②の受取人に見せることなく同じメールを送りたいときに使います。

④ 件名(subject)
用件を簡潔に分かりやすく記し、依頼なのか、急用なのかなどをはっきりさせる必

要があります。例えば、営業会議の開催を通知する場合であれば、About the business meeting と書くより、Business meeting on March 25 at ABC Corp. の方が、内容が伝わりやすいでしょう。相手のメールに返信する形であれば、通常、どのようなメールソフトでも、相手が付けた件名に自動的に「Re:」が付きます。

⑤ **敬辞** (salutation)

日本語の手紙の「拝啓」などがこれに当たります。日本語の手紙では「拝啓」と同じ行から本文を始めることもありますが、英語では必ず改行して本文を始めます。個人宛の場合は、Dear Mr. Johnson:、Dear Mr. Blair, のようにします（最近は「,」が一般的ですが、改まったメール、初めて送る相手への場合には「:」を使ったほうが無難）。敬辞には last name (姓) だけを用い、Jr. や Sr. などは付けません。

会社宛の場合は、Gentlemen:、Dear sirs, などが使われてきましたが、最近では男女を区別しない Hello, を使うケースも多くなっています。何度かやりとりして打ち解けた仲であれば、Hi, も使えます。

⑥ **本文** (body)

Eメールでは、すべての構成要素を左端にそろえるフルブロクスタイル（⇨ p. 408）で書くのが一般的です。パラグラフ（段落）の間は、通常のレターと同様、1行空けます。

Eメールを書くうえでは、相手がメッセージを読みやすいように配慮することが大切です。1行の長さは英文字で 60〜70字以内、パラグラフは3つ以内とし、本文全体がディスプレイ上に（スクロールをすることなく）表示されることを理想と考えて書きましょう。箇条書きにする、飾り罫で囲むなどして、めりはりを付けるのもよいでしょう。なお、強調文字やイタリック体などはEメールでは使えないことがほとんどです。強調したい語句を大文字で入力したり、アステリスク（*）を前後に入れたりします。飾り罫や枠囲みにする場合は、アステリスクやハイフン（-）などの半角記号を罫線の代わりに使います（⇨ p. 431、435）。

⑦ **結辞** (complimentary close)

日本語の「敬具」に当たる決まり文句で、Sincerely yours,、Best regards, などがあります。カジュアルな表現として、Take care,、Many thanks,、Thanks, なども使います。

⑧ **署名** (signature and address)

Eメールの署名は、通常のビジネスレターのレターヘッドと署名の部分を合わせたようなものです。親しい相手に送るときは自分の名前（ファーストネーム）だけか、氏名とメールアドレスだけで十分ですが、ビジネス上の正式なメールの場合は、氏名、会社名、住所、メールアドレス、電話番号、ファクス番号を入れます。

● Eメールのマナー「ネチケット」

　ネチケット（netiquette）とは、ネットワーク（network）上で守るべきエチケット（etiquette）のことで、Eメール利用者が心得ておかなければならない基本的なマナーと言えます。以下に、代表的な事項を簡単に紹介します。

1）返信は早めに

　Eメールで送られてきたメッセージにはできるだけ早く返事を出すということが、ネット利用者間の約束事になっています。すぐに確答を送れない場合は、受領確認とともに、いつまでに返事を出せるのかを相手に知らせます。また、相手のメールに返答を乞う旨が記されている場合には、24時間くらいの間には返事を出すようにします。やむを得ず返事が遅れたときは、遅れた理由を述べて、お詫びをしましょう。

2）無断転送はしない

　情報のやり取りの速さ、容易さは、Eメールの大きな特徴です。会社に届いたEメールをそのまま関係部署に転送すれば、原文の内容をたがえずにメッセージを伝えられます。ただ、社内の業務連絡のような場合を除いては、受け取ったメールを無断で第三者に転送することは避けなければなりません。プライバシーや著作権の問題もあり、訴訟事件に発展した例もあります。

3）引用するときの注意

　返信する際に、相手のメールの一部を引用することがよく行われています。メールソフトには自動引用・返信機能が付いていて、引用文の各行頭に＞の記号が自動的に入るようになっています。

　引用文は、要点を示す最小限のものにとどめるのが原則です。途中省略して、その部分に［…］という記号を入れることもできます。また、引用に当たっては出典を明記しなければなりません。返事のメールの中で相手のメッセージを引用するときは、引用部分の前の行に David Jones wrote: などと入れます（自動的に入るメールソフトもあります）。

4）大文字だけで入力しない

　入力速度を速めたりするために、すべての文字を大文字で入力する人がいますが、これは読む側にとっては非常に読みにくいものです。固有名詞、略語、強調語句などを除いては、普通の英文と同じように小文字と大文字を混ぜて使います。

5）送信前の見直し

　従来の手紙文も同様ですが、送信する前には必ずメッセージの内容をチェックしてください。Eメールの即時性、簡便性に頼りすぎるあまり、肝心の内容がおろそかになっては、相手の信頼を失うことにもなりかねません。

また、いくら簡潔な文章がよいといっても、何を言いたいのか分からないというのでは困ります。回答を求めるときは、相手が Yes / No のひと言で答えられるような質問にするといった心配りも必要です。

◉ Eメールの略語

Eメールでは以下に示したような略語がよく使われます。ただし、ビジネスEメールでは、むやみに使用することは避け、必要最小限にとどめるべきでしょう。（　）内は元の語句です。

ASAP	(as soon as possible)	できるだけ早く
BTW	(by the way)	ところで
FAQ	(frequently asked questions)	よく尋ねられる質問（集）
FYI	(for your information)	ご参考までに
IOW	(in other words)	言い換えれば、つまり
PLS	(please)	どうぞ
RSVP	(Répondez s'il vous plaît)	返事を乞う（⇨ p. 435、436）
THX	(thanks)	ありがとう

◉ スマイリー（smiley）

文字によるコミュニケーションであるEメールでは、細かな感情やニュアンスを伝えることが難しいものです。そこで微妙な感情を伝えたり、親近感を表したりするためにスマイリー（またはフェースマーク）と呼ばれる記号があります。

ビジネスのEメールにはあまり相応しいものではありませんが、親しい相手や仕事以外の個人的なメールにはかなり使われています。

ただ、日本で一般的に使われているスマイリーと欧米人が使うものではかなり違うので注意が必要です。欧米のものは横型（顔が90度回転している）になっていて、日本のものは縦型です。

欧米のスマイリー

:-)	smile, laugh; "I'm joking"	笑顔
:)	smile; "Have a nice day."	簡略化された笑顔
:-(	frown, sadness	むっとしている顔、悲しんでいる
;-)	wink	ウインク
:-O	yelling, screaming, or completely shocking	驚いている
:-<	angry	怒り
:-D	laughing	笑い
:-*	kiss	キス
:'-(	crying	泣いている
:-/	skeptical	懐疑的な

英文手紙の書き方

コミュニケーションツールとしては、Eメールに首位の座を取って代わられた手紙ですが、もちろん必要な場面はまだ多くあります。相手に伝える内容そのものが大切なことは論をまちませんが、外観がビジネスレターの基準として一般的に認められている形式に合っていないと、どんなに重要な内容であっても、レターそのものまでが過小評価されることになりかねません。外観（用箋、封筒、レターを構成する要素の配列など）も、一般に考えられている以上に重要な役割を担っています。

本節では、英文ビジネスレター作成に携わる方が心得ておくべき基本的な事項について解説します。

英文ビジネスレター（手紙）の基本フォーム

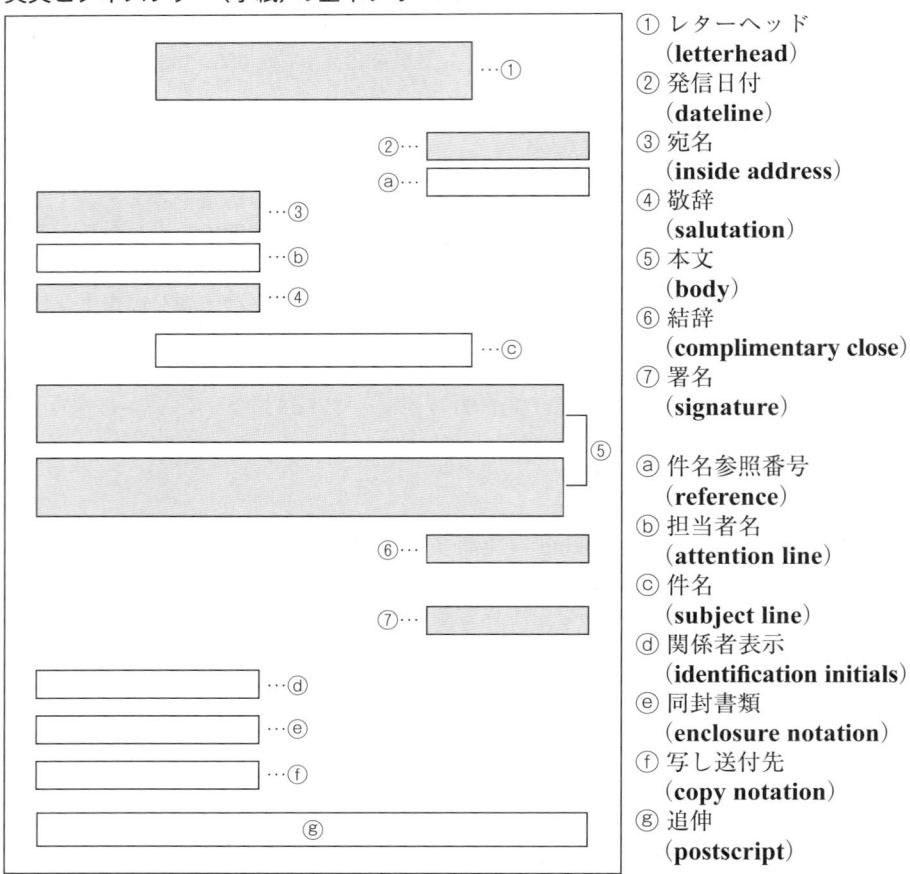

① レターヘッド（**letterhead**）
② 発信日付（**dateline**）
③ 宛名（**inside address**）
④ 敬辞（**salutation**）
⑤ 本文（**body**）
⑥ 結辞（**complimentary close**）
⑦ 署名（**signature**）

ⓐ 件名参照番号（**reference**）
ⓑ 担当者名（**attention line**）
ⓒ 件名（**subject line**）
ⓓ 関係者表示（**identification initials**）
ⓔ 同封書類（**enclosure notation**）
ⓕ 写し送付先（**copy notation**）
⑧ 追伸（**postscript**）

英文ビジネスレター(手紙)の構成要素

　英文レターは大別して 2 つの構成要素群から成り立っています。1 つは「基本要素」といい、どんなレターでも備えていなければならないもので、もう 1 つは「任意要素」といい、必要に応じて記載する項目です。これらの項目は左ページの図のように配置されます。基本要素は①から⑦までの 7 項目、任意要素はⓐからⓖまでの 7 項目です。

〔基本要素〕

① レターヘッド (letterhead)

　会社やその他組織の正式書簡用箋の上部中央(上部右端やページの左側全部を縦位置に使うケースもあります)に、会社の商号、ロゴ、住所、電話、ファクス番号などが印刷されていますが、この部分をレターヘッドといいます。

　レターヘッドが印刷された用箋がない場合は、用紙の上部右端に社名、住所の順に印刷します。

② 発信日付 (dateline)

　通例はレターヘッドの下の右端に日付の末尾が右マージンを残すように入れます。米国式と英国式の 2 つの表示方法があります。

　　　　米国式　　　April 1, 2011
　　　　英国式　　　1 April, 2011　　(従来は 1st April, 2011 も使われていたが、
　　　　　　　　　　　　　　　　　　最近は徐々にこの表示は少なくなっている)

　年号や月名は省略しません (Apr.1,'11 などとするのは不可)。また、4/1/2011 という表記も、4 月 1 日か 1 月 4 日かを誤解される恐れがありますので使ってはいけません。

③ 宛名 (inside address)

　この宛名は封筒に書く宛名 (outside address といいます) と一致させなければなりませんし、相手のレターヘッドや名刺に表示されたものと一致させるのが礼儀です。宛名部分の行分けは次のとおりです。

　　第 1 行目　氏名と役職名 (役職名が短いときに限る。長い役職名のときは役職名が
　　　　　　　2 行目になる)
　　第 2 行目　部門名
　　第 3 行目　会社名 (会社御中のときはこの行から始める)
　　第 4 行目　番地と街路名 (Avenue / Street / Lane / Drive / Road など)
　　第 5 行目　都市名、州名 (⇨ p. 411)、郵便番号 (米国では ZIP code という)
　　第 6 行目　国名 (国名は必ず独立した行にする)

宛先が会社の場合は、商号の前に敬称は付けません（英国での例外として商号に人名が含まれているときに限り、商号の前に Messrs を付けます）。
　個人宛の場合、まず男女別により、男性には Mr. を、既婚女性には Mrs. を、未婚女性には Miss を付けるのを習慣としてきましたが、女性には一様に Ms. を付けることが多くなっています。女性にはこの Ms. を用いることをお勧めします。また、Mrs. を使う場合でも、従来は夫の氏名を使うことが多かったのですが、妻自身の氏名を使うようになっています。
　博士号をもっている人には Dr. を Mr. などの代わりに用います。
　国王や女王、高級官職にある人（大統領、首相、大臣、大使など）、聖職者、軍人などに付ける敬称は複雑な約束事があり、間違えたときは重大な結果を招くので、専門書を参照することが望ましいでしょう。Secretary's Handbook とか Guide to Business Correspondence という標題の付いている本には詳細な一覧表が出ているはずです。

④ 敬辞（salutation）
　日本語の手紙の「拝啓」などに当たるものですが、英文レターでは必ず改行して本文を始めます。
　個人宛の場合は、E メール同様、Dear Mr. Johnson:、Dear Mr Blair, などとし、last name（姓）だけを用い、Jr. や Sr. などは付けません。会社宛の場合は、Gentlemen:、Dear Sirs, が使われてきましたが、最近は、男女共通の表現である To whom it may concern: を使う傾向にあります。堅苦しい表現を避けたい場合には、Hello, を使います。フォーマルな手紙の場合は、「,」ではなく「:」を使うとよいでしょう。

⑤ 本文（body）
　本文は英文ビジネスレターで一番重要な部分ですので、説得力のあるレターにするための各種のきまりが慣行的に定められています。
　「英文ビジネスレターの書き方」で「1 通 1 案件」について述べましたが、紙のレターの場合、もう一つ加わり、one subject, one letter, one page（1 つの用件を 1 通、1 ページの手紙で）が原則となります。実際問題としてこのとおりにならないときには、論旨の展開に沿ってパラグラフ（段落）を分けるのが良策です。1 通のレターに適当なパラグラフの数は 3〜4 つくらいです。書き出しのパラグラフは 2 行くらい、次にくる本論のパラグラフは 3〜5 行くらい、末尾のパラグラフは 2 行くらいが一番読みやすいようです。1 つの文章は 18〜20 語くらいが目安になるでしょう。
　本文は原則としてシングル・スペースにします。パラグラフとパラグラフの間は 1 行空けます。簡単な内容のレターのときは 1 つのパラグラフだけで済む場合もありますので、このときはダブル・スペースにすることがよく行われています。
　どうしてもレターが 2 ページにまたがる場合、2 ページ目以降については無地の用箋（レターヘッドの入った用紙を用いてはいけない）の上部中央にページ番号（- 2 - など）、同じ行の左端に敬称付きの名宛人のフルネーム、そして右端に発信の年月日

を入れます。こうしておけば、コピー作成の途中でページがばらばらになっても復元が容易です。

⑥ 結辞 (complimentary close)

日本語の手紙の「敬具」などに当たります。用箋中央よりやや右寄りから始め、最初の文字だけ大文字にして、あとはすべて小文字を使い、末尾にカンマを付けます。ビジネスレターで用いられる代表的な結辞は Sincerely yours,、Your sincerely,、Best regards, などです。特にかしこまった手紙では、Very truly yours,、Cordially yours, なども使います。

ここで大事なことは、敬辞と結辞は連動するということです。日本語の手紙でも「拝啓」で始めた手紙を「草々」で結ぶことは避けなければなりませんが、これと同じことが英文レターにも当てはまります。通常のビジネスレターではさほど失敗することはないのですが、宛名の敬称の解説 (⇨ p. 404) で述べた国王や政府高官に対するレターでは、敬辞に合った結辞を慎重に選ばなくてはなりません。

⑦ 署名 (signature)

署名は結辞の下に直筆でサインします。サインの筆跡はいつも同じ書体で真似されにくいものを書くようにします。判読しにくいものも多いので、サインの下に氏名を、その下の行に頭ぞろえで役職名をタイプします。会社名はレターヘッドに出ていますので不要です。また、サインするスペースの下にアンダーラインを引かないようにしてください。女性がサインする場合には自分の立場を明確にするために、タイプする氏名の前に Mrs. / Miss / Ms. を括弧に入れて付けることがよく行われています。

氏名、役職名が印字された人と別の人がサインする場合は (例えば事業部長の代わりに事業部長代理がサインするとき)、その代理の人が自分の氏名でサインし、印字されている人の氏名の前に手書きで for を入れます。

〔任意要素〕
　これは marks（諸要素）と呼ばれるもので、英文ビジネスレターに必要に応じて記載する項目です。レターの構成要素を 402 ページの図に示してありますが、この図の ⓐ から ⓖ までが任意要素になります。
　詳細は次の表のとおりです。

	項　　目	場　　所	内容と例示
ⓐ	件名参照番号 (**reference**)	通常は発信日付のすぐ下の行に入れる	Your Ref. No. 1234
ⓑ	担当者名 (**attention line**)	通常は宛名と敬辞の間に入れる	Attention: Mr. John Smith
ⓒ	件名 (**subject line**)	通常は敬辞の下に1行空けて、用箋中央に入れる	Subject: Proposed Sale
ⓓ	関係者表示 (**identification initials**)	通常は署名の下に1行空けて、左端に入れる	レター作成者を明示するために署名者とタイピストのイニシャルを記入する。TY/nk 署名者の氏名が署名欄に出ているときはタイピストのイニシャルだけのこともある。nk または / nk
ⓔ	同封書類 (**enclosure notation**)	通常は関係者表示の下の行の左端に入れる	Enclosure(s) または Encl(s) 重要な同封物のときは明記する Enclosures 1 ****** 　　　　　　2 ******
ⓕ	写し送付先 (**copy notation**)	同封書類の下の行の左端に入れる	cc: Mr. John Smith 必要に応じ、氏名の下の行に住所を入れる
ⓖ	追伸 (**postscript**)	最後の注記から2行空けて左端に P.S. と書いてその右に入れる	特別な効果をねらうとき以外は原則として設けない方がよい。設けるときは末尾に手書きでイニシャルを入れる

● スタイル

　英文レターのスタイル (style、フォーム = form ともいう) とは、レターの構成要素をどのように用箋の中にレイアウトするかについての約束事のことです。スタイルは、ブロックスタイル (block style) とインデントスタイル (indented style) の 2 つの標準的な形式に大別できます。その中の代表的なものは次の 4 形式ですが、最近はフルブロックスタイルが主流となっています。

ブロックスタイル (block style)
- ◆ フルブロックスタイル (full-block style)
  すべてのレター構成要素を左端にそろえる。
- ◆ セミブロックスタイル (semi-block style)
  発信日付、結辞、署名以外のすべての構成要素を左端にそろえる。

インデントスタイル (indented style)
- ◆ フルインデントスタイル (full-indented style)
  宛名の 2 行目以降を順次右に下げ、本文の各パラグラフの冒頭を 5 字前後インデントする。発信日付、結辞、署名は右寄りの位置で、署名の印字部分の 2 行目以降は右に下げる。
- ◆ セミインデントスタイル (semi-indented style)
  本文の各パラグラフの冒頭を 5 字前後インデントする。発信日付、結辞、署名は右寄りの位置。

　スタイルを考える上で心得なければならないのが句読点法 (punctuation) です。句読点法とは英文レターの構成要素のうち、発信日付、宛名、敬辞、結辞の 4 要素に適用される「きまり」で、レターの本文そのものの句読点法は通常の英文法上の「きまり」が用いられます。

　句読点法には次の 3 種類がありますが、最近は mixed punctuation が主流となっています。

open punctuation	行末句読点がすべて省略される。フルブロックスタイルとともに用いることがある。
mixed punctuation	敬辞、結辞の行末のみに句読点を付ける。最近は、ビジネスレターの主流となっている。
closed punctuation	すべての行末に句読点を付ける。フルインデントスタイルとともに用いることがある。

　スタイルの図解は次ページのとおりです。

フルブロックスタイル　　　　　セミブロックスタイル

フルインデントスタイル　　　　セミインデントスタイル

◉ レター用箋

　レター用箋は、企業では社内の文房具担当部門が検討、決定することですが、英文レターを起草、作成する部門でもユーザーとして関心を持つべきものです。
　英文レター用箋として通常使われている用紙の寸法は、日本のA4サイズより横幅がやや広く、縦がやや短い国際サイズと呼ばれるものです。特殊なサイズの用紙はファイルのときに不便ですので原則として使わないようにします。国際サイズの寸法は横8.5インチ（216ミリ）、縦11インチ（279ミリ）です。
　会社幹部（会長や社長、上級管理職）の専用用箋はややサイズが小さく、高級な紙質のエグゼクティブ（横7.25インチ、縦10.5インチ）、モナーク（横7.5インチ、縦10インチ）と呼ばれるものが用いられ、通例左上隅に氏名、役職名が印刷されています。

◉ 封筒

　日常のビジネスに使用する封筒は、通常は自社専用の航空便用のもの（周囲に赤と青の縞模様の入ったもので、大きさが日本工業規格洋形4号、縦105ミリ、横235ミリ）を使います。日本国内用の封筒と異なり、宛先や差出人はすべて表側に書くのが原則です。
　なお、封筒に英文レターを封入するときは、まず用箋の表側を上にして、下部3分の1を上方に折り、次いで上方3分の1を下方に折ります。つまり三つ折りにした状態で封筒に封入します。2ページ以上のレターの場合は左上隅を斜めにホチキスで綴じます。
　標準的な封筒の表面の書き方を以下に示します。
　①〜④の各部分については次ページで解説します。

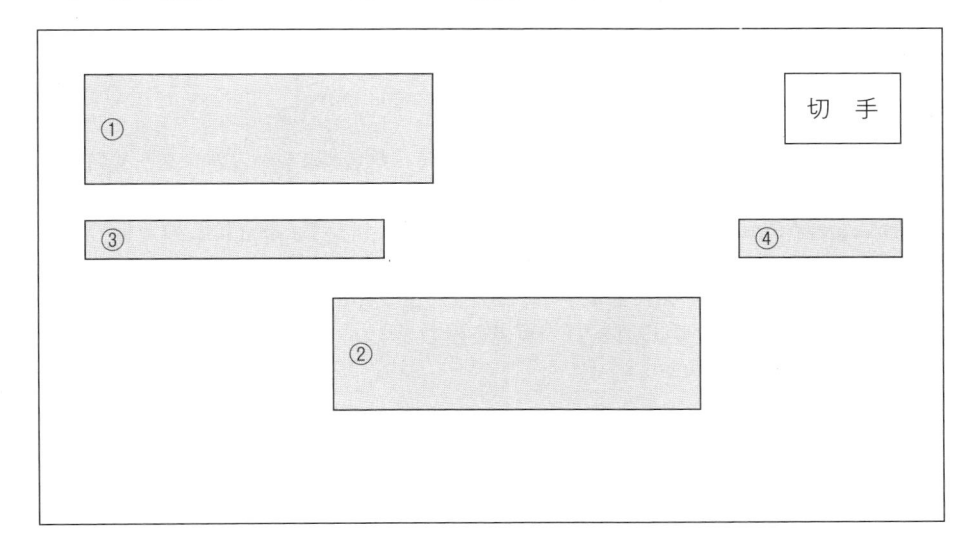

① 発信者の氏名・社名・住所 (return address)
　事業のグローバル化が進んだ多くの企業では、自社専用エアメール封筒として return address が印刷されたものがあるので、その封筒を利用することができます。発信人個人名は return address の上部にタイプします。

② 宛名 (address)
　宛名は inside address (⇨ p. 403) に記載したものに一致させます。行分けの仕方は inside address に準じます。封筒の上下左右から見て、ほぼ中央に位置するようにタイプしなければなりません。

③ 着信後取り扱い注記 (on-arrival notation)
　通例大文字でタイプします。レターが相手に届いてからの取り扱いを指示するもので、よく使われる例を挙げます。

　　　　PERSONAL　　　　　親展
　　　　CONFIDENTIAL　　　極秘
　　　　PLEASE HOLD　　　　本人到着待ち
　　　　DON'T FOLD　　　　折り曲げ禁止

④ 郵送注記 (mailing notation)
　通例右上隅に貼付する郵便切手の下方に表記するものですが、よく使われるものをいくつか例示します。

　　　　AIRMAIL　　　　　　航空便 (目立つように赤で示すとよい)
　　　　REGISTERED　　　　書留
　　　　PRINTED MATTER　　印刷物在中

● 郵便番号と州名

　郵便番号は業務上ときどきレターを出す程度でしたら、相手からのレターや名刺を調べてメモしておくとよいでしょう。米国の例を挙げてみますと、5桁の ZIP (= Zone Improvement Plan) 番号を州名の後に改行せずに入れます。最近はこの5桁の数字の後にハイフンを入れて4桁の枝番を加えるケースが一般的です。国名の U.S.A. は ZIP 番号の次に改行して入れます。州名は大文字2文字に省略したものを用いています。右ページに州名 (および地域名) 一覧表を示します。

米国の州名と略号

州名	略号	州名	略号
Alabama	AL	Montana	MT
Alaska	AK	Nebraska	NE
Arizona	AZ	Nevada	NV
Arkansas	AR	New Hampshire	NH
California	CA	New Jersey	NJ
Colorado	CO	New Mexico	NM
Connecticut	CT	New York	NY
Delaware	DE	North Carolina	NC
District of Columbia	DC	North Dakota	ND
Florida	FL	Ohio	OH
Georgia	GA	Oklahoma	OK
Guam	GU	Oregon	OR
Hawaii	HI	Pennsylvania	PA
Idaho	ID	Puerto Rico	PR
Illinois	IL	Rhode Island	RI
Indiana	IN	South Carolina	SC
Iowa	IA	South Dakota	SD
Kansas	KS	Tennessee	TN
Kentucky	KY	Texas	TX
Louisiana	LA	Utah	UT
Maine	ME	Vermont	VT
Maryland	MD	Virginia	VA
Massachusetts	MA	Virgin Islands	VI
Michigan	MI	Washington	WA
Minnesota	MN	West Virginia	WV
Mississippi	MS	Wisconsin	WI
Missouri	MO	Wyoming	WY

英文ファクスの書き方

Eメールの普及により、需要は減少しているファクス（ファクシミリ）ですが、紙の資料などをすぐに送れる便利な手段として利用されています。

通常、ファクスにはカバーシート（送り状＝fax cover sheet）を付け、本文では儀礼的な表現を避けて用件を簡潔に書きます。

カバーシートの基本フォーマット例

```
ABC Corporation
2-22-14, Misakicho,
Chiyoda-ku, Tokyo 101-8371         ①
Japan
Phone: +81-3-3123-4567
Fax: +81-3-3123-5678

To           : _____  ②
               _____  ③
Atten        : _____  ④
From         : _____  ⑤
Date         : _____  ⑥
Ref. No.     : _____  ⑦
Total pages  :    ⑧    (including this page)

Message:
```

① 会社名／住所
　レターヘッドに当たる部分で、会社名、住所のほか、電話番号とファクス番号（海外宛の場合には国番号も含む）を入れると親切。個人でも頻繁にファクスを利用する人はカバーシートを使うと便利。この場合は、左記のフォームの会社名を個人名にする。

② 送信先会社名
　送信先が個人の場合は個人名で書き、④の Atten: 欄は空欄にする。

③ 送信先ファクス番号

④ 担当者名

⑤ 送信者名
　個人の場合はカバーシートが個人名となり、不要。

⑥ 発信日付

⑦ 参照番号
　取引先などのファイルの仕方に合わせた通し番号。

⑧ 送信枚数
　(including this page = カバーシートを含む) 短いメッセージでカバーシートだけで済む場合は、Total pages: 1 (including this page) となる。

〔参考資料〕

● 役職名・組織名の英文表示

　企業の国際化の進展とともに海外業務担当者を悩ませるのが、商号、役職名、組織名の英文表示をどうするかという問題です。英文商号は、多くの会社が定款で定め、英文書簡箋のレターヘッドにも用いられていますが、役職名、組織名は、各国で各様の表示を行っているのが現状で、それらを参考にして自社の表示を決め、社内文書マニュアルで定めていることが多いようです。この場合、業種、事業規模により、各社各様の呼称が用いられているのが実状ですが、ここでは日本の代表的なグローバル企業数社の実例から、以下の3点を中心に略述します。

① 株主を代表して会社の戦略、業務全体を管掌する取締役会 (Directors とその機関である Board of Directors) と業務執行幹部社員 (Officers) とは完全に分離された別系統の呼称を用いる。
② 業務執行の最高幹部には、業務執行責任の内容を示す表示を付けることがある。
③ 組織名には、〜部 (事業部)、〜課、〜係という形態が長年使われてきたが、近年それぞれの部門の長とは別に、流動職名を持つケースが増えている (〜部長といっても、〜部があってその部の長を務めているのではない)。したがって、職名表示にもこの実態が反映されなければならない。

Directors と Officers

　社外取締役が多い米国企業のアニュアルレポートを見ると、Directors と Officers が完全に別のカテゴリーとして扱われているのが分かります。日本企業でも同じ基準の表示をしている企業が増えています。

(1) Officers

会長	Chair (of the Board)*
副会長	Vice Chair (of the Board)*
社長	President
副社長	Senior Executive Vice President
専務取締役	Executive Vice President
常務取締役	Senior Vice President
取締役	Associate Senior Vice President
監査役	Corporate Auditor

　＊男性であることが明らかなときには、Chairman で OK です。

役員という場合は取締役と監査役の総称です。相談役、顧問などが、元会長、社長などに与えられることがありますが、英文表示は各社で異なるので、ここでは省略します。

(2) Directors
株主の利益代表で、全員 Directors と表示されます。個々の取締役は a member of the Board といいます。

業務執行責任者の表示
最高経営責任者	CEO (Chief Executive Officer)
最高業務執行責任者	COO (Chief Operating Officer)
経理担当責任者	CFO (Chief Financial Officer)
情報担当責任者	CIO (Chief Information Officer)
技術担当責任者	CTO (Chief Technology Officer)

表示例を示すと、Chairman and Chief Executive Officer, President and Chief Operating Officer であれば、会長が最高経営責任者、社長が最高業務執行責任者、ということになります。最近は企業倫理担当責任者を置く企業が増え、これに対する英文表示 (例えば Chief Ethics Officer) も定着しています。

● 組織名と部長などの肩書き

1) 組織名
企画部	Corporate Planning Division
総務部	Administration Division
秘書室	Secretariat Office
社長室	Office of the President
広報部	Public Relations Division
法務部	Legal Division
人事部	Personnel Division (Human Resorces Division)
勤労部	Employee Relations Division
経理部	Controller Division (Accounting Division)
財務部	Treasury Division
関連部	Affiliates Division
資材部	Purchasing Division
知的財産部	Intellectual Property Division
技術企画部	Engineering Planning Division
営業部	Sales Division

開発部	Development Division
製造部	Manufacturing Division
流通部	Logistics Division
調査部	Research Division
販売促進部	Sales Promotion Division
マーケティング部	Marketing Division
宣伝部	Advertising Division
社会貢献部	Social Contribution Division
お客様相談部	Compliment and Complaint Division / Customer Relations Division
環境管理部	Environment Protection Division
地域社会部	Community Relations Division
海外事業部	International Operations Division
中央研究所	Central Research Laboratories
～事業部	～ Division（～には「地域名」「市場名」「製品名」などが入る）

Division のかわりに Department を使う企業も多くあります。

2）職名（肩書き）

部長（事業部長）	General Manager, ～ Division
部長（部ないし事業部内の1ランク下位の部）	Manager, ～ Department
部長代理	Deputy Manager, ～ Department
課長	Manager, ～ Section
課長代理	Deputy Manager, ～ Section
係長	Supervisor, ～ Branch
支店長	Branch Manager

3）流動部課長の職名（肩書き）

　企画課長（Planning Manager）、販売課長（Sales Manager）、技術課長（Engineering Manager）のように、Manager の前に分掌業務を付けます。

　役職名、組織名の表示を決める際の参考資料の一つに、各社、特に米国企業のアニュアルレポートの巻末近くに掲載される役職員一覧があります。参考にするとよいでしょう。

● 各国通貨の略号

　各国通貨は、略号で表記することも多くあります。通貨の略号はISOで定められており、通常、最初の2文字が国名、最後の1文字が通貨の呼称となります（EURは別）。

例）
日本円	JPY
アメリカドル	USD
ユーロ	EUR
イギリスポンド	GBP
スイスフラン	CHF
オーストラリアドル	AUD
ニュージーランドドル	NZD
カナダドル	CAD
シンガポールドル	SGD
香港ドル	HKD

第3部

モデルレター50例

1 転勤のお知らせ　　（Eメール）

件名：転勤のお知らせ
私はこの度4月1日付でシンガポール事務所に転勤することになりました。4月1日以降のご連絡は下記の住所に賜りますようお願い申し上げます。
なお、私の後任は山田の予定です。私のニューヨーク滞在中と同様、彼に対してもご支援くださいますようお願い申し上げます。

Point

人事異動は、取引先にとっても日常業務に影響を与える可能性が高いため、できるだけ早く連絡する必要がある。内容面でも、重要でしかも正式な連絡文書なので、通常のEメールより丁寧な表現が使われる。従来のビジネスレターに近い形にすることによって、Eメールでも公的な雰囲気になる。

応用例

① I will be transferred to our Singapore office. の代わりに I will be given a new position at ABC Corporation. などとすると、転職の挨拶として使える。また、ごく親しい相手には Let's get together soon for a drink or dinner. のような文を入れてもよい。

② Please give him... の文は I hope you will give him the same warm support you have given me. とも言える。(⇨よろしく)

Subject: New Office and Address

Dear Mr. Miller,

I am pleased to inform you that as of April 1, I will be transferred to our Singapore office.① After April 1, please send all correspondence to the following:
（新しい住所）

Mr. Yamada will be replacing me here. Please give him the same assistance you gave me while I was in New York.②

Best regards,
Kumiko Endo

2 異動のお知らせ

(Eメール)

件名：異動のお知らせ
ご無沙汰しておりますが、お元気ですか？　ご活躍のこととお察しします。
さて、2010年4月20日付けで、高橋克則の後任として、人事部本部長に正式に就任いたします。国際営業部の部長には、私の後任として小林由起子が就任いたします。6月に当社にお越しの際に、直接ご紹介させていただきます。
3年間にわたるご支援とご鞭撻をありがとうございました。今後ともお仕事をご一緒させていただく機会が多いと思いますが、どうぞよろしくお願いいたします。

Point

社内の人事異動を知らせるメールである。自分が新たに就く役職とともに、後任を紹介し、これまでの仕事に支障のないように引き継ぐ配慮が必要。

応用例

① 日本語の「お久しぶりです」に近い表現。How have you been? / It's been a long time since we last exchanged emails. なども使える。
② 長年お世話になったことへの感謝を伝える表現。ほかに I'd like to take this opportunity to express my appreciation to you for your support and encouragement. / Your support and encouragement have been greatly appreciated these last three years. などという言い方もある。
③ 今後、仕事で付き合う可能性がない場合も、こう言うと感じよく文面を収めることができる。I'm sure that there will be many opportunities for us to work together again. とも言える。

Subject: Personnel change

Dear Robert,

How are you doing? It's been a while since we last talked,[①] but I hope that everything is going well for you.

I'd like to let you know that as of April 20, 2010, I will formally become the General Manager of the Personnel Department, succeeding Mr. Katsunori Takahashi. Ms. Yukiko Kobayashi will be replacing me as the new Manager of International Sales. When you come to our office in June, I will introduce her to you directly.

I'd just like to thank you for all your support and encouragement over the past three years.[②] I'm sure that there will be many opportunities for us to work together in the future.[③]

Thanks!
Michiko

3 訪問の申し出

(Eメール)

件名：池上のヨーロッパ訪問

いつも変わらぬご支援に対し、心よりお礼を申し上げます。
当社は近年、自動車塗料製造におけるナノテクノロジーの使用に関する大がかりな研究を行ってまいりましたが、研究者の1人、池上弘が、8月10日より9月1日まで、当研究のためにヨーロッパを訪問します。この点において、御社の研究者の方々との会議を設定いただけましたら幸いに存じます。
8月18日もしくは23日が最も都合がよいようですが、今ならスケジュールの再調整はそれほど困難ではありません。いずれかの日にちでご都合がいかがかお知らせいただけますでしょうか。
ご参考までに池上の履歴書と、おうかがいしたい質問のリストを添付します。
このご依頼が多大なご迷惑をおかけすることにならないことを願いつつ、お返事をお待ちしております。

Point

自分たちの主張や都合ははっきりと明示したうえで、相手の立場や状況を思いやる配慮を示すべきである。

応用例

① 日本語の「お世話になっております」とまったく同様の英語表現はないが、常日頃の付き合いに感謝をする、という意味で、フォーマールな手紙で使える。I would like to first express to you our appreciation for your continued patronage. という言い方もある。

② I would be most grateful if you could... は、非常に丁寧な言い方で、よりカジュアルに言うなら、I would appreciate it if you could... または Could you...? となる。

③ 同様の言い方は、ほかにも、I hope I am not inconveniencing you too much. / I hope I am not causing too much inconvenience for you. / Please let me know if this is at all inconvenient for you. などがある。

Subject: Dr. Ikegami's visit to Europe

Dear Mr. Norton:

Please allow me to first express my sincere appreciation for the continuous support and cooperation that your company has always shown to us.[①]

We have recently been conducting an extensive study into the use of nano technology in the production of automobile paint. One of our researchers, Hiroshi Ikegami, will be visiting Europe for this purpose from August 10 to September 1. I would be most grateful if you could arrange a meeting with your scientists in this regard.[②]

It appears that August 18 or 23 would be best for him, but he can still rearrange his schedule with little difficulty. Could you please let us know if either of these dates is suitable for you?

I am attaching his curriculum vitae and a list of some of the things that Mr. Ikegami would like to ask about.

I hope this request does not inconvenience you too much[③] and I am looking forward to hearing from you.

Sincerely yours,
Taro Tanaka
Senior Manager

4 来訪の承認

(Eメール)

件名：4月10日のご来訪

4月10日金曜日、当大阪リサーチセンターへのお越しを心待ちにしております。
ご参考までに、当センターまでのアクセスに関する情報を添付しました。ご都合のよい時間を前もってお知らせください。駅までお迎えにあがります。
大阪駅に到着するまでに何か問題が発生した場合には、お電話ください。こちらから何らかのご案内ができると思います。

Point

はじめて自分の会社に訪ねてくる相手に対するメールである。会えることを喜んでいるという気持ちと、労いの気持ちを表す内容が求められる。

応用例

① We are looking forward to... は、「…を楽しみにしています」という意味でよく使われる表現だが、We are anticipating... も、同様の意味で使える。(⇨楽しみ)

② If you have trouble getting here, please call me.（道中、何か問題があればご連絡ください）、Please let me know if you need instructions for getting here. / Please don't hesitate to call if you need instructions for getting here.（当方までの道のりで案内が必要であればお知らせください）、Please refer to the attached map for directions to my office.（添付の地図を参照ください）などの表現も覚えておくと便利。

Subject: Your visit of April 10

Dear Ms. March,

We are looking forward to your visit to our Osaka Research Center on Friday, April 10.①

For your convenience, I've attached some information about how to get here. Please let us know in advance what time is most convenient for you so that we can pick you up at the train station.

If you have any trouble getting to Osaka Station on the trains, please call me and I should be able to give you some instructions.②

Best regards,
Mariko Saito

5 来訪のお断り （Eメール）

件名：当社訪問のお申し出について
貴殿の当社訪問について、ABC 社長、鈴木の代理でご連絡させていただいております。
貴殿からの興味深いご提案について、慎重に検討させていただきましたが、このプロジェクトでご協力させていただくことは難しいとの結論に達しました。
残念ながら、ご来日中にお会いしてもお役に立てるとは思えません。
お問い合わせに感謝するとともにご発展をお祈り申し上げます。

Point

来社の意向を丁寧に断るメール。表現には丁重さが求められるが、誤解を与えないよう、明確な断りの意志を示すことが重要である。

応用例

① I am writing on behalf of... は、やや硬い言い方となる。少しくだけた印象にするのであれば、Mr. Suzuki asked me to write to you concerning your proposed visit to our company. となる。

② 将来に取引の可能性を残したい場合には、Please contact us if you have any other proposals that you feel we might be able to work on together in the future. / We hope that you will contact us again with other proposals in the future. / We do look forward to an opportunity to work with you in some way in the future. といったフレーズを加えてもよい。

Subject: Your proposal to visit our company

Dear Mr. Green,

I am writing this message on behalf of Mr. Suzuki, President of ABC concerning your proposed visit to our company.①

We have studied your impressive proposal carefully, but I'm afraid that we have reached the conclusion that it would be difficult to cooperate on such a project. Therefore, I regret to say that we do not feel it would serve a purpose to meet with you during your stay in Japan.

We appreciate your interest and wish you the best of luck.②

Sincerely yours,
Nobutaka Morita
Assistant to the President

6 訪問先へのお礼（1）　　Eメール

件名：ありがとうございました
この度オーストラリアを訪れて貴殿に再度お目にかかれたことは、この上ない喜びでした。ご多忙中にもかかわりませず、貴殿の貴重なお時間を割いていただき、お互いに関心と興味のある事柄や、両社間でさらに協力を進める可能性について打ち合わせできましたことは、貴殿のご高配の賜物と考えております。近い将来、また貴殿にお目にかかり、今回のご厚遇のお返しができることを切望しております。
最後に、貴殿から頂戴しました見事な贈り物にお礼申し上げます。
温かい個人的な敬愛の気持ちを込めて。

Point

訪問先でお世話になった方へのお礼のメールは、円滑なビジネスを継続するために必須と言える。また、メールの中に、さりげなく今後の協力案件に触れ、次回の話し合いの出発点にするのも一案である。メールの時機を失しないことも大切である。この例は、どんな場合にも使えるほぼ万能型の文意になっている。

応用例

① 「貴国滞在中にお世話になった」という、お礼状の書き出しによく使われる表現。ほかに I am now back in Tokyo, and am taking this opportunity to thank you for the courtesy and assistance you rendered me during my recent visit to your country. あるいは I was very happy to have an opportunity to meet with you and your colleagues on the occasion of my recent visit to your company. といった表現も同様。
② 特に個人的な親しみを表すための結びの表現で、お礼状などに用いると効果的。Looking forward to seeing you again soon, や Wishing the very best for you, といった表現も使える。

Subject: Thank you for your time

Dear Mr. White:

I would like to say how grateful I am for the opportunity to see you again during my recent visit to Australia.[1] I know you have a busy schedule, so it was very considerate of you to give so freely of your time to discuss with me matters of mutual concern and interest, and also possible opportunities for further cooperation between our two companies.

I look forward to seeing you again in the near future and to an opportunity to return your hospitality.

Finally, I wish to express my appreciation for the lovely gift which you so kindly presented to me.

With warmest personal regards,[2]
Tomoyuki Saeki

7 訪問先へのお礼 (2) 〔Eメール〕

件名：ご案内のお礼

XYZ工場をご案内いただいた件でお礼申し上げたくメールしました。訪問はたいへん興味深く、私の研究に関して非常に有益で参考になるものでした。また、貴社の社員の皆様とランチの席で交流できたことは楽しい限りでした。

ご案内いただき、本当にありがとうございました。近いうちに、サンフランシスコか横浜でお目にかかれることを楽しみにしています。

Point

お礼を書く場合には時機を逸しないように、訪問のお礼であれば、帰ってきたらできるだけ早いうちに相手に送ることが大切である。内容面では、印象に残ったことを具体的に挙げると儀礼的にならず、親しみを感じさせる文面にできる。Thank you を連発している文をときどき見かけるが、あまり格好のよいものではない。

Subject: Thank you for showing me around

Dear Steve,

I just want to thank you for the guided tour of the XYZ factory. My visit was most interesting, and extremely useful and informative as far as my research is concerned. Also, the socializing that I was able to do at lunch with your staff was most enjoyable.

Thanks again for showing me around. I am looking forward to seeing you in the near future either in San Francisco or Yokohama.

Best regards,
Ichiro Matsushita

8　会議の連絡

(Eメール)

件名：新製品企画会議：10月19日（火）13：00～15：00
新製品企画会議の議題は下記のとおりです。電子メールにて10月15日（金）までに出欠をご連絡ください。また、会議の際に、提案書のコピーを10部ご持参ください。
新製品企画会議
日付：10月19日（火）
時間：13時より15時
場所：ＡＢＣ株式会社 本社ビル8階4Ｂ会議室
議題：1）提案の発表　2）意見交換　3）企画案の採決

Point

社外、社内のどちらにも通用する一般的な会議通知の文面である。件名に日時を入れておくと、相手はメールを開く前にスケジュールの確認ができるので、親切である。

Subject: New product planning meeting: Tue., October 19, 13:00-15:00

The agenda for the new product planning meeting is below. Please confirm your attendance via email by Friday, October 15. Please also bring 10 copies of your individual proposals to the meeting.
****
New Product Planning Meeting
　　DATE: Tue., October 19
　　TIME: 13:00-15:00
　　PLACE: ABC Corporation HQ Bldg., 8F Room 4B
　　AGENDA:
　　　1) reading of proposals
　　　2) general discussion
　　　3) vote on proposals
****

❾ 会社の地図を送ってもらう　　Eメール

件名：貴社オフィスへの地図
デビッド・ジョーンズさんのメッセージ
＞あなたのロサンゼルスでの予定をお送りくださり、ありがとうございま
＞す。6月26日水曜日10時に当オフィスでお会いできれば幸いです。
来週の水曜日午前10時に会えることを楽しみにしています。貴社へは初めてなので、地図を6月21日金曜日（貴地時間）までにメールしていただけますか。

Point

面会を申し込んできた面識のある相手への返事のメールの例である。最初に相手のメッセージを引用して、それに答えるという形を取っている。日程が迫っているときは、いつまでに連絡してほしいのかを明記することが必要。海外の相手には時差を考慮して相手方の現地時間（your time）で書くと親切である。

応用例

① seeing you の部分は、初めて会う場合なら meeting you を、久しぶりに会う場合なら seeing you again を用いる。
② could you email me a map...? は please send me a map... としてもよい。

Subject: Map to your office

David Jones wrote:
> Thank you for sending me your schedule in Los Angeles. I would
> be delighted if we could have the opportunity to meet with you at
> our office at 10:00 on Wednesday, June 26.

Hi again. I'm looking forward to seeing you[1] next Wednesday at 10:00. Since this will be my first visit, could you email me a map to your office by Friday, June 21 (your time)?[2]

Best regards,
Hiroshi

10　空港への出迎え

（Eメール）

件名：空港への出迎え
来週、久しぶりにお会いするのを楽しみにしています。石川氏と私が成田空港までお迎えに参ります。航空会社と便名を知らせてください。
東京滞在中に一度食事をご一緒しましょう。

Point

かなり親しい相手の場合は、このように Dear の代わりに Hi で文章を始めてもよいだろう。何度もやり取りのある相手には、普段会うときと同じようなカジュアルな表現を使っても構わない。

応用例

① meet and welcome you の代わりに pick you up も使える。

Subject: Pick up at the airport

Hi Richard,

I'm looking forward to seeing you again next week. <u>Mr. Ishikawa and I will meet you at Narita Airport.</u>[①] Please let me know the airline and the flight number.

Let's have dinner sometime during your stay in Tokyo.

See you soon,
Shin Maeda

11 忘年会のお知らせ（社内）   　Eメール

件名：忘年会にご参加を
2010年ももうすぐ終わろうとしています。恒例の日本式年末パーティー「忘年会」を開催します。皆様ふるってご参加ください。一緒に楽しみましょう。

　　　　日付：12月22日（火）
　　　　時間：午後7時から9時
　　　　場所：大手町会館　大手町2-21-8　電話：03-3354-xxxx
　　　　会費：4500円

出欠のご返事を12月10日までにメールにて中村浩二までお願いいたします（knakamura@xxxxx.co.jp）。

Point

社内の連絡メールでくだけた表現を使っている例。受け手の関心を引くためにも、フォーマルな形よりよい。内容を少し変えれば様々な集まりに使える。RSVPはフランス語のRépondez s'il vous plaît（ご返事お願いします）から来ている略語（p. 401）。

Subject: Let's Enjoy the Year-end Party!

2010 has almost come to an end and it is time to celebrate with a Japanese-style "bo'nenkai"(year-end party). Come join us and let's enjoy the party!!
****
DATE : Tue., December 22
TIME : 7-9 pm
PLACE : Otemachi-Kaikan, 2-21-8 Otemachi
　　　　　Phone: 03-3354-xxxx
Fee: ¥4,500
****
RSVP via email to Koji Nakamura (knakamura@xxxxx.co.jp) by December 10.

Thanks,
Koji

12　パーティーに招待する　（Eメール）

件名：本社ビルのグランドオープニングへのご招待
PQR 社は貴殿を今月 20 日、新本社のグランドオープニングにご招待いたしたく存じます。
新本社ビルの最上階において、カクテルパーティーは午後 6 時から、ディナーは 7 時からになっております。5 月 5 日までにご同伴を希望されるお客様のお名前をお知らせください。こちらより正式な招待状をお送りいたします。

Point

　招待状を送る前に、出席の可否を確認するメールである。この場合は、用件だけを簡潔に書くことが大切。「弊社も創業以来 80 年…」というような挨拶文は正式な招待状に書き入れ、メールではあくまでも出席の意思確認の事務連絡のみにする。
　このように敬辞を付けないケースもある。

応用例

① PQR Inc. is proud to invite you to... を PQR Inc. requests the honor of your presence at... とすると、より改まった言い方になる。

Subject: Invitation to the Grand Opening of New Headquarters

PQR Inc. is proud to invite you to the grand opening of our new headquarters on the 20th of this month.①

Cocktails will be served at 6:00 and dinner at 7:00 on the top floor of the building. We would be delighted if you could join us. Please RSVP by May 5 with the names of any guests you wish to bring so that we can forward an official invitation to you.

Hope to see you!
Yuko Watanabe

13 プライベートパーティーへの招待　(Eメール)

件名：すき焼きパーティーのお誘い
我が家でのすき焼きパーティーにいらっしゃいませんか！　9月20日までにメールかお電話にてお返事をください。
残念ながら当家は広大ではありませんが、15人はお招きできると思います。社外の方でも参加ご希望があれば、お知らせください。

　　　日付：3月10日
　　　時間：7〜10時頃
　　　場所：中区原町1-2-3（添付の地図を参照のこと）
　　　料金：無料

お会いできることを楽しみにしています！

Point

こうした案内状や招待状は、文中に日時や場所を書くより、このように箇条書きにしたほうが、理解してもらいやすい。

応用例

① 多数の人にメールを送る場合はHi everyone, のほかに、Dear friends, / Dear co-workers, / To members of the staff, / To all employees of ABC なども使える。
② こうした招待状の結びには、I hope you can come! / I hope you can make it! / I'm looking forward to seeing you there! などのバリエーションがある。

Subject: Invitation to a sukiyaki party

Hi everyone,[1]

It is my great pleasure to invite you to my house for sukiyaki! Please RSVP me by September 20 by email or by phone.

I'm afraid my house isn't so big, but I think I can fit 15 people. If you know anyone whom you think would like to come, even if they don't work with us, please let me know.

Date: March 10
Time: From 7:00 to around 10:00
Place: 1-2-3 Haramachi, Naka-ku   *See attached map.
Charge: Free

I hope to see you there![2]
Thanks,
Makiko

14 招待を取り消すお詫び　　（Eメール）

件名：2月15日の夕食のキャンセル
ジョン・スミス博士からの言付けを申し上げます。2月15日に貴殿ならびに令夫人を夕食にお招きしていましたが、これを取り消さざるを得なくなりました。そこで貴殿にお詫びを申し上げるようにとのことです。
ご存じかと思いますが、昨今マサチューセッツ州では、重いインフルエンザが流行しており、残念ながらスミス博士もこれにかかりました。あと数日間は静養が必要です。医者によりますと、今後数週間は旅行をしてはいけないとのことです。このような次第で、日本への出張も中止のやむなきに至りました。
スミス博士は今年中に日本を訪問する意向をお持ちで、そのときに貴殿にお会いすることを望んでおられます。

Point

訪日する際、相手を夕食に招待していた人から、訪日は中止、招待も取り消しとの知らせを受けた日本の現地法人の幹部が、相手に対してその旨のお詫びを伝えるメールである。書きにくい内容であるが、(1) 時を移さず取り消しの旨を伝える、(2) その理由を正確に、しかも言い訳がましくなく述べる、(3) 引き続き好誼をお願いする文章で結ぶ。

応用例

① この文章の前に I am sorry, but を置いて、以下を続けることもよく行われている。
② 何かの情報を相手に切り出すときによく使う表現。「ご存じかと思いますが」の意だが、実際には相手が知らないときにも用いる。(⇨ 承知する／存ずる)

Subject: Cancelation of February 15 dinner

Dear Dr. and Mrs. Green:

Dr. John Smith, Jr. has asked me to extend his apologies to you[①] for having been forced to cancel his invitation to you and your wife for dinner on the evening of February 15.

As you know,[②] there is an influenza epidemic in Massachusetts and unfortunately, Dr. Smith has been stricken by it and must remain in bed for several days. He has been advised by his doctor that he should not attempt to travel for several weeks, which has resulted in his having to cancel his trip to Japan.

Dr. Smith hopes to visit Japan later this year and is looking forward to seeing you then.

Sincerely yours,
Hiroshi Tanaka

15　ホテルを予約する　(Eメール)

件名：予約
下記の日程でシングルルームの予約をお願いします。
　　10月14日から10月17日　3泊
　　10月20日から10月22日　2泊
お願い
　　1）インターネットに接続できる部屋をお願いします。
　　2）14日は夜12時前後の到着になりますが、部屋を取っておいてください。
メールでのご確認をお願いします。

Point

　国際ビジネスには海外出張が欠かせない。そこで必要になってくるのがホテルの予約だが、予約をする際には、漏れがないように細心の注意を払いながらメールを送らなければならない。チェックインとチェックアウトの日程を明確に記し、宿泊数も書き添えておけばトラブルも防げる。
　ホテルによっては、予約の確認と同時にクレジットカードの番号を知らせるようにと指示するところもある。

Subject: Reservations

I would like to reserve a single room for the following dates:
10/14-10/17 three nights
10/20-10/22 two nights

Notes:
1) I would like a room with an Internet connection.
2) I will arrive around midnight on the 14th, so please hold my room.
Please send a confirmation by email.

Best regards,
Kyoko Saito

16 お見舞い

（Eメール）

件名：お見舞い

貴社事務所が大火により大損害を受けたことを、貴地駐在の弊社の者から聞きました。心からお見舞い申し上げます。
たいへん心配しております。何かお役に立てることがございましたら、ご遠慮なくお申し付けいただきたいと思います。

Point

　お見舞いの手紙には、病気・けがの見舞いのほか、地震、風水害、火災などの災害見舞いなど、様々なものがある。いずれの場合も短い文面でよいから、情報を入手したらすぐに送ることが肝要である。

応用例

① お見舞いの手紙の書き出しに使われる決まり文句である。We were distressed [sorry] to hear that... / We were surprised to hear that... / We were shocked to hear that... のように、be 動詞は現在形より過去形が用いられることが多い。We were saddened to hear that... とすると「訃報に接して」となるので注意が必要。
② 相手に対する思いやりの表現である。病気見舞いなら I hasten to send you my very best wishes for a speedy recovery.（早く回復なさることをお祈りし、取り急ぎ書中をもってお見舞い申し上げます）や I hope this note finds you much improved already.（お元気になられていることを願っています）なども使える。

Subject: Sorry to hear the bad news

Dear Mr. Jones:

We were very distressed to hear① from our representatives stationed in your city that your offices were severely damaged by a big fire.

I want you to know how sorry I am.② Please feel free to call me if we can help you in any way.

Sincerely yours,
Mariko Saito

17　紹介状　　　　　　　　　　　　　　　Eメール

件名：鈴木の3月訪問
弊社中央研究所コンピュータ研究部長、鈴木守をご紹介します。彼は、3月22日から24日までボストンで開かれるインテリジェント・トランスポート・システムズ会議で論文を発表するために、米国を訪問することになっています。彼の宿泊先はチャールズ・ホテルです。
この機会を利用して、鈴木は3月26日（金）に貴研究所を訪問し、貴殿やヘンリー・パーカー博士と、貴国におけるITS技術の最近の動向について討議したいということです。
貴殿のお時間が許すようでしたら、鈴木は彼のITS論文の詳細について、貴殿と貴社の方々にご説明申し上げるつもりです。
本件についてご高配いただければ幸いでございます。

Point

　紹介状は、最も多く書かれるビジネスレターの一つである。紹介者は、紹介する人について全責任を負う覚悟が必要で、また、紹介状を受け取った人は、紹介者に対するのと同様の厚遇を紹介状持参者に与えなければならない。(1)紹介する人の氏名、役職、(2)相手を訪問するに至った経緯、(3)訪問の予定日時と討議項目、(4)相手に提供できる情報、(5)ご高配を願う結び、という文章構成になる。
　紹介状ではギブアンドテイクが原則なので、上記(4)の明示は必須である。

応用例

① This is to introduce to you... という表現もあるが、「これは…を紹介するものである」との堅苦しい感じを与える。また、単刀直入に Dr. Mamoru Suzuki wishes to visit you... で始めてもよい。
② We would appreciate any assistance and courtesy extended to him on his current visit to your laboratories. としてもよい。前もってお礼を述べる表現は多い（⇨あらかじめ／ありがたい）。場合によっては If by chance you're unavailable on that day, would it be possible for you arrange for someone to meet with him?（当日ご都合がつかないようでしたら、代わりにどなたかをご手配いただけませんか）という一文を追記するのも有効。

Subject: Dr. Suzuki's March Visit

Dear Dr. Smith:

I am pleased to introduce to you Dr. Mamoru Suzuki, manager in the Computer Research Department at Central Research Laboratories.[1] He will be visiting the United States to present a paper at the Intelligent Transport Systems Conference to be held in Boston from March 22 through 24. He will be staying at the Charles Hotel.

Taking advantage of this opportunity, Dr. Suzuki would like to visit your laboratories on Friday, March 26 and discuss with you and Dr. Henry Parker recent trends in ITS technology in your country.

He would be pleased to discuss his ITS paper in detail with you and your associates if you have time.

Any help you may be able to offer him will be greatly appreciated.[2]

Sincerely yours,
Hiro Tanaka

18　会議開催を通知する　(Eメール)

件名：10月15日の評議員会会合
当大学評議員会の会合を、来る10月15日（木）午後4時から開催する予定ですので、ご案内申し上げます。
会合の場所は、プリンストン校舎のリンカーン図書館400号会議室です。ご出席確認のため、9月30日までにご出欠をお知らせくださるようお願いします。10月15日にお目にかかれるのを楽しみにしております。ご参考までに、会合の全スケジュールも添付いたします。ご不明の点がございましたら、ご遠慮なく私宛にメールかお電話をいただきたく存じます。

Point

　会議開催通知では、(1) 場所、月日、時間を明記する、(2) できれば討議事項を記す（この例では書類を添付）、(3) 期限を示して出欠の確認を取ることが必須である。

応用例

① 類似表現として Would you let me know before September 30 as to whether you will be able to attend?（ご出席いただけるかどうか、9月30日までにお知らせくださるようお願いします）もよい（⇨出席）。deadline（締切日）は必ず示すこと。
② 付議項目の事前通知で特に重要な事項があれば The principal topic will be the construction of a new business school headquarters.（主な議題はビジネススクールの新本部校舎の建設についてです）などと具体的に明記する。

Subject: October 15 Advisory Board meeting

Hello,

It is my pleasure to inform you that a meeting of the Advisory Board of our University is scheduled to take place at 4:00 on Thursday, October 15.

The meeting will be held in Conference Room 400 of the Lincoln Library on the Princeton campus. <u>Please confirm your attendance before September 30.</u>[①]

I look forward to seeing you on October 15. In the meantime, <u>I am also attaching a copy of the complete schedule of the meeting.</u>[②] Please feel free to call or email to me if you have any questions.

Best regards,
Junichi Aso

19　人の推薦を依頼する　（Eメール）

件名：秋の「ビジネスの情報武装」会議
弊社は今秋ニューヨークで、「ビジネスの情報武装」というテーマで会議を開催する予定でございます。この会議で、できましたら、ニューヨークにある貴社現地法人から、どなたかお話しいただける方を派遣してくださいませんでしょうか。ニューヨーク現地法人の方数名にご参加願えればと存じます。
欲を申せば、英語に堪能な日本人の方で、情報関連業務を管轄し、「情報に関する日本の立場」あるいは「日本における情報の最先端利用」についての着想、経験、主張のご発表をお考えでいらっしゃる方が適任かと存じます。ご参考までに会議の予定表を添付いたします。
不明な点がございましたら、その旨お知らせください。ご都合のよろしい時間に貴事務所にお電話させていただきます。ご協力に前もってお礼申し上げます。

Point

この例は、旧知の相手に対して、適任のスピーカーを推薦してほしいとの依頼である。(1) 行事の概要を伝える（行事の名称、目的、場所、日時など。スケジュールを添付してもよい）、(2) スピーチのテーマを提示する（最終決定は相手に任せる）、(3) 丁重なお願いの言葉で結ぶ。

応用例

① might be able to recommend は「あなたならご推薦いただけるのでは」という丁重な依頼の表現。
② 依頼の場合、結びの部分に「前もって謝意を述べる」ことが望ましい。また、この部分に I understand this may be a difficult request to understand and to fulfill.（このお願いは受け入れていただくのが難しいことは承知しております）といった一文を入れるのもよいし、Could you let me know your ideas by June 15? のように回答期限を付けるのもよい。

語釈

organize a conference は「会議を組織（開催）する」。a proposed schedule for the conference は「会議の予定表」のこと。

Subject: Fall Business Intelligence conference

Dear Mr. Nakamura:

We are now organizing a conference to be held this fall in New York focusing on "Business Intelligence." I would like to include a speaker from your company based in New York, if possible. Perhaps you could recommend several possible participants[2] from your New York company.

Ideally, participants would be Japanese fluent in English, experienced in managing intelligence work, and interested in presenting their ideas, experiences and views regarding "The Japanese View of Intelligence" or "State of the Art Japanese Intelligence Practices." I have attached a proposed schedule of the conference.

If you would like further clarification, please let me know. I can call you at your office at your convenience. Thank you in advance for considering my request.[2]

Sincerely yours,
Takako Kikuchi

20　求人広告に応募する　　（Eメール）

件名：経理担当の求人について
2010年4月9日のフィナンシャルタイムズ紙に掲載されました、GTE社の求人広告に関心を持ちました。私はGTE-Polandの経理担当に適格であると存じますので、履歴書を添付いたします。
私は公認会計士の資格を持っており、電気通信分野の世界的企業で約10年間の経験がございます。
私がこれまでの職務を通して得た経験は、GTEのポーランドでの事業に生かされるものと確信しております。
ご都合のよろしいときに面接の機会をいただけますことを願っています。GTEは働き甲斐のある素晴らしい会社だと思います。

Point

　求人に応募するメールでは、(1)どの媒体で求人広告を見たか、なぜ関心を持ったか、(2)自分が適格であること、履歴の中で特に強調すべきことを述べ、(3)面接に応じられる旨を申し出るとよい。
　求人広告には、通常、求人会社の概要(The Company)、仕事の内容(The Role)、能力要件(The Person)が明示されている。

応用例

① 「求人広告が私の関心を引いた」という意味で、catch [draw / claim] one's attention という類似表現もよく用いられる。
② 「個人面接の機会が与えられることを期待しています」ということで、look forward to を使うことによって、積極的な気持ちを表現できる。I hope that we can meet in person at your earliest convenience. などの表現も覚えておきたい。

語釈

　employment ad は「求人広告」のこと。CPA は certified public accountant の略で「公認会計士」。

Subject: Financial Director position

Dear Ms. Smith:

The GTE employment ad in the April 9, 2010 issue of The Financial Times has attracted my attention.[①] As I believe that I am qualified for the position of Finance Director at GTE-Poland, I have enclosed a copy of my resume.

I have a CPA, and also about ten years of experience in a global corporation operating in the telecommunications area.

I am confident that the experience gained in my previous position will be useful in your Polish project.

I look forward to an interview at your convenience.[②] GTE is a fine corporation where I know I would enjoy working.

Best regards,
Yoko Saito

21　人物照会への返事　　（Eメール）

件名：メアリー・シンプソンさんについてのお問い合わせ

メアリー・シンプソンさんについての7月6日付のご照会でご依頼のありました情報を喜んでご提供いたします。ただし、この情報は貴社だけでご利用され、極秘扱いとしていただきたくお願い申し上げます。

シンプソンさんは、2003年11月以降5年間、弊社で地域社会担当補佐役として真面目に勤務していました。彼女の担当業務は、弊社地域社会活動の定例業務でしたが、特別の行事があるときは、積極的にその他の業務にも励んでいました。

彼女は新しい事柄への理解も早く、察しのよい人物です。正直なところ、彼女に退社されて残念に思っています。

Point

　求人応募者の以前の勤務先に、その人の人物照会をする場合があるが、その照会に対する回答のメールである。必ずしもよい内容の回答ばかりとは限らないが、この例では、最初の I am happy to supply you with... という文章から推察できるように、高い評価の回答である。(1)本件情報は極秘扱いとしてもらいたい旨を冒頭で述べる、(2)職務上の情報を提供する、(3)その人物に対する自分の評価を述べる、(4)結びには Please feel free [Please do not hesitate] to contact me if you need further information.（さらに情報が必要でしたら、ご遠慮なくお知らせください）を入れるのもよい。

応用例

① 「極秘扱いを条件とする」旨の明示である（⇨極秘）。with the understanding that... としてもほぼ同義（⇨条件）。
② 仕事ぶりに関する記述で、~ has been a documentation clerk for three years since 2000, followed by section supervising for three years. などと職位がらみの記述も可能。人物評価の表現としては、trustworthy / hardworking / punctual / conscientious / outstanding などは褒め言葉。逆の場合は、her commitment to her work left much to be desired（遺憾な点多し）など。

Subject: Inquiry about Ms. Mary Simpson

Dear Ms. Hopkins:

In response to your inquiry of July 6 about Ms. Mary Simpson, I am happy to supply you with the information you requested, on condition that this information will be used solely for your purposes and kept in strict confidence.①

Ms. Simpson has diligently served as a community relations assistant for five years since November 2003. Her major responsibility was the day-to-day running of our community activities,② but she was always willing to work on extra tasks for special occasions.

She was very quick to learn new things and was also very receptive. To be honest, I am sorry to have lost her as a member of our staff.

Sincerely yours,
Keisuke Takano

22　資料を請求する（1）　　Eメール

件名：対外直接投資に関する情報提供のお願い
現在、弊社では欧州諸国への工場進出を計画中ですが、これに関連して、2011年1月1日に発効し、外国からの直接投資に各種奨励策を与える貴国の投資法令に、格別の関心を寄せています。
具体的検討を進めるための第一歩として、下記の関連資料をご送付いただけませんでしょうか。
　1. 貴地域に適用される工業開発計画の奨励策の概要
　2. 関連法令
　3. 社会インフラに関する資料で、上水道、電力、交通などに関するもの
資料を頂戴した後で弊社の者を貴事務所に派遣し、お打ち合わせをいたしたく存じます。
早急なご返事をお待ち申し上げます。

Point

　政府の地域振興部局が地域開発のために企業誘致策を打ち出すことは多いが、この例は、これに対する外国企業からの問い合わせである。
　(1)単刀直入に自社の関心を述べる、(2)ほしい資料を具体的に明記して請求する。正確な資料名が分からない場合でも、何の資料のことを言っているのかが、相手に分かるように書くことが大切。

応用例

① 自社の計画を紹介する文章。類似の書き出しとして、We are planning to establish a branch office in your city... や In connection with our plans for strengthening a line of our product items, we are considering... があり、こうした説明があると相手の協力も得やすい。
② 請求資料などを後に羅列するときの決まり文句で、Please send us the following: と簡単に述べてもよい。また、Please supply us with any information you think appropriate.（適切と思われる情報をご提供ください）を用いてもよい。(⇨送る)

語釈

　　investment regulations は「投資関連法令」で、investment laws and regulations とも

いう。incentive は「奨励策」のことで、例えば、一定期間の減税措置、補助金の付与、工場用地買収への協力などを指す。foreign direct investment は「対外直接投資」であるが、この例では「外国からの直接投資」の意味で使っている。

Subject: Request for information concerning foreign direct investment

To whom it may concern:

We are currently planning to expand our manufacturing operations to several countries in Europe.① In this connection, we are especially interested in your new investment regulations which took effect on January 1, 2011 and have granted several incentives to foreign direct investments.

Would you please send us, as the first step of our consideration, pertinent information listed below?②

1. Overview of incentive plans of your industrial development, applicable to your area
2. Relevant laws and regulations
3. Social infrastructure, including city water supply, electricity, transportation, etc.

After receipt of your information, we will have someone from our organization visit your offices for discussions.

We are looking forward to hearing from you very soon.

Sincerely yours,
Tetsuya Kubota

23 資料を請求する (2)　　(Eメール)

件名：年次報告書送付のお願い
私は貴社株式の購入を考えておりますので、貴社の最新の年次報告書とフォーム 10-K 報告書を下記住所宛にご送付いただきたくお願い申し上げます。
　　〒 100-0004
　　東京都千代田区
　　大手町 1 丁目 1 番 1 号
　　川田太郎
ご協力に前もってお礼申し上げます。

Point

　資料請求のメールは、書く機会の多いものの一つだろう。この例で請求している資料はいずれも公開資料なので、企業も PR 代わりに無料で送ってくれるはずである。annual report は国内の営業報告書、Form 10-K は有価証券報告書に相当する。なお、これらの資料はインターネットのホームページからアクセスできる場合もある。

応用例

① 担当者の氏名や性別が不明なときにも、メールではこのように Hello, が使われることが多くなっている。(⇨ p. 399)
② 資料請求の際の定番表現で、I would like to ask you to send me a copy of... などもよく使われる (⇨ 送る)。請求の理由を述べる場合は、例えば I read your article in Foreign Affairs, March 2008 issue in which you referred to your other paper. (Foreign Affairs 誌 2008 年 3 月号で貴殿の論文を拝見しました。その中で貴殿ご執筆の別の論文に触れていらっしゃいましたが) と書いた後で、この別の論文を請求するという書き方になる。
③ 資料を受領した際の返事で「取り急ぎ一筆お礼まで」であれば、Just a short note to acknowledge and thank you for the copy of your 2010 Annual Report. などでよい。

Subject: Please send annual report

Hello,[①]

I am considering buying shares in your corporation, and would appreciate it if you could send me a copy of your most recent annual report and Form 10-K at the address given below.[②]

   Taro Kawada
   1-1-1 Otemachi
   Chiyoda-ku, TOKYO 100-0004
   JAPAN

Thank you in advance for your assistance.[③]

Best regards,
Taro Kawada

24　依頼のあった資料を送付する　（Eメール）

件名：RE:年次報告書送付のお願い
弊社の2010年版年次報告書と会社概要各1部をお送りいたします。
弊社とその海外事業に対し、ご関心をお持ちいただき、うれしく思います。あなたの研究計画が成功されることをお祈りします。
あなたのイースタン・エレクトロニクス社に対するご関心に、再度感謝申し上げます。

Point

　学生から研究資料として年次報告書と会社概要の送付依頼があり、これに応えるメールである。このような場合、要点のみの簡潔なものでよいが、(1)依頼の資料を送る旨を資料名を明示して伝える、(2)自社に対する関心に謝意を述べる、(3)friendlyな表現で相手の成功を祈る、(4)結び、という内容構成になる。(1)と(2)は順序を逆にしてもよい。

応用例

①「依頼のあった資料を送る」という表現。I am attaching a copy of... としてもよい（⇨送る／添付）。同封物を郵送するときは「別便で」送ることになるが、I am sending you, under separate cover, a copy of... などと表現する（⇨別便）。なお、「同封します」に Enclosed please find... という古典的な表現は使わない方がよい。

Subject: RE: Please send annual report

Dear Mr. Chiyoda:

<u>I am pleased to send you a copy of our company's 2010 annual report and the fact book you requested.</u>[①]

We are delighted to know of your interest in our company and its overseas operations, and I hope your research programs will be very successful.

Thank you again for your interest in Eastern Electronics.

Sincerely yours,
Paul White

25　報告書の催促　　　　　　　　　　Eメール

件名：次週用の報告書
そちらの天気はどう？　昨夜、今年初めての雪が降りましたが、昼までには融けてしまいました。
さて、次週用の報告書について聞きたいのですが、月曜日には送ってくれると言っていたと思いますが、まだ受け取っていません。ファイルを調べて、僕に送ったかどうか確認してもらえますか？　混乱を避けたいので、3月10日（明日）の3時15分までにほしいのですが。

Point

英文ビジネスレターの場合、通常、季節の挨拶は入れないが、親しい関係であれば、最初にひと言、天気に触れてもいい。

応用例

① 海外にいる相手であれば、This is the time for cherry blossoms in Japan, so I wish you were here.（こちらは桜の季節です。あなたもここにいたらと思います）のような表現も文面を和らげる。

Subject: Report for next week

Dear Mike,

How's the weather there? Last night, snow fell for the first time this year, but it had melted by noon.①

I wanted to ask you about your report for next week. I think you said you were going to send it on Monday, but I haven't received it yet. Could you check your files and make sure it was sent to me? I need it by March 10 (tomorrow) at 3:15 in order to avoid complications.

Have a good day!
Hiro

26 メールの再送依頼

(Eメール)

件名：契約書再送のお願い
契約の詳細をお送りいただき、ありがとうございました。ただ、残念ながら文字化けしていて読めません。フォーマットを変え、再送いただけますでしょうか。本日3時までにお願いできると助かります。もし難しいようであれば、12時までにお知らせいただけますか。お返事がないようでしたら、こちらから12時少し後にお電話いたします。

Point

メールでファイルのやり取りをする際、文字化けは付き物。英語の場合、日本語ほど多くないが、ウイルスやフォントの問題で起こることもあるので、丁寧に再送願う表現を覚えておきたい。

応用例

① scrambled のほかに garbled という単語を使うこともある。ただし、scramble や garble は「混乱する」「ごちゃまぜにする」という意味なので、Your writing is scrambled. / Your email is garbled. と言うと、メールの内容自体に問題があるという意味に受け取られかねない。writing や email ではなく text を使ったほうが無難である。

Subject: Please resend the contract details

Dear Mr. Jones:

Thanks you for sending the contract details, but I'm afraid the text is scrambled[①] and I can't read it. Could you try changing the format and resending it? If you could get it to me by 3:00 today, it would be a big help. If that's going to be difficult, could you let me know by 12:00. If I don't hear from you, I'll call you a little after noon.

Thanks as always,
Akiko

27 打ち合わせ後の問い合わせ （Eメール）

件名：歳入に関する問い合わせ

昨日はお時間をとってくださり、ありがとうございました。多くの進展が見られたとともに、両社のより親密で末長い絆を築けたのではないかと思っております。

一つだけお聞きするのを失念しておりました。御社の過去3年間の歳入を教えていただけますか。御社のホームページの情報と、昨日いただいた情報が異なっておりました。5月10日4時に当社の社長に話すことになっていますが、その前にこの件をクリアにしておく必要があるのです。

Point

打ち合わせや会議の後の問い合わせでは、メールの相手に時間をとってもらったことに対する感謝を伝える。依頼をする場合は、具体的な期限を示すと、確実な反応が期待できる。

応用例

① 相手への感謝を示すときには、Thank you for taking the time to come and talk with us yesterday. / I hope we didn't take up too much of your precious time yesterday. など、場合に応じて使い分けるとよい。

Subject: Inquiry about your annual revenue

Dear Ms. Johnson,

Thank you for your time yesterday.[①] I feel like we made a lot of progress and that we are getting closer to forming a close and long-lasting relationship.

I forgot to ask you just one question. Could you let me know your annual revenue for the last three years? The information on your homepage differs from the information I received yesterday. I just need to clear this up before I talk to our president on May 10 at 4:00.

Thank you again and have a good day,
Makoto Suzuki

28　引き合い

(Eメール)

件名：日本での代理店

貴社が、貴社製果汁絞り機の日本における代理店を探しておられることを、米国商務省刊行の『コマーシャル・ニュース USA』誌 2010 年 1 月号で知りました。

貴社の新製品は弊社の収益力の向上に役立つと思われますので、大いに関心を持っています。弊社は、日本および東南アジアにおける各種食品処理装置の販売業者として、最大規模の企業ですので、当地の市場における貴社の売り上げ拡大につながるものと存じます。

貴社の最新の年次報告書と、全製品を含むカタログと価格表をお送りいただけませんでしょうか。

弊社をご理解いただくために、弊社の会社概要を添付いたします。

Point

　商工会議所、在外公館、広告、国際見本市などで関心のある商品を見つけたときは、何らかの方法、例えばメールを用いて売り手に接触を試みる。このとき、(1) 当該商品を知ったルート、(2) 引き合いの理由、(3) 引き合いの内容、といった事柄を具体的に相手に知らせなければならない。引き合いは取引の始まりになることが多いので、ほしい情報は遠慮せずに申し入れることが肝要。

応用例

① 類似表現として、I have learned your name and address from one of our suppliers in your country. や We have found your name in an advertisement in The Wall Street Journal, January 4, 2010 issue. など、多様なパターンがある。
② 相手側の参考のために、自社の概要を提供することも大切。この例では、文中で長々と述べずに、既刊のパンフレットを送ることにしている。For your quick reference は、For your (immediate) information としてもよい。(⇨参考)

Subject: Distribution in Japan

Dear Mr. Brown:

We have learned from the US Department of Commerce's "Commercial News USA," January 2010 issue[①] that you are searching for a distributor in Japan for your new juice extraction processor.

We are very much interested in your new product which we think might help us improve profitability. We operate one of the most extensive distributor networks in Japan and Southeast Asia of a variety of food processing systems, and we believe that we can boost your sales in this market.

Please send us your most recent annual report as well as catalogs and a price list covering your complete lines.

For your quick reference, we are enclosing a copy of our corporate profile.[②]

Sincerely yours,
Satoshi Murakami

29 引き合いに対する返事（オファー）　Eメール

件名：RE: 日本での代理店
2010年2月1日のメールにて、弊社製果汁絞り機の資料を送付するようご依頼いただき、ありがとうございます。
ご要望のとおり、価格表とカタログの完全セット、および関連する技術マニュアルを添付いたします。貴社がご興味をお持ちの製品は、23ページに記載されており、また、弊社の一般取引条件は価格表に記載されています。
弊社は、貴社がよい市場に恵まれ、売り上げを伸ばされることを切望しております。
近いうちに貴社から初めてのご注文をいただければと、吉報をお待ち申し上げています。

Point

引き合いを受けた売り手が、これを具体的な販売に結び付ける第一歩がこの申し込み（offer）である。申し込みには firm offer（確定オファー）/ free offer（自由オファー）などがあり、取引成立の条件は異なるが、買い手が容易に決断できるように、必要な諸条件はすべて提示することが望ましい。この例のように、技術資料の提供も考慮すべきである。
　文面の構成は、(1)引き合いに対するお礼を述べる、(2)送付する情報を明記する、(3)できれば初注文に結び付けたいという積極的な文章で結ぶようにする。

応用例

①「自社が採用している一般的な取引条件」のことで、品質、数量、価格、受け渡し、決済などの条件が含まれる。our terms and conditions だけでも通じる。

語釈

　covering technical manuals の covering は「それに関する」の意で、便利に使える語である。

Subject: RE: Distribution in Japan

Dear Mr. Murakami:

We were pleased to receive your inquiry of February 1, 2010, requesting information on our juice extraction processor.

As requested, we are attaching our price list and a complete set of catalogs, together with covering technical manuals. The product you are interested in is shown on page 23. Our trade terms and conditions[①] are stated on the price list.

We do hope that you will find an excellent market and enjoy increased sales.

We very much look forward to hearing from you soon, hopefully with your first order.

Sincerely yours,
John Brown

30 信用照会先を知らせる (Eメール)

件名：信用照会
お問い合わせありがとうございます。
弊社の財務状況と事業実績につきましては、下記の2行にお聞きくだされば回答が得られます。この2行は過去20年間、弊社と取引関係があり、弊社のことを熟知しております。

  バークレイ会計事務所
  米国カリフォルニア州サンフランシスコ市
  モンゴメリー街34番地

  マンハッタン会計監査会社
  米国カリフォルニア州パロアルト市
  南8番通り121番地

今回のご通知が貴社のお役に立てば幸いでございます。また、弊社の信用状況についての貴社のご判断をよろしくお願いいたします。

Point

貿易取引をめぐるトラブルを未然に防ぐには、信用できる相手と取引関係に入ることが重要。したがって、取引に入る前に相手の信用状況（財務状況、事業実績など）の調査は必須である。この例では、(1)売り手に対して自社の信用照会先として自社の取引銀行を紹介し、(2)当該銀行が自社のことを熟知していることを伝え、(3)自社の信用調査を早急に進めることを提案している。

応用例

① You may check our credit rating with (～ Bank) ... という表現もある。(⇨信用)

語釈

financial standing は「財務状況」、business records は「事業実績」、reference は「信用照会先」。照会先が同業者のときは trade reference、銀行のときは bank reference という (⇨照会先)。

Subject: Credit reference

Dear Mr. Nakamura:

Thank you for your inquiry.

You will be able to obtain their reference information about our financial standing and business records from companies below[2] with whom we have been doing business for the past 20 years and who are thoroughly familiar with us.

   Barclays Accounting Firm
   34 Montgomery Street
   San Francisco, CA 94104
   U.S.A.

   Manhattan Auditing Corporation
   121 South Eighth Avenue
   Palo Alto, CA 94303
   U.S.A.

We hope the above information will be of some assistance to you, and would appreciate your decision regarding our creditworthiness.

Sincerely yours,
David Jones

31 信用照会先に問い合わせる （Eメール）

件名：ウエスタン・ファイン・ケミカル社の信用情報

パロアルト市エリザベス通り28番地所在のウエスタン・ファイン・ケミカルズ社は、弊社と取引の開始を希望しており、信用照会先として貴社を指定してまいりました。

同社の信用状況について、貴社が適切とご判断される情報を弊社にご提供いただきたく、お願い申し上げます。申すまでもなく、頂戴しました情報は、すべて極秘扱いといたします。

ご協力に対し、前もって感謝申し上げます。

Point

照会のメールでは、(1)信用状況照会に至った経緯を説明、(2)信用情報提供の依頼、(3)提供される情報の極秘扱いの確約を行い、協力への感謝で結ぶ。

応用例

① 具体的に who is going to place an order with us for 〜（製品名）in the total amount of US$... とする方がよい場合もある。
② 照会の際の決まり文句で、必ずこの趣旨の文章を入れること。Any information we receive will be kept in strict confidence. も同義。

Subject: Credit information about Western Fine Chemicals, Inc.

Dear Mr. Smith,

Western Fine Chemicals, Inc. at 28 Elizabeth Avenue, Palo Alto is establishing a new business relationship with us,[①] and listed your company as a credit reference.

We would appreciate it if you would provide us with any information that you think is appropriate regarding their credit standing. We will, of course, keep any information we receive in strict confidence.[②]

Thank you in advance for your cooperation and assistance.

Sincerely yours,
Koji Nakamura

32 信用照会に答える   (Eメール)

件名：RE：ウエスタン・ファイン・ケミカルズ社の信用情報
3月19日付の貴照会につきましてご回答申し上げます。お申し越しのウエスタン・ファイン・ケミカルズ社は、近年特定ケミカル業界において名声を博しております。また、弊行との金融取引面でも良好な関係を維持しています。
同社製品のマーケットはこの国において着実に伸長しており、将来展望でも、予測できる範囲では明るい先行きでございます。従いまして、弊行では、ウエスタン・ファイン・ケミカルズ社は通常取引には何の懸念もないと確信しています。
ご高承のとおり、貴社に提供いたします情報は極秘扱いとしていただき、また、内容について弊行はいかなる責任も負うものではございません。

Point

信用照会に対する回答には、この例のように本文に含める場合と、別紙として添付する場合とがある。本文に含めるときは、(1)会社概要、取引実績、業況、将来展望を述べる、(2)取引銀行としての評価を提示する、(3)提供した情報は極秘扱いとし、また、内容については自社では責任を持たないことを表明して結ぶ。

応用例

① 照会者は調査対象会社の総合評価を求めているので、この部分が一番重要な箇所である。ここに用いる表現として次のようなものがある。
absolutely responsible for business engagements「超一流、取引に懸念皆無」(秀)、
reliable and responsible for business engagements「一流、取引に懸念なし」(優)、
quite good for ordinary business engagements「通常取引なら懸念皆無」(良の上)、
good for ordinary business engagements「通常取引なら懸念なし」(良)、
advisable to exercise caution in dealing with this firm「取引には要注意」(不可)。

Subject: RE: Credit information about Western Fine Chemicals, Inc.

Dear Mr. Nakamura:

Referring to your inquiry of March 19, we are pleased to inform you that Western Fine Chemicals, Inc., which you mentioned, has recently enjoyed a high reputation in the specialized chemical business. The company has also maintained a good financial relationship with us.

The market they serve has been developing steadily in this country, and there is a bright outlook for the foreseeable future. We believe, therefore, that Western Fine Chemicals is considered quite good for ordinary business engagements.[①]

As you will readily appreciate, this information is given to you in strict confidence and without any responsibility on our part.

Sincerely yours,
Peter Smith

33　見積書に基づき発注する　（Eメール）

件名：注文書第 1234 号
4 月 15 日付の見積書をお送りいただき、ありがとうございました。貴社の 15 インチ液晶表示モニター 200 型 50 台の最低価格は、サンフランシスコまでの CIF 価格で 2500 米ドルであることを承知いたしました。
弊社はこれを受諾することとし、貴社 200 型 50 台に対する注文書第 1234 号を添付いたします。この発注のご確認をいただきたく、また、貴社を受益者とする信用状の開設を弊社が行うための仮送り状をお送りいただきたく存じます。
船積み、船荷マーク、必要な書類に関する指図は、上記の注文書に記載されています。
船積みは、信用状受領後 4 週間以内にお願いいたしたく存じます。

Point

発注のメールでは、この例のように、(1) 商品名（モデル名）、価格を明記して、これに基づいて発注する旨相手に伝える、(2) 注文書を同封したことを述べる（本文中で発注の詳細を示すことも行われる）、(3) 取引銀行に信用状を開設してもらうために見積送り状（proforma invoice）の送付を依頼する、(4) 必要があれば価格以外の取引条件にも触れる。

応用例

① 注文の受領確認 (confirmation [acknowledgment] of order) を求めるもので、これがないと後になって発注の有無、内容が問題になったときに困ったことになる。Please let us have your confirmation of this order. や、簡単に Please confirm this order. としてもよい。

語釈

CIF (cost, insurance, and freight) は価格条件の一つで「運賃保険料込みの価格」のこと。order sheet は「注文書」。

Subject: Order No. 1234

Dear Mr. Yoshida:

Thank you for your quotation of April 15, informing us that your best price for 50 units of your Model 200 15-inch LCD monitors is US$2,500 CIF San Francisco.

We have decided to accept this quotation, and have attached our Order Sheet No. 1234 for 50 units of Model 200. We would appreciate it if you could acknowledge this order[①] and send us a proforma invoice so that we may open a letter of credit in your favor.

All the instructions regarding shipment, shipping marks, and necessary documents are noted on the attached order sheet.

We hope that shipment will be made within four weeks after receipt of our letter of credit.

Sincerely yours,
Mary Smith

34 注文を確認する （Eメール）

件名：RE：注文書第1234号
弊社の4月15日付見積書に関し、15インチ液晶表示モニター200型50台に対する貴注文書第1234号を頂戴し、喜ばしく存じております。
ご要望どおりに、貴社の限度金額2500米ドルの取消不能信用状を受領しましてから4週間以内に、ご注文の品を船積みすることといたします。また、貴信用状に基づいて貴社宛に一覧払いの為替手形を振り出します。
貴社との新しい取引関係が始まることを切望しております。

Point

注文の確認書では、注文書番号、船積み（出荷）予定、支払い方法などに触れ、注文への感謝、注文を完全に履行する旨を述べるとよい。特に、初注文の相手、大量発注の相手に対しては、十分礼を尽くすことが継続受注に結び付く。

応用例

① 注文内容の確認であるが、ここは , and would like to welcome you as a new customer of 〜 .（あなたを〜（自社名）の新しいお客様としてお迎えします）などとして、確認事項は第2パラグラフ以降に移す書き方でもよい。

Subject: RE: Order No. 1234

Dear Ms. Smith:

We are pleased to receive your Order No. 1234 for 50 units of Model 200 15-inch LCD monitors, on the basis of our quotation dated April 15.[①]

As requested, we will be prepared to ship the goods within four weeks after receipt of your irrevocable letter of credit for an aggregate total of US$2,500. We will draw on you a draft at sight under your letter of credit.

We are looking forward to the start of a new business relationship with your company.

Sincerely yours,
Ken Yoshida

35　注文を断る　　　　　　　　　Eメール

件名：RE: 事務用複写機についての問い合わせ

新しいお客様のお役に立てることは、私どもにとりまして変わらぬ喜びでございます。ただ残念なことは、弊社の2009年用カタログに掲載し、貴社から今回お申し越しの機種は、現在弊社では製造を中止しております。
同機種の製造は、関係会社の一つの高松市栗林1234番地所在データ・システムズ株式会社（郵便番号760-0073）に移管しております。ご連絡先は、斎藤太郎氏（電話81-123-45-6789、ファクス81-123-45-6780）でございます。
今回はお役に立てず、申し訳ございません。

Point

すでに製造を中止、ないし移管している製品の注文に対する対応例である。この例では、移管先の関係会社を紹介しているが、自社の類似製品、他社の同等製品を推薦する場合もあり得る。いずれにしても「供給できません」だけで済まさない対応が、自社に対する顧客の信頼感を増すことにつながる。
文面構成は、(1)注文への感謝、(2)注文に応じられない事情の説明、(3)相手の意向に添うような代替案の提示、となる。新しいコンタクト先を明示すると同時に、このメールをその担当者にCCで送付すれば万全（⇨応用例②）。

応用例

① 「残念ですが」の意。We regret that... / Unfortunately なども使える（⇨残念だ）。
② 移管先の担当者名を知らせる文章。ほかに、Your contact person at Data Systems will be Mr. Taro Saito, Manager, Export Department. I will inform him of your possible approach. などとして、メールを送る際、本文の敬辞の下にCC: Mr. Taro Saito と写し送付先を示すのはよく行われる（⇨p. 398）。

語釈

電話・ファクス番号の前の81は日本の国番号。海外の相手には国番号を入れる方がよい。この場合、市外局番の冒頭の0は省略する。

Subject: RE: Interest in office copiers

Dear Mr. Wright:

We are always delighted to serve a new customer. To our regret,[①] however, we have discontinued manufacturing the type of machine advertised in our 2009 catalog, which you have referred to.

We transferred manufacturing of that type of machine to Data Systems Limited, one of our affiliates. Their address is 1234 Ritsurin, Takamatsu 760-0073, Japan. Mr. Taro Saito is the person to contact. His telephone number is +81-123-45-6789, and his fax number is +81-123-45-6780.[②]

We regret that we are unable to serve you at this time.

Sincerely yours,
Mika Tanaka

36 信用状開設を通知する　（Eメール）

件名: 仮見積書受領のお知らせ

5月25日付貴簡と同封の仮見積書を受領し、喜ばしく存じております。この仮見積書は、両社間で合意された取引諸条件に一致しております。これは、弊社が取引銀行に信用状を開設してもらうのに役立ちます。

弊社といたしましては、明日アメリカン銀行に赴き、貴社を受益者とする総額4万米ドルの取消不能信用状を開設してもらうことにいたします。

信用状が開設されましたら、再度貴社にご連絡申し上げます。

Point

売買契約に信用状取引が規定されていると、輸入者は自社の取引銀行に信用状を開設してもらい、これを輸出者の取引銀行に送達してもらうことになる。

このレターでは、(1) 輸出者から送付された仮見積書を受領したこと、(2) これに基づいて自社の取引銀行に信用状の開設を依頼すること、(3) その後の進展について十分フォローアップすることを述べればよい。

応用例

① 信用状の開設を取引銀行に依頼する文章であるが、「すでに開設済み」のときは、We have had American Bank open an irrevocable letter of credit for a total of US$40,000.00 in favor of your corporation. などとする。

語釈

irrevocable letter of credit は「取消不能信用状」で、一度発行されると、信用状関係者全員の同意がなければ、取り消し、条件変更ともに許されない信用状のことである。in your favor は「貴社を受益者 (beneficiary) として」の意で、貴社以外はこの信用状を利用できないことを示す。

Subject: Pro forma invoice received

Dear Mr. Williams:

We were pleased to receive your letter of May 25, enclosing your proforma invoice which conforms to the terms and conditions agreed upon by our companies. The invoice will help us establish a letter of credit through our bank.

We are contacting American Bank tomorrow to have them establish an irrevocable letter of credit covering the amount of US$40,000.00 in your favor.①

We will be contacting you again when it is opened.

Sincerely yours,
Takeshi Abe

37　調査結果を通知する　（Eメール）

件名：ご購読更新代金のお支払い
当方の諸記録を詳細に調査いたしましたが、IEEE 会報 2009 年版のご講読更新代金のお支払いは記録にございませんでした。
当方の記録に誤りがあり、すでにお支払い済みでしたら、銀行から返還された貴殿の小切手の裏と表のコピー、もしくは IEEE が代金を受領したことを証明する書類をお送りいただけませんでしょうか。そうしていただけましたら、当方でさらに調査を進め、当方の会計帳簿に誤りがあるようでしたら、これを訂正するのに役立つと存じます。
ご返事をお待ち申し上げます。

Point

　各種の通知文の一つである。調査問い合わせに対する回答では、(1) 調査の要請を受け、十分に調査したことを相手に伝える、(2) 相手の立場にも立って、調査結果が相手の指摘と違う場合には、引き続き調査する旨返事をする。
　文末の a possible accounting error は「もしも弊社側に会計上のミスがあればという仮定のもと」という意味。文章全体から、相手に対する丁寧な気持ちが読み取れるような文面であることが望ましい。

応用例

① 類似表現として We looked into our records very carefully and have found... や Our records indicate that no payment has been made by (someone). も使われる。(⇨記録)
② この文章の代わりに Please do not hesitate to contact me again if I can help you with anything.（私にできることがあれば、ご遠慮なく再度ご連絡ください）を使ってもよい。

語釈

　IEEE は米国に本部をもつ「電気電子技術者協会」のことで、正式には The Institute of Electrical and Electronics Engineers, Inc. という。

Subject: Subscription renewal payment question

Dear Mr. Brown:

We wish to inform you that we have searched our records thoroughly and found no record of payment for renewal of your subscription[①] to Proceedings of the IEEE for 2009.

If our records are in error and payment has already been made, please send us copies of both sides of your returned check, or other proof that payment was received at IEEE. This will enable us to investigate further and correct a possible accounting error on our side.

We await your reply.[②]

Sincerely yours,
Yoshiko Ando

38　支払いの催促

(Eメール)

件名：お支払い遅延の知らせ

貴社の支払い遅延につきまして2度目のご連絡を申し上げます。弊社の記録によりますと、弊社サービスに対する貴社の100ドルの月次払込金の支払いは、これまで毎月定期的に行われていましたが、2009年12月分は、理由不明のまま未払いになっており、これについてのご連絡もいただいておりません。

貴社の支払いが滞ったのは、今回が初めてであることは、弊社もよく存じておりますが、支払い期日が毎月25日であることを改めて確認させていただきます。

今すぐにご送金いただけませんでしょうか。弊社では、貴社の記録を「支払い済み」としたいのです。

Point

催促は書きやすいものではないが、ビジネスライクな表現で相手に支払いを促す必要がある。(1)支払い遅滞の状況を淡々と相手に伝える（この際に相手を非難する文章表現は絶対避ける）、(2)「すぐに支払ってほしい」と相手の行動を促す。あくまでも相手の注意を喚起するというfriendlyなトーンに終始するのが得策である。

応用例

① 相手に行動を促す表現であるが、この後に If remittance has already been made, please disregard this notice.（もし行き違いでご送金済みでしたらご容赦ください）を追記するのも相手に好感を与える。

語釈

overdue は「支払い期限が過ぎた」という意味（⇨期限／支払い・支払う）。monthly installment は「月次支払い額、月賦額」のこと。

Subject: Overdue account notice

Dear Mr. Smith:

This is the second time we are calling your attention to your overdue account. Our records indicate that your monthly installment of $100.00 for our service was paid regularly, but for unknown reasons, your December 2009 installment has not been received, nor have we received an explanation for the delay.

We know this is the first time your payment has been late, but we would like to remind you that the due date is the 25th of every month.

Please make remittance today so that your records may be marked paid.[①]

Sincerely yours,
Yutaka Takeuchi

39　支払いの催促に応じる　（Eメール）

件名：RE: お支払い遅延のお知らせ
弊社の支払い遅延についてお知らせくださった1月15日付のメールをありがとうございました。
弊社で早速本件の調査をしましたところ、貴社の記録に間違いございませんことが弊社側でも判明しました。年末の時期が例年になく忙しく、このため、通常の送金手続きを失念しておりました。
早速本日100ドルをご指定の口座宛に電信送金いたしましたので、一両日中に入金の確認をしていただけると思います。

Point

催促に対しては早急な対応が望ましい。(1) 注意を喚起してくれたことへのお礼、(2) 事実調査の結果を述べる、(3) 直ちに送金した旨相手に伝える。なお、すでに送金済みであった場合は、その旨述べるとよい。

応用例

① 注意を促してくれたことに対して感謝を述べている。苦情に対する返事にもこのような表現を使うとよい（⇨注意）。万が一返事が遅れた場合には、Sorry for the delay in responding to your January 15 message, calling attention to our overdue payment. と詫びる。
② 延滞の理由を述べる箇所で「多忙のため」としている。unexpectedly とすれば、多忙がさらに強調される。We have been busy for the past several weeks. なども類義表現。

Subject: RE: Overdue account notice

Dear Mr. Takeuchi:

Thank you for your email of January 15, calling attention to our overdue payment.①

Our people looked into this matter immediately and found that your records coincident with ours. During the year-end period we were unexpectedly busy and this resulted in us overlooking the usual remittance procedure.②

We made remittance of $100.00 today by telegraphic transfer to your designated account. You should be able to confirm receipt of the remittance within a few days.

Sincerely yours,
Bill Smith

40 苦情   （Eメール）

件名：腕時計の誤配
私は10月15日に、貴社カタログ2010年クリスマス号掲載のネイティブ・アメリカンのデザインの女性用腕時計（型番号WW-123-4）1個を注文しました。
ところが12月3日、アリゾナ州フェニックス市にある貴社集配センターから送られてきたのは、ネイティブ・アメリカンのデザインの男性用腕時計MW-567-8でした。直ちに貴センター長にメールを送り、注文した腕時計を送るよう求めました。
しかし、今日に至るまで注文した腕時計は送られてきませんし、どなたからの返事もいただいていません。
即刻注文品をお送りいただくか、さもなければ、今回の注文を取り消していただきたいと思います。ご参考までに、10月15日付の注文書を添付いたします。

Point

　ビジネスレターで取り扱う苦情は、品質不良、見本との相違、着荷の遅延、請求金額の間違い、保証期間など様々だが、いずれの場合も、腹立ち紛れに感情的な表現を使わずに、何らかの成果が上がるように心掛ける。
　この例は、通信販売での発注品と送付されてきた品物が相違したケースである。(1)事態の推移を日付順に書き、相手に理解を求める（この部分が長くなって複数のパラグラフになることもあるがやむを得ない）、(2)事態の修復策を提示する、(3)注文の証拠書類を添付した旨を記す。

応用例

① 処置を提案する文。事態がもっと深刻な場合には、We request that you arrange to compensate us for the additional costs incurred.（余計にかかった費用について、補償していただくようお願いします）といった表現を使う。

Subject: Incorrect watch received

Hello,

On October 15, I ordered a women's watch of native American design. The model number is WW-123-4 shown in your Holiday 2010 catalog.

On December 3, I received a men's watch of native American design labeled MW-567-8 from your Merchandise Logistics Center in Phoenix, Arizona. I immediately emailed the Manager of the Center and requested that they send me the watch I ordered.

As of now, however, I have not received the watch I ordered, nor a reply from anyone.

Please send the watch I ordered immediately or cancel my order.① For your quick reference, I have attached a copy of my order sheet dated October 15.

Sincerely yours,
Masako Shibata

41 苦情に対する返事

(Eメール)

件名：RE：腕時計の誤配

あなたのお申し越しへの弊社の対応が遅いとのご指摘をいただきました1月10日付のメールが、私に転送されてまいりました。
本件につきまして早速調べましたところ、弊社の不注意で男性用腕時計をお届けしたことが分かりました。発送の段階で間違いがあったようでございます。
ご注文の腕時計は明日発送いたしますので、2、3日中、恐らく今週末までには、お手許に届くものと存じます。
誤送しました男性用腕時計につきましては、お差し支えないようでしたら、これ以上ご迷惑をお掛けするのは本意ではございませんので、そのままお納めくださいますようお願いします。
弊社の不手際を深くお詫びし、今後はよりよいサービスを提供させていただきたいと考えております。

Point

　苦情への対応では、(1) 相手の苦情のメールを受領したことを伝える、(2) トラブルの原因を説明する、(3) 対応策の実施を知らせる、(4) 丁重ではあるが前向きな結びの言葉で終える。

応用例

① 転送されてきたメールに回答する際の決まり文句。Your email was referred to me for acknowledgment and study. も類義。責任者に転送した場合は、I passed your email on to Mr. ～ who is responsible for (something). のような表現が使える。
② 費用効果と顧客の心情を考慮し、誤送した品物の返送を求めないという趣旨。返送を求めるのであれば We would appreciate it if you could take the trouble of sending it back to us, freight collect. (freight collect は「送料着払い」) などとする。
③ 災いを転じて福となす前向きな結びの表現である。We hope you will continue to count on us for your everyday needs. (引き続きご愛顧のほどよろしくお願いします) なども用いられる。

Subject: RE: Incorrect watch received

Dear Ms. Shibata:

Your email of January 10, letting us know about the delay in responding to your earlier request, was passed to me for reply.①

I immediately looked into this matter and have now found that the men's watch was inadvertently sent to you. There seems to have been an error in our shipping process.

The watch you ordered will be shipped to you tomorrow and so you should receive it within a few days, perhaps by this coming weekend.

As for the men's watch sent to you, we hope that you will keep it if you would like to do so.② We don't want to create any further inconvenience for you.

We do regret the trouble we have caused you, and we hope to serve you better in the future.③

Sincerely yours,
Martin Conrad

42　苦情と値下げ要求　(Eメール)

件名：コンサルティング料値下げのお願い

3日前、御社の広報部に下記のメールをお送り、追ってマイク・ハリス氏の留守電にも2回メッセージを残しましたが、どなたからもお返事がありません。コンサルティング・サービスの提供について御社と契約を交わした際には、迅速なサービスを提供いただけるとの印象を抱いておりましたが、どうやらそれは事実ではなかったようです。

当社から御社にお支払いするコンサルティング料を、月5000ドルから1500ドルに値下げさせていただきたく思います。あのようなことでは、御社の迅速なサービスに対し、多大な期待を抱くことはできません。これが不当であるとお思いになれば、お知らせください。

迅速な配慮を要する問題として、この件にご対応いただければ幸いです。

Point

相手への不満を、感情的にならず、丁寧に伝えるメールである。ビジネスの場面では、事の次第を冷静に伝えることを忘れてはいけない。

応用例

① I would like to suggest... は、ソフトな言い方ではあるが、厳しい提案内容を続けることによって、書き手の不満を伝えている。
② 冷静に、言うべきことを伝える表現。もっと強く言いたいときには、I demand that this be treated as a legitimate concern that warrants your immediate attention. のような表現もある。

語釈

legitimate は「公正な、理にかなった」という意味。

Subject: Lowering the consulting fee

Hello Steve,

I sent the below email to your PR department three days ago and followed up with two messages for Mike Harris on his answering machine. No one has returned my calls. When we contracted your company to provide consulting services, I was under the impression that I would get prompt service. This has not been the case.

I would like to suggest that we lower the consulting fee we pay to you from 5,000 to 1,500 USD a month.① That way, we will not have such high expectations for prompt service. If you feel that this is inappropriate, please let me know.

I would appreciate this being treated as a legitimate concern that warrants your immediate attention.②

Sincerely,
Hiroshi Tanaka

43　昇進に対するお祝い

〔手　紙〕

ご昇進され新しいお仕事を担われるとのこと、お祝い申し上げます。コーポレート・コミュニケーションご担当の上級副社長として、貴殿は間違いなく、従来にも増して貴社の各部門の事業に関与されることでしょう。私自身やイースタン・エレクトロニクス社とのお付き合いの機会も一層多くなるものと思われます。

やり甲斐のある新しい職務での貴殿の成功をお祈り申し上げます。ご連絡をお待ちいたしております。

Point

　この例は、相手から異動の知らせを受け、これに応答するレターである。お祝い状は、時を失することなく出すことが大原則である。(1)書き出しで祝意を述べる、(2)今回の昇進が相手のキャリア・パスにプラスになると信じていることに触れる、(3)今後の成功を期待する旨を伝える。

　新役職名が昇進か横滑りか不明のときもあるが、この場合でも promotion と書くことが肝要である。

応用例

① Congratulations on your promotion... は決まり文句と考えてよい（⇨おめでとう）。なお、新聞紙上などで相手の異動が分かることがあるが、このときは I have learned from The Wall Street Journal, April 1, 2010 issue that you have been appointed... といった表現を書き出しに用いる（⇨伺う／知る）。

Dear Mr. Smith:

Congratulations on your promotion and new assignment.[①] As a Senior Vice President responsible for corporate communications, you will undoubtedly be in touch with even more segments of your corporation than you have in the past. I hope you will still have many opportunities to keep in touch with me and Eastern Electronics, Inc.

I wish you the best of success in your new and challenging post and look forward to hearing from you soon.

Best regards,

Satoru Kouda

Satoru Kouda

44　招待状

〔手紙〕

　貴殿が再びサンフランシスコにおいでになり、重要な会議にご出席なさるとお伺いし、喜ばしく存じております。
　この機会に、ヘンリー・パーカー博士と私で、貴殿と奥様を2月27日水曜日に、サンフランシスコで夕食にご招待したいと存じます。ウエスタン・ラボラトリーズ社からは何名か出席することになっております。一緒に歓談の時を過ごせればと存じます。
　貴殿のご返事をお待ちしています。細かい手配につきましては、後日ご連絡申し上げます。当日ご都合がよろしいことを願っています。

Point

　仕事上の友人夫妻が訪米する機会を利用して、一夕夫妻を招待したいとのレターである。(1) personal な感じの表現、内容のレターが望ましい、(2) 日時、出席予定者、公式の夕食会か informal なものかを知らせる、(3) 返事が必要か否かを明記する。
　社交通信文では一人称の主語に I を用いることが多いが、必ずしも I で統一することはない。状況に応じて、I / my と We / our を使い分け、あるいはこの例のように併用することも差し支えない。

語釈と応用例

① 招待状の常套表現。少しかしこまった言い方をするなら、Dr. Henry Parker and I have the pleasure of inviting you and Mrs. Fujita for dinner など。
② topics of mutual interest は「お互いが関心のある事柄」ということで、堅苦しい会合ではないことを暗示している。This will be an informal dinner. と書けば、もっとはっきりする（相手に対する気遣いである）。

Dear Dr. Fujita:

I am happy to know that you will be coming to San Francisco again and will be participating actively in another major conference.

On this occasion, Dr. Henry Parker and I would like to invite you and Mrs. Fujita for dinner① in San Francisco on Wednesday, February 27. A number of our associates from Western Laboratories will join us and we hope that we shall have another opportunity to discuss topics of mutual interest.②

We look forward to hearing from you in this regard and will let you know about specific arrangements at a later date. We hope you will be available on that day.

Sincerely yours,

Sachie Kato

Sachie Kato

45　お悔やみ

〔手紙〕

拝啓　私の長年の親しい友人である神奈川博士の訃報に接し、悲しみに暮れています。私のお悔やみと哀悼の意をおくみ取りください。

彼と私は、1985年に私が初めてABC社を訪問したときに知り合い、それ以来よい仕事仲間であり、また個人的にもよい友人でした。ご記憶のことと存じますが、1999年の春にニュージャージー州の拙宅にお揃いでおいでいただいたことがございます。

私は、神奈川博士が7年前、東京のABC社の新本社竣工式にお招きくださったことをたいへん感謝しております。この本社社屋は、ABC社を世界で最も著名な会社の一つにまで育て上げた、神奈川博士の成功の証であると考えております。

敬具

Point

仕事上の相手に不幸があったとき、奥様に宛てたお悔やみ状の例である。場合によっては会社の会長、社長に宛てることもある。(1) 書き出しは自分自身あるいは他のスタッフも含めての弔意を言葉を選んで述べる（例えば the death より the passing を使う方が望ましい）、(2) 生前の思い出、特に自分でなければ書けないようなことに触れる、(3) 結びは、例文のように故人の業績を述べるとよい。手書きのレターが一番心がこもっている。

語釈と応用例

① （ご主人を亡くされた奥様に）「お悔やみ申し上げます」は I wish to express our deep sorrow at the passing of your beloved husband. といった表現も使える。(⇨悔やみ)

② 結びの表現は Although I know there are no words that can adequately express such a great loss, my thoughts are very much with you.（このようなご不幸に際し、申し上げるお言葉もございませんが、あなたのお気持ちはよく分かります）とすれば、非常に心のこもった personal な感じが出る。

Dear Mrs. Kanagawa:

I was saddened to learn of the passing of my close and old friend, Dr. Kanagawa. Please accept my deepest sympathy and condolence.[①]

He and I became acquainted during my first visit to ABC in 1985, and we have remained good business and personal friends ever since. You may remember visiting my home in New Jersey in the spring of 1999.

I greatly appreciated being invited by Dr. Kanagawa to a dedication of the new ABC headquarters in Tokyo seven years ago. The building is a symbol of his success in making ABC one of the world's most reputable companies today.[②]

With best personal regards,

Akio Ishikawa

Akio Ishikawa

46 お悔やみ状へのお礼　　　〔手紙〕

拝復　我々の尊敬する同僚、ジャック S. ホワイト博士の他界に際し賜わった貴殿のご弔意に対し、ミレーニアム・モーターズ社を代表して心から感謝申し上げます。
　ホワイト博士の突然の他界は確かに衝撃ではございましたが、博士の比類のない技術的実績、教育訓練への熱意に裏打ちされた人々への愛情は、弊社一同が末長く記憶にとどめるでありましょう。
　貴殿からのご弔意はホワイト博士のご遺族にお伝えいたしました。　　　敬具

Point

お悔やみ状も書きにくいものであるが、これを受け取った際の返礼も同様で、文章に工夫を凝らしすぎてもかえって空々しくなるきらいがあり、書きにくい手紙の一つと言えよう。この例は、幹部の一人を失った会社の社長が会社を代表して書くレターを想定している。(1) 弔意に対するお礼、(2) 故人の人となり、業績についての思い出、(3) 遺族への配慮を述べる。簡単ではあるが意を尽くした内容になるよう心掛ける。

応用例

① 弔意へのお礼の表現。ほかに、I was very touched by your note of sympathy.（一般的に使える）/ Thank you so much for your kind letter to my mother on the passing of my father.（父親を失った子供が、母親に送られたお悔やみ状に返礼するレターの書き出し）/ Mary and I want to thank you from the bottom of our hearts for your message of condolence on the sudden death of our daughter Susan.（娘を失った夫婦からのお礼。この中の from the bottom of our hearts は日本語とまったく同じ発想である）などの文例がある。

語釈

sympathy は condolence とともに「お悔やみの気持ち」の意で用いられる（⇨悔やみ）。untimely death は「若すぎる死」、「重要なプロジェクト実施中の死」といった意味。「他界」は passing などと遠回しに表現することが好まれるが、このような表現も日本人が考える以上によく用いられている。

Dear Mr. Yokoyama:

<u>We at Millennium Motors sincerely appreciate your expression of sympathy on the recent death of our esteemed colleague, Dr. Jack S. White.</u>[①]

His untimely death came as a shock, but his substantial technical achievements, and his compassion for people through his keen interest in training and development will long be remembered by us.

We have conveyed your kind remembrance to Dr. White's family.

Sincerely yours,

Taro Uchida

Taro Uchida
President
Millennium Motors

47　雑誌未着への苦情　　（ファクス）

貴社の雑誌『ABCジャーナル』の定期購読を2009年11月より2010年10月まで申し込み、ビザカードで198ドルを支払いました。しかし、2010年7月から雑誌が未着になっています。
この件を早急にお調べいただき、未着のバックナンバーを送ってください。

```
To         : ABC Journal
Attn       : Subscription Department staff
From       : Kana Yoshikawa
Date       : July 2, 2010
Total Pages : 1  (including this page)
```

Though I ordered your magazine "ABC Journal" from November 2009 to October 2010 and paid $198.00 through my Visa card, it has not been mailed to me since July 2010.

Please investigate the matter as soon as possible and send me back issues from July 2010 to the latest.

Point

担当者名のわからないときには、担当部門のスタッフ宛にするとよい。Subscription Departmentは「購読部」のこと。

48 英文履歴書(1)

Eiji Yoshikawa ①

503 Lakeside Drive, Ozone Park, NJ 08005 ②

Phone: 123-456-7890 E-mail: eyoshikawa@abcdefg.com

Career Objective ③

 Corporate strategy planning at corporate offices of high technology manufacturing company.

Work Experience ④

 April 2000 − Present ABC Manufacturing Company (Boston, Massachusetts)
  Senior Strategy Planner (June 2005 − Present)
  Report to Senior Vice President for corporate strategy planning of consumer electronics products. Develop a new market forecast method for high-end personal computers.
  Strategy Planner (April 2000 − May 2005)
  Reported to Senior Strategy Planner and assisted him in business planning. Recommended by Senior Strategy Planner as the person to succeed him on his promotion to another job.

Education ⑤

 School of Business Administration, Harvard University (1997 − 1999)
  Degree: M.B.A.
  Major: Corporate Competitive Strategy
 Yamato University (1993 − 1997)
  Degree: B.B.A.
  Major: Corporate Business Planning

Special Skills and Activities ⑥

  Article published in Weekly Diamond: "Competitive Strategy of Japanese Companies," January 15, 2005, pp. 67-70.
  Guest lecturer at Harvard College, May 23, 2007.

Point

①上部中央に氏名（太字体）　②住所／改行して電話番号（あれば、ファクス番号）、Ｅメールアドレス　③希望職種（できるだけ具体的に）　④職歴（新しいものから順に具体的に）　⑤学歴（新しいものから順に）　⑥特技及び特記事項（特技、著述、講演など）

49 英文履歴書 (2)

英文履歴書

Mika Nishimoto
Tokyo, Nakano-ku, Chuo, 1-5-3 Haru Mansion 301
Phone: 090 6583 94##   E-mail: mikamika@abceigo.com

Objective
To find long-term employment in the translation industry as an English to Japanese translator or checker.

Education
Academy of Translation   Sep. 2009 - Present   Tokyo, Japan
  Completed the academy's Introductory English to Japanese Translation course
  Currently enrolled in the Financial Translation course
ABC Academy of English Studies   May 2006 - June 2007   Vancouver, Canada
  Studied advanced English on a full time basis
  Scored 750 on the TOEIC
Japan University   Sep. 2002 - Apr. 2006   Tokyo, Japan
  Bachelor of Arts Degree in International Relations
  Awarded a scholarship to attend America University on an exchange program (2004 - 2005)
  Completed two years of English language courses

Experience
The Tokyo Foreign Trading Company (Support Staff)   July 2007 - Present   Tokyo, Japan
  Provide assistance to the sales team with paperwork and research
  Translate customer correspondence and act as the international contact for the company
  Perform the role of interpreter for foreign staff or clients visiting the Tokyo office
Canadian Study Abroad Adventures (Receptionist)   May 2006 - June 2007   Vancouver, Canada
  Greeted visitors and answered the telephone
  Booked appointments and prepared the appropriate paperwork
  Translated e-mails and other documents to and from Japanese
Grab a Cup Café (Cashier)   Oct 2002 - Mar. 2004   Tokyo, Japan
  Served and interacted with hundreds of customers on a daily basis
  Guided other employees and acted as supervisor
  Responsible for cash and inventory management

Skills and Abilities
    Familiar with the use of various computer operating systems and software, including but not limited to Word, Excel, Power Point, and Translation Memory Software
    Perform tasks in an organized and efficient manner
    Flexible and able to adjust to new demands quickly
    Comfortable with customer interactions and acting in a professional manner
    Self-motivated and enjoy overcoming challenges
    Adept at identifying other's needs and working as a team

Volunteer Experience ①
    Success Canada   May 2006 - June 2007   Vancouver, Canada
    Assisted the organization with special events such as rafting, hiking, and sports day
    Organized language exchanges between Japanese and Canadian members
    Japanese Conversation Club   Sep 2002 - April 2006   Tokyo, Japan
    Organized events to enable people of different cultures to gather and socialize
    Taught Japanese language classes to foreign exchange students

Personal Interests ②
    English language study
    Photography
    Violin
    Latin Dance

Point

　大学卒業後、英語と翻訳の勉強を続けている人物の履歴書。(1)の例と同様、具体的にExperienceを記しているが、(1)に加え、① Volunteer Experience(ボランティアの経験)、② Personal Interest(関心のあること)の項目を設け、若さを補うべく多彩な経験と旺盛な好奇心をアピールしている。

50　英文履歴書のカバーレター　英文履歴書

　私は最近、翻訳者向けウエブサイトで高い評価を受けている貴社Kエンタープライズを知りました。私こそ貴社にふさわしい人材と確信しています。私は、以前から英語と翻訳に関心があり、国際関係の文学士を取得してすぐ、言語力を磨きにカナダに渡りました。

　1年以上の間、集中英語クラスを受講し、TOEICで750点を取得しました。さらに、東京の翻訳アカデミーにて翻訳コースを修了、現在は経済翻訳コースを受講しています。翻訳については高い評価を得ており、自分の能力には自信を持っています。

　また、翻訳ソフトに習熟しているほか、トランスレーション・メモリのソフトの利用経験もあります。インターネット検索やワードやエクセル、パワーポイントなどの操作にも長けています。

　私は、言語や学習に対する自らの情熱をぜひ貴社Kエンタープライズでの仕事に生かしたいと願っております。このメールの受領を確認させていただくとともに、私への質問にお答えするため、2週間以内にご連絡いたします。ご検討いただけますようお願いいたします。

Point

　日本人の感覚では、いかにも自信満々でアグレッシブな印象だが、外資系企業に対しては自分をアピールすることが極めて重要なポイントであり、謙遜のし過ぎは逆効果となる。カバーレターは必ず1枚以内にまとめ、本文のパラグラフは3～4に留めよう。英語力は、履歴書よりカバーレターで判断されるので、自信がなければ、ネイティブスピーカーにチェックしてもらうこと。

August 26, 2010

Mr. John Smith
K Enterprises
Japan Bldg. #198
2-16-2 Shinmachi, Chiyoda-ku
Tokyo, 000-0000

Dear Mr. Smith:

I recently learned of K Enterprises through a website for translators where your company received high reviews. I believe that I am a good match for your company. I have been interested in English and translation for years, and after receiving a Bachelor of Arts in International Relations, I immediately went to Canada to refine my language skills.

For over a year, I took intensive English classes, and scored 750 on the TOEIC. I have completed a translation course at the Academy of Translation in Tokyo, and I'm currently taking their Financial Translation course. I have received many compliments on my work, and I'm confident in my abilities.

I am also familiar with translation software and I also have experience using Translation Memory software. I am efficient at conducting Internet research and using Word, Excel, and PowerPoint.

It is my desire to turn my love of language and learning into a career at K Enterprises. Within the next two weeks, I will also contact you to confirm reception of this email and to answer any questions. Thank you for your consideration.

Sincerely,
Mika Nishimoto
Mika Nishimoto

【監修】**橋本光憲**(はしもと・みつのり)　東京外国語大学英米科(国際関係専修)、アメリカン国際経営大学院(国際経営学修士)卒業。三井銀行の各支店長、検査部主任検査役(海外店主管)などを歴任。元、神奈川大学経営学部教授(国際ビジネス・コミュニケーション)、英国ノッティンガム大学客員研究員。著書に、『最新英文ビジネス・ライティング』(中央経済社)、『英和金融用語辞典』(共編、ジャパン・タイムズ)、『経済英語英和活用辞典』(編著、日本経済新聞社)など。

【執筆協力】**山内清史**(やまうち・きよし)　東京外国語大学英米科(国際関係専修)卒業。日本電気株式会社総務部渉外課長、法務文書部長代理などを歴任し、海外技術契約、海外調査、海外財務広報に従事。元、神奈川大学・東洋大学経営学部講師。著書に『The Dynamic Impact of Culture on Organizations』(共著、Macau 財団)、『英文ビジネスレター文例大辞典』(共著、日本経済新聞社)など。

【編集協力】　デイビッド・セイン　佐藤淳子(プレスワーズ)

【装丁】　　　志岐デザイン事務所(下野 剛＋水谷歩美)

1999年5月10日　初版発行

キーワードで引く
英文ビジネスレター事典 第2版

2010年7月20日　第1刷発行

監修者　　橋本光憲(はしもと・みつのり)
編　者　　三省堂編修所
発行者　　株式会社 三省堂　代表者　八幡統厚
印刷者　　三省堂印刷株式会社
発行所　　株式会社 三省堂
　　　　　〒101-8371
　　　　　東京都千代田区三崎町二丁目22番14号
　　　　　　　　電話 編集 (03)3230-9411
　　　　　　　　　　 営業 (03)3230-9412
　　　　　　　　振替口座　00160-5-54300
　　　　　　　　http://www.sanseido.co.jp/

〈2版英文ビジネスレター・512pp.〉

落丁本・乱丁本はお取替えいたします
© Sanseido Co.,Ltd. 2010 Printed in Japan

ISBN 978-4-385-16227-0

Ⓡ　本書を無断で複写複製(コピー)することは、著作権法上の例外を除き、禁じられています。本書をコピーされる場合は、事前に日本複写権センター(JRRC)の許諾を受けてください。
　　http://www.jrrc.or.jp　eメール：info@jrrc.or.jp
　　電話：03-3401-2382